高职高专院校物流管理专业教材

物流技术与实务丛书

供应链管理实务

GONGYINGLIAN GUANLI SHIWU

周任重 赵艳俐 林勉 主编

内容提要

本书分为9大模块:(1)供应链总体结构与组织分析;(2)供应链需求管理与客户响应策略;(3)供应链生产计划与交付时间压缩;(4)供应链库存管理;(5)采购供应管理;(6)供应链中的物流管理;(7)供应链中的信息技术应用;(8)供应链业务流程分析与优化;(9)供应链绩效管理与风险管理。

本书可作为高等院校、职业技术学院的专业教材,也可作为致力于物流与供应链管理研究人员与实际工作者的参考资料。

图书在版编目(CIP)数据

供应链管理实务/周任重等主编.—北京:人民交通出版社,2009.2

ISBN 978-7-114-07614-5

Ⅰ.供… Ⅱ.周… Ⅲ.物资供应－物资管理 Ⅳ.F252

中国版本图书馆CIP数据核字(2009)第018573号

高职高专院校物流管理专业教材

物流技术与实务丛书

书　　名:供应链管理实务

著 作 者:周任重　赵艳俐　林　勉

责任编辑:富砚博

出版发行:人民交通出版社

地　　址:(100011)北京市朝阳区安定门外外馆斜街3号

网　　址:http://www.ccpress.com.cn

销售电话:(010)59757969,59757973

总 经 销:北京中交盛世书刊有限公司

经　　销:各地新华书店

印　　刷:北京交通印务实业公司

开　　本:787×1092　1/16

印　　张:17.5

字　　数:421千

版　　次:2009年2月　第1版

印　　次:2009年2月　第1次印刷

书　　号:ISBN 978-7-114-07614-5

印　　数:0001～3000册

定　　价:32.00元

编　委　会

序

20世纪80年代以来,现代物流业在世界范围内开始高速发展,成为促进经济增长的加速器。物流在经济活动中的作用越来越受到企业的重视,经济发展对物流服务的需求也在显著增加,推动着物流产业保持持续、稳定、快速发展。

物流是一项庞大而复杂的系统工程,涉及运输、保管、包装、装卸搬运、流通加工、配送、信息等各环节。如此宽泛的行业领域,需要大量的物流管理专业技术人才。但我国的物流教育同物流产业发展相比,还十分滞后。高校物流专业人才培养远远不能满足物流产业发展的需要,掌握现代物流基本理念、擅长物流系统运作管理、物流操作技术熟练的人才十分匮乏。这已成为物流产业发展的最大制约。

深圳职业技术学院物流管理专业10年来倾心物流教育,集中力量开发了一批物流教材。这批教材,直接体现了"工学结合"的深度、教学改革的幅度、理论与实践结合的程度、双师型教师队伍建设的强度、教师教学钻研的力度、教学资料积累的厚度、内容取舍的气度、理论深浅把握的尺度、专业领导的调度。高职高专院校物流管理专业系列教材是在原《物流技术与实务丛书》基础上进行了补充修订。本套教材包括:《物流配送技术与实务》、《国际物流报关实务》、《物流运输技术与实务》、《采购与供应实务》、《物流系统规划与设计》、《物流装备技术》、《供应链管理实务》、《物流信息技术与实务》、《物流商品养护技术》、《物流专业英语》、《物流电子商务》。

为了提高教师开发教材的水平,我们多次邀请马书超、姜大源、赵志群等国内知名课程开发专家,以及加拿大荷兰学院 Tim McRoberts 等外籍专家来校讲学或派老师外出参加课程开发培训班,并派出专业骨干教师到德国、新加坡等国家和香港地区学习先进的职业理念和课程开发方法,回来后在自己所在的专业群中结合典型的职业工作任务,以工作过程系统化为基本设计原则开发课程。

高职高专院校物流管理专业系列教材具备四个基本特点:

1. 内容重组,有机复合。高职教育有别于普通本科教育,应当有自己的课程标准及适用的教材。在教材编写的过程中,根据"适用、好用"的原则,纠正以往教材编写中只注重"知识点"的偏向,并着眼于"双证沟通"(即"毕业证书"和"职业资格或职业技能"等资格证书),坚持"能力本位",兼顾知识教育、技能训练和能力培养,所有教材的内容设计兼顾"知识点"、"技能点"和"能力点",注重企业、行业中先进技术、设备的跟踪,以项目需要的知识、能力为度,大胆组合原有的知识内容,甚至是颠覆性的重组,形成新的有机的知识、技能、能力复合体。在内容选择上,我们注重理论内容之间、理论内容与实践项目的衔接和沟通，让学习者能自然地做到由基础理论到专业基础理论、专业课到实践课的从容转换，让学生了解学了理论内容能够干什么，能够应用在哪些地方，让学生了解实践项目需要什么理论的指导，理论能够如何指导。

2. 理论简化，实用为主。根据实用、够用的原则，对原有的理论体系进行简化处理，多用案例、问题导课而少用概念、结论，多用图表而减少文字叙述，多用生动的语言而少用枯燥的术语，以简单明了的形式阐明抽象的理论，把深奥的理论通俗化，把繁琐的推理简单化，把复杂的流程图形化，把枯燥的知识趣味化，图文并茂，深入浅出，详略得当，重点突出，实例经典，以强化学生对重点内容的掌握，让基础薄弱的学生可学、爱学，学了能用。

3. 任务驱动，行动导向。坚持以任务作为教学活动的起点和中心，强调在完成任务的过程中学习知识和实践技能，并将知识、技能、态度的学习融为一体，突出职业能力和态度的培养。系列教材的编写按照物流管理工作的实际流程进行，一切从实际工作的需要出发，精简理论说教，强化实践能力培养。有些教材通过案例、问题导课，通过案例分析、问题回答引导出课程的内容。有些教材在章、节开篇处设计学习目标、任务驱动等栏目，学习目标用于指导学生了解本章或本节重点内容与学习要求，任务驱动通过联系港口与航运管理工作中的实践，精心设计体现本章或本节教学内容的一项职业工作任务，使学生带着任务去学习相关知识与技能，有效地融“教、学、做”为一体，促使学生明确学习本章内容的目的与意义，且以解决职业问题、完成岗位任务为导引。

4. 强化实训，突出技能。高职高专教材的一个重要特征是与职业资格考试密切结合，因此，教材应该做到有效体现知识与工作职位一体化、传授知识与训练思维有机结合、学习理论与训练技能同步进行、学习结果以考证结果来检验。每章或每节设计足量深化职业知识与训练职业技能的实习实践项目，通过实践活动逐步激发学生学习的内驱力和主动探究知识的欲望，促使学生产生较高的成就动机，形成良好的认知结构，有效提高教学质量和效益。每章或每节设计适量的职业知识测试与职业技能训练内容，以有效实现学生职业技能的培养，真正实现所学与所用的无缝对接与零距离就业。

为了强化实训和技能训练，突出岗位技能培养，与实际工作接轨，教材的编写者不仅有来自学校熟悉物流企业运作的教师，还有来自企业娴熟掌握操作技能的技术人员，教材内容既有校内的理论和实践内容，又有企业生产实践的指导性内容，既能取自于工，又能用之于学。

可以说，本套系列教材是深圳职业技术学院物流管理专业 10 年教学积累的全面总结，是国家示范性高职院校“物流管理”重点专业群建设在“工学结合”上的集中展示。

本套教材已经出版重印多次，已经在实践面前、市场上证明了其价值，相信经过这次突出“工学结合”的修订，一定会受到更多读者的欢迎。

编委会

2009 年 2 月

前言

QIANYAN

在全球经济一体化的过程中，物流行业得到空前的快速发展。愈来愈多的跨国企业把企业的非核心业务“外包”出去，在全球范围内整合资源。在价值链细分的情况下，已发展起一系列高效的物流管理技术，涌现出一大批以高效的供应链管理作为自己核心竞争力的企业，比如戴尔、沃尔玛、UPS 等。

供应链管理能够引起人们的注意，一方面是由于它在许多企业成功的应用，取得巨大成就，供应链中的各个组织在不同程度上都获得了发展。另一方面在于人们对供应链管理在企业生存发展中的作用和地位有了新的认识。正如杰克·韦尔奇所说的，“如果你在供应链运作上不具有竞争优势，就干脆不要竞争”，而这个竞争优势体现在供应链的运作效率上。

本书内容的选取上，特别注重理论的应用性与教学“工学结合”特点，重点突出实际业务中应用的技能与知识体系。全书分为 9 大模块：

(1)供应链总体结构与组织分析；

(2)供应链需求管理与客户响应策略；

(3)供应链生产计划与交付时间压缩；

(4)供应链库存管理；

(5)采购供应管理；

(6)供应链中的物流管理；

(7)供应链中的信息技术应用；

(8)供应链业务流程分析与优化；

(9)供应链绩效管理与风险管理。

在内容组织上侧重于对行业内成功的供应链管理实践分析，通过工作任务驱动，使学生掌握核心工作技能并提升知识拓展能力。

本书充分结合知名公司供应链管理实践业务操作知识并兼顾物流职业资格证书培训要求，案例与资料内容涉及电子和汽车制造企业、第三方物流企业、快递业、国际货代业和咨询行业等行业代表性企业的实际业务经验和岗位工作任务。

本书的大部分内容的编写由周任重第一作者完成，赵艳俐参与第三章、第四章的编写，林勉参与第五章编写和案例材料整理。本书是作者对供应链管理教学在探讨“工学结合”教学模式上的一次飞跃与尝试，尽管作者为本书花费了大量的精力和时间，但由于供应链管理是一项理论性和实践性很强的研究领域，加上作者本身能力水平有限，编写时间仓促，书中难免有错误和不当之处，恳请专家和广大读者批评指正。

编　者

2009 年 2 月

目　录

MULU

第一章　供应链总体结构与组织分析 …… 1
第一节　企业、市场、行业结构 …… 2
第二节　供应链结构分析模型 …… 5
第三节　供应链管理起源、发展与核心思想 …… 12
第四节　供应链管理组织结构与核心岗位职责 …… 21
案例分析 …… 26
思考与练习题 …… 31
第二章　供应链需求管理与客户响应策略 …… 32
第一节　供应链需求管理 …… 33
第二节　客户需求反应策略选择 …… 46
第三节　基于产品的供应链设计策略 …… 54
案例分析 …… 58
思考与练习题 …… 63
第三章　供应链生产计划与交付时间压缩 …… 64
第一节　企业生产计划 …… 66
第二节　基于 ERP 系统的生产计划 …… 72
第三节　供应链响应的时间压缩 …… 77
第四节　JIT 生产 …… 84
第五节　约束理论 …… 87
案例分析 …… 91
思考与练习题 …… 94
第四章　供应链库存管理 …… 95
第一节　供应链库存管理基本理论 …… 97
第二节　传统库存控制策略 …… 101
第三节　供应链管理环境下的库存问题 …… 107
第四节　供应链管理环境下的库存管理新策略 …… 111

案例分析…… 120
思考与练习题…… 122
第五章 采购供应管理…… 123
第一节 采购供应管理工作组织…… 124
第二节 采购工作流程与主要单证…… 129
第三节 供应商选择与评价…… 132
第四节 电子化采购…… 140
案例分析…… 146
思考与练习题…… 149
第六章 供应链中的物流管理…… 150
第一节 企业核心竞争力与业务外包…… 152
第二节 供应链管理环境下的物流管理…… 158
第三节 企业物流合作协议的签订…… 161
第四节 供应链中的运输管理…… 165
案例分析…… 172
思考与练习题…… 176
第七章 供应链中的信息技术应用…… 177
第一节 供应链中信息共享…… 179
第二节 供应链中应用的主要信息技术…… 182
第三节 电子商务与供应链管理…… 195
案例分析…… 198
思考与练习题…… 205
第八章 供应链业务流程分析与优化…… 206
第一节 供应链业务流程分析…… 207
第二节 供应链核心业务流程…… 215
第三节 供应链 SCOR 模型流程图…… 220
第四节 供应链业务流程再造…… 225
案例分析…… 235
思考与练习题…… 239
第九章 供应链绩效管理与风险管理…… 240
第一节 供应链绩效指标评价体系…… 241
第二节 绩效评价指标体系应用…… 248
第三节 标杆管理…… 252
第四节 供应链绩效报告…… 254
第五节 供应链风险管理…… 256
案例分析…… 262
思考与练习题…… 267
参考文献…… 268

第一章 供应链总体结构与组织分析

学习目标

1. 能简单运用 SCP 框架进行行业分析。
2. 会分析具体产品供应链整体结构特征。
3. 能识别企业供应链管理工作内容及部门设置与岗位职责。

基本概念

产业　赫芬达尔指数　纵向一体化　OEM　供应链　供应链管理

引导情景

跨国公司 PSS 在中国加强供应链管理工作

PSS 集团的总部设在比利时，在美国、印度、墨西哥、匈牙利、中国、日本等均有分支机构，在全球范围内开展业务。它是著名跨国公司荷兰飞利浦(5 大类产品事业部：照明、医疗设备、半导体、消费电子、小家电和 60 多家其他业务机构)的独立业务机构之一。20 世纪 90 年代是 PSS 集团业务向全球拓展的高速发展阶段：1990 年在印度办厂，1992 年在马来西亚成立合资公司，1995 年在匈牙利建立生产平台。PSS 集团在中国的业务开始于 90 年代初，开始时由香港的机构负责管理。1995 年办公机构移到中国深圳，并以 PSS 公司注册正式成为独立的法人，由 PSS 集团独立直接控股。PSS 公司是 PSS 集团在中国的分支机构，具有独立的财务核算与生产、研发能力。随着中国在集团全球战略的重要性的快速提高，2003 年初 PSS 集团开始的发展前景最为看好的汽车音响的生产，研发中心移到中国归 PSS 公司统一管理。PSS 公司不仅可以在本地生产，而且可以将本土生产的产品销售到世界各地。这为 PSS 公司在中国的业务提供更为广阔的发展空间。PSS 公司管理的核心思路是重点抓研发与市场，控制关键核心部件的生产，其他方面积极(包括生产加工)推行业务外包。

PSS 公司没有自己的制造工厂，但在东莞有五六家合作厂商。选择合作厂商是 PSS 公司非常重要的战略性工作，由公司总经理负责，集团公司的相关专家与咨询公司会介入其中。合作厂商的业务关系的建立常需要一两年的考评与磨合工作。PSS公司的合作厂商分三类:一类是只生产PSS公司产品的战略合作OEM厂(如CM公司),第二类是一般的OEM厂(如ATP公司、DM公司);第三类是ODM厂(如TS公司)。对于第二类、第三类协作厂商,在建立合作关系后,PSS公司对其内部管理制度的干预程度不高。对于战略性合作OEM厂商(目前只有CM一家),PSS公司对其内部管理进行全面的指导与直接的管理。在经营业务上对CM公司具有绝对的控制权利。CM公司实质上只是PSS公司的加工工厂,PSS公司直接对供应商、客户等进行协调管理。因此PSS公司必须加强对供应链的控制管理利用本土优势来整合公司外部资源。这就要求PSS公司具有很强的供应链管理整合能力,否则外包的生产加工形式会严重影响客户的服务水平。供应链管理水平的高低将决定PSS公司的成败。PSS公司高层力图通过推动实施供应链管理实践来实现公司的发展目标。当然,他们也非常清楚:在中国实施供应链管理是不能照搬PSS集团的管理经验的,否则会面临许多方面的障碍,加大管理的难度。

第一节 企业、市场、行业结构

一、企业的本质特征

企业是一种当今最重要和最常见的经济组织形式,同时也是一个最难把握和界定的研究对象,富可敌国的GM公司和享誉全球的微软公司是企业,路边的夫妻凉茶铺也是企业。企业是一个可以从多角度来理解的对象,这意味着任何强调企业的一种特性而忽视甚至否定其他特性的看法都是“盲人摸象”。在古典经济学家看来,企业无非是一个将投入转化为产出的“装置”,就像榨油机是将油料转化为油产品的装置一样,它是一个反映投入—产出的技术关系的“黑箱”,或者说企业就是一个生产函数。现代企业理论就是将制度作为一个内生变量加入到生产函数中去的。一个好的关于企业的定义是要做到两点:其一,将现实经济生活中存在的形形色色的企业(或至少绝大部分)都能够包括进来;其二,将企业与其他非企业经济组织和其他社会组织区别开来。基于上述思路,朱卫平教授在《企业家本位论》中,给企业下了如下定义:企业是一种以企业家为中心签约人的营利性契约组织,是契约形成和履行过程的有机统一。基于企业家才能的弱可交易性特点,强调企业家才能是企业剩余收益的主要源泉。

企业区别于其他经济和社会组织的特殊性可以归纳为四个方面:即营利性、实体性、生产性和契约性。也正是这四个方面构成了企业的基本特征。通过对这四个方面的分析,就可以对究竟什么是企业这个问题有更为清晰的理解。

(一)企业的营利性

首先企业必须是一种营利性的经济组织。也就是说,企业作为一种由不同的人们组织起来的社会组织,和其他任何组织形式不同,是以赢利为主要存在目标的。

(二)企业的实体性

企业是由一定的独立或相对独立的资产所组成的一个价值实体。这个价值实体也就是通常所说的“企业资产”，它是由企业的各生产要素所有者的财产有机组合而成的，其表现形式既包括机器、厂房、原材料、库存产成品，也包括企业的库存现金和各种应收款，还包括品牌、商标、专利和声誉等无形资产。企业资产与企业投入要素所有者的其他财产是完全不同的实体存在形式，对企业资产的控制权和剩余收益权是独立于生产要素产权的企业所有权。

(三)企业的生产性

企业的生产性不仅是指企业能够生产出产品和服务，而且是指企业能够使投入其中的生产要素，特别是企业家才能这样一种特殊的生产要素的价值得以实现并表现为价值增值。这是企业区别于市场的一个重要特征。

(四)企业的契约性

企业是一种契约网络或契约联结点，是拥有不同生产要素产权的经济主体为了最大限度地延伸各自的利益边界而形成的一种契约。

二、管理兴起与组织结构扩张

管理是一种可以识别的活动，包括真实的产品采购、销售、生产或运输活动。在大型工业企业中，经理人更多的是关注管理，而不是职能工作的业绩。在较小的公司中，经理人或团队负责采购原材料、销售产成品、监督生产，同时也协调、计划和评估这些不同的职能。然而，在较大的公司中，管理通常成为一种专业的全职工作。管理者协调、评估和计划企业活动时，有时他必须关注公司的长期健康运营，其他时候又必须关注公司日常平稳有序的运营。第一种情况要求集中精力致力于长期的规划和评估，第二种则要求解决即时的问题和需要，要求处理预料之外的事件或危机。

“尽管中国不乏成功的生意人和企业，却少有成功的公司”。与其他企业形式，如个人业主制、合伙制或家族制企业不同，公司的重要特点是，它能将并非亲朋好友，甚至个性不同的人聚集在一起，为营利的目的携手努力。“为什么美国比欧洲在更短的时间里出现了数量更多、规模更大的现代、综合一体化、多单位的企业呢？为什么到第一次世界大战时，在美国管理层级的出现变得比其他经济更广泛，而所有权和管理的分离变得更分明呢？”根据钱德勒的研究，美国企业家对新机会的反应首先是在分销领域。大规模批发和零售商业代替了靠收取佣金的传统商业。然而，新式交通、通信所带来的更大的革命是在生产领域。在 19 世纪最后的几十年里，没有任何创新能比爱迪生和西门子及其他发明家所推动的大规模生产更广泛、更深入。钱德勒从先行者和挑战者的两个角度全面分析了大企业在美国主要的工业部门中的发展。美国企业扩张的历程是由以下四个途径按顺序展开的：横向合并、纵向一体化、海外扩张和多样化经营。他指出，在这四大战略中，只有后两次是依靠组织能力的。横向和纵向结合都是为了控制市场，但它们本身并不能保证对市场的支配。使合并企业成为利用规模经济和范围经济先行者的条件是在合并的基础上实现管理集中化，并对生产、销售和管理进行集中投资以使企业的结构合理化。先行者和少数挑战者一旦确立，就会继续为市场份额和利润竞争，并以组织能力为利器向外国市场和相关产品市场扩张。以这两种战略进行的扩张日益依靠职业管理人员的协调，他们和高层管理者在多年竞争和增长中发展起来的职能管理和一般管理的能力强化了管理权和所有权的进一步分离，并增强了职业管理者对企业决策的控制。因此，管理结构的兴起是发展组织能力的关键因素。

三、行业集中度与营利性分析

企业所在的行业结构与竞争情况，对于企业营利性与长期发展起着非常重要的作用，有必要对企业所在行业结构进行分析，协助企业应对未来环境的变化。

美国石油工业在20世纪头10年里经历了从近乎垄断到寡头垄断的突变。起因是市场对石油产品的需求从煤油转向燃油，同时在美国国内、远东和东欧发现了新的原油产地。一批新的石油公司成长起来，到1910年已有8家综合一体化的石油公司名列美国200家最大工业企业的行列。1911年标准石油公司托拉斯被反垄断法解散，这就进一步促进了这种转变。在20世纪20年代和30年代，大石油公司继续通过向前结合（销售网络）和向后结合（勘探和采油）在海外扩张。大萧条时期，一些大公司从海外撤资，把海外资产卖给了3家在海外最活跃的公司，即新泽西标准石油、美孚真空石油和德士古石油公司。另外两家，即加利福尼亚标准石油和海湾石油公司，则保留了海外业务。因此这5家企业在第二次世界大战后从石油需求的巨大增长中大获其利。它们再加上英荷壳牌及英国石油公司即所谓的"七姊妹"继续主宰着战后世界石油工业的寡头垄断结构。

1951年，贝恩发表了对结构、行为、绩效（SCP）经验性检验的著名论文，检验的两个假说是：

（1）卖方集中度与有效串谋的营利性之间存在着系统性正相关关系。

（2）与不存在垄断或寡头之间的有效串谋相比，存在垄断或寡头之间的有销售的平均超额利润率较高。

早期的研究数据支持了这两个假说。卖方集中度和平均销售利润率之间存在正向关系。哈佛学派认为市场结构（Structure）、市场行为（Conduct）、市场绩效（Performance）之间存在着必然的联系，并建立了SCP分析框架，来分析行业与企业的发展情况。

在检验行业集中度与行业营利性关系存在性的过程到贝恩遇到经验性说明的各种问题：

（1）分析结构—行为—绩效之间的关系，应如何定义产业？

（2）分析结构—行为—绩效之间的关系，应如何衡量销售集中度？

（3）分析结构—行为—绩效之间的关系，应如何衡量营利性？

在贝恩看来，产业定义的理论基础是需求的可替代性。它是一组产出群体。对所有（或大多数）买者而言，群体内各种产出一般都是高度的替代品，而群体内的各种产出是所有其他产业产出的低度的替代。实际应用这一标准需要估计将要被纳入某个产业的所有产品的需求弹性，也需要决定需求的交叉价格弹性达到什么值时才能把有关产品归到该产业中去。前者的数据一般是不可获得的，后者则需要一个价值判断。

最常见的市场集中度衡量标准是赫芬达尔（Herfindahl）指数 H，即企业市场份额的平方和：

$$H = S_1^2 + S_2^2 + \cdots + S_n^2 \tag{1-1}$$

经验性研究中，最常用的集中度衡量指标是 m 个企业集中度比率，即最大 m 家企业的市场份额之和：

$$CR_m = S_l + S_2 + \cdots + S_m \tag{1-2}$$

一般文献常采用了8企业集中度比 CR_8，大多数普查产业有现成的该项数据。

对于营利性的衡量标准，常使用有销售报酬率、股东资产报酬率（以年度税后净利润对资本净值的比率）、托宾 Q 等来衡量企业的盈利。

第二节　供应链结构分析模型

一、企业外部环境变化与供应链竞争

从 18 世纪中叶到 19 世纪末，生产方式主要是作坊式生产。企业竞争的焦点是高效地生产出产品来，满足需求。企业更多关注的是提高机械化水平和生产效率。20 世纪初，泰勒提出了以劳动分工为基础的科学管理理论。在此基础上，福特在 1913 年创立的移动式装配流水线使生产效率大幅度提高，生产成本大幅度降低，标志着大批量生产方式的诞生。经过半个多世纪的发展，大批量生产方式向社会提供了大量的产品，使人类在物质文明方面取得了重大突破性的进步。在这种生产方式下，企业注重科学管理，以操作标准化、专业化来提高效率。企业为加强控制，对为其提供原材料、半成品或零部件的其他企业采取投资自建、投资控股或兼并的"纵向一体化"管理模式。例如美国福特汽车公司拥有一个牧羊场，出产毛皮用于生产本公司的汽车坐垫。但这种"纵向一体化"无法快速响应市场，同时使企业承担由过重的投资负担和过长的建设周期带来的风险，且不利于管理人员的沟通和控制。

到了 20 世纪 80 年代，随着消费需求日趋主体化、个性化和多样化，市场环境由简单、静态向复杂、动态转化，大批量生产方式难以适应。企业推出新的生产方式："多品种、中小批量生产方式"，按订单组织生产。多品种中小批量生产方式，虽然满足了市场需求，但是增加了管理难度，降低了效率，增加了成本。因此人们不断地在生产领域应用一些先进的生产技术与管理方法，例如 CAD、CAM、CAPP、MRP、CE、FMS 等。

进入 20 世纪 90 年代，特别是 21 世纪以来，整个世界的经济环境发生了巨大变化，其表现是：

（一）科学技术的不断进步和发展

特别是信息技术的迅猛发展加速了制造业的现代化和全球化进程。

（二）全球一体化经济格局的形成

世界贸易组织推行的贸易自由化形成了生产要素的自由流动，使资源不断得到优化配置，形成全球经济的一体化格局。诸如欧盟、东盟、北美自由贸易区、上海合作组织等组织正是全球经济一体化在各区域内的具体表现。企业之间的合作正日益加强，跨地区甚至跨国合作制造的趋势日益明显。国际上越来越多的制造企业特别是跨国公司把大量常规业务"外包"给发展中国家，而只保留最核心的业务。在这过程中形成了中国世界国际制造中心的地位。

（三）消费行为的变化

新经济所依赖的市场环境是买方市场环境，顾客消费观念和消费形态的变化使过去消费者首先注重产品是否经久耐用，较多考虑的是质量、功能与价格三大因素，转变为现在消费者往往关注产品能否给自己的生活带来活力、充实、舒适和美感，他们要得到的不仅是产品的功能和品牌，还更多地关注与产品有关的系统服务。于是消费者评判产品的标准从"要不要"、"喜欢不喜欢"发展成为"满意与不满意"，顾客对产品和服务的期望越来越高。因此，企业要用

产品具有的魅力和一切为顾客着想的体贴去感动顾客。

(四)产品生命周期越来越短

产品生命周期越来越短，产品数量越来越多，很多产品市场已变成买方市场，企业的竞争环境越来越激烈。在千变万化的市场环境中，也许最大的变化就是“速度”。随着消费者需求的多样化发展，企业的产品开发能力也在不断提高。目前，国外新产品的研制周期大大缩短。例如，AT&T公司新电话的开发时间从过去2年缩短为1年。惠普公司新打印机的开发时间从过去的54个月缩短为22个月。与此相应的是产品的生命周期缩短，更新换代速度加快。由于产品在市场上存留时间大大缩短了，企业在产品开发和上市时间的活动余地也越来越小，给企业造成巨大压力。例如当今的计算机，几乎是一上市就已经过时了，就连消费者都有些应接不暇。虽然在企业中流行着“销售一代、生产一代、研究一代、构思一代”的说法，然而这毕竟需要企业投入大量的资源，一般的中小企业在此等环境面前显得力不从心。许多企业曾有过一阵红火，但由于后续产品开发跟不上，造成产品落伍之时，也就是企业倒闭之日。消费者需求的多样化越来越突出，厂家为了更好地满足其要求，便不断推出新的品种，从而引起了一轮又一轮的产品开发竞争，结果是产品的品种数成倍增长。

以上所描述的外部环境的变化，对企业参与竞争的能力提出了更高的要求，企业要想在市场中立于不败之地，就必须借助新的管理手段来提高竞争力。企业除了优化自己的流程之外，还必须和自己的上、下游企业一起协作，不仅为自己的下游提供好的服务，而且要为最终消费者提高服务水平。这要求企业具备柔性的特点，可以快速响应市场需求的变化。企业的适应能力越强，越具有敏捷性，成功的机会就越多。同时企业必须消除供应链系统中出现的“瓶颈”，形成一个物流、信息流、资金流畅通的整体，提高整个供应链的效率。由此产生的是“横向一体化”供应链管理思想的一个典型代表。供应链管理思想在制造业中得到普遍应用，成为管理理论者和实际工作者关注的焦点。有专家认为企业之间的竞争已经由以前的“单打比赛”(即和其他对手竞争)转化成为“团体比赛”，实质是供应链与供应链之间的竞争。

二、供应链内涵特征与结构分析

在市场交易的各种产品，主要有三种商务交易形式：企业与企业(B2B)、企业对消费者(B2C)和消费者与消费者(C2C)。每种产品或服务从无到有再进行交易直至最终消费过程，经历了从原材料采购、生产加工、销售、运输等环节，需要很多不同企业的配合。从满足最终消费者需求的整个供应过程看，各种类型的企业分别在不同环节互相配合、相互衔接、分工合作形成了相互依存紧密关系，好像一条完整的供应链条，任何环节也不能出问题，谁也离不开谁，否则就无法实现供应功能。图1-1中简要描述了宝洁公司洗发水从材料供应、生产加工、配送、零售、到最终消费者各环节的完整过程。

图1-1所示的过程被形象描述为“供应链”，它是产品从包括采购活动、生产计划、运输、仓储等原材料的获得到最终产品产出、售后服务和信息系统的控制等的整个过程中所有活动的总称。供应链的概念已经不同于传统的销售链，它跨越了企业界限，从扩展企业的新思维出发，从全局和整体的角度考虑产品经营的竞争力。供应链突出了全面考虑所有相关事物的概念，将研究的范畴扩展到各个不同实体，并将它们看成一个整体，从系统论的角度去考虑和分析问题。

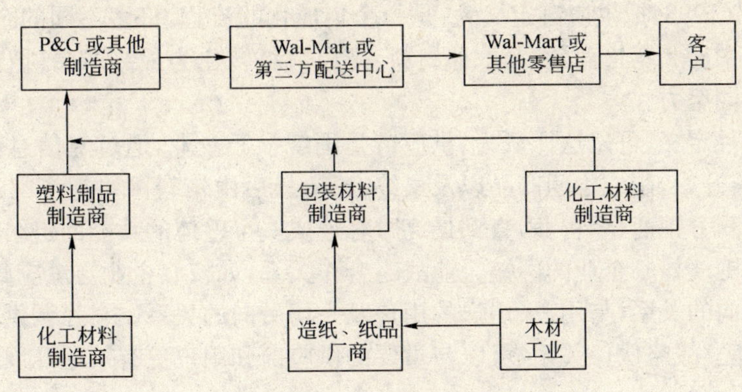

图 1-1　宝洁供应链流程

供应链的概念首先在 20 世纪 80 年代末由美国管理学者提出。20 世纪 90 年代以来，随着经济全球化，国际竞争日益加剧，顾客需求多样化，技术更新迅速。供应链在制造业管理中得到了普遍应用，成为一种新的管理模式。

对于供应链的定义，至今尚无一个公认的标准，在不同的领域，不同文献中对其有不同形式的定义。这主要与它的发展历程有关，人们从不同的角度分析和论述供应链的概念。早期的观点认为供应链是制造企业中的一个内部过程，它是指将采购的原材料和收到的零部件，通过加工、销售等过程传递到制造企业及用户的一个过程。后来的供应链概念注意了与其他企业的联系，注意了供应链外部环境，偏向于描述供应链中不同企业通过制造、组装、分销、零售等过程将原材料转换成产品到最终用户的转换过程。最近，供应链的概念更加注重围绕核心企业的网链关系，如核心企业与供应商、供应商的供应商乃至与一切前向的关系，与用户、用户的用户及一切后向的关系。

通过查阅相关文献就可以发现，对于供应链的概念，不同领域有不同角度的理解，其中有代表性的定义如下：

(1)伊文思认为：供应链管理是通过前馈的信息流和反馈的物料及信息流，将供应商、制造商、分销商、零售商，直到最终用户连成一个整体的管理模式。

(2)马士华教授认为：供应链是围绕核心企业，通过对信息流、物流、资金流的控制，从采购原材料开始，制成中间产品以及最终产品，最后由销售网络把产品送到消费者手中的将供应商、制造商、分销商、零售商、直到最终用户连成一个整体的功能网链结构模式。

(3)2001 年我国发布实施的《物流术语》国家标准(GB/T 18354—2001)是这样定义供应链的：生产及流通过程中，涉及将产品或服务提供给最终用户活动的上游与下游企业，所形成的网链结构。

(4)美国供应链协会(SCC)的定义为：供应链包括产品在从供应商的供应商到消费者的全过程中所有的生产和分配活动。

(5)Graham(1992)认为：通过增值过程和分销渠道控制从供应商到用户的流就是供应链，它开始于供应的源点，结束于消费的终点。

(6)Harrision(1996)指出：供应链是执行采购原材料，将它们转换为中间产品和产品，并且将成品销售到用户的功能网链。

(7) Bealnon(1998)把供应链定义为：是一个集成化的流程，许多不同的企业实体，诸如供应商、制造商、分销商和零售商，在获取原材料、把原材料转化为最终产品，把最终产品交付给零售商方面的共同努力。

综合以上各种定义，可以这样认为：供应链是围绕核心企业，通过对信息流、物流、资金流的控制，从原材料开始，制成中间产品以及最终产品，最后由销售网络把产品送到顾客手中的将供应商、制造商、分销商、零售商，直到最终顾客连成一个整体的功能网链结构。

供应链注重围绕核心企业的网链企业战略合作关系，如核心企业与供应商、供应商的供应商乃至与一切前向的关系，与用户、用户的用户及一切后向的关系。它强调供应链的战略伙伴关系问题，通过建立战略伙伴关系，可以与重要的供应商和用户更有效地开展工作。

三、供应链网络结构与成员分析

为了深入研究供应链的特点，需要对要研究的对象进行界定，其中对供应链体系结构的分析是基础，而且需要侧重从企业与企业之间关系的角度分析常见几种供应链的网络结构特点。

产品的最初来源是自然界，如矿山、油田、橡胶园等，最终去向是用户。产品从自然界到用户经历了供应商、制造商、分销商和销售商四级传递，并在传递过程中完成产品加工、产品装配形成等转换过程。被用户消费掉的最终产品仍回到自然界，完成物质循环。图 1-2 表明了一条简单供应链链上的活动流程和相关实体的情况。它开始于原材料从地球上的获得和开采，通过制造商、批发商、零售商，最终于用户，还包括再回收和利用的过程。

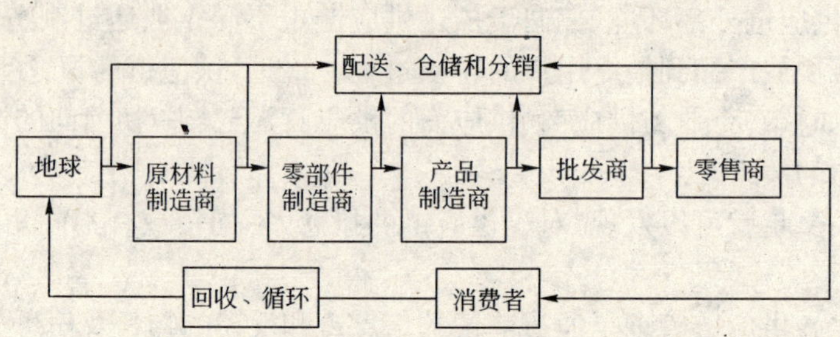

图 1-2　供应链实体结构简图

为了便于供应链的研究，产品的最初来源(自然界)、最终去向(用户)以及产品的物质循环过程都被隐含抽象掉了，而着力于供应链中间过程的研究，因此可以把供应链描述为以下几种类型。

1)链状结构

图 1-2 是最简单的静态结构模型，图中表明供应链的基本组成和轮廓概貌。进一步还可以将其简化成图 1-3。图 1-3 中商家被抽象成一个个的节点，并用字母或圆圈表示。节点以一定的方式和顺序联结成一串，构成一条图学上的供应链。

在供应链上除了流动着物流和信息流外，还存在着资金流。物流的方向一般都是从供应商流向制造商，再流向分销商，在特殊情况下(如退货)，产品在供应链上的流向与上述方向相反。一般来讲，物流的方向即为供应链的方向，这个方向确定了供应商、制造商和分销商之间的顺序关系。

2)网状结构

事实上，在链状结构中，供应商不可能只供应给一个制造商，制造商也不可能只销售给一个分销商，这样链状结构就变成了网状结构（见图 1-4）。网状结构更能说明现实世界中产品的复杂供应关系。在理论上，网状结构可以涵盖世界上所有厂家，把所有厂家都看作其上面的一个节点，并认为这些节点存在着联系。通常，一个厂家仅与有限个厂家联系，但这不影响供应链结构的理论研究。

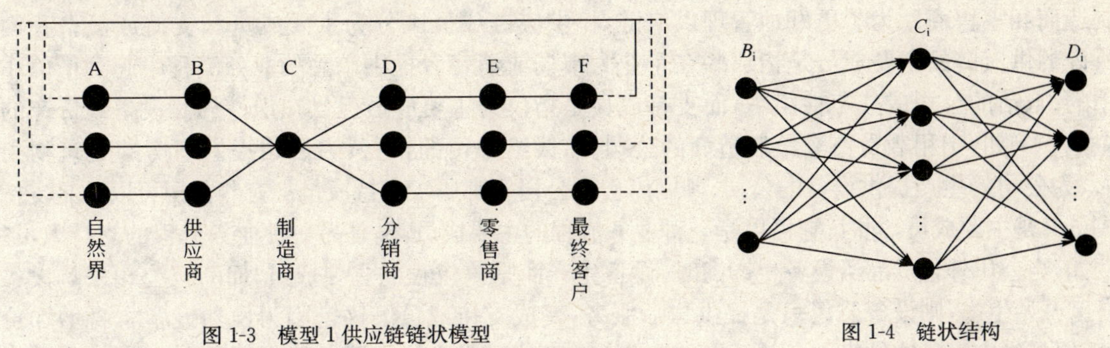

图 1-3 模型 1 供应链链状模型　　图 1-4 链状结构

在网状结构中，物流有向流动，从一个节点流向另一个节点。物流从某些节点补充流入，从某些节点分流流出。通常把物流流入的节点称为入点，把物流流出的节点称为出点。入点相当于原材料供应商，出点相当于用户。

供应链网状结构也可以简化为一个个的链状结构。供应链链状结构是供应链最基本的结构，可以根据实际情况用供应链网络结构实体抽象简图，形象而简单地描述供应链整体成员结构，方便系统的研究供应链的管理问题。

供应链网络结构简图（图 1-5），可以形象地描述具体产品的供应链整体轮廓，但对于成员组成与所处的重要程度与层级没有提供足够的信息。考虑一个核心企业的供应链时不可能包括所有的成员，那样做既不现实也没有必要。因此，管理者需要依据具体环境，根据自己的生产能力和对自己业务流程的重要程度，来选择不同联系程度的供应商或消费者，确定哪些成员需要重点管理、哪些需要间接控制，选择适合不同供应链的伙伴层次（级）。

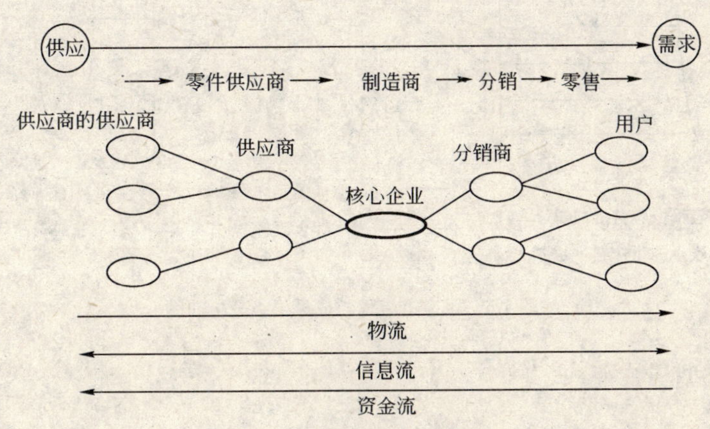

图 1-5 供应链网络结构简图

当分析供应链的物理结构时，首先应该分析供应链包括哪些成员，关键是找出对核心企业成功起主要作用的那些成员，把更多的资源和精力放在这些主要因素上。市场营销渠道的研究者在确定渠道中的主要成员时，主要考虑在其渠道中运作的各种活动，例如，产品的运输、信息的获得、支付方式，促销渠道等。每种活动都包括了相关的成员，例如支付方式中的银行，促销的广告代理商等。

供应链的成员包括从产品由原材料加工到最终产品消费整个过程所涉及的所有供应商、制造商和零售商。为了更好地管理供应链，将供应链成员区分为主要成员和支持成员。我们所说的供应链的主要成员是指那些在企业为市场或消费者提供产品的业务流程中起到增值作用的、自治的公司或战略性组织，而支持成员是指仅为主要成员提供知识、资源、设备或资产的企业。例如，出租载货汽车给制造商的公司、借钱给公司的银行、为公司提供库房的建筑物主人、为公司的生产提供设备的公司、印刷广告的公司等都属于支持成员。有些公司可以既是支持成员又是主要成员，同时，它可以是一种业务流程的主要成员，又是另一种业务流程的支持人员。例如，当公司外包产品给设备生产商时，设备生产商是该流程的主要成员，而一旦公司采购设备自己开始生产，则设备公司只是提供售后服务，变成支持成员。这是因为虽然设备本身增加价值，但是供应设备这件事本身并不增加价值。主要成员和支持成员之间的区分并不明显，但是这种方法提供了一种比较合理的简化供应链成员的办法，有利于对供应链关键成员的识别。

针对项目研究的目标与重点，借助对供应链涉及的各种流程与成员的调查研究与访谈，可以用更加详细的供应链流程与成员层级简图(图 1-6)描述分析。

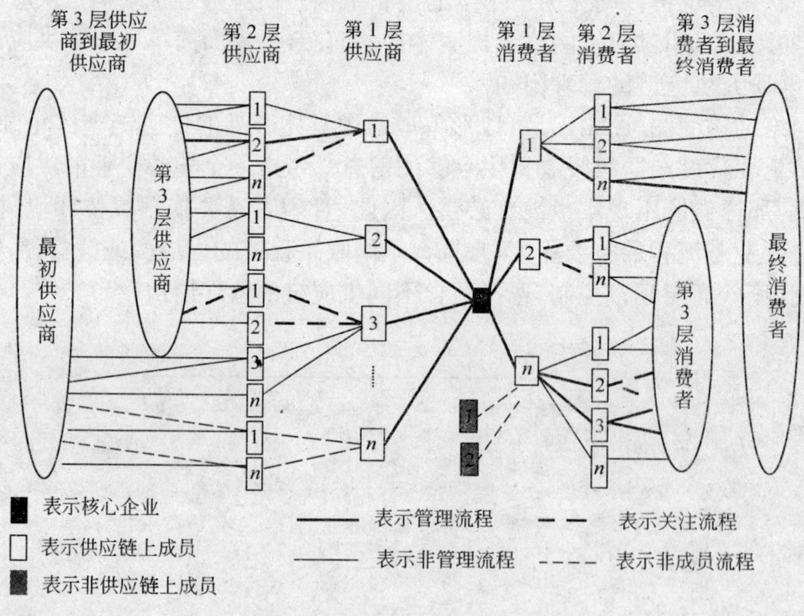

图 1-6 供应链流程与成员层级分析简图

四、供应链类型与特征

从供应链的结构模型可以看出，供应链是一个网络系统，由供应商、供应商的供应商和用户、用户的用户组成。一个实体是一个节点，节点和节点之间是一种需求与供应关系。供应链主要具有以下特征：

(1)复杂性：因为供应链节点组成的跨度(层次)不同，供应链往往由多个、多类型甚至多国企业构成，所以供应链结构模式比一般单个企业的结构模式更为复杂。

(2)动态性：成员之间的关系可能中断或发生性的变化，供应链的结构是处于不稳定动态变化的。

(3)交叉性：供应链之间相互交叉，成员可能同时处于几个供应链结构中，相互影响。

(4)增值性：从供应链的上游到下游各个环节中，成员在提供生产服务不同的过程实现产品的价值增值。

供应链的特征反映了管理的难度，因此可以把各种不同特征的供应链根据不同的划分标准分为如下几类：

1)平衡的供应链和倾斜的供应链

根据供应链容量与用户需求的关系可以划分为平衡的供应链和倾斜的供应链。供应链具有相对稳定的设备容量和生产能力(所有企业能力的综合，包括供应商、制造商、运输商、分销商、零售商等)，但用户需求处于不断变化的过程中。当供应链的容量能满足用户需求时，供应链处于平衡状态。当市场变化加剧，造成供应链成本增加、库存增加、浪费增加等现象时，企业不是在最优状态下运作，供应链处于倾斜状态。平衡的供应链可以实现各主要职能之间的均衡。

2)有效型供应链和反应型供应链

根据供应链的功能模式(物理功能和市场调节功能)可以把供应链划分为有效型和反应型供应链。有效型供应链主要体现供应链的物理功能，即以最低的成本将原材料转化成零部件、半成品、产品，以及在供应链中的运输等。反应型供应链主要体现供应链的市场调节的功能，即把产品配送到满足用户需求的市场，对未预知的需求做出快速反应 。

3)推动式供应链和拉动式供应链

根据供应链运营模式对市场需求采取的战略类型，把供应链可以分为推动式和拉动式供应链。推动式供应链主要体现在供应链成员采取按库存生产模式，以产定销，从上游到下游推销产品。拉动式供应链注重对终端消费需求的满足，采取按订单生产模式，以销定产，把下游的实际需求沿供应链上游传递，拉动供应链各级成员的管理工作。

供应链的结构是由产品的特性、原材料获得的难易程度、销售方式和服务的形式等多种因素决定的。不同的产品具有不同形式的供应链，同一企业也可以是多个不同供应链的实体。供应链结构可从水平层次和垂直规模两个方面来描述。水平层次是指供应链中所包含的所有供应商或消费者的层次数量，它决定了供应链的长短；垂直规模是指对于某核心企业而言，其各层次所包含的供应商或消费者的数目，它决定了供应链的宽度。

根据水平层次和垂直规模的不同，可将供应链的结构分为以下四种基本类型：

(1)水平层次少，垂直规模大。

(2)水平层次多，垂直规模大。

(3)水平层次少，垂直规模小。

(4)水平层次多，垂直规模小。

供应链结构与响应时间的关系如图 1-7 所示。

供应链结构直接影响供应链总响应时间，在其他条件相同时，类型③的结构对供应链总响应时间的影响最小，而类型②的结构影响最大，类型①、④居中。

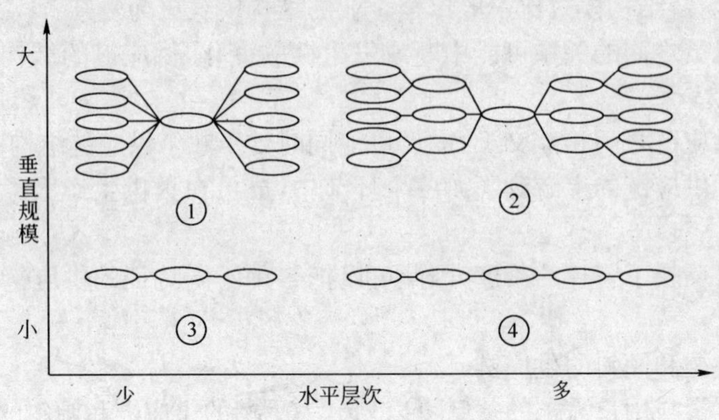

图 1-7　供应链结构与响应时间关系图

第三节　供应链管理起源、发展与核心思想

对供应链管理的研究近几年空前高涨，人们对供应链管理在企业生存发展中的作用和地位有了新的认识。麻省理工学院斯隆管理学院的查尔斯·法恩教授根据他最近的个案研究成果和调查得出这样的结论：在今天比拼竞争力的战场上，企业最根本、最核心的竞争力是供应链的设计优化能力。美国的一项研究显示许多企业在供应链中发生的费用约占其国内销售额的 10%，占国际销售额的 40%。由于供应链管理不善，企业每年大约损失 300 多亿美元。由于在供应链管理的成功实践，许多国际著名的大企业如宝洁（P&G）、惠普（HP）、国际商用机器公司（IBM）等已在从中获得巨大收益。

一、供应链管理的起源

20 世纪 90 年代以来，供应链管理在企业中的应用需要有力的理论支持，在学术界掀起了对供应链的研究热潮。供应链管理研究的发展基本上可分为以下四个阶段：

第一阶段：从 1960 开始，Forerster 最早提出将整个供应链作为一个系统来分析其动态变化情况。

第二阶段：从 1980～1989 年，供应链管理概念的萌芽阶段。人们纷纷从不同的角度分析和研究供应链管理的概念，利用不同的方法解释供应链的实质，说明供应链管理的重要性和应用的可能性。普遍认为供应链管理是一种集成的思想，包括企业内部集成和企业外部集成。

第三阶段：从 1990～1995 年，供应链管理应用处于初步形成阶段。这阶段供应链相关的各企业部门之间经常发生利益冲突，这种冲突导致供应链管理效率下降，削弱整个供应链竞争力。如何提高供应链的整体竞争力，消除供应链中信息传递过程中的放大现象成为研究热点。

第四阶段：1996 年以后，供应链管理处于强调建立合作伙伴关系阶段。研究热点为如何设计有效的供应链机制保证供应链成员合作的动力，即协调理论的研究。在合作伙伴关系的前一时期提出的协调供应链，主张各合作企业之间一致“协调对外”。而合作伙伴关系则强调与尽可能少的供应商合作，对合作伙伴的选择则是分步骤的、考虑多种因素的综合评价过程，并保证合作的有效性。

供应链管理是随着企业管理方式的演变而发展起来的，图 1-8 描述了美国供应链管理发展的历史性阶段管理特点与事件。

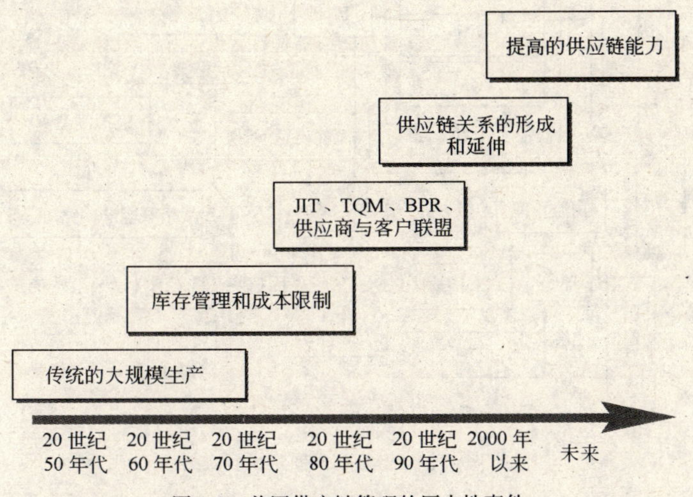

图 1-8 美国供应链管理的历史性事件

在 20 世纪 60 年代，美国的制造企业采用大规模生产技术来减少成本、提高质量，在供应商合作伙伴关系的建立、改善流程设计和灵活性或是提高产品质量方面，相对投入较少。新的产品设计与开发很慢，并且主要依靠内部资源、技术和能力。为保证机器不停的运转，原料在车间流水线上不停的流转，库存起到一种缓冲作用，导致大量在线库存的成本投入。

到 20 世纪 70 年代，物料需求计划(MRP)和制造资源计划 (MRP II)发展起来，制造企业认识到物料有效管理的重要性和大量的库存对制造和仓储成本的影响。随着计算机计算能力的提高，库存管理软件的复杂性也随之提高，使进一步降低库存并保持有效的内部沟通成为可能。

从 20 世纪 80 年代开始，激烈的全球竞争成为美国制造企业提供低成本、高质量产品以及高水平客户服务的契机。制造企业应用准时制(JIT)和全面质量管理(TQM)来提高质量、生产效率和运送时间。在 JIT 的生产环境中，只有少量库存就可以应付缓冲和生产问题，企业开始认识到供应商—买方—客户的战略合作伙伴关系所带来的潜在效益和重要性。当制造企业实践 JIT 和 TQM 的时候，合作伙伴关系和联盟的概念浮出水面。

总之，现代供应链管理理论与方法是在现代科学技术条件下产生的，是当今激烈的全球市场竞争中企业生存与发展的一个重要武器，是赢得市场竞争优势的一种最新的手段。从以上分析得知，供应链的发展源于现代科学技术和现代管理理论的推动。它们之间的相互作用和发展路径演化如图 1-9 所示。

后勤学的研究和实践是供应链管理发展的内在动力。多年来后勤学领域的研究已取得了众多成果，如库存补充、设施布局规划、车辆路径和调度等，最近研究开发的许多优秀算法能够高效地解决具有实际应用价值的组合优化问题。这些操作层次的研究进展促使人们以集成的方式研究以前分散独立处理的后勤学问题，而且推进到企业联盟之中促进后勤学集成。另一方面，信息技术是供应链管理快速发展的重要外在动力。计算机网络基础结构提供平台支持

企业内后勤学能无缝集成，而且正逐渐跨越企业的边界。信息技术支持一个企业在目前的虚拟环境中有效管理其合作伙伴和客户。其次，现代管理理论，例如JIT管理思想，即准时制管理理念，约束理论、精益生产等管理理论的不断发展也进一步促进了供应链管理的发展。

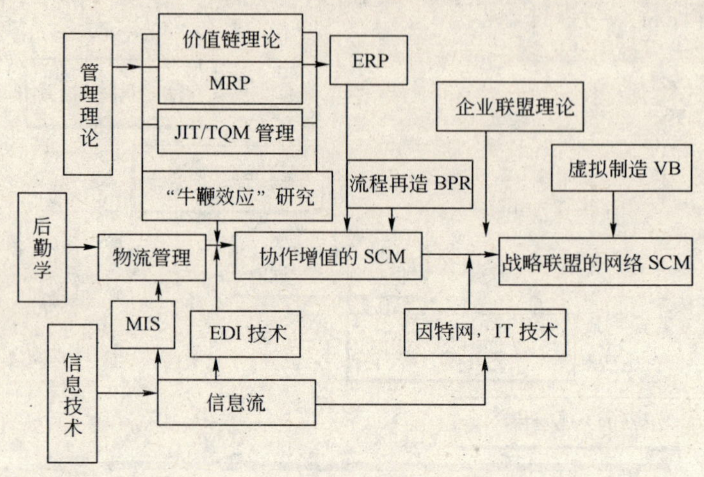

图 1-9　供应链管理发展路径演变图

二、供应链管理的概念与思想

供应链管理集中要解决的问题是如何使企业利用供应商的工艺流程、技术和能力来提高竞争力，在组织内实现产品设计、生产制造、物流和采购管理功能的协作。当价值链中的所有战略组织集成为一个统一的知识实体，并贯穿整个供应链网络时，企业运作的效率将会进一步提高。广义的供应链管理可以描述贯穿整个价值链的信息流、物流和资金流流动所有活动与过程，如图1-10所示。

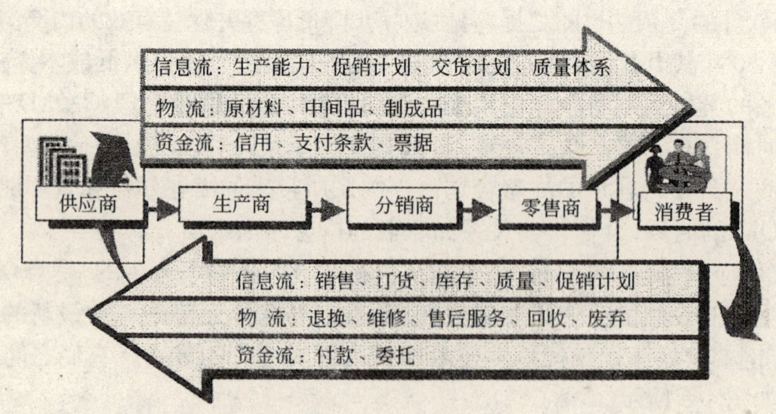

图 1-10　供应链管理的范围

供应链管理的广义定义，包含了整个价值链，描述了从原材料开采到使用结束整个过程中的采购与供应管理流程。但是，由于广义供应链管理描述的价值链非常复杂，企业无法获得供应链管理提供的全部利益，因而，产生了第二种较狭义的供应链管理定义。总部设于美国俄亥俄州立大学的全球供应链论坛(GSCF)将供应链管理定义成“为消费者带来有价值的产品、服务以及信息的、从源头供应商到最终消费者的集成业务流程。”

美国著名物流专家 Harand 将供应链管理描述成对商业活动和组织内部关系、直接采购者的关系、第一级或第二级供应商、客户关系和整个供应链关系的管理。

学者 Scott 与 Westbrok 将供应链管理描述成一条连接制造与供应过程中每一个元素的链,包含了从原材料到最终消费者的所有环节。在一个组织内集成不同功能领域的物流,加强从直接战略供应商通过生产制造商与分销商到最终消费者的联系,通过利用直接战略供应商的能力与技术,尤其是供应商在产品设计阶段的早期参与,已经成为提高生产制造商效率和竞争力的有效手段。

2001 年,我国发布实施的《物流术语》(GB/T 18354—2001)对供应链管理的定义是“生产及流通过程中,涉及将产品更新换代或服务提供给最终客户的上游或下游企业,所形成的网络结构”。并将供应链管理定义为“利用计算机网络技术全面规划供应链中的商流、物流、信息流、资金流等,并进行计划、组织、协调与控制等。”

美国学者 Wernertal 从不同学派的观点进行深入地分析,将供应链管理研究归纳为功能链学派、供应链关联/物流学派、供应链信息学派、供应链集成、流程学派和供应链管理未来学派。

1)功能链学派(The Function Chain Awareness School)

该学派对于供应链管理的定义是由 Houlihan 于 1988 年给出的:供应链管理包括了物流从供应商开始,经过制造商、配送商,最终到达客户的整个过程。他们认为供应链管理主要关注的是物流方面的管理。他们把整个产品价值创造的流程看作是由不同的角色和功能组成的一条长链,其中包括这条链的始端——供应商、制造商一直到这条链的末端——客户的整个流程。

2)供应链关联/物流学派(The Linkage/Logistics School)

与功能学派相比,该学派有着不同的关注重点:除了以物流为中心之外,他们强调在供应链中不同功能之间存在着连接关系。例如,Turner 对供应链管理的理解是:供应链管理是一种关注供应链中不同功能之间连接关系的技术(从原材料供应商到加工制造的不同单元到仓库最后配送到客户手中)。通过对这种连接关系有效地管理(尤其是对后勤与运输的管理),可以使企业获得更大的竞争优势。

3)供应链信息学派(The Information School)

与上面两个学派的观点不同,信息学派除了对供应链中的物流关注以外,还认为信息流的设计、规划和控制也是非常重要的。因此,该学派将上述两个学派观点的范围进行了扩展,其中一个对供应链管理的定义是这样的:供应链管理需要所有的成员企业对信息流进行有效的管理,因此,不同成员企业之间的连接关系与信息流对于整个供应链性能的影响是至关重要的。需要指出的是,这种信息流是双向流,既有向下游企业方向(由制造商到客户方向)的流动,又有向上游企业方向(由客户到制造商方向)的流动。正馈的信息流可以对物流的运动进行有效的管理,而反馈的信息流可以为供应链的上游企业提供下游库存点的实时状态。

4)供应链集成/流程学派(The Integration/Process School)

集成/流程学派是影响最为广泛的学派,他们把供应链管理看作是一种管理哲理,已经超越了上面所有学派的思想。该学派认为供应链不仅仅是所有功能、组织单元的集成。通过把

整个的供应链水平地划分为不同的业务流程，可以对这些单独的流程进行管理和优化。因此，从应用系统的角度，在最小成本并满足客户需要的服务水平下，对供应商到消费者间整个渠道的整体管理，对供应链中的物流、信息流进行设计、规划和控制，对资金流进行分解与控制，并使供应链中成员获得相应利益的一种管理理念。

5）供应链未来学派

未来学派与前述学派不同，他们把供应链看作是一个超级动态网络，每个供应链成员都有自己供应链网络，各成员供应链相互连接交织在一起，拥有资金网络、信息通信网络、电子商务网络、物流网络和社会网络等众多网络的动态联盟聚合体，是一个大规模高度复杂的技术网络系统。Tina Wakolbingeretal 提出了一个动态超级供应链网络模型，在这个网络中，包含了电子商务网络和物流网络及资金网络，还把社会网络整合在一起，并对网络结构进行了优化，认为供应链管理是达到网络均衡的一个过程。

综上所述各种学派观点，供应链管理是一种新的管理方法，供应链管理就是对供应链中各个实体之间的物流、信息流与资金流进行计划、组织、协调和控制，以期通过优化，提高所有相关流程的速度和准确性，使所有相关过程的净增加值最大化，提高组织的运作效率和效益。供应链管理的核心思想体现如下：

1）系统集成思想

不再孤立地看待各个企业及各个部门，而是考虑所有相关的内外联系体——供应商、制造商、销售商等，并把整个供应链看成是一个有机联系的整体。通过各种管理手段与机制把具有独立决策权的分散组织成员集成为一个有机整体，共同实现整体利益最大化目标。

2）以客户为中心

让最终顾客更满意是供应链全体成员的共同目标。顾客满意的实质是顾客获得超出他们承担的产品价格以上的那部分“价值”，供应链可以使得这部分“价值”升值。例如，由于供应链中供应商与制造商、制造商与销售商彼此之间已经建立了战略合作伙伴关系，因此供应商可以将原料或配件直接运送给制造商，制造商可直接将产品运送给销售商，企业间无须再进行原来意义上的采购和销售，这两项成本就大大削减了。供应链完全可以以更低的价格向客户提供优质产品。此外，供应链还可通过改善产品质量、提高服务水平、增加服务承诺等项措施来增大顾客所期待的那部分“价值”，从而提高了顾客的满意度。

3）“双赢”合作竞争理念

与传统企业经营管理不同，供应链管理是对供应链全面协调性的合作式管理，它不仅要考虑核心企业内部的管理，还更注重供应链中各个环节、各个企业之间资源的利用和合作，让各企业之间进行合作博弈，最终达到“双赢”。早期的单纯竞争观念完全站在企业个体的立场上，以自己的产品销售观在现有的市场上争夺产品和销售渠道，其结果不是你死我活就是两败俱伤，不利于市场空间的扩大和经济的共同繁荣进步。合作竞争理念把供应链视为一个完整的系统，将每一个成员企业视为子系统，组成动态联盟。彼此信任、互相合作、共同开拓市场、追求系统效益的最大化、最终分享节约的成本和创造的收益。

4）基于现代网络信息技术

供应链管理战略是现代网络信息技术与战略联盟思想的结晶，高度集成的网络信息系统是其运行的技术基础，企业资源计划（ERP）就是广泛使用的信息技术之一。ERP 是由美国权威计算机技术咨询和评估集团 Garter Group 在 20 世纪 90 年代提出的，综合应用了多项网络信息产业的成果，集企业管理理念、业务流程、基础数据、企业资源、计算机软硬件于一体，通过信息流、物流、资金流的管理，把供应链上所有企业的制造场所、营销系统、财务系统紧密地结合在一起，以实现全球内多工厂、多地点的跨国经营运作，使企业超越了传统的供方驱动的生产模式，转向需方驱动生产模式运营，体现了完全按用户需求制造的思想，通过信息和资源共享，实现以顾客满意为核心的战略。

通过供应链管理可以提供更完整的产品组合，满足不断增长的市场需求；面对市场需求多样化的趋势，不断缩短供应链完成周期；对于市场需求不确定性，缩短供给与消费的市场距离，实现快速、有效的反应；不断降低整个供应链的运营成本和总费用；建立一个和谐的供应链管理体系，在创新的管理体系中创造管理价值。

供应链管理目标是将整个供应链上的所有环节的市场、分销网络、制造过程和采购活动联系起来，共同实现客户服务的高水平与低成本，以赢得竞争优势。而供应链管理最根本的目的就是增强企业核心竞争力，其首要的目标则是提高客户满意度，即将顾客所需的、正确的产品（Right Product）在正确的时间（Right Time），按照正确的数量（Right Quantity）、正确的质量（Right Quality）、正确的状态（Right Status）送到正确的地点（Right Place），即“6R”，并使总成本最小。

归根到底，供应链管理和任何其他的管理思想一样，都是要使企业要在激烈的市场竞争中保持优势，在“TQCSF”等方面有上佳表现。必须以客户为中心，加快产品的开发、制造和分销速度，缩短新产品上市和交货时间（Time，T），重视产品全程质量（Quality，Q）管理，降低成本（Cost，C），为客户提供全方位的服务（Services，S），企业要有较好的应变能力与灵活性（Flexible，F）。同时充分重视“知识”（Knowledge，K）、“创新”（Innovations，I）和环境保护（Environment，E）以保证企业可持续发展。

在典型制造商的成本结构中，供应链所涉及的成本占 60%～80%，高效的供应链管理可以使总成本下降 10%，相当于节省总销售额的 3%～6%，同时明显提高了客户需求预测和管理水平。美国的 Pitiglio Rabin Todd & McGrath 公司的调查分析结果也表明，企业实施供应链管理可以获得如下益处：

(1)供应链管理的实施使总成本下降了 1%。

(2)供应链系统中企业的按时交货率提高了 15%以上。

(3)订货—生产的周期缩短了 25%～35%。

(4)供应链中企业的生产率提高了 10%以上。

(5)核心企业的资产增长率为 15%～20%。

如今，供应链管理已经成为企业参与全球市场竞争的重要战略。因此，任何一个希望步入国际化市场的企业都应该从供应链管理角度来考虑整个企业的生产经营活动，努力创造自己的核心竞争力，使企业成为整个社会价值链的一个重要环节。

三、供应链管理核心内容与运营机制

实现企业供应链管理，首先应弄清楚供应链管理的主要内容。在这方面，不同学者根据自己的兴趣和理解分别提出不同看法，例如，我国著名的马士华教授认为供应链管理主要涉及供

应、生产计划、物流和需求四个领域，如图 1-11 所示。

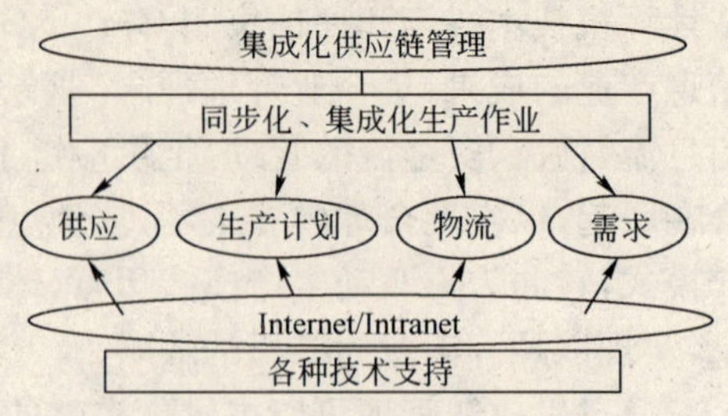

图 1-11　供应链管理涉及的领域

供应链管理是以同步化、集成化生产计划为指导，以各种技术为支持，尤其以互联网(Internet)为依托，围绕供应、生产计划、传统物流、满足需求来实施的，主要包括计划、合作、控制从供应商到客户的物料(零部件和成品等)和信息。在图 1-11 所示的供应链四个领域的基础上，可从另一角度把供应链管理分为职能领域和辅助领域。其中职能领域主要包括产品工程、产品技术保证、采购、生产控制、库存控制、仓储管理、分销管理；而辅助领域主要包括客户服务、制造、设计工程、会计核算、人力资源、市场营销等。

从公司的实践来看，供应链管理关心的并不仅仅是物料实体在供应链中的流动，除了企业内部与企业之间的运输问题和实物分销以外，供应链管理包括以下主要内容：

(1)供应链管理策略制定(不同行业、不同产品类型要求采用不同的供应链管理策略)。

(2)推动式或牵引式供应链运作方式的确定(不同企业有不同的管理文化，企业应选择适合于自己实际情况的运作方式)。

(3)战略性供应商和客户合作伙伴关系管理。

(4)供应链产品需求预测和计划。

(5)供应链的设计(全球节点企业的定位、资源的集成化计划、跟踪、控制和评价)。

(6)企业内部与企业之间物料供应与需求管理。

(7)基于供应链管理的产品设计与制造管理、生产集成化计划、跟踪、控制和评价。

(8)基于供应链的客户服务和物流(运输、库存、包装等)管理。

(9)企业间资金流管理(汇率、成本等问题)。

(10)供应链管理环境下的绩效测量与评价。

(11)基于内联网(Intranet)的供应链运作的信息支持平台及信息管理。

供应链管理实际上是一种基于"竞争—合作—协调"机制，以分布企业集成和分布作业协调为保证的新的企业运作模式。供应链管理是通过合作机制、决策机制、激励机制和自律机制等来实现满足客户需求、使客户满意以及留住客户等功能目标，并进而实现供应链管理的最终目标：社会目标(满足社会就业需求)、经济目标(创造最佳利益)和环境目标(保持生态与环境平衡)的合一，如图 1-12 所示。

1)合作机制

供应链合作机制体现了战略伙伴关系和企业内外资源的集成与优化利用。基于这种企业环境的产品制造过程，从产品的研究开发到投放市场，周期大大地缩短，而且客户导向程度更高，模块化、简单化产品、标准化组件，使企业在多变的市场中性和敏捷性显著增强，虚拟制造与动态联盟提高了业务外包策略的利用程度。企业集成的范围扩展了，从原来的中低层次的内部业务流程重组上升到企业间的协作，这是一种更高级别的企业集成模式。在这种企业关系中，市场竞争的策略最明显的特征就是基于时间的竞争，以及基于价值的供应链管理。

2)决策机制

由于供应链企业决策信息的来源不再仅限于一个企业内部，而是在开放的信息网络环境下，不断进行信息交换和共享，达到供应链企业同步化、集成化计划与控制的目的。随着内联网的发展及其对企业决策的支持作用的增强，企业的决策模式将会产生很大的变化，因此处于供应链中的任何企业决策模式应该是基于内联网的开放性信息环境下的群体决策模式。

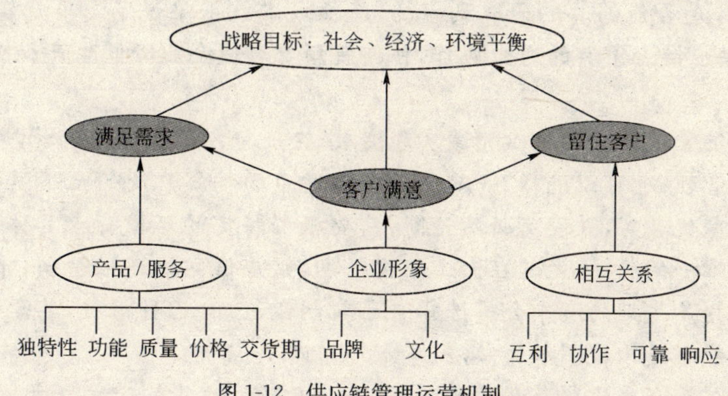

图 1-12　供应链管理运营机制

3)激励机制

要实现供应链管理目标，还必须建立健全业绩评价和激励机制，使我们能清楚认知供应链管理思想在哪些方面、多大程度上给予企业改进和提高，以推动企业管理工作不断完善和提高。同时也使得供应链管理能够沿着正确的轨道与方向发展，真正成为被企业管理者乐于接受和实践的新的管理模式。

4)自律机制

自律机制主要包括企业内部自律、对比竞争对手的自律，行业内自律、合作伙伴之间的自律。通过自律机制更好的提高客户满意度，保持良好商誉，减少沟通合作成本，提高起整体竞争力。

小资料

丰田借助供应链管理击败美国汽车军团

近期IT界发生的一系列事件让大家的目光再次聚焦供应链。联想收购IBM的PC业务后，立即面临供应链整合的挑战，如何把中国低成本制造的制胜基因融合在蓝色巨人的高贵血液里，成为摆在新联想面前的最重大课题；明基这边刚刚收购西门子的手机部门，那边马上开始对原西门子中国的渠道部门进行裁员，明基如何重构其供应链、理顺上下游方方面面的关系令人拭目以待。苹果最近宣布，中止IBM向其供应台式电脑微处理器的关系，转而指定世界最大的半导体公司英特尔作为新供应商。对于苹果和英特尔来说，这一供应链调整带来的挑战，绝不亚于上面两起并购后供应链整合所面临的压力。苹果能在多大程度上管理好新供应商的转换(这一过程将持续长达2年)苹果能否如愿以偿地从新的供货关系中获利。

供应链管理的三大核心领域分别是成本、质量和时效，三者互相关联且互相制约。成本和质量通常是大多数传统公司决策时的第一考量；但在新经济“快鱼吃慢鱼”的背景下，越来越多的公司开始关注时间的重要性。波士顿咨询的乔治·斯托克在其《与时间竞争》一书中指出，顾客对企业迅速响应其需求有着越来越高的要求，如果企业能比行业平均水平更快地响应客户需求,就有望获得2倍于其竞争对手的利润,增长速度最多也可以快3倍。英国《金融时报》认为,成本、质量和时效性都是苹果公司决定放弃IBM转投英特尔的原因。苹果期望借助新的供应商关系降低成本,进而降低价格、提高竞争力。但如果为了追求交货时效和降低库存而影响到质量,那么是否能够真的争取到市场、降低成本就很难说了。单就实现高时效本身来说,它需要整个供应链上下游的通力协作,任何瓶颈都会使企业降低生产和交付时间的目标付诸东流。

为了在供应链管理的三大核心领域实现突破,企业可以选择"自己做",即尽可能把供应链纳入本公司内部管理;也可以选择"一起做",即通过市场构筑广泛的上下游供应链,建立合作伙伴网络。两者孰优孰劣,并没有必然论断,需要根据特定的环境背景具体分析。某些时候,"自己做"可能是唯一的选择,尤其在大工业化早期,供应链网络还很脆弱,市场对很多新行业的涌现尚手足无措。早期的汽车公司选择自己轧制钢板、自己种橡胶,甚至自己炼油,在当时的经济背景下可能都是比较明智的做法。

随着专业分工和全球化贸易程度的加深,企业开始关注其核心竞争力,上下游一体化的供应链管理成为市场的主流,企业逐渐更青睐从独立的专业供应商那里采购组件和原料。但这也带来了新的问题引入外部供应商后,一旦缺乏对供应商的控制,就更难保证供货质量和及时性。丰田汽车得出了该问题的解决方案——与供应商发展紧密的合作伙伴关系,并逐步加以完善。为了支持其及时制(Just In Time,简称JIT)系统,丰田公司需要确保供应商按照成本、质量和及时性这三大标准供货,因此选择供应商的标准极为严格和细致,目的是将选定的供应商整合为一个"企业家族",使其内部所有相关企业的利益和目标完全一致。精确准时的送货和生产,苛刻的质量控制体系帮助丰田把库存和成本降到了最低;丰田能够最终击败底特律的美国汽车军团,坚如磐石的供应链居功至伟。能够在和平时期维系这样的准军事化供应链,很大程度上凸显了日本的民族特性。如此近乎疯狂的库存控制和精确生产,建立在供应链上下游企业的紧密协作基础上,需要极其坚强的纪律保证和利益纽带。但一旦构建起这样强大的供应商合作关系网络,其意义就非同小可。它不仅是对供应链本身进行控制的一种方式,还可能发展成为核心竞争优势,且竞争对手几乎无法复制。现代企业间的竞争在很大程度上已经由单打独斗转变为供应链之间的团队博弈,如何借助上下游网络的合力,获得成本、质量和时效性的完美平衡就是供应链管理追求的终极目标。

资料来源:《IT时代周刊》

四、供应链管理与物流管理的关系

供应链管理与物流管理经常被混为一谈,其实两者本质的不同、概念也不同和侧重点也不同。在这一节中,我们将分析供应链管理与物流管理的区别与联系。

1)物流管理的概念

物流最早是指销售过程中的物流,称为实物配送。后来,围绕战争供应,建立了后勤理论,包括生产和流通过程中的物流,比早期的实物配送范围更加广泛。物流是对组织及其市场渠道内的原料、部件、成品库存和相关信息的采购、运输和储备的战略性管理过程,它通过对订单的成本有效管理来实现最大化当前和长期利益。由物流的概念可知,物流管理的基本内容主要是对物流活动、物流系统中的各要素和具体职能的管理。

2)物流管理是供应链管理的基础

供应链管理只是当物流管理发展到一定阶段以后才产生的。企业完成了其内部的物流一体化后，为了进一步节省对发生在企业之间的物流成本，加强与其他企业之间的进一步合作，开始仅集中于企业之间的物流合作，而逐渐发现高效的物流合作来自于企业之间其他层次的进一步合作。因此，供应链管理逐渐发展起来。如果企业内部的物流一体化没有完成，那么也无法实行高效的供应链管理。因为供应链管理所带来的绩效会被其中某个企业内部的无效运作而破坏掉。

3)供应链管理和物流管理对问题处理的角度不同

物流管理主要从一个公司的角度考虑供应、存储和分销，具有内视性。物流管理把其他的公司当作一种接口关系处理，没有深层次理解其他公司的内操作。供应链管理将其他的公司作为生意伙伴，要求对供应链上所有节点活动进行紧密的协作控制。物流管理强调一个公司的局部性能优化，并且采用运筹学的方法分别独立研究相关的问题。供应链管理将每个企业当作供应网络中的节点，通过紧密的功能协调追求多个企业的全局性能优化。

4)物流管理经常是面向操作层次的，而供应链管理更关心战略层次问题

大多数物流研究项目是处理完全的组合优化问题。通常，这些问题被独立地从它们的环境中分离出来，不考虑与其他企业功能的关系。而大多数供应链管理研究努力侧重于全局模型、信息集成、组织结构和战略联盟等方面的问题，在信息使能技术支持下，采用综合方法研究相关问题。

5)供应链管理更加注重提高对客户的服务水平和全面合作

物流管理更加关心成本的降低。成本控制为第一位，其次才是客户服务。这也是为什么物流管理在传统上被认为是企业核心活动的辅助活动的原因之一。

供应链管理的范围已经大大超过物流管理的范围，涉及的领域也比物流多得多。供应链管理不仅包含物流管理的内容，还集成了生产管理、供应管理、需求管理以及其他各种技术。

第四节　供应链管理组织结构与核心岗位职责

一、供应链管理三种主导模式

根据供应链中主导企业类型，供应链可以分为三大类型如图 1-13～图 1-15 所示。

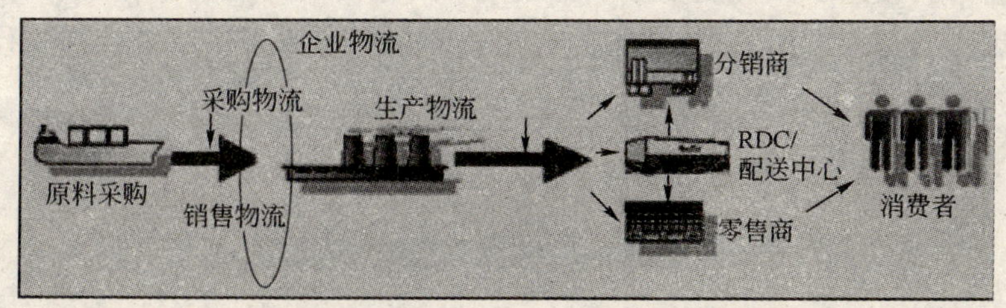

图 1-13　以制造企业为主导的供应链

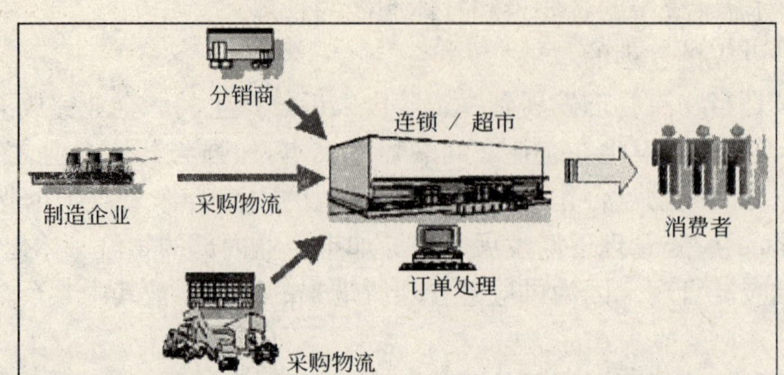

图 1-14 以零售企业(连锁超市)为主导的供应链

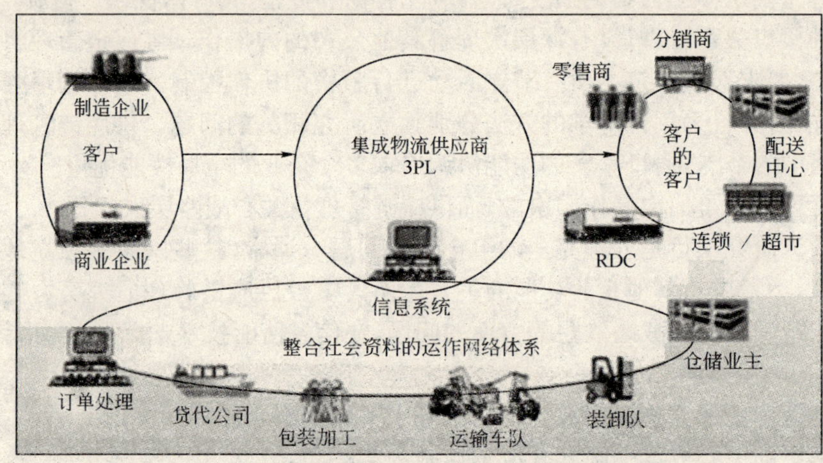

图 1-15 以 3PL(集成物流供应商)为主导的物流服务供应链

二、跨国制造企业的全球供应链管理部门

供应链管理部门是大型跨国制造企业的一个重要组织部门,如图 1-16 和图 1-17 所示。

三、快递业某物流企业组织结构与核心岗位

其快递公司的组织结构图如图 1-18 所示。

四、国际货代企业组织结构与核心岗位

某国际物流公司的组织结构图如图 1-19 所示。

供应链管理已经被人们所重视,我国的许多企业也开始重视供应链管理工作,但在发展中存在一些问题,对于国有企业在供应链管理存在的问题可参见下面小资料。

小资料

国有企业供应链管理存在的问题

20 世纪 90 年代中后期,供应链管理的概念开始在中国学术界和企业界迅速传播。许多国有企业引入供应链管理,试图提高企业效益并做大做强。但是,审计人员在对国有企业进行

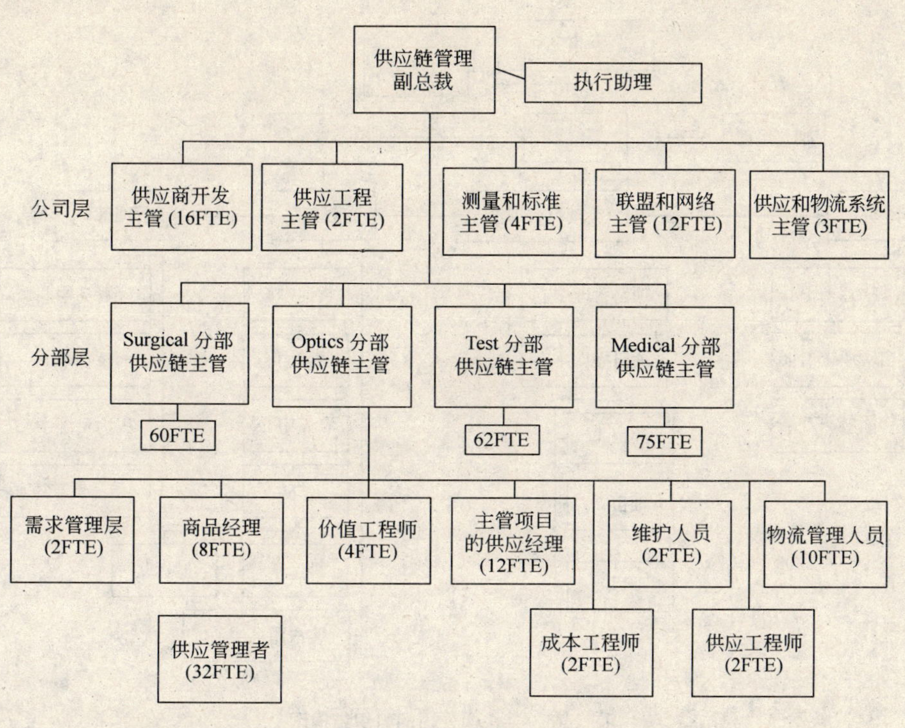

图 1-16　某大型跨国公司供应链管理部门的组织结构图

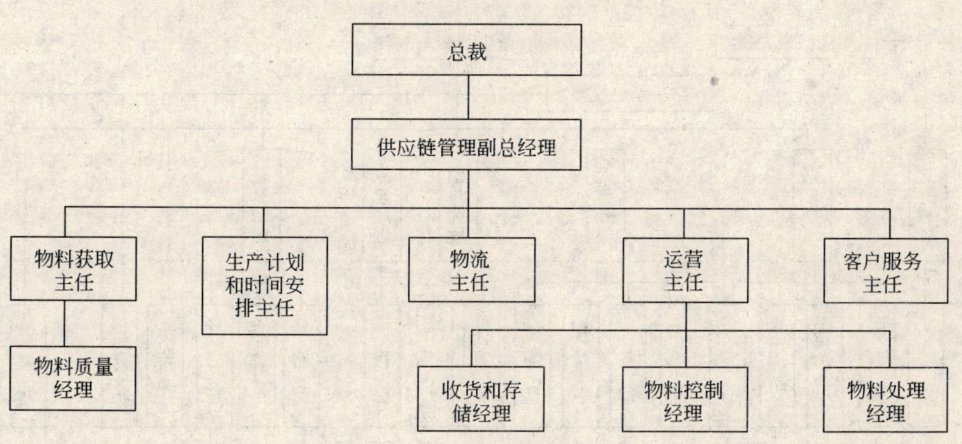

图 1-17　另一大型跨国公司供应链管理部门的组织结构图

审计,特别是对一些大型国企的下属三产企业进行审计的过程中发现,企业在实行供应链管理的过程中投入了很高的成本,却没有带来预期的效益。企业要让供应链管理发挥出应有的效果,就必须找出供应链管理存在的问题并加以解决。目前,国有企业建立现代企业制度时间很短,长期受计划经济模式的影响,对于一些先进的管理方法和手段进行本土化的能力很有限,一些国有企业在实施供应链管理中存在以下问题:

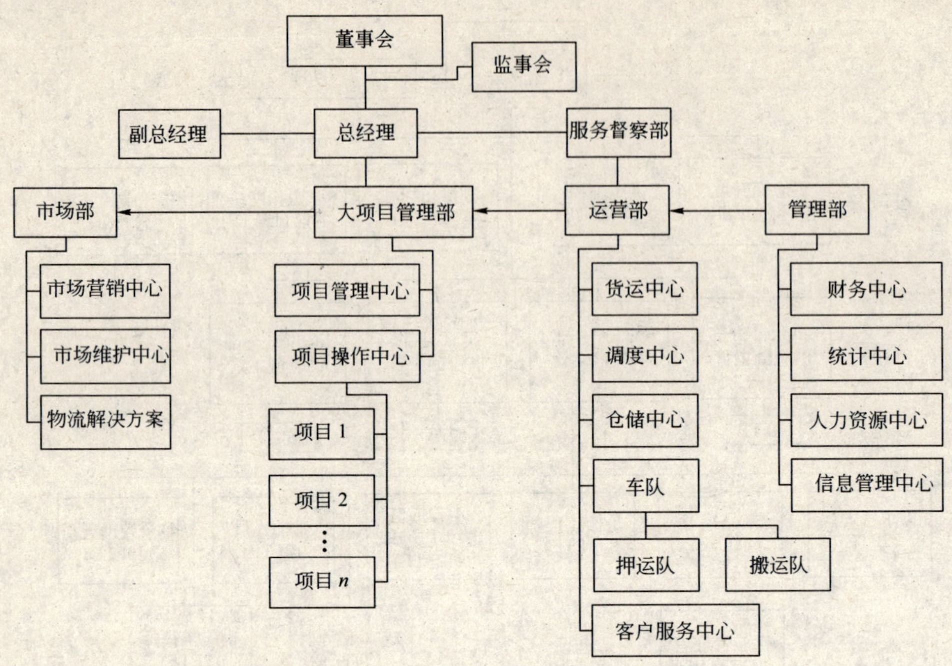

图 1-18　某快递公司的组织结构图

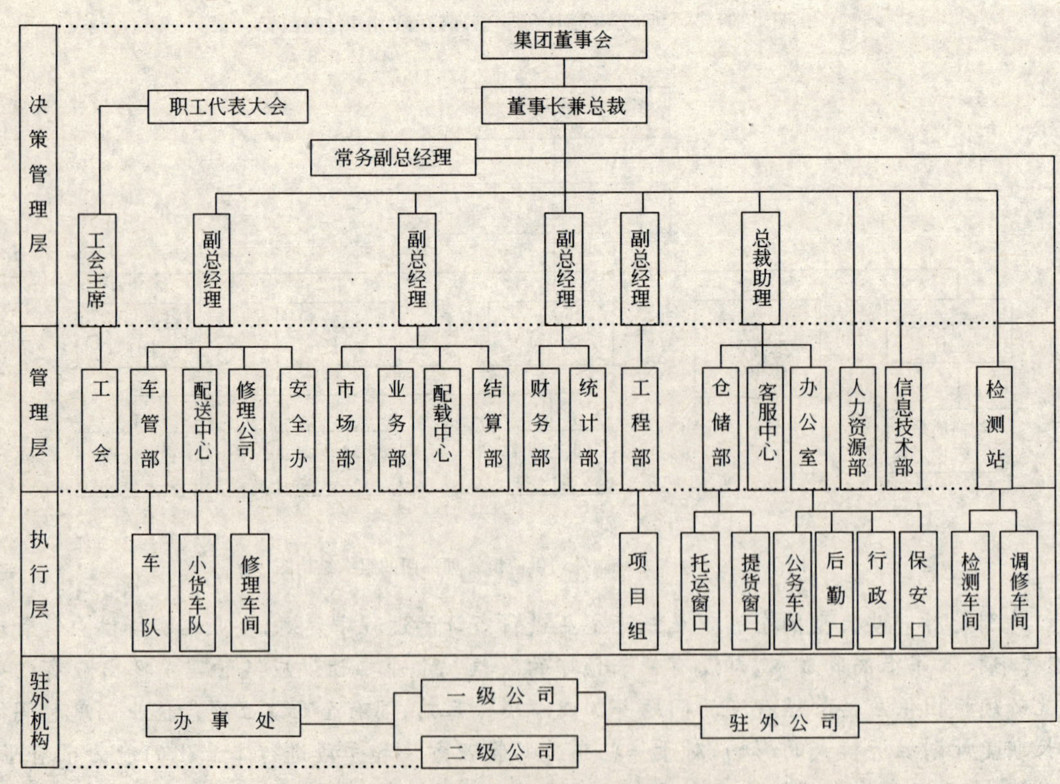

图 1-19　某国际物流公司的组织结构图

1. 对供应链管理的认识有误区

很多人认为，供应链管理就是物流管理，甚至一些人认为供应链管理就是兼并上下游的企业。实际上供应链是一种业务流程模型(或网络)，它是由原材料和零部件供应商、产品的制造商、分销商和零售商到最终用户的价值链组成，完成由顾客需求开始到提供给顾客所需要的产品与服务的整个过程。供应链管理就是对整个供应链中各参与组织、部门之间的物流、信息流与资金流进行计划、协调和控制等，其目的是通过优化、提高所有相关过程的速度和确定性，使所有相关过程的净增价值最大化，提高组织的运作效率和效益；就是在控制总成本的前提下，实现所谓的"6R"，即将顾客需要的合适的产品(Right Product)，在正确的时间(Right Time)，按照无误的数量(Right Quantity)、优良的质量(Right Quality)、良好的状态(Right Statues)，送到正确的地点(Right Place)。可见，供应链管理决不是一些企业领导者认为的简单的物流管理，更不是将上下游企业进行简单的整合。

2. "内全"型企业模式

有些国有企业的管理方法和管理思想还是沿袭计划经济时代的模式，组织结构特点是"大而全、小而全"，以生产为导向，呈现两头(开发和销售)小，中间(生产)大的"橄榄形"结构特征。这种企业模式不符合供应链管理需求。例如，中国的三大汽车生产基地，几乎都拥有专为自己配套的零部件供应商和销售体系，而这与国外汽车工业全球采购、零部件共用和分销渠道共享的发展潮流恰好相反。

3. 采购、生产、需求脱节，敏捷性差

一些国有企业机构臃肿，敏捷性差，不能很好占领市场，结果造成生产和需求脱节的情况时有发生，极易出现企业库存积压，大量资金被占用。这显然与缺乏对企业内部供应链的有效管理有关。例如，某国有绿色食品厂，对玉米进行深加工，该行业前景广阔，利润率高，但是由于该企业采购与生产相脱节，原材料采购数量远远超过生产加工能力，结果造成原料积压变质，亏损严重。

4. 基础设施利用率低

由于管理思想陈旧，大部分企业内部管理系统"孤立残缺"，尽管企业也已经购进了大量的计算机，但是仅作为打字机的升级产品，数据分析处理仍沿用手工方式，有的企业购进了先进的企业供应链管理系统软件，但是缺乏懂得应用的软件人才，花大价钱购进的先进设备就这样闲置了。供应链内部信息集成都谈不上，更不用说外部传递。

5. 社会整体信用环境差

在供应链管理中，信任与合作是基石之一。我国还处于市场经济发展的初期，信用体系未能真正建立，更多的是家族、亲朋之间的"私信"，而非"公信"，导致整个社会信任程度下降，制假售假，商业欺诈行为层出不穷，债务拖欠理不清，这些都很大程度上妨碍了企业之间的正常合作关系。供应链管理的重要原则是各个企业的利益"共沾"，只有这样才能维系良好的合作关系。

6. 管理水平低、缺乏专业管理人才

多数国有企业的高层管理人员仍然采用任命制，一些国有企业管理者的管理水平不高、缺少相应的管理技能，甚至还存在"任人唯亲"的现象。这样的企业借口提高企业效益，盲目上马供应链管理，但是缺乏相应的人才，供应链管理止步于口头，不但浪费资金、甚至降低了企业的

工作效率导致利润下滑。比如,有些乡镇国有集体企业,高层管理人员是乡长、镇长兼职,会计人员有的连基本的借贷关系都搞不清楚,企业基本的管理制度都没有建立起来,供应链管理只是流于形式。

7. 顾客服务水平不高

由于企业未能迅速从制造商主导的市场环境转变过来,造成交货时间长,常常缺货,可靠性不高,对顾客反应不快等问题。在顾客主导市场环境里,由于以上惯性的存在,造成企业竞争力减弱,甚至失去原有顾客。顾客导向的意识建立不起来,这本身就缺乏供应链管理的基础。

资料来源:审计署网站

［案例分析］

1. 供应链管理改变企业组织结构

——访 IFPSM 教育委员会主席 Giovanni Atti

在过去 50 年里,由于技术进步和经济全球化的发展,自给自足的经济已经转变为综合的全球化经济,以前在封闭的国内市场上运营的企业也发展为在不同的国家成立公司总部和生产基地的跨国公司。Giovanni Atti 就此表示,尤其是 20 世纪 80 年代以来,由于互联网的发展,现在的供应链管理已经可以影响到大企业的组织,因为企业结构和组织方面的任何变化都暗示着企业职能部门的角色和活动方面的变化。

1. 供应链管理应该产生价值

Giovanni Atti 介绍说,迈克尔波特曾提出"流动的工厂",这可以描述成特定产品的设计、制造及售后服务位于不同站点的模块的结合。波特预见到的这一供应链概念,在 20 世纪 80 年代后期由日本汽车工业首次应用。迈克尔·波特指的模块是供应链的不同环节,而这些模块可以用其他更有新意,更有效率的模块代替。"流动的工厂"这一概念为当今制造系统或延伸的企业提供了一幅清晰的图画。现在,供应链管理已经发展成为内外部利益的结合、人员和技术资源的整合,也是资金、物流和信息的整合,供应链管理中掌握信息的能力非常关键,使用信息技术已经成为供应链管理发展的最新推动力。在网络发达的全球经济背景下,企业的总部和各分部可能位于不同的国家。从相对简单的局部网络起步,供应链近来已成为相当复杂的多企业系统,这些企业的文化背景、所在国家的惯例和法律非常不同。

全新的供应链管理虽然由于企业的具体情况不同,需要不同的技能,不同的背景,需要完成不同的目标,但都需要拥有掌握信息的能力、长期的合同以及不断前进的目标。成功的供应链管理是多渠道的合作,除了可以降低成本和及时了解市场变化之外,还要创造价值。Giovanni Atti 说:"单纯的削减成本已经不足以使企业在全球具有竞争力,供应链管理应该产生价值。"

2. 从传统采购到供应链管理

企业从传统采购如何过渡到供应链管理呢?这要取决于买家与供应商依存关系,从供应的战略重要性来看,没有企业间的依存或整合关系时,买方市场会向与物流或制造业建立供应合作关系的方向发展,卖方市场则发展为高水平依存的全面购买供应合作。最广泛的企业间依存或整合包含:设计、革新、管理、产品改进及客户服务。从市场的竞争性来看,与物流或制造业建立供应合作关系比全面购买供应合作的竞争性要强。

Giovannl Atti 说，从 20 世纪 90 年代起，竞争从企业对企业的竞争转为供应链对供应链的竞争。商业和制造业近年来的全球化加剧了市场竞争，刺激了生产外包和将生产线转移到低成本国家的需求。"经济全球化使供应链管理呈现高风险、高水平以及需要多方面技能的变化趋势。

发展后的供应链管理意味着买家与供应商要建立可实现的长期合作计划；分享目标、数据和信息；共享投资与回报；拥有共同的战略愿景和系统管理方法：沟通管理目标的总费用，以及一齐应对意外状况的发生。

3. 供应链管理带来新变化

对供应链管理者要具备哪些能力，Giovanni Atti 强调："供应链管理者必须有'高绩效文化'和创造价值的能力。他们必须能够驱动新的想法、方案和产品发展，要做到这一切，传统公司的组织由于过分注重内部处理和重复的程序，有其局限性。"

供应链管理者要同时具备更多技能，包括具有满足内部和外部投资者的能力；人力和技术资源的发展和整合的能力；协调进程管理、材料。信息和财务的能力；灵活性与解决问题的方法；签订综合的长期协议的能力；建立持续的前进目标；使用信息技术；建立绩效考核标准。这些技能的范围很广，与之相适应的复杂工作就必须由具有不同技能和学习背景的多个人来实现供应链的管理。

传统的购买过程集中于采购计划单，要求报价和购货订单，由购买者管理，而现在已经变成企业间的供应链管理，基于多种因素和原则，涉及企业大部分职能部门。扩大的企业组织必须从企业内部采购过程转换到企业之间的采购过程，彼此独立又互相依靠，处理意外情况和事件，评估并减少风险，这是一个相当复杂的决策网络。

供应链管理已经改变全部管理层的工作和角色：首先是对企业高层管理者提出了新的要求，不但要制定好基本的管理政策，为供应链管理打好基础，还必须制订进行与供应商合作后进一步工作的流程。其次，企业的运作也随之改变，为确保总体规划的实现，必须管理原材料以及解决整个系统的问题，生产管理委员会也会扩展到让供应商可以加入。供应链管理的特点是在产品设计、制造和物流之间的互相依赖，而扩展的企业则必须维护常规的关系。

Giovanni Atti 认为，为了确保供应链管理的目标实现而快速准确的进行决策，企业必须任命一位更高级别的供应链管理者。他就供应链管理者的功能进一步阐释说，"采购部门要向他汇报工作或职能上对其有所依赖。很多案例中采购负责人应自然过渡为供应链管理者。由一个专家团队的支持，供应链管理者必须协调与合作企业间的问题，降低费用并且改进质量。实现整个系统的发展目标，确保及时解决运作中的问题并且减轻冲突。"

4. 供应链管理新组织

供应链管理对其他职能部门也提出了新的要求：在财务管理方面，财务部主管必须能控制主要供应商的资产负债表和财务状况，当然这并不是说会计方面的工作不重要，而是要使它融入新的工作流程当中去；在公共关系方面，因为具有相同的目标企业相关部门对供应商的活动都应该获知，因此供需双方的公关活动要全面配合；在人力资源方面，人力资源经理必须确保有足够的资源可用，并提供整体的教育培训计划；在企业研究机构方面，专家需要协调供应链的工作程序，介绍性能测定工具以便确定改进范围；在信息和通信技术方面，技术部门必须协调 IT 基础设施并且安排连接优化信息处理和监控，并实现无纸程序；在工业工程方面，供应链的核心力量和工业工程部门必须一同协作，以便优化产品质量、提高效率和及时了解市场情况。

在负责供应链管理的部门中，供应链战略管理非常重要，首先是采购策略管理，主要

包括采购工程、商品策略以及主要供应商关系管理。其他供应链战略管理方面包括采购计划、采购管理和控制、供应者质量保证等。商品策略部门负责管理市场信息和制订新品计划、确定目标价格，由商品经理支持建立长期协议。采购计划部门负责通过计划分析并协调供应；遵循公司的重组或新计划，重新定位供应链；更新 MRP 以考虑研制时间变化等。促进使用电子工具和采购卡片部门的主要工作内容包括：实现并且管理主要采购问题、准备知识管理数据库、准备教育和培训计划、准备合同草案。供应商质量保证部门负责管理供应商的资格计划以及准备程序确保购买过程符合企业质量保证体系。“传统的采购过程由一个人管理，而现在的供应链管理则要求区分战略和战术的管理，需要细分为由不同的技能和背景的专业人员来进行管理。现在的采购已经不是简单购买的过程，而是供应链管理的过程。”Giovanni Atti 这样总结道。

资料来源：《中国物流与采购》2005 年第 19 期

2. 宝供整合供应链　提升竞争力

“当我们走在广州的大街上吃着加州香蕉的时候，要想着怎么样提高我们的物流水平，也把广州的荔枝和山东的梨送到美国的大街小巷，这是一个很有意义的事业。宝供要做一个有使命感的企业，把推动中国物流业的发展作为一个信念去坚持。”

——宝供集团董事长兼总裁刘武

作为国内最早出现的物流企业之一，宝供自 1994 年创建至今已走过了 12 年的风雨路。令人欣慰的是，如今它已成长为一个规模与效益并重的集团企业。它的发展代表了国内优秀的第三方物流企业发展的良好态势。更加难能可贵的是，从 1997 年始，宝供和北京工商大学每年举办一届中国物流技术与管理发展高级研讨会，召集国内知名学者、专家与企业管理层共同研讨国内物流管理的新特点、新趋势、新思路，共享供应链的经验、技术与方法，探讨存在的问题，传播先进理念。历年研讨会均体现了官、产、学、研相结合的特点。

为了更好地推动中国物流行业的发展，宝供于 2000 年率先在业内创立了社会化公益性奖励基金“宝供物流奖”，由宝供集团每两年出资 100 万元，奖励在物流理论、物流科技、物流管理工作及对物流宣传普及方面有突出贡献的各类人才和项目，同时还面向 15 所大学提供奖学金。《信息与电脑》杂志由于较早宣传商品流通领域的物流管理曾获物流宣传奖。

1. 宝供的三大战略及 IT 历程

2006 年 12 月 8～9 日在北京九华山庄召开的中国物流技术与管理发展高级研讨会已是第十届，宝供董事长刘武向与会者介绍了宝供的三大发展战略：基地战略、运输网络战略、科技战略。宝供通过采取一系列有效的措施，使三大战略得到了持续推进。

1）基地战略

宝供已经并即将在全国一些主要城市投资兴建 15 个大型高效的现代化物流基地，形成以现代化物流基地为枢纽的运作网络，为客户提供全方位的供应链一体化服务。建成后的物流基地不仅仅是现代化的储存、运输、分拨、配送、各种运输交叉作业的中心，同时也是增值服务中心，信息处理与信息发布中心，有一些基地还是商品的展示、交流、交易中心、金融结算中心，有机地把商流、物流、信息流、资金流整合在一起，形成一个高效的供应链服务平台，为国内外采购集团、生产制造企业及连锁流通企业提供服务，作为客户在中国或区域的采购中心、分销中心、物流配送和增值服务中心。

目前宝供以现代化物流基地为节点的网络已基本形成。宝供依托大型现代化物流基地，整合了物流硬件资源和供应链各个环节，在供应链管理方面进行了大胆的探索和尝试，比如帮助一些大型日化公司实现 VMI，减少了运营风险，提高了监控能力。

2)运输网络战略

在全国主要城市间构造快速、安全、稳定可靠的干线运输网络，提高对客户的快速反应能力。在全国主要城市打造一个深度配送网络，提供 BTOB、BTOC 的配送体系，提升客户终端的服务能力，从而形成一个由跨区域的干线运输网络、区域运输网络和深度配送网络组成的三级联动的运输与配送体系。特别是随着万村千乡工程的启动，宝供目前在边远的乡村地区也建立了运输网络和深度配送网络，实现了交叉理货。

3)科技战略

打造一个连接供应链上、下游的第三方物流信息集成平台，形成一个以订单驱动的、贯穿订单处理全过程的一体化信息服务平台，构建起支持供应链一体化的 IT 系统。同时，开发及引进具有国际先进水平的物流技术和设备，以形成一个高效的运作体系。比如针对日化、家用电器、食品等供应链共赢的目标，宝供通过与客户系统对接，成为其协作伙伴，不是单纯的买卖关系。

以信息化为纽带，整合供应链物流一体化，宝供 IT 三年上一个台阶，1997～1999 年，建立基于互联网的宝供物流信息系统，包括运输、仓储、核算等；2000～2002 年，实现宝供与客户的 EDI 电子数据交换的多种模式，通过流程改造理顺了客户与物流企业运作的业务流程；2003～2005 年建成以 TOM(全面订单管理)为核心的 3PL 物流信息集成平台，开发与实施 3PL 的 ERP—TOM 系统并引进实施 EXE /WMS；2006～2008 年构建支持全球供应链双向一体化的物流服务平台，支持区域经济发展的综合性服务平台，支持行业供应链一体化的物流服务平台。从而实现与客户全程供应链一体化的信息合作。

此外，宝供承担的 RFID 项目也已获得成功，并通过验收。大量客户的信息化成功案例让宝供获得了中国信息化创新奖，优秀供应链管理案例奖等诸多有含金量的奖项，各级政府与同行企业到宝供进行了参观，对其勇于探索、不断创新的精神给予了高度评价。

国务院信息化工作办公室杨学山副主任 2006 年 2 月视察宝供物流基地后对宝供信息化做了这样的评价：“宝供的信息化建设，从起步开始，一年一步，没有走弯路，这在国内只有不到 1%，在国际上也只有 5%的企业能做到。宝供信息化应用水平在国内远远走在了前面，在接下来的时间里，希望能在 RFID 等新技术应用方面的探索走得更科学，并能继续保持领先。”

2. 国内零售企业的供应链物流策略

作为本次研讨会演讲嘉宾中唯一的零售企业代表，原百安居中国供应链副总裁赵崎剖析了中国连锁零售商的供应链。他首先指出零售商方面存在一些问题：商品品种众多、包装具有不规范性，需要系统一定程度上的支持；低下的产品单价和和较高的运输成本形成对比；众多不同产品、不同价值和不同服务产品的物流需要，使采购和物流方面需要改进；供应链管理人员的专业化程度需要提高。国内零售企业的供应链物流策略通常分为三种：外包给供应商(较为普遍)、外包给第三方物流(不多)、自己运作＋第三方物流(为主)。

1)三种物流供应链策略的优劣势

外包给供应商的模式适用于门店分散的大卖场。它的优点是：零售商无需持有库存；门店的订单快速灵活，随时向供应商发送，同时供应商也可向就近的门店快速反应；零售商无需花费巨资投资配送中心和其对应的信息系统；可以将运作中的一些效率问题一起外包给供应商。缺点是：缺货率的大小将依靠供应商的物流能力；门店的收货效率低

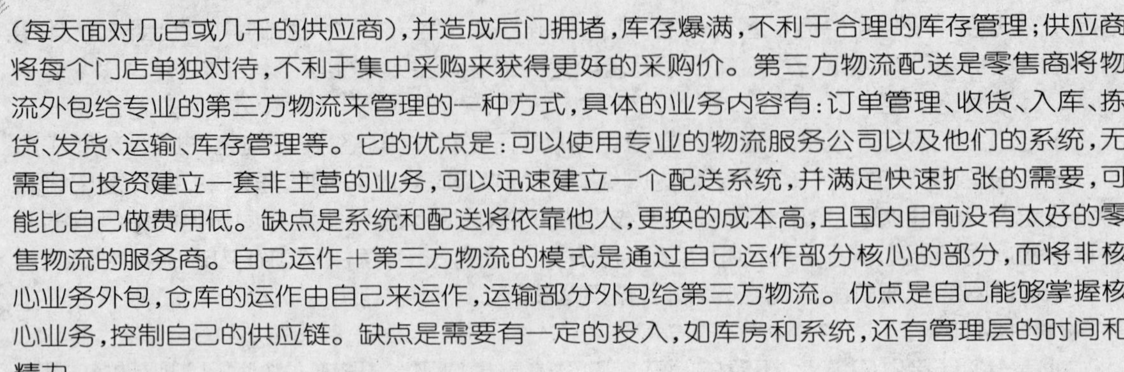

(每天面对几百或几千的供应商),并造成后门拥堵,库存爆满,不利于合理的库存管理;供应商将每个门店单独对待,不利于集中采购来获得更好的采购价。第三方物流配送是零售商将物流外包给专业的第三方物流来管理的一种方式,具体的业务内容有:订单管理、收货、入库、拣货、发货、运输、库存管理等。它的优点是:可以使用专业的物流服务公司以及他们的系统,无需自己投资建立一套非主营的业务,可以迅速建立一个配送系统,并满足快速扩张的需要,可能比自己做费用低。缺点是系统和配送将依靠他人,更换的成本高,且国内目前没有太好的零售物流的服务商。自己运作+第三方物流的模式是通过自己运作部分核心的部分,而将非核心业务外包,仓库的运作由自己来运作,运输部分外包给第三方物流。优点是自己能够掌握核心业务,控制自己的供应链。缺点是需要有一定的投入,如库房和系统,还有管理层的时间和精力。

2)零售物流供应链的发展机会和瓶颈

随着零售商业务规模的不断扩大,零售商准备建立自己的配送中心,来利用已获得的日益增加的物流量。配流中心建立后物流的特点是:供应商一点送货,降低采购成本,统一续订采购,统一管理库存量,同时提高库存管理的专业化程度,门店无需大规模囤货,减少库存量和存货的面积,同时增加店铺的销售面积,减少收货的人员和时间,提升物流管理的档次,帮助零售门店的增加。供应链是零售商少数几个可以增加零售企业效益的领域。

而影响零售物流平台建立的因素有:商品品种繁多,对系统和物流的操作水平要求高,供应商水平参差不齐,整体供应链管理的难度较高,零售商的 ERP 系统普遍存在问题,采集正确的数据难度大,故对建立供应链平台的困难较大。也就是说数据的完整性不高,供应链方面的功能较弱,对大部分零售商而言,现代供应链和物流概念还处在早期阶段,各零售商对后台管理的重视程度需要进一步提高,无论是零售商还是零售物流提供者,还处于比较分散的阶段,规模化与规范化程度有待提高。

冷藏冷冻食品市场的扩容,刺激了冷链物流的发展。但是由于冷链物流设施和管理水平低下,据说我国每年的冷藏物流损失超过 750 亿元人民币。光明乳业新鲜事业群副总经理张大瑞做了建立高效快速的冷链分销通道的演讲,冷链分销渠道以现代商超为主,其他如标准菜场等渠道并进。速度保障新鲜,冷链网络是新鲜的支撑,光明物流事业部(领先物流)2005 年第三方物流的业务收入突破 1100 万元,除服务于光明乳业以外,还与上海可的、美国荷美尔、南京雨润食品等多种业态客户建立了良好的合作关系,客户群还在快速增长。领先物流每天配送上海市内 7000 个网点,全国运输行程 10 万公里。在信息管理系统上,光明物流事业部(领先物流)与世界知名物流软件开发商合作开发了仓储管理系统(WMS)、电子标签拣货系统(DPS)、智能高度系统(STTS)、车辆温控系统等对食品物流提供有效支持。功能强大的 ERP+专业化的 WMS 系统,采用 EDI 进行无缝对接一体化的供应链运作平台,达到信息高度共享管理高度透明。领先物流未来的发展就是要创建一个共同配送冷链平台,在此基础上,成为冷链物流品牌企业和区域食品专家。

本届研讨会探讨了供应链在电子信息、汽车零售部件、连锁零售、冷链分销等领域的成功实践,美国供应链管理专业协会驻中国首席代表王国文从宏观的角度分析了物流产业以及美国 2010 年的供应链发展趋势。宝供 CIO、原中国科学院教授唐友三在会议最后作了“整合供应链,提升竞争力”的主题演讲。会议以前瞻性、实践性强等特点成为国内颇具影响力的物流高级研讨会之一。

资料来源:《信息与电脑》

[思考与练习题]

1. 针对具体产品,通过调查分析行业供应链结构及类型特征。
2. 调查访谈不同企业相关部门组织结构及核心工作岗位。

第二章 供应链需求管理与客户响应策略

学习目标

1. 会分析“牛鞭效应”影响及原因和解决对策。
2. 能进行基于产品的供应链设计。
3. 熟悉 QR 与 ECR 策略的异同与工作流程。

基本概念

德尔菲法　牛鞭效应　CPFR　QR　ECR　功能型产品
供应链设计

引导情景

宝洁—沃尔玛:共建协同供应链

从传输销售数据到共建协同计划、预测与补货流程,再到全球数据同步,宝洁公司与沃尔玛公司的合作为我们提供了构建协同供应链的经验。

1.“宝·玛”之间的合作

在降低营销成本方面,宝洁公司和沃尔玛公司建立了合作联盟,由两个公司的工作人员共同开发了电子数据交换连接系统。通过该系统,宝洁公司可以从沃尔玛公司的各零售店中收集其产品销售数据,然后将适量的宝洁产品及时从工厂送到商店。同时,宝洁公司还大胆地取消了销售部,设立了客户生意发展部,将财务、物流、市场等多个后方支持部门变为一线部门,实现了与战略联盟伙伴的信息共享。这样一来,宝洁公司和沃尔玛公司从原来只在销售环节对接变为现在的全方位对接。

在流程对接方面,宝洁公司和沃尔玛公司在持续补货的基础上启动了 CPFR 流程(CPFR,即协同的计划、预测与补货)。双方制订共同的商业计划,共同进行市场推广、销售预测、订单预测,共同对市场活动进行评估和总结。据统计,CPFR 流程的实施使双方的经营成本和库存成本大大降低,沃尔玛分店中的宝洁产品利润增长了 48%,存货接近于零,而宝洁产品在沃尔玛的销售收入和利润也增长了 50%以上。

在信息共享方面，双方充分运用了UCCnet，并通过网络协议共享信息资源。宝洁公司将自己的产品数据，包括公司的内部产品号码、通用产品码、零件号码目录、量度单位等数据都发布到UCCnet上，以便与沃尔玛公司实现全球数据同步。另外，通过电子产品编码，宝洁公司第一个与沃尔玛公司尝试使用了RFID标签。对于宝洁公司来说，使用RFID标签的价值在于能够在沃尔玛的货架上找到更多他们的产品，有利于减少劳动力和库存成本。

2. 协同供应链的构建

供应链管理要以现代信息技术为支撑，以合作为核心，把供应链上的各个供应商、制造商、分销商、客户集成起来作为一个整体，使供应链上各企业成为一个协调发展的有机整体，从而提高整个供应链的效率。宝洁公司和沃尔玛公司的成功，正是运用了供应链管理降低了企业的总成本，为其实施物美价廉的销售策略提供了保障。

由于供应链的不确定因素最终来自消费者的需求，因此必须对消费者需求作出尽可能准确的响应。从宝洁公司和沃尔玛公司的协同供应链中可以发现，要保持供应链的敏捷，企业必须建立统一的信息平台，并实行供应链协同管理。一旦市场发生变化，所有的信息就会立刻显示在供应链上，供应链上的各个节点就可以根据这些信息迅速作出响应。

为实现供应链协同管理，企业还应该加大技术投入力度，在供应链管理中运用先进的信息技术，如条码技术、电子扫描、电子数据交换系统、快速反应系统、共享数据库技术等。只有这样，才能使零售商与配送中心以及配送中心与供应商之间保持同步。为实现企业相互之间的供应链协同，必须采用适当的信息技术为企业内部的信息系统提供与外部供应链节点企业的接口。

合作伙伴之间的相互信任是稳定合作的基础。沃尔玛公司让宝洁公司分享销售信息和价格信息，并将一部分订单处理和存货管理的控制权授予宝洁公司，而宝洁公司也认同沃尔玛公司“天天低价”的经营哲学，并投资于专门的信息网络，取代原来只关注沃尔玛公司订货量的做法，用他们的销售队伍去寻找如何提高沃尔玛公司的销售业绩，从而实现共赢。

资料来源：物流天下网

对市场需求信息的反应能力，直接影响供应链运作效率。本章第一节主要将首先介绍供应链需求管理的方法和工作难点，特别对牛鞭效应作了详细分析，介绍了知名公司为应对需求信息波动难题所采用的CPFR的协同式供应链管理实践方法。本章第二节接着引出从纺织和食品行业分别发展起来的QR和ECR两种典型的供应链管理策略。本章第三节介绍以产品为中心供应链设计策略，针对产品特性分析选择合适的供应链管理策略应对需求变化。

第一节 供应链需求管理

在传统供应链上，决定供应链上产品移动的是那些远离消费市场的制造商。而在20世纪60年代后，大型零售商进入了它们的兴旺时期并在供应链中取得更多的控制权。沃尔玛作为

零售巨人，它改写了供应链上产品生产与销售的规则，企业开始将其关注的焦点从供给转移到消费需求上。在这种环境下，企业要管理一个由需求拉动的供应链，就需要了解和把握需求信号和及时做出精确的预测，对需求进行分析和制订出可行的需求计划，并迅速地对需求信号做出反应。因此，需求管理过程不再是一个简单的事件处理过程，已成为一个动态的、并发的需求管理过程，它避免了以前那种销售人员在最后时刻签订一个大型订单，而引发对供应链造成的严重失衡或是为某个产品制订了巨额花费的促销计划，而该产品已快结束其生命周期导致最终无法为企业创造收益的现象。由于互联网和与之相关技术的出现，销售商和生产制造商能够在一个协同的环境下共享信息，以便使双方都能够更好地从他们各自的需求信息中相互共享受并获利。

需求管理作为供应链管理关键一步，会对供应链关键绩效指标带来重大的影响和显著的收益。由于市场竞争的加剧，产品生命周期不断缩短，配置化产品持续增值影响了供应链的财务绩效。因此，将市场和客户的需求纳入到供应链上加以重点考虑，并迅速满足这些需求是企业成功的基础。

一、供应链需求信息的“牛鞭效应”

(一)“牛鞭效应”的影响

一位意大利面制造商布瑞勒(Barrlila)观察到，地方分销中心的订单一年内波动了70倍，而配送中心的周销售量波动则小于3倍。因此，布瑞勒面临的需求比顾客需求变动更大，从而导致库存量增加，而且产品供给能力下降，利润下滑。从长期来看，美国几个行业都出现一种类似现象，即“繁荣和萧条”周期。以美国电脑芯片的生产为例进行分析，1985～1998年至少有两个阶段的芯片价格的波动超过了平均的3倍，这种剧烈的价格波动是由生产能力的大量短缺或过剩引起的，而产能的短缺，由于抢购和超额订货而强化，随之而来的是需求的突然下滑，产能过剩。这其中的根本原因就是“牛鞭效应”。

供应链管理中存在由零售商到批发商、制造商、供应商，订购量的波动幅度不断加大的现象，形似一条美国西部牛仔所用的鞭子，故而得名“牛鞭效应”(Bullwhip Effect)。通常，消费者对某产品的实际需求与预测的需求之间存在一定的偏差，这样的偏差信息通过订货商向上游批发商、制造商传递。由于订货提前期以及供应链结构问题，实际需求量与订货量之间的偏差随着向上游传递越来越大(或者越小)。我们称这种供应链中的下游企业的需求信息在向上游企业传递时发生的放大和缩小现象为供应链中的“牛鞭效应”。图2-1形象地反映了供应链需求信息在各主体中的变异现象。

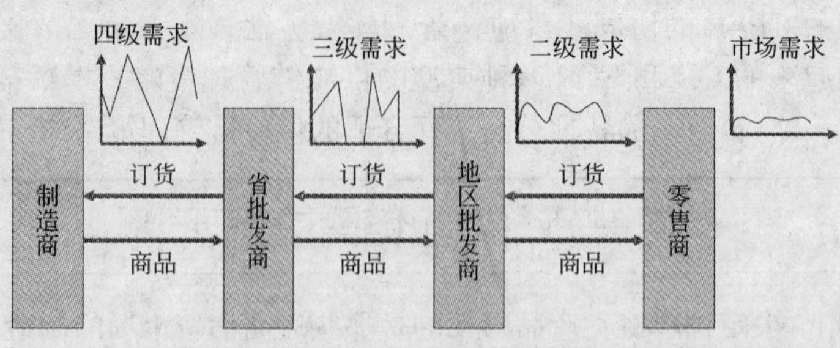

图2-1 牛鞭效应

牛鞭效应扭曲了供应链内部的需求信息，不同阶段对需求状况有着截然不同的估计，其结果导致了供应链管理失调。因此，牛鞭效应是供应链管理失调一个重要原因，这种效应只能减弱而不能完全消除。企业为避免牛鞭效应，通常采用备有过量的库存或放大生产能力作为缓冲，既大量占用流动资金，降低设备利用率，又容易造成库存物品损耗和失效。这对于供应链管理的绩效会产生严重的负面影响。其直接后果就是库存积压，成本增加；需求波动的增大迫使企业频繁调整生产计划，在其相应的机制不健全的情况下，极大的增加了运作成本，而且客户需求不能及时满足，致使服务水平降低。

(二)"牛鞭效应"产生的原因

麻省理工学院 Stemma 教授设计了"啤酒游戏"，证明供应链中存在这种放大效应。他认为"牛鞭效应"是由于参与人的系统性的非理性行为和对反馈信息错误理解造成的，通过对参与人进行培训可以避免这种放大现象。

国外对"牛鞭效应"研究最深入的是 H. Lee 等学者。他认为"牛鞭效应"是人的理性的、选择最优化决策后相互影响的结果，指出有 4 个主要原因导致了"牛鞭效应"的产生：需求信号的加工过程、限量供应、批量订货方式和价格波动，并且分别建立不同的模型来证明其观点。

国内对于"牛鞭效应"产生原因的研究总结为以下几点：

1. 供应链存在的不确定性

不确定性是引起供应链中的"牛鞭效应"的主要原因之一，也是引起了供应链管理复杂性的主要原因。供应链管理中不确定性的来源主要有三个方面：需求的不确定性、制造的不确定性和供应的不确定性。供应的不确定性主要是以提前期的不确定来体现的。目前大多数已有的供应链模型都是基于确定性提前期进行分析的，这样的假设在一些情况下是适用的，但对于许多产品(特别是创新型产品)，为了增加竞争优势，越来越多的传统功能型产品被赋予一些创新特征，提前期与供应商的生产能力密切相关，制造的不确定会导致供应的不确定，另外地理位置、运送方式等也会影响提前期。因此在研究中，考虑提前期不确定的情况会得到更普遍的结论。三个不确定性的来源中，最难控制的是需求的不确定性。采用适当的预测模型可以在一定程度上降低需求不确定的影响，但效果不是很明显(特别是对于创新型产品的需求，可预测性很差)。因此，设计合适的运作方式是降低需求不确定风险与平衡供应能力的关键。

2. 对于需求预测的主观性

在供应链中，上游管理者总是将来自下游的需求信息作为自己需求预测的依据，并据此安排生产计划或供应计划。预测的偏差是导致产生牛鞭效应的重要原因之一。比如说，作为一位决定订货数量的管理者，可使用一种简单的方法来进行需求预测，如用指数平滑法，当每日的新数据出现时，未来需求将呈现连续变化，送达供应者的订单既反映了需要重新满足来自需求的库存数量，也反映了必要的库存安全量。在交货期里，保持适当数量的安全库存是习以为常的做法，其结果是预期的订货数量将比需求数量变化更大。在供需链中，来自供应商管理者的每日订货量汇总就构成了需求量。如果使用指数平滑法来计算需求预测值及安全库存，供应商提供的订货就会有巨大波动，订货数量要比实际销售量大得多。

3. 批量订货的影响

企业通常采用批量订货法，既能减少订货次数与订货成本，又可获得批量运输的费用折扣。然而，若下游企业孤立开展库存管理决策和批量订货，上游企业实际面对的是间歇型的批量订货而不是实际的最终需求。

4. 价格波动的影响

若商品供应价格存在周期性波动，当价格较低时，零售商将大量购进和囤积商品，同时减少价格较高时段的采购，造成订货数量的周期性振荡。此外，当零售企业开展阶段性和季节性促销活动，或采用批量订货折扣定价法，通常也会导致需求的剧烈振荡。这对整个供需链而言，则加大了系统的不确定性。

5. 短期博弈的影响

当零售商预期某种商品将出现供不应求和价格上涨时，会主动增加订货量。一旦商品短缺或供应不求的市场状况消失，零售商则会退回到正常订货数量状态。这种基于经济波动预期的企业行为，将导致供需链上各级企业供需关系的扭曲和波动。

6. 提前期的影响

提前期的可靠性与长度直接影响信息的扭曲程度，提前期过长也是产生"牛鞭效应"的原因之一。

(三)应对"牛鞭效应"的方法

"牛鞭效应"给供应链的运营带来很多的负面影响。因此，必须对这种现象加以妥善解决，确使供应链能够高效低耗地运行。消除"牛鞭效应"可以从如下几个方面着手。

1. 信息共享

这是减小供应链中的"牛鞭效应"最有效的措施之一。供应链成员间通过供应链信息共享平台来实时交流和共享信息，减少信息的不对称性。通过集中需求信息，可以减少整个供应链的不确定性，减少信息扭曲，以及需求被人为放大的影响，这样也能更准确地了解这一环节的实际需求，从而可以减少"牛鞭效应"的影响。

2. 提高预测精度

为了提高预测的精确度，需要考虑如历史资料、定价、季节、促销和新产品等多种因素。这些数据有些掌握在零售商和分销商手中，供应链上各节点企业必须互相合作，使得供应链上游企业及时获得这些数据和了解客户对未来的需求。目前，许多供应链正在采取合作预测的策略，即供应链上下游成员间分享预测数据并使用同样的预测工具，提高预测准确性。

3. 业务集成

供应链上下游间的业务实现紧密集成，形成顺畅的业务流，可以减少需求过程内在的变动性。由于下游的成员了解了供应商的供货能力，并安心地享受这种供给保障，不再虚增其需求。

4. 订货分级管理

类似于库存管理的 ABC 法，供应商根据一定标准将销售商进行分类，划分不同的等级，并对他们的订货进行分级，实施差异化管理。对关键的、重要的和一般的销售商，分别采取完美管理、充分管理和满足管理。这样就可以通过管住关键销售商和重要销售商来降低信息变异概率。

5.合理分担库存

供应商可以与分销商、零售商采用联合库存管理来合理地分担库存。一旦某个销售商出现库存短缺,可以从其他销售商那里调拨转运,以保证供货。这样既防止需求变异的放大,又实现了共担风险,大家都降低了库存储备,减少了成本,从而也有效地抑制了"牛鞭效应"。

6.缩短提前期

一般来说,订货提前期越短,订货量越准确。前面我们已经知道延长提前期对供应链各阶段的需求变动性具有显著的影响。根据沃尔玛的调查,如果提前26周进货,需求预测误差为40%;提前16周进货,则需求预测的误差为20%,而在销售时节开始时进货,则需求预测的误差仅为10%。因此,缩短提前期能够显著地减小"牛鞭效应"。

二、需求管理工作的方法

需求管理主要由需求预测、需求计划、需求分析报告、需求监控与关键绩效评估4个部分组成。

(1)需求预测是成功实现需求管理的第一步,它是制订需求计划的依据和基础。它的精确度越高,需求计划的可靠性和可行性也就越高。

(2)需求计划用来实时的支持供应链目标,掌握、协调和控制需求制订计划,协调与需求相关的其他业务环节,并使它们之间不断交流信息,产生一致的协调性过程。

(3)需求分析报告通过其基于Web的报告应用工具,将客户创建定制的报告与Excel或其他第三方报告工具集成,或自行定义一套可由所有客户访问的通用异常事件报告集,实时提供需求分析输出报告,使管理者及时了解需求变化的情况。

(4)需求监控与关键绩效评估组件可以为管理人员提供进行例外分析和发布消息,它与供应链管理其他组件集成,使用多维的功能为需求管理提供所需的关键信息,监控和评估需求计划的执行进程,并对例外情况发出预警,及时通知管理人员防止意外发生。

以上4个部分工作是相互关联的影响的,每个部分工作对于作好需求管理工作都是必要的。在进行需求管理最主要的是做好需求预测和需求计划,下面分别介绍这两方面工作的方法。

(一)需求预测方法

供应链中的需求不同于经济学中的需求,除了消费者对产品需求量和价格信息外,还需包含消费者需要的产品类别、规格、型号、质量,以及需求时间地点等信息。精确的需求预测是提高整个供应链效率的关键。因此,需求预测已经成为供应链管理的一个重要领域,需求预测也是成功实现需求管理的第一步。

影响需求预测准确性的因素有很多,包括市场变化、供给、产品等相关因素。所以需求预测的结果一定是不准确的,但预测不准确并不意味着不能采取某些手段来提高预测的准确性。企业应这就要求企业组建有力的团队,识别并把握主要影响因素,并选择合适的预测方法来进行需求预测。

在做预测时,对于不同的需求问题需要采用不同的预测模型、方法和工具。常见预测方法

可以分为定性预测方法(基于判断和直觉)和定量预测方法(应用数学模型和相关的历史数据进行预测)两大类:最近的一份研究报告显示,在被调查者中60%的企业都经常使用时间序列分析方法进行预测。其他流行的预测方法是移动平均法和简单趋势法。在被调查者中24%的企业使用相关模型预测,其中简单回归分析方法的应用最为普遍。

1. 定性预测方法

定性分析方法基于评估和判断,多用于数据有限、不可获得或者不直接相关的情况。调查发现当没有可供参考的数据的时候,8%的企业应用定性分析方法。这种方法成本低,预测的有效性取决于预测者的经验和技巧以及相关信息的数量。定性方法经常用于对未来形式的估计上,特别是当现有数据不太有用,或者推出新产品没有可供参考的现有数据时。下面介绍4种定性方法。

1)集体讨论法

集体讨论法是一种由对市场、竞争对手、商业环境经验丰富的一组高级部门主管汇总得出的预测方法。这种方法的优势在于几个经验丰富的人在一起工作,但如果其中一人的看法可以左右讨论的话,那么讨论结果的价值和可靠性就会减小。这一技巧适用于制定长期规划及新产品的引入。例如某公司要对时尚服装市场进行预测,因为没有历史数据可供参考,所以预测准确的风险比较大。公司通过采购委员会成员的一致意见来预测需求。但因为委员会中一名成员的意见具有主导性,所以预测的结果具有潜在的偏差和不准确性。所以公司将每名委员的预测平均后形成总体需求预测。

2)德尔菲法

该方法是针对一组内部和外部的专家进行有关未来事件和长期预测的调查,小组成员不需要实际见面,以避免某个或某几个专家在讨论中起主导作用,总的调查结果通过每一轮的结果累加得出;然后将结果发给每个参与的专家,这样每个专家也可以根据专家组的汇总意见修正自己的看法。这个过程要不断重复直到达成一致意见。这种方法耗时间且费用高,预测的质量主要依赖于参与专家的知识,适用于高风险技术的预测,大型项目的预测,或者是主要的新产品推介。

3)销售人员意见汇集法

这种预测方法是建立在销售人员对市场的知识和对客户需求的预期基础之上的。由于销售人员最接近客户,销售人员的意见在很大程度上可以反映市场情况。因此这种预测应该比较可靠,但个人认识上的偏差可能会对这种方法的产生不利的影响。例如,如果实际销售超过预测能得到奖金,则预测的数字可能会偏低。

4)消费者调查法

消费者调查法要针对顾客设计一份调查问卷,就一些主要问题了解顾客未来的购买习惯、对新产品的设想、对现有产品的看法。通过电话、信件、互联网或者当面的交流来完成调查工作,并将收集上来的数据通过统计工具进行分析和判断,形成一套有指导意义的结果。例如,世界第九大制药公司惠氏制药就是应用这种市场调研方法来预测新产品。这种方法面临的难题是如何从众多的人群中选取有代表性的调查对象,并可以确保在一定的期限内完成该项调查任务。

2.定量预测方法

定量预测模型应用数学方法对历史数据和相关变量进行分析,形成需求预测。常用两种方法是时间序列预测法和相关预测模型法。

1)时间序列预测法

该方法基于一种假设,即未来是过去的延续,因此可以用历史数据来预测未来的需求。时间序列法的一些具体方法是:简单移动平均法、权重移动平均法、指数平滑法和趋势调整指数平滑法。具体的应用需要参考有关书籍,本书中不做具体介绍。

2)相关预测模型法

该方法假设一个或更多的因素(自变量)与需求有关,用来预测未来的需求。一般应用回归分析方法预测将来需求。确定一个或几个与需求有关的外部变量用来预测需求,一旦变量和需求之间的关系确定就成了预测模型。一些常用的预测模型有:简单变量回归、多变量回归等。

因为定量预测方法完全依赖过去的需求数据,而且变量之间关系非常复杂,干扰项多,特别是当预测的时间跨度很大时,定量分析就不是很准确。因此当参考长时间跨度进行预测时,推荐使用定量和定性相结合的方法进行分析。

常见的需求预测方法比较见表2-1。

常见需求预测方法比较 表2-1

模型形态	使用假设	预测方法
时间序列	假设过去的资料模式在未来会持续发展	简单平均 移动平均 指数平滑 线性趋势
因果关系	假设模式中的自变量和因变量间具有强而稳的关系	回归分析 计量经济分析 输入—输出分析 人工神经网络
判断法	历史资料缺乏或过去事件再发生机会很小的假设下	贝氏法 德氏法 专家访谈调查

(二)需求计划的功能

需求计划部分包括了所有用于满足客户预测和计划相关联的过程的一系列功能,需求计划不仅要编制计划,而且要对需求计划进行评估,然后把结果应用到业务过程中去。需求计划能提供的功能主要包括:

(1)计划企业所有需求的能力(包括可配置的产品、套件和多订单混合任务以改善客户服务)。

(2)一体化的统计建模模型和基于数学规则的工具,用于改善预测的精确性和计算计划周期时间。

(3)分析、监控和报告需求与关键绩效指标,支持供应链目标。

(4)管理需求的可变性和不稳定性,提高客户服务和响应能力。

如何用好需求计划功能应注意的是：

(1)从不同的角度按照自己定义的尺度和类别去观察、分析、处理和输出数据，多维体系结构无需重新组织就可将数据沿所有维度开展分析。使需求的历史和预测信息能够按所需的方式显示，以方便查看各类业务数据，如现金、产品、库存和收入等。

(2)应用定制化运作的功能，“定制化明细表”允许企业产生一个按任何地域、产品和时间要求的定制分组，来对定制化产品的生产和营销制定客户化需求计划和关联需求计划。

(3)灵活使用允差范围对未曾预料到的需求高峰进行提前计划，掌握供应商的供应能力变化趋势，帮助企业在整个供应链上对需求变动进行协同，平衡需求与供给的变化。利用完善的分配逻辑来管理在多种层面上的调整，调整完成之后，还可以锁定该需求计划的某些部分。

(4)利用线性与非线性模型和周期性需求模型等，按客户的需求进行模拟，并自定义不同的尺度、分级、层次，以及根据多种度量单位来编制计划；然后，使用它的多维引擎将对各种因素的预测整合到一个单一需求计划中，并根据多种策略，从上而下、自下而上、自里向外地整合该计划。

(5)调整每个输入因素对需求计划的影响，生成各类需求计划，如编制物料、能力设备需求计划，编制组件、选择件、混合包装货物和套件的需求计划，编制支持 MTO/ETO 等项目的需求计划，编制多时间段计划(分、时、天、周、月、季和年计划)，以及促销产品、新产品关联计划等。它还包括对市场和竞争对手进行精确的分析，实现实时订单可见性。

(6)采用需求计划修补断裂的供应链。当遇到重大意外事件和灾难的冲击时，正常的计划技术就不奏效了。但是，需求计划却能快速响应各种突发的变化，去修补供需的严重失衡或断裂，打通传递通道以保证供应链正常运转。有专家分析说，这种修复功能在将来的几年中将变得越来越重要。

(7)基于工作流的流程自动化。在需求计划的操作中，所有流程步骤都是由工作流驱动的，可以完全自动进行，因而可实现流程自动化和自动纠错行动。

(8)异常事件监测。需求计划采用基于事件或日历的统计预测生成事件异常报告，并对异常事件报告和性能进行监测，同时它通过互联网把交易伙伴列入需求计划流程中，协作性地生成需求计划和性能分析，发现并监视供应链上的需求变化趋势，对例外事件进行预警。

需求计划为企业带来的需求通常是明显的和直接的。某公司的汽车零部件实施了一个需求关联项目后，它的库存周转增加了44%，同时维持了97%的客户服务水平，大大地改善了采购业务。结果使它仅在库存管理方面就节省了6000万美元。

三、基于 CPFR 流程的订单预测

CPFR(Collaborative Planning Forecasting and Replenishment，联合计划、预测和补货)是目前供应链管理中一个热门的研究领域。它强调利用协同合作所获得的实时信息来进行预测，减少不确定性因素影响，提升预测的准确性，以降低不必要的库存成本。CPFR 强调零售商与供货商共同合作建立一个供应链的预测方式。CPFR 中协同预测阶段是极为重要的一部分，它分为销售预测与订单预测。销售预测侧重在市场需求部分的预测；订单预测依据销售预测、库存状况与生产因素来做实际订单预测。由于订单预测作为下个阶段实际补货的参考，其预测准确性的要求非常高。下面分别介绍 CPFR 的起源发展、基本模型、工作流程等内容。

(一)CPFR 的起源与发展

CPFR 是在要求供应链整合的背景下出现的一种新的概念，是一种更高层次的基于合作的供应链管理技术，它既是一种管理理念，又是一系列活动和流程。CPFR 从开始提出发展到现在也经历了一个不断变革更新的过程。1995 年，北美跨产业商务标准自发联合会(VICS)提出了“连续补货计划”，将经营视角从单一企业的库存，逐渐转移到如何提高整条供应链的经营活动同步化的问题上来。1996 年，该联合会提出 AFR(合计预测与补给)的理念。1997 年，又将这一理念扩展成 CPFR。在 VICS 下，形成了 CPFR 工作委员会。1998 年颁布了 CPFR 的指导方针。1999 年，开发了 CPFR 伙伴关系的协作模式。同年，支持 CPFR 的应用软件产品也开始问世。其试点企业从美国沃尔玛零售商等少数公司，扩展到 Safeway(连锁超市)、Sainsbury(百货)等。2000 年后，CPFR 委员会在全球商业规划协会(Global Commerce Initiative)的积极赞助下，吸收了促销计划、例外处理、多层协作和同步化等经营理念，借鉴了 100 多个实施 CPFR 项目的经验，于 2002 年 6 月公布了 CPFR 模型。2004 年，CPFR 委员会提出了 eCPFR v2.0 模型，这种新的模型综合了原有模型中的缺点，对原有模型进行了改进。

CPFR 的定义非常多，其中代表性的观点是 VICS 协会的指导手册则将 CPFR 定义为与贸易伙伴间在供应链关键资料改变上的交换、对应及通告的流程，以降低库存及改善服务。CPFR 是一个以需求引发供应链运作并协调企业运作的工具，可通过一定的步骤，使用网络技术让企业的协同规划、预测与补货活动都能依循一定的程序进行，并要求企业之间以一定的指针作绩效评估。CPFR 建立于效率化消费者响应原则之上，将过去对联合规划预测取得共识的程序正式化，通过补货来监控预测的成功性，并及时响应任何例外状况。CPFR 是一种想要扩张的供应链，使之成为需求导向的理念。

综上所述，我们认为 CPFR 为一连串的企业流程所组成，而一连串的流程是由供应链中互相合作的交易伙伴共同拟定的企业目标及方法、共同发展联合销售及作业性规划与电子化的整合以及更新销售预测及补货计划构成的。CPFR 也是个供应链合作的应用实务，可使合作伙伴运用互联网分享预测结果的信息，借此减少供应链的库存成本，并增加商品的可利用率。CPFR 主要强调的是零售商与供应商共同合作建立一个供应链的预测方式，并分享信息与分担风险。

(二)CPFR 的基本模型

CPFR 最早从公司持续补货而来，是沃尔玛与宝洁为合作解决婴儿尿布缺货问题而引发的。该系统应用一系列的处理与技术模型，提供覆盖整个供应链的合作过程，通过管理业务过程和信息共享来改善零售商与供应商的合作关系，其基本模型如图 2-2 所示。在“合作伙伴”关系构架下，供应链中的成员能根据彼此的互信程度来共享特定的企业信息资源，以在供应链体系内发挥各自的核心竞争力，分担供应链失败的责任，并且共享成果。

CPFR 基本模型根据循序渐进的方法，先从协同规划开始，在经过协同预测，最终达到协同补货。这三大阶段的具体内容是：

1. 协同规划

协同规划的主要目的是供应链体系成员为规划活动取得一致的基础假设，其一是为了确定协同运作关系的基本参数(例如协同运作的项目与类别、共享的信息、异常状态的管理等)；其二是为了确定协同运作的商业流程。从而为后续各项工作的展开做好准备。

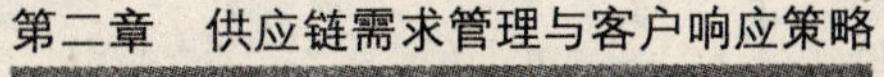

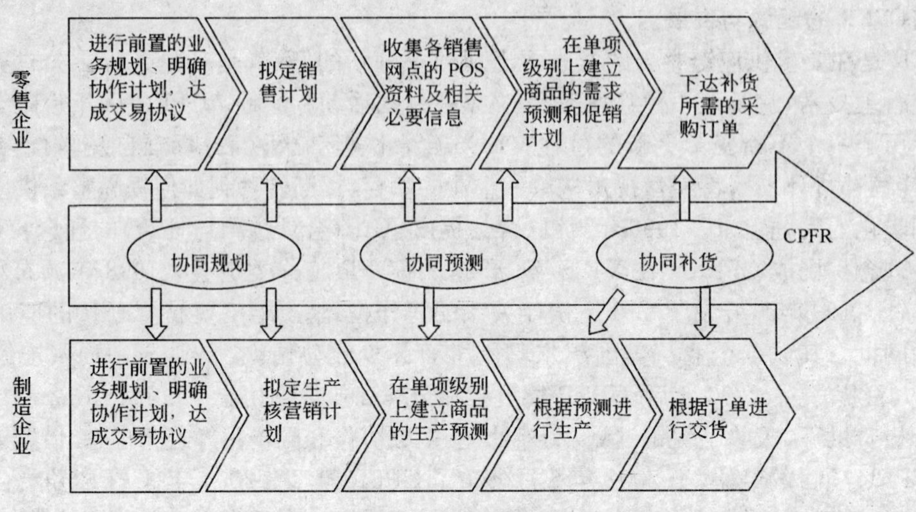

图 2-2 CPFR 零售商与制造企业基本模型

2. 协同预测

协同预测主要包括销售预测和订单预测。在预测工作责任之外，成员间必须共享信息，以求得对预测的共识。因此，必须在协同规划的架构下解决所有的分歧，达成需求和订单的共识。

3. 协同补货

在协同补货过程中，不论实际需求量如何，制造企业可以自行调整产量，以达到协同预测过程中共识的订单数量，为零售企业的实际采购订单做好先期准备。同时，这一过程也可确保零售企业的累积订单不会超过协议的总订单预测量。

(三)CPFR 的基本流程

CPFR 的理论模型定义了协同供应链的框架结构，在此基础上的流程模型根据实施情况进行相应的调整，在协同规划、协同预测、协同补货三个阶段中，主要包括 9 个流程活动，具体流程模型如图 2-3 所示。

1. 在协同规划阶段

协同规划的目的是让供应链成员间的规划活动能取得一致的基本假设，以利后续各项合作活动的进行，共同的基本假设包括：

(1)确定协同商务关系的基本参数，如：协同合作的商品项目、共享的资料、异常状况的定义等。

(2)确定协同商业流程范围，如：合作的目标、冻结执行订单的时间等。

步骤一：建立合作的关系。

首先，买卖双方应共同建立合作正式商业协议(Confidentiality Arrangements)，该协议仅在协同活动之初一次拟定，其内容应为：明确定义合作目标与相关绩效衡量指针。协同合作的范围包括：共享的资料、合作计划可动用的资源、例外状况判定的法则、如何解决歧见、CPFR 推动蓝图，如商业流程、互动的方式与技术、制定检讨的时程与机制等。

步骤二：建立联合商业计划。

依据纳入合作的产品项分别订定清晰的合作策略，包括：买卖双方交流营运计划以发展出

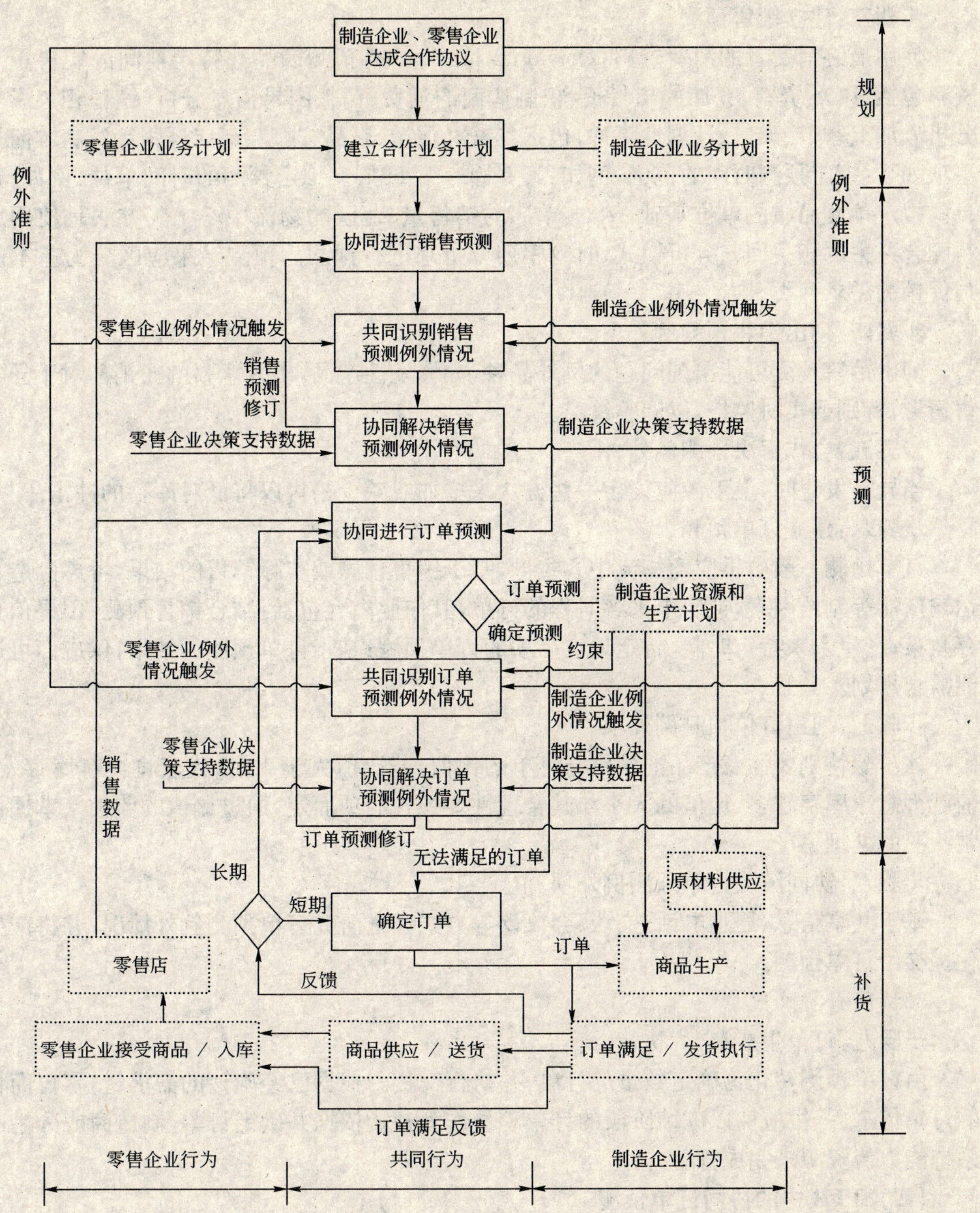

图 2-3 CPFR 基本流程

合作产品的营运计划;共同定义的品种角色、品种销售目标、目标的实现方法;拟定品种订单的最小值(出货的最小订单量)、品种出货的前置时间、订单的冻结期间和安全存量。

2. 协同预测阶段

协同预测可细分成销售预测与订单预测两个阶段,前者单纯考虑市场需求,后者则以销售预测的结果,考虑产能现实状况预测可能的订单。

步骤三：建立销售预测。

使用最终消费者的消费资料(Consumption Data)，预测商品在特定期间的销售量。消费资料包括：POS资料、仓储的出货资料、制造商的消费资料、因果信息分析(销售相关影响因素分析)，加上季节、天气、计划性事件，包括：广告、促销、新品、改型、新店开张等资料本阶段详细事项如下：拟定预测时间的范围，例如：第9周—第H周。拟定预测的时间单位，例如：月、周、日。拟定预测品质的单位基础，例如：单店的销售量、北区的物流中心。其方法是使用历史资料配合过去的相关回归分析模式、时间序列分析来进行预测。预测结果应区分为基本的需求与促销的需求两类。

步骤四：列出销售预测例外项。

列出销售预测可能出现问题的例外品种，如爆发性产品，出人意料的畅销。对于异常的销售情形，特别要实时监控，以调整策略。

步骤五：合作解决预测例外种。

当异常发生时，上下游应设定一些方法来增加或减少销售以将低对库存的冲击。

步骤六：建立订单预测。

订单预测一般由供应商物流中心主导，基于销售预测或实际销售的结果，考虑制造、仓储、运输产能等制约因素，拟定未来各时程的订单，其作业内容包括：结合销售预测、因果信息与库存政策；产生未来特定时间、特定地点品项的订单预测；基于订单预测的结果，供应商可进行产能需求规划。

步骤七：列出订单预测例外项。

该步骤特别要注意产品的销售与订单的比值，若比值大于1时，代表将会有库存发生，比值越大意味库存越多，比值的大小与其合理性要视各品项而定，通过比值的监控来掌握订单异常状况的处理。

步骤八：协同解决订单预测例外项。

基于共享信息，通过电话、交谈、会议议等方式调查研究订单预测例外情况，并将产生的变化提交给订单预测。

3. 协同补货阶段

步骤九：订单生成/交货执行。

由订单预测转化为确定数量的订单，并执行交货。根据已经确认的需求量，零售商将实际的订单传来后，供应商以冻结阶段的订单总量作为补货依据并确定订单，制造商或分销商根据系统能力与资源来完成订单。

(四)CPFR中的协同订单预测

CPFR中的订单预测是将销售预测、存货策略与供给面信息所做的实际订单预测作为补货所用。由于订单预测要作为下个阶段实际补货的参考，其预测准确性的要求就格外重要。通过订单预测，卖方可以针对不同的需求来有效分配产能，并降低安全库存；买方则可根据订单预测来调整库存策略与采购数量。因此，建立一个结合买方需求面与卖方供给面的两方信息，与能够提升预测准确度的协同订单预测模型是相当重要的。一般企业内部的订单预测通常是参考过去客户需求预测转成实际订单的比较，再加上一个内部的产能预估，将此数据输入ERP中的MRP系统试算，但此预测方式在某些参数上过度依赖人工判断，会造成不同预测人员或供应链上、下游成员的预测结果有所不同。

在 CPFR 流程中，协同订单预测模型将根据上一阶段的销售预测结果、存货策略与其他影响订单的因果信息来产生特定时间、特定产品的订单预测，以作为供应链内协同伙伴短期下单与长期规划所用，期望降低不确定性与预测准确度。戴惠娟提出的 CPFR 流程下的混合销售预测模型就将供应链中各成员所观察到、相互分享的信息、事件纳入模型考虑，以提供供应链中单一最佳化协同订单预测量。具体模型框架如图 2-4 所示。

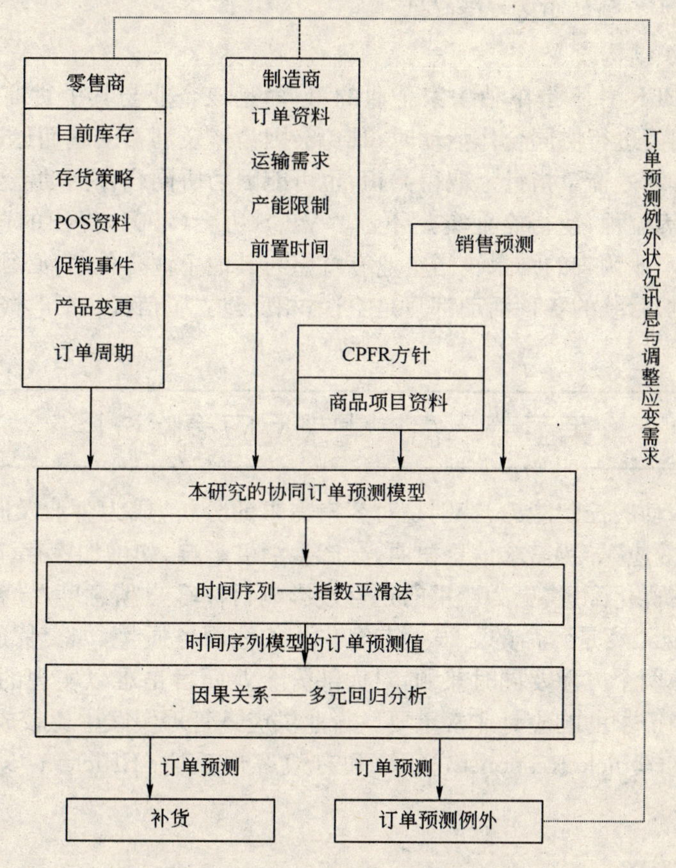

图 2-4　CPFR 协同订单预测模型框架图

CPFR 协同订单预测模型是结合时间序列、多元回归分析二阶段预测模型，将 CPFR 流程下买卖双方所取得的协同信息作为订单量的解释变量，其中包括零售商的库存资料、存货策略与订单周期，以及制造商的产能限制、运输需求与前置时间，使模型更可以反映短期订单特性，以提升预测模型的绩效与品质。

（五）CPFR 实施面临挑战与问题

VICS 协会（2004）认为，在供应链环境中，CPFR 很可能会遇到一些挑战，主要有：

（1）企业间对于分享敏感性的资料缺乏信任。

（2）企业内部缺乏协同预测的基础。

（3）CPFR 相关的专家知识及科技技术成本过高，难以获得。

（4）分享的信息标准过于零碎。

(5)整体的关心(预测的数量及产生的频率)。

VICS协会(2004)认为,CPFR透过交易伙伴的资料交换、例外管理以及结构化的协同合作活动联结供给与需求,但是要导入CPFR必须注意几个问题:

(1)选择导入CPFR的伙伴及产品。

(2)建立定期衡量绩效的原则。

(3)承诺大规模导入CPFR。

(4)将公司的哲学与CPFR哲学联结。

(5)必要的组织结构改变。

总之,实施CPFR并不是单独一家企业的事,而是该企业与其供货商或是其顾客共同的问题。当企业之间要进行协同合作活动时,难免会因为涉及利益问题而迟迟无法取得共识,即使在利益分配或者绩效衡量指针上取得共识,也可能因为协同合作活动需要改变自身的规划、预测、制造或补货等流程,使得企业裹足不前。VICS协会(2004)提出的这几点挑战,并非凭空想象,而是经过产业调查的结果。当企业有意愿与其他企业合作时,必须先考虑双方的互信程度。信任不足时,后续的各种活动都只是空谈,相反建立了信任之后,才能开始进行规划、预测与补货的工作。

第二节　客户需求反应策略选择

企业对市场变动的控制能力,特别是对客户需求的分析,成为企业及时响应市场的关键。供应链中的"牛鞭效应"导致需求信息扭曲,会产生消极影响,如增加库存、生产及运输成本,限制企业有限资源的优化配置,更为严重的是直接影响目标客户满意度,导致订单流失,这些对企业及整个供应链无疑是致命的。很少有客户不关注服务质量,如交货速度,同时又在意成本。在速度与成本两个方面要同时兼顾,对大部分企业而言是难以实现的。所以企业如何有策略地采取对客户需求的响应是非常重要。行业供应链管理实践中比较成功的管理策略主要有两种:快速反应(Quick Response, QR)和有效客户反应(Efficient Consumer Response, ECR)。

一、快速反应策略

(一)QR产生背景

20世纪六七十年代,美国的服装行业面临着国外进口商品的激烈竞争。国外进口的服装占据了美国市场的40%。面对与国外商品的激烈竞争,纺织与服装行业在70年代和80年代采取的主要对策是在寻找法律保护的同时,加大现代化设备的投资。1984年,美国服装、纺织以及化纤行业的先驱们成立了一个"用国货为荣委员会",该委员会的任务是为购买美国生产的纺织品和服装的消费者提供更大的利益。该委员会拿出一部分经费,研究如何长期保持美国的纺织与服装行业的竞争力。

1986年,Kurt Salon协会通过对供应链的分析发现,一些行业尽管系统的各个部分具有高运作效率,但整个系统的效率却十分低。于是纤维、纺织、服装以及零售业开始寻找那些在供应链上导致高成本的活动。结果发现,供应链的长度是影响其高效运作的主要因素。整个服装供应链，从原材料到消费者购买，时间为 56 周。只有 1 周在制造车间，40 周在仓库或转运，15 周在商店。这样长的供应链不仅造成各项费用开销很大，更重要的是建立在不精确需求预测上的生产和分销，因数量过多或过少造成的损失非常大。整个服装供应链系统的总损失每年可达 25 亿美元，其中三分之二的损失来自于零售或制造商对服装的降价处理以及在零售时的缺货。进一步的调查还发现，消费者离开商店而不购买的主要原因，是找不到合适尺寸和颜色的商品。

这项研究导致了快速反应策略的应用和发展。零售商及其供应商密切合作应用快速反应是策略。零售商和供应商通过共享 POS 系统信息，联合预测未来需求，发现新产品营销机会等对消费者的需求做出快速的反应。从运作的角度来讲，它们要用 EDI 来加快信息的流动，并共同重组业务活动，以将订货前导时间和成本降低，在补货中应用 QR 将交货提前期降低了 75%。

(二)QR 含义

虽然 QR 是从美国纺织服装业供应链管理实践中发展起来的一种方法，但随着竞争的全球化和企业经营的全球化，QR 系统管理迅速在其他行业得到应用。QR 的重点是对客户需求做出快速反应，通过提高供应链整体运作效率减少供应链总体反应时间，以减少库存降低成本。

《中华人民共和国国家标准物流术语》(GB/T 18345—2001)给 QR 下的定义是：物流企业面对多品种、小批量的买方市场，不是储备了“产品”，而是准备了各种“要素”，在客户需要时，以最快速度抽取“要素”及时“组装”，提供所所需服务或产品。

(三)QR 实施条件与步骤

美国学者 Blackburn，在对服装业的研究基础上，认为 QR 成功实施需要具备 5 个前提条件：

(1)改变传统经营方式、经营意识和组织结构。

(2)开发和应用现代信息处理技术。

(3)与供应链成员建立战略合作作伙伴关系。

(4)充分的信息共享。

(5)供应商必须缩短生产周期，降低商品库存。

在具备以上 5 个基本条件后，可以通过如下 6 个步骤实施 QR 系统。每个步骤需要以前步骤作为基础，而且往往后面的步骤比前面的步骤有，有更高的回报，但是需要额外的投资，如图 2-5 所示。

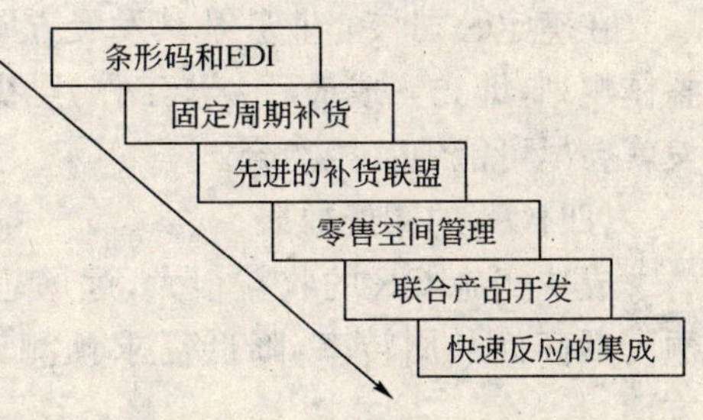

图 2-5　QR 实施 6 个步骤

1. 安装使用条形码和 EDI

零售商首先必须安装通用产品代码(UPC 码)、POS 扫描和 EDI 等技术设备，以加快 POS 机收款速度，获得更准确的销售数据并使信息沟通更加畅通。POS 扫描用于数据输入和数据采集，即在收款检查时用光学方式阅读条形码，然后将条形码转换成相应的商品代码。正确的 UPC 产品标志对 POS 端的客户服务和有效的操作是至关重要的。扫描条形码可以快速准确地检查价格并记录交易。EDI 要求公司将其业务单证转换成行业标准格式，并传输到某个增值网(VAN)，贸易伙伴在 VAN 上接收到这些单证，然后将其从标准格转到自己系统识别的格式。许多零售商和厂商都了解EDI的重要性，已经实施了一些基本的交易（如采购订单、发票等）的EDI业务，而且很多大型零售商也强制其厂商实施EDI来保证快速反应。本书后面章节将详细讨论EDI技术。

2. 自动补货

自动补货是指基本商品销售预测的自动化，自动补货在过去和目前销售数据及其可能变化的基础上使用软件进行定期预测，同时考虑目前的存货情况和其他一些因素，以确定订货量。QR的自动补货要求供应商更快、更频繁地运输重新订购的商品，以保证店铺不缺货，从而提高销售。通过对商品实施快速反应并保证这些商品能敞开供应，零售商的商品周转速度更快，客户可以选择更多的花色品种。

3. 建立先进的补货联盟

为了保证补货业务的流畅，必须建立先进并且稳固的补货联盟。零售商和消费品制造商联合起来检查销售数据，制定关于未来需求的计划和预测，在保证有货和减少缺货的情况下降低库存户。

4. 进行零售空间管理

进行零售空间管理是指根据每个店铺的需求模式来规定其经营商品的花色品种补货业务。一般来说，对于花色品种、数量、店内陈列及培训或激励售货员等决策。

5. 联合产品开发

联合产品开发的对象主要针对像服装等生命周期很短的商品，而不是一般商品和季节商品。厂商和零售商联合开发新产品，其关系的密切超过了购买与销售的业务关系，缩短从新产品概念到新产品上市的时间，而且经常在店内对新产品实行试销。

6. QR的集成

通过重新设计业务流程，将前5步的工作和公司的整体业务集成起来，以支持公司的QR整体战略实施。

在确定公司核心业务及其发展方向时，应具有战略性的眼光。在实施QR时，可以先进行整体规划，即先完成最后一步工作，至少是设计整体体系结构，这样补货的改进和新产品的开发就会尽可能地互相吻合。

（四）QR的实施效果

成功实施QR的收益很大，远远超过其投入，可以节约销售费用，并且大幅度增加销售额和提高商品周转率，降低需求预测误差。具体来说，实施QR后的效果体现在以下主要方面：

1. 提高销售额

条形码和POS扫描使零售商能够跟踪各种商品的销售和库存情况，这样零售商就能够准确地跟踪存货情况，在库存真正降低时才订货，降低订货周期。由于实施自动补货系统，保证在客户需要商品时可以得到现货。

2. 降低管理费用，减少损失及流通费用

因为不需要手工输入订单，所以采购订单的准确率提高了。额外订货和发货的减少降低了管理费用。在货物发出之前，仓库对运输标签进行扫描并向零售商发出预先发货清单，这些措施都降低了管理费用。需求预测误差可降低到10%左右，使得库存商品能够最大限度地满足客户的需求,减少了客户需求不足的商品的库存,从而减少了削价的损失。同时由于集成了对客户需求的预测和生产规划,就可以提高库存周转速度,需要处理和盘点的库存量减少了,从而降低了流通费用。

3. 提高客户服务水平

由于相应成本的降低、流通速度的加快,厂商和商家能够及时把握客户的实际需求,并按需求生产,所以能够在最短的时间内满足客户的需求,并且由于流通成本的降低,最终使得客户也能从中获益。

4. 更好地计划生产

由于可以对销售进行预测并能够得到准确的销售信息,厂商可以准确地安排生产计划。

5. 加快库存周转

实施 QR 后,生产厂商按市场需求生产,零售商按客户需求订货,可以根据需求随时补充,从而加快了库存的周转。

二、有效客户反应策略

(一)ECR 产生背景

进入 20 世纪 80 年代,特别是到了 90 年代以后,零售商和生产厂家之间为取得供应链主导权的控制,同时为商家品牌和厂家品牌占据零售店铺货架空间的份额展开了激烈的竞争。这种竞争使得在供应链的各个环节间的成本不断转移,导致供应链整体的成本上升。在这期间,从零售商角度来看,随着新的零售业态,如仓储商店、折扣店的大量涌现,使得它们能以相当低的价格销售商品,从而使日杂百货业的竞争更趋激烈。而从生产厂家角度来看,由于日杂百货商品的技术含量不高,大量无实质性差别的新商品被投入市场,使生产厂家之间的竞争趋同化。生产厂家为了获得销售渠道,通常不惜牺牲自身的利益而采用直接或间接的降价方式作为向零售商促销的主要手段。因此,如果生产商能与供应链中的零售商结成更为紧密的联盟,将不仅有利于零售业的发展,同时也符合生产厂家自身的利益。另外,从客户的角度来看,过度竞争往往会使企业在竞争时忽视客户的需求。客户不能得到他们需要的商品和服务,他们得到的往往是高价和不满意的商品。对应于这种状况,客观上要求企业从客户的需求出发,提供能满足客户需求的商品和服务。

在上述背景下,美国食品市场营销协会联合包括可口可乐、宝洁公司等 6 家企业与流通咨询企业科特·塞门一起组成研究小组,对食品业的供应链进行调查、总结、分析,于 1993 年提出了改进该行业供应链管理的详细报告。该报告系统地提出 ECR 的概念体系。经过美国食品市场营销协会的大力宣传,ECR 的概念被零售商和制造商接纳并被广泛地应用于实践中。几乎同时,欧洲食品杂货行业为解决类似问题也采用 ECR 策略,并建立了欧洲 ECR 委员会以协调各国在实施 ECR 过程中的技术和标准等问题。

(二)ECR 的含义

有效客户反应(Efficient Consumer Response, ECR)模式是在食品杂货分销系统中,分销商和供应商为消除系统中不必要的成本和费用,给客户带来更大效益而进行紧密合作的一种供应链管理策略。ECR 是一种以更好、更快并且成本更低的服务满足客户为目的的供应链管

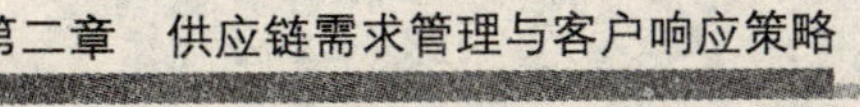

理战略。ECR 通过生产厂家、批发商和零售商等组成供应链的各方成员相互协调和合作,达到商品供应流程和服务最优化。

ECR 以信任和合作为基础,以创造消费者价值为目标,整个系统包含的四大核心过程分别是:有效店铺空间安排、有效商品促销、有效新产品导入、有效商品补货。它们也称为 ECR 四大要素,如图 2-6 所示。

1. 有效的店内空间布局

实施这种策略目的是通过有效地利用店铺的空间布局来最大限度地提高商品的获利能力。零售商已通过计算机化的空间管理系统来提高货架的利用率。有效的商品分类要求店铺储存客户需要的商品,把商品范围限制在高销售率的商品上,这样可以提高所有商品的销售业绩。企业应经常监测店内空间分配,以确定产品的销售业绩。优秀的零售商至少每月检查一次商品的空间分配情况,有的零售商甚至每周检查一次。通过分析各种商品的投资回报率,可以帮助企业了解商品的销售趋势。了解商品的销售趋势有助于企业对商品的空间分配进行适当的调整,以保证商品的销售能够实现事先确定的投资收益水平。

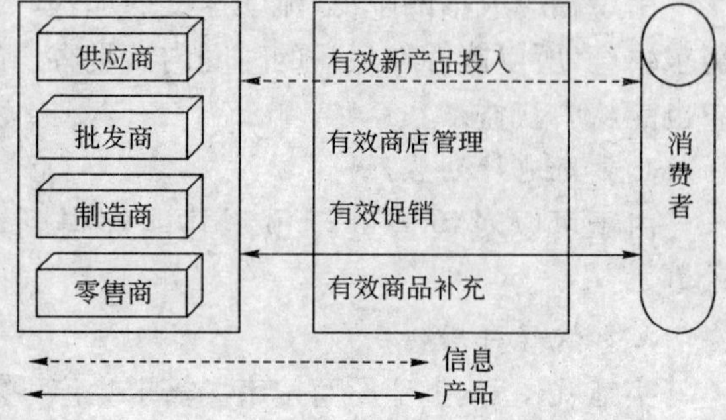

图 2-6 ECR 四大核心要素

2. 有效商品促销

其目的是简化贸易关系,将经营重点从采购转移到销售。快速周转的消费品行业现在把更多的时间和金钱用来促销,并对促销活动的影响进行衡量,客户将从这些新型的促销活动所带来的低成本中获利。

3. 有效新产品导入

其目的是通过信息共享,及时准确分析消费者需求趋势,正确制定产品价格策略,向市场推出新产品。

4. 有效商品补货

有效的补货可以降低系统的成本,从而降低商品的售价,其目的是将正确的产品在正确的时间和正确的地点,以正确的数量和最有效的方式送给客户。因此,供应商采用连续补货计划系统工具来进行有效的补货。有效补货借助技术包括:POS 机扫描、店铺商品预测、店铺的电子收货系统、商品的价格和促销数据库、动态的计算机辅助订货系统、集成的采购订单管理、厂商订单履行系统、动态的配送系统、仓库电子收货、直接出货、自动化的会计系统等。

(三)ECR 的实施条件

要实施高效客户反应,首先应联合整个供应链所涉及的供应商、分销商以及零售商,改善供应链中的业务流程,使其最合理有效;然后以较低的成本,使这些业务流程自动化。在具体实施的过程中还需要做好以下工作:

1. 为变革创造氛围赢得公司高层支持

对大多数组织来说,改变对供应商或客户的内部认知过程,即从敌对态度转变为将其视为同盟的过程,将比 ECR 的其他相关步骤更困难,时间花费更长。创造 ECR 的最佳氛围可以进行内部教育以及通信技术和设施的改善，采取新的工作措施和奖惩机制。同时必须赢得公司强有力的高层组织领导支持。

2. 建立战略同盟关系

对于大多数刚刚实施 ECR 的公司来说，建议成立 2～4 个初期同盟，每个同盟都应首先召开一次会议，让来自各个职能区域的高级同盟代表对 ECR 及怎样启动 ECR 进行讨论。以上计划的成功将会增强公司的信誉和信心。

3. 开发支持 ECR 信息技术

信息技术的应用可以促进 ECR 系统的优势。这些技术包括条码技术、EDI 系统、POS 系统和电子转 ETF、计算机辅助订货系统等技术。把这些技术集成起来，在供应链(由生产线直至付款柜台)之间建立一个无纸系统，以确保产品能不间断地由供应商流向最终客户，同时信息流能够在开放的供应链中循环流动。

(四)ECR 的实施效果

ECR 战略的实施，可以减少多余的活动，节约相应的成本，并可带来不可量化的无形价值，表 2-2 列出了 ECR 所带来的成本费用节约。

ECR 带来的企业成本和费用的节约 表 2-2

费用类型	ECR 带来的节约
商品的成本	损耗降低，制造费用降低，包装成本降低更有效地进行原材料采购
销售和采购费用	现场和总部的资源费用降低了，简化了管理
管理费用	减少一般的办事员和财务人员
营销费用	贸易促销和客户促销的管理费用降低了，产品导入失败的可能性减少
后勤费用	更有效地利用了仓库和载货汽车，跨月台物流，仓库的空间要求降低了
店铺的经营费用	自动订货

1. 节约直接成本

ECR 通过减少额外活动和相关费用，直接降低成本。

2. 节约财务成本

ECR 可以间接的节约成本，主要原因是实现单位销售额的存货要求降低。具体来说，节约的成本包括商品的成本、营销费用、销售和采购费用、管理费用和店面的经营费用等。

根据欧洲供应链管理委员会的调查报告，接受调查的 392 家公司，其中制造商实施 ECR 后，预期销售额增加 5.3%，制造费用减少 2.3%，销售费用减少 11%，货仓费用减少 13%，总盈利增加 5.5%。而批发商及零售商也有相似的获益，销售额增加 5%，毛利增加 3%，货仓费用减少 5.9%，货仓存货量减 13.1%及每平方米的销售额增加 5.3%。由于在流通环节中缩减了不必要的成本，零售商和批发商之间的价格差异也随之降低，这些节约了的成本最终将使消费者受益，各贸易商也将在激烈的市场竞争中赢得一定的市场份额。

通过下面的小资料中的内容可以更好的理解 ECR 的实施与应用。

小资料

7-11的中国有效客户响应系统

全球最大的连锁便利店7-11就是通过其集中化的物流管理系统成功地削减了相当于商品原价10%的物流费用。目前,它共设立23000个零售点,业务遍及四大洲20个国家及地区,每日为接近3000万的顾客服务,是全球最大连锁便利店。

7-11与广州地铁二号线全面合作,在地铁二号线首期开通的9个站内同时开张9家店铺。到2006年,7-11在南中国地区总店数达到127家,其中广州91家,深圳36家。在扩张的同时,7-11先进的物流管理系统也一并推广至内地,从而为其带来了另一个利润的增长点。

一、物流路径集约化

对零售业而言,中国目前物流服务水准或多或少在短期内是由处于上游的商品生产商和经销商来决定的,要改变他们的经营意识和方法无疑要比企业自身的变革困难、复杂并漫长。这种情景与当初日本7-11在构筑物流体系所处的环境类似。为此,7-11改变了以往由多家特约批发商分别向店铺配送的物流经营方式,转为由各地区的窗口批发商来统一收集该地区各生产厂家生产的同类产品,并向所辖区内的店铺实行集中配送。

二、设立区域配送中心

对于盒饭、牛奶等每日配送的商品,各产品窗口企业向各店铺的配送费用依然很高。对于这一点,7-11开始将物流路径集约化转变为物流共同配送系统,即按照不同的地区和商品群划分,组成共同配送中心,由该中心统一集货,再向各店铺配送。地域划分一般是在中心城市商圈附近35km,其他地方市场为方圆60km,各地区设立一个共同配送中心,以实现高频度、多品种、小单位配送。实施共同物流后,其店铺每日接待的运输车辆数量从70多辆下降为12辆。另外,这种做法令共同配送中心充分反映了商品销售、在途和库存的信息,7-11逐渐掌握了整个产业链的主导权。在连锁业价格竞争日渐激烈的情况下,7-11通过降低成本费用,为整体利润的提升争取了相当大的空间。

三、量身定造物流体系

当然,值得指出的是,经营规模的扩大以及集中化物流体制的确立虽然由7-11主导,但物流体系的建设却是由合作生产商和经销商根据7-11的网点扩张,根据其独特的业务流程与技术而量身打造的。这些技术有订发货在线网络、数码分拣技术、进货车辆标准化系统及专用物流条形码技术等。

在日本,7-11的点心配送都是由批发商A公司承担。起初,它们利用自己的一处闲置仓库为7-11从事物流活动,并安排了专门的经营管理人员。但随着7-11的急剧扩张,A公司为了确保它的商品供应权,加大了物流中心的建设和发展,在关东地区建立了四大配送中心。每个配送中心为其临近的500家左右店铺配送所有点心,品种大概在650～700个之间。

每天早上,8点至10点半从生产企业进货,进货的商品在中午之前入库。为了保证稳定供货,每个配送中心拥有4天的安全库存,在库水准根据销售和生产情况及时补充。中午

11点半左右配送中心开始安排第二天的发货，配送路线、配送店铺、配送品种、发货通知书等及时地打印出来，交给各相关部门。同时，通过计算机向备货部门发出数码备货要求。

四、设置配送流程以分钟计算

从一个配送小组的物流活动时间看，一个店铺的备货时间大约要65s，货物搬运时间大约花费5～6min。从点头分拣到结束需要15min，所有170～180个店铺要4个多小时，即整个物流活动时间大约为4个小时(不算货车在配送中心停留等待出发的时间)。货车一般在配送中心停留一晚，第二天早上4点半到5点半，根据从远到近的原则配送到各店。最早一个到店的货车时间应该是上午6点钟，运行无误的话，店铺之间的运行为15min距离，加上15min的休息时间，每个店铺商品配送需要的时间为半个小时。也就是最迟在早上9点半或10点半左右，完成所有店铺的商品配送任务。从每辆车的配送效率看，除了气候特殊原因，平均每辆车配送商品金额为75万日元，装载率能稳定达到80%。配送中心每月平均商品供应为50亿日元，相当于为每个店铺供应100万元的商品。货车运行费用每天为2.4万日元，相当于供应额的3.2%，处于成本目标管理值3.0%～3.5%范围之内，为7-11压缩了大量的物流成本。

现在，7-11已经实现一日三次配送制度。其中包括一次特别配送，即当预计到第二天会发生天气变化时对追加商品进行配送。这些，使7-11及时向其所有网点店铺提供高鲜度、高附加值的产品，从而为消费者提供了更便利、新鲜的食品，实现了与其他便利店的经营差异化。

资料来源：考试大网站(www.examda.com)

三、QR策略与ECR策略的比较

QR与ECR作为供应链管理的两种成功的策略，存在如下相同和不同之处：

(一)QR策略与ECR策略相同之处

1.共同的外部环境

QR策略与ECR策略所对应的食品行业和纺织品行业都受到了两种重要的外部变化的影响：一是经济增长速度的放慢加剧了竞争，因为零售商必须生存并保持客户的忠诚度：二是零售商和供应商之间的交易平衡发生了变化。由于通信技术的发展及向传统领域之外扩张的欲望，零售商变得越来越向全国化，甚至是国际化方向发展。交易平衡的重心已偏向零售商。

2.改善供应商和零售商的关系

在引入QR和ECR之前，两个行业都陷入了同样的困境：供应商和零售商或批发商的关系非常恶劣，已到了相互不信任的地步，两方面都各自追求自己的目标，而忘记了经商的真正目的：满足客户的需要。只有通过相互合作、消除隔阂，改善关系才能实现供应链整体利益。

3.共同的威胁

供应商商和零售商都受到了新的贸易方式的威胁。对于零售商来说，威胁主要来自大型

超市、廉价店、仓储俱乐部及折扣店等新型的零售形式，他们采用新的低成本进货渠。对供应商来说，压力来自有品牌商品的快速增长，这些商品威胁到了他们的市场份额。

4. 共同的目标

上述的威胁迫使这两个行业必须采取行动。虽然按照各环节自己的业绩衡量标准，也可能是有效率的，但是从整个供应链来说，他们的效率都非常低。只有大家都能够集中于一个共同的目标，以最低的总成本向客户提供真正想要的商品，整个系统的高效率才能实现。

5. 共同的战略

QR 和 ECR 都重视供应链的核心业务，对业务进行重新设计以消除资源的浪费。这项业务是指对于那些可补货的商品和普通商品，以尽可能低的存货水平和成本来保持较高的客户服务水平。

(二)QR 策略与 ECR 策略差异

1. 最初应用的行业不同

ECR 开始主要以食品行业为对象，其主要目标是降低成本，提高效率；QR 主要集中在纺织行业，其主要目标是提高补货和订货的速度。QR 的最初目的是提高零售业中的一般商品和纺织品的设计、制造和流通效率。QR 早期的成功使它得到了广泛的应用。当前许多大的零售商和供应商都在其经营业务中采用了 QR 的思想和技术。

2. 管理侧重的目标不同

QR 侧重于缩短交货提前期，快速响应客户需求；ECR 侧重于减少和消除供应链的浪费，提高供应链运行的有效性。

3. 实施方法不同

QR 主要借助信息技术实现快速补货，通过联合产品开发缩短产品上市时间；ECR 除新产品快速有效引入外，还实行有效商品管理、有效促销。

4. 适用的行业不同

QR 适用于单位价值高、季节性强、可替代性差、购买频率低的行业；ECR 适用于产品单位价值低、库存周转率高、毛利少、可替代性强、购买频率高的行业。

第三节　基于产品的供应链设计策略

对于客户的需求，不同的情况供应链系统可以采取不同的响应策略，如前面所述食品行业采用 ECR 策略，而纺织业采用 QR 策略。一般在设计供应链策略应考虑到三个主要方面的情况：市场覆盖范围与目标、产品特性、客户服务水平目标等。不同的学者提出在设计供应链时，主要考虑几个原则：在产品开发初期设计供应链网络；侧重于产品特性、成本核算(图 2-7)，多代理的集成思想等设计供应链。

费舍尔认为：供应链的设计要以产品为中心。即供应链的设计首先要明白客户对企业产品的需求是什么，是创新型产品，还是功能型产品；然后要明白不同供应链的特性，再设计出与产品特性相一致的供应链。因而，就产生了基于产品的供应链设计策略。本节将重点介绍该方法的主要内容与步骤。

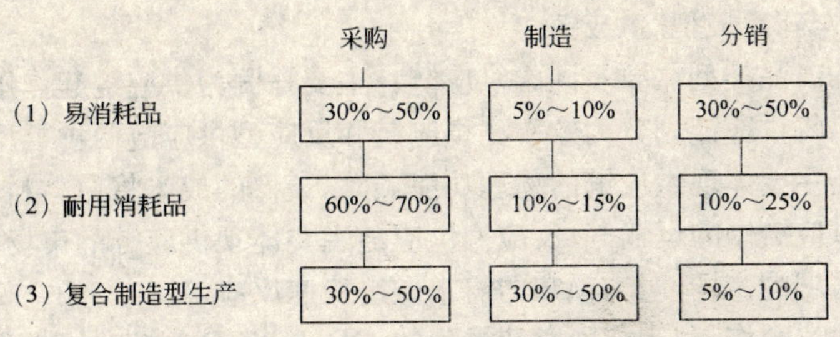

图 2-7 供应链环节成本结构

各种产品从采购到制造再到分销，是一个不断增加市场价值或附加值的增值过程，不同产品在同一环节的价值增值是不同的，同一产品在各个环节的价值增值也不尽相同。供应链体系中一个环节的重要性，主要取决于它能够带来多大的增值。

设计和运行一个有效的供应链，对于每一个生产制造企业都是至关重要的。因为它可以获得提高客户服务水平，达到成本和服务之间的有效平衡，提高企业竞争力，提高柔性，渗入新的市场，通过降低库存量来提高工作效率等利益。但是，也可能会因为不合适的供应链设计而导致浪费和失败。

一、产品与供应链类型

(一)"创新型"与"功能型"产品

欧洲商业管理学院马沙尔·费舍尔教授(Marshal L. Fisher)认为：供应链的设计要以产品为中心。供应链的设计首先要明白客户对企业产品的需求是什么。他根据如表 2-3 所示的各项指标来判断客户需求的产品是创新型产品，还是功能型产品。不同的产品类型对供应链设计有不同的要求，高边际利润、不稳定需求的创新型产品的供应链设计就不同于低边际利润、有稳定需求的功能型产品。

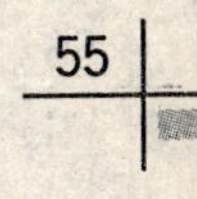

功能型产品与创新性产品 表 2-3

需 求 特 征	功能型产品	创新型产品
产品寿命周期	超过两年	一般低于一年
边际利润贡献	5%~20%	20%~60%
平均缺货率	1%~2%	10%~40%
按订单生产提前期	3 个月到一年	3 天到两周
预测误差率	10%左右	40%~100%

由表 2-3 可以看出，功能型产品一般用于满足客户的基本需求、变化很少、具有稳定可预测的需求和较长的寿命周期，但它们的边际利润较低。为了避免低边际利润，许多企业在式样或技术上革新以寻求客户的购买，从而获得高的边际利润。这种创新型品的需求一般不可预测，寿命周期也较短。正因为这两种产品的不同，需要有不同类型的供应链去满足不同的管理需要。

（二）“效率型”与“反应型”供应链

为什么不同的产品类型需要不同的供应链？主要是因为供应链起作用的方式不同。按照物理调节功能可以将供应链划分为效率型供应链和反应型供应链两种类型。

效率型供应链主要体现供应链的物理功能，即以最低的成本将原材料转化成零部件、半成品、产品，以及在供应链中的运输等；反应型供应链主要体现供应链的市场中介功能，即将产品分配到满足客户需求的市场，对未预知的需求做出快速反应等。

供应链成员通过合作，利用前面章节提到的 QR 或 ECR 策略，构建反应型供应链和效率型供应链。

二、基于产品供应链设计的核心思想

费舍尔认为供应链的设计要以产品为中心。即供应链的设计首先要明白客户对企业产品的需求是什么，是创新型产品，还是功能型产品；然后要明白不同供应链的特性，再设计出与产品特性相一致的供应链。当知道产品和供应链的特性后，就可以设计出与产品需求一致的供应链。

费舍尔还建立了如图 2-8 所示的策略矩阵，帮助公司判断供应链类型与产品类型是否匹配，方便进一步改善供应链反应策略与投资计划。

	功能型产品	创新型产品
效率型供应链	匹配	不匹配
反应型供应链	不匹配	匹配

图 2-8　产品、供应链类型匹配策略矩阵

策略矩阵的 4 个元素代表 4 种可能的产品和供应链的组合，从中可以看出产品和供应链的特性，管理者根据这些特性就可以判断企业的供应链流程设计是否与产品类型相一致，利用该矩阵，企业可以判断其供应链类型与产品类型是否很好地匹配。矩阵的 4 个方格代表了 4 种可能的产品与供应链的组合。用市场反应型供应链生产功能型产品，或用效率型供应链生产创新型产品，都是不合理的。右下方代表采取市场反应型供应链提供创新型产品。生产创新型产品的企业，其在市场反应型供应链上的投资回报率要比在效率型供应链上的投资回报率高得多。企业在增强其供应链的市场反应性上，每增加 1 元投资，就会取得大于 1 元的市场调节成本的下降。若企业采用市场反应型供应链来生产功能型产品（左下方），情况就截然不同了。若对其供应链增加投资，减少的损失不多，就会得不偿失。

对于功能型产品，如果边际贡献率为 10%，平均缺货率为 1%，则边际利润损失仅为 10%，改善市场反应能力而投入巨资是得不偿失的。生产这类产品的企业，主要目标在于尽量减少成本。企业通常只要制定一个合理的最终产品的产出计划，并借助相应的管理信息系统协调客户订单、生产、采购，使得链上的库存最小化，提高生产效率，缩短提前期，从而增强竞争力。如宝洁公司的许多产品属于功能型产品，公司采取了供应商管理库存和天天低价的策略，使库存维持在较低水平，降低成本，公司和顾客都从中受益。

对于创新型产品，如果边际贡献率为 40%，平均缺货率为 25%，则边际利润损失为 10%。所以，此类产品就需要有高度灵活的供应链，来对多变的市场做出迅速的反应，改善供应链的市场反应能力就非常重要。例如，欧美、日本等不少发达国家将基本的功能型产品放在低成本的发展国家生产，而将时尚流行性或短生命周期的产品放在本土生产，虽然有可能增加劳动力成本，但通过对市场的快速反应而获得的利润足以抵消这种不利影响。

三、供应链设计实施步骤

通过实践经验总结，马士华教授提出了供应链设计的具体步骤，如图 2-9 所示：

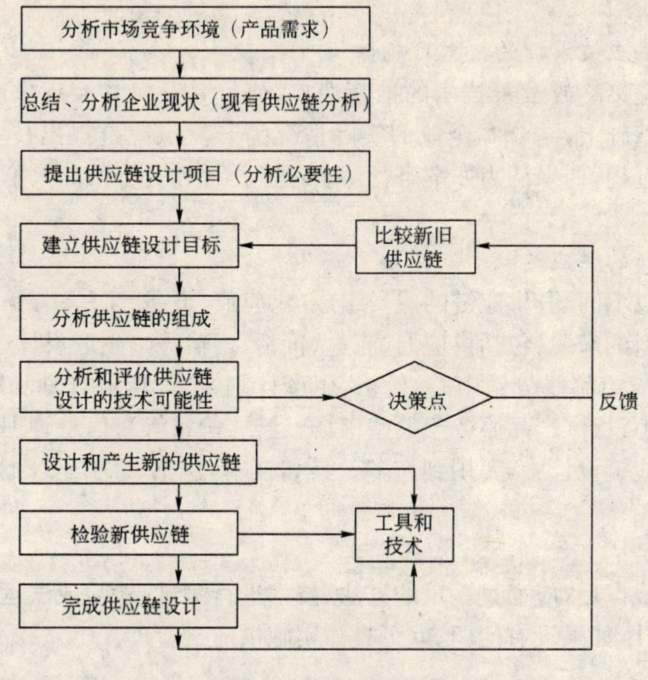

图 2-9　供应链设计步骤

1. 分析市场竞争环境

该步骤的目的在于找到针对哪些产品市场开发供应链才有效。必须知道现在的产品需求是什么，产品的类型和特征是什么。分析市场特征的过程要向卖主、客户和竞争者进行调查，提出“客户想要什么?”和“他们在市场中的分量有多大?”等问题，以确认客户的需求。这一步骤的输出结果是每一产品由按重要性排列的市场特征，同时对市场的不确定性的分析和评价。

2. 总结、分析企业现状

该步骤主要分析企业供需管理的现状（如果企业已经有供应链管理，则分析供应链的现状），目的不在于评价供应链设计策略的重要性和合适性，而是着重于研究供应链开发的方向，分析、寻找、总结企业存在的问题及影响供应链设计的阻力等因素。

3. 提出供应链设计项目

该步骤针对存在的问题提出供应链设计项目，分析其必要性。

4. 建立供应链设计目标

这一步是根据基于产品的供应链设计策略提出供应链设计的目标。主要目的在于获得在高客户服务水平和低库存投资、低单位成本两个目标之间的平衡（这两个目标往往有冲突），同时还应包括：进入新市场、开发新产品、开发新分销渠道、改善售后服务水平、提高客户满意程度、降低成本、通过降低库存提高工作效率等目标。

5. 分析供应链的组成

该步骤用于提出供应链组成的基本框架。供应链中的成员组成分析主要包括制造工厂、设备、工艺和供应商、制造商、分销商、零售商及客户的选择及其定位，以及确定选择与评价的标准。

6. 分析和评价供应链设计的技术可能性

这一步骤不仅是策略或改善技术的推荐清单，而且是开发和实现供应链管理的第一步。它在可行性分析的基础上，结合本企业的实际情况为开发供应链提出技术选择建议和支持。这也是一个决策的过程，如果认为方案可行，则可进行下面的设计：如果不可行，则要进行重新设计。

7. 设计和产生新的供应链

这步主要解决以下问题：供应链的成员组成（供应商、设备、工厂、分销中心的选择与定位、计划与控制）；原材料的来源（包括供应商、流量、价格、运输等）；生产设计（需求预测、生产什么产品、生产能力、供应给哪些分销中心、价格、生产计划、生产作业计划和跟踪控制、库存管理等）；分销任务与能力设计（产品服务于哪些市场、运输、价格等）；信息管理系统设计：物流管理系统设计等。在供应链设计中，要用到许多工具和技术，包括归纳法、集体问题解决、流程图、模拟和设计软件等。

8. 检验新供应链

供应链设计完成以后，应通过一定的方法、技术进行测试、检验或试运行，如有问题就返回到第 4 步进行重设计；如果没有问题，就可具体实施供应链管理。

[案例分析]

百安居：成功源于高效供应链管理

1969 年诞生于英国南安普敦市的 B&Q（百安居），隶属于世界 500 强企业之一的英国翠丰（Kingfisher）集团。翠丰集团实力雄厚，发展速度极快，日渐成为全球最为出色的装饰建材企业。拥有 30 多年成功经营管理经验的 B&Q，主要经营厨具、洁具、灯具、电工电料、油漆涂料、瓷砖、家具、软装饰、五金工具、木材地板、建材管件、园艺、家用电器等共 50000 多个品种的商品，目前已在全球 10 多个国家和地区拥有 700 多家仓储式装饰建材连锁超市，销售额位列欧洲第一、世界第三，是国际化程度最高的建材连锁超市企业。1999 年，B&Q 携其全球先进的零售管理经营模式以及在中国台湾开设连锁店所获得的丰富经验，拉开了在中国大陆地区发展的序幕。6 月 18 日，B&Q 第一家正式以“百安居”为品牌的大陆连锁店“上海沪太店”开业。随后，百安居进入全国布点阶段，迅速扩大规模。凭借一流的产品、周到的服务、超低的价格，百安居在中国消费者心目中树立起领先、可靠的品牌形象，为进一步拓展中国市场打开了知名度。在中国连锁经营协会评出的“家居、建材、家装”连锁企业排行榜中，百安居分别荣获 2002 年、2003 年总销售额以及单店平均销售额两项第一。目前，百安居（中国）已相继在上海、苏州、昆明、深圳、杭州、青岛、武汉、广州、北京、福州、南京等地开设了 20 家分店，拥有较大的市场份额。

百安居在中国取得如此佳绩固然有众多原因，但不容忽视的是，现代连锁零售企业要保持高速健康运转，顺畅高效的采购体系和物流体系在其中起着举足轻重的作用，直接关系到商品的价格竞争力。下面就让我们一起走进这座橙色“大厦”，探寻百安居的成功之道。

在采访中，百安居(中国)置业发展有限公司华北区总经理文东先生认为，与其他类型的超市相比，家居建材类连锁超市在经营管理方面有很多独特之处，同时这也构成了建材连锁企业的经营难点，主要表现如下。

(1)特殊制作的商品种类多：如客户定做的门窗等规格多样且不统一，为满足不同客户的特殊需求，供货商很难做到大规模统一生产、配送，增加了送货、接货次数，带来整个供应链的经营成本上升。

(2)条形码的应用参差不齐：目前国内建材类商品很多没有自带条形码，给门店经营管理造成极大不便，也导致了物流管理水平和运作效率低下。

(3)销售体制落后：在计划经济时期，我国建材行业采用多级批发体制，现在虽然转变为总经销、地区经销的方式，但是经营思路没有变，表现为流通环节过多，不可避免地带来库存与资金占压，物流资源浪费。

(4)家居建材商品由于自重大、体积大，客户一般需要送货上门。而提供"门对门"的配送服务，难免给供货商和经营单位带来很大麻烦，如需要多次联系以确定送货上门的时间，无疑增加了相应人员与配送成本。

(5)由于存在国家治理超载、物流企业税负不合理以及市场秩序混乱等问题，与运作不规范的企业相比，正规的物流公司面临着非常大的竞争压力，给建材连锁超市的物流外包带来一定难度。

百安居意识到，针对中国家居建材行业的特点，要想在日益激烈的市场竞争中取胜，必须从供应链的角度切入，提高经营管理水平。几年来，百安居主要在以下几个方面加大力度，不断完善管理。

(一)完善采购供货体系

据文东总经理的介绍，严格来讲，在 2003 年国内建材连锁超市虽然已建立起全国统一的销售网络，但还没有一家实现了真正意义上的统一采购、统一配送。而百安居的商品采购有总部统一采购、地区采购、门店采购等不同的方式。总部的采购部负责进口商品、自有品牌商品与厂商直供商品的全国统一采购，下达采购订单后，商品由百安居的签约第三方物流公司——上海佳宇物流公司负责运送到百安居的物流中心或遍布全国的门店；而约 20000 多种特殊商品，则由各门店的订货办直接向供货商下单采购，再由供货商或其经销商直接送到门店或者顾客家中，并负责安装、退换货等售后服务。

进入中国以来，百安居通过一系列措施不断缩短供应链，优化采购流程，降低采购成本，减少缺货现象。

1. 建立合作伙伴关系

百安居认为，与供货商之间不应当是简单的商品采购关系，而是共同合作的商业伙伴。百安居提出："加入我们，支持我们，一起合作，一起发展，那将会是双赢的结局！"成为百安居的供货商后，不仅意味着产品销售可以稳定增长，更为重要的是，通过与百安居合作，供货商的产品能逐步进入翠丰集团亚洲中心的采购体系，有机会进入欧洲市场和全球其他建材连锁超市，而目前翠丰集团亚洲采购中心的采购额已达到每年近 10 亿美元。

2. 减少供应商数量

百安居在达到一定规模、运行逐渐平稳后，开始对供应链进行优化。到目前为止，已经有 200 个区域型、中小型供应商被百安居淘汰。现在百安居在中国还拥有 1000 多家供货商。百安居的目标是，2004 年大型供应商的销售额增长比例最高提升 10 倍，最低也要达到 60%，全国供应商的比例要达到或接近 30%。

3. 引入厂商直供模式

为了进一步规范自身的物流服务，百安居在 2004 年的深圳采购大会上宣布，百安居将对销售额排名前 200 位的供货商（占百安居整个销售额的 70%～80%）推行厂商直供模式。即，由百安居总部统一向供货商采购，供货商直接送货到百安居的门店或物流中心。只有做到厂商直供，才能省掉许多中间环节，整合社会物流资源，提高物流效率，使供应链管理更加优化。据测算，厂商直供的商品采购成本比中间商供货可下降 25%以上。2004 年，百安居已经与科勒、东海瓷砖厂等部分厂家签订了直供协议。

4. 加速发展自有品牌商品

自有品牌商品堪称当今世界商业发展的潮流趋势，商品的品种和销售额都在不断增长。专家分析，由于广告成本低、采购规模大，自有品牌商品可以与同类商品拉开 25%～30%的价格差距，显现出巨大的价格优势。在中国，标示着“B&Q”字样的百安居自有品牌商品正加速面世，并以其鲜明的个性、超低的价格，受到越来越多消费者的青睐。百安居（中国）总部提供的信息显示，2004 年 5 月以来，全新面世的百安居自有品牌商品系列超过 10 个，几乎覆盖家庭装潢、居家生活等各领域。与此同时，百安居自有品牌商品的销售额节节攀升。到 2008 年，百安居在中国市场的年销售额超过 150 亿元人民币，其中自有品牌商品的销售额达到 15 亿～20 亿元人民币。

5. 提高信息管理水平

为了满足企业发展的需要，百安居正在开发面向供应商的 B2B 采购平台。采用该系统后，供应商可以直接上网查询自己商品的销售情况，其最终目的是变百安居的被动采购为供应商的自动补货。预计该系统将于 2005 年 3 月投入运行。届时，百安居的商品采购信息化管理水平将提升到新的高度。

（二）采用先进的信息系统理顺进销存

作为一家经营品种超过 50000 种的零售企业，百安居每天要管理众多的商品，涉及繁复的商品采购、记账、库存与销售管理。这些都迫使百安居考虑改进业务流程，理顺进销存的关系，掌握良好的物流状态，为在中国的进一步发展打好坚实的基础。早在开业之初，百安居就采用了一套国产软件管理进销存。但是，随着开店数量不断增加，经营规模不断扩大，该系统渐渐地满足不了实际需要。考虑到企业未来发展，百安居决定投入巨资，在整个中国连锁经营网络中引入世界领先的 SAP 零售业管理信息系统，将其业务水平提升到新的高度。该项目于 2001 年 5 月开始实施，同年 12 月 3 日正式上线。可以说，百安居对于 SAP 零售业解决方案的强大功能了解颇深，在英国总部早已采用了该系统，并取得了显著的效果。百安居中国采用的主要模块包括：

（1）基础数据模块 MM：具体分为供应商管理（包括供应商编号、名称等信息）和商品信息管理（包括商品名称、商品描述、类别、原产地、进价、零售价等信息）两部分；

（2）零售管理模块 Retail：包括销售管理、配送管理等功能；

（3）供应链管理模块 SC：包括订货管理、收货管理、入库管理等功能；

（4）财务结算模块 FI：完成与供应商的货款结算。

系统成功上线后，百安居的员工马上体验到了信息管理系统为企业和个人带来的快捷与方便。首先，实现了实时、可视化管理，总部可以随时了解任何门店在任何时间的销售与库存情况，便于评估整个公司的经营情况，以加强统一管理，减少库存，降低成本。其次，大幅度缩短了结账时间，对赊账和应收账款的管理也有了很大改善。原来每日结账需要干到凌晨的情况一去不复返了，如今只需 3 个人 3 个小时就可以完成结账。借助于该系统，百安居的开店成本下降了 30%。这些数据不仅说明了利用先进的信息技术手段改善管理、优化商业流程的重要意义，更为百安居带来了实实在在的效益。

（三）建立高效的物流系统

从公司组织架构来看，百安居设立了商品部对采购、物流、销售、自有品牌商品等实行集中管理，公司还专门设有供应链副总裁负责供应链优化与物流运作管理。

在物流成本控制方面，百安居的主要管理手段为：

(1)要求供货商交货及时准确，按质按量完成订单，这也是对供货商考核的重要指标。

(2)供货商要在事先规定的交货时间准时到达，以避免大批供货商排队等待交货。

(3)确保供货商同收货部人员快速、及时地完成货物清点并做相应处理，如进入卖场、配送中心或者收货部的临时仓库。

(4)采取仓储式销售，专门设立了空间管理部，每种商品都有固定的存放位置，货物直接存放在卖场的货架上部，节省了仓储面积。

(5)掌握送货装车与装箱技巧，保证满载率，减少运输车辆数量。

(6)事先与客户确定送货时间，商品尽快一次送达客户家中，避免因多次送货增加成本。

2004年，百安居在物流体系建设方面加大投入力度，准备建立全国以及华东、华南、华北地区物流中心，同时建立起完全由电脑系统管理的订货和产品流，为优化库存、完善服务以及产品的全国采购和供应提供强大的后盾支撑。百安居(中国)总部供应链副总裁赵崎分析，建材超市内部供应链管理优化所带来的变化与改善将是非常明显的，可以“以最有效的整体成本优势，保证货架上总是有顾客想要购买的商品”，并且由此大大提升企业的整体可持续竞争能力。

其价值具体体现在3个方面：

(1)订单处理。以前的操作模式是门店直接向各个供应商下订单，订单没有整合，导致较高的订单频率，供应商需要花费较多的人力、物力来处理订单。优化之后，门店将向统一的物流中心下订单，物流中心将按供应商进行整合，合并成一张订单后再下给供应商。这样，对于单个的供应商来说，订单数量极大减少，在处理订单方面将更为便利。

(2)货物发送。以往，供应商处理完各个门店的订单后，根据订单要求备货，并分别发往不同目的地。这样导致供应商较高的发货频率，并需要支付较高的零担运输费用。优化之后，供应商将按整合后的订单，把提供给所有门店的商品送到百安居的物流中心，然后由物流中心统一配送到各个门店。这样，将极大降低供应商的发货频率，而且供应商的货物集中到一起能形成规模效应，供应商可以支付比零担运输费率更低的整车运输费率。

(3)财务结算。传统的模式，供应商将货物送到商店，商店签收单据返回到供应商后，供应商才能依据签收单开具收款发票。优化后，供应商将货物一起送到物流中心，当场收到签收单据。这样一来，不仅结款期缩短了，而且单据的管理也加强了，不会因为单据回来得太晚或丢失而影响了结算；更重要的是，货物运输途中的风险得到了有效控制，供应商不必承担运输途中的各种损失。

百安居的每家门店都设立了商品部，商品部又分为前台和后台，前台主要负责销售与客户投诉，后台主要有收货部与配送中心两个业务部门。收货基本安排在百安居的营业时间范围内，从早上8点到晚上8点，为节省费用，尽量避免晚上接货。收货部接到厂商送货后，同配送中心和销售前台进行交接。如果是IS现货，属于常规补货，由商品部相关部门人员负责直接送到不同的货位，收货部也有小面积的仓库，可暂时存放商品；如果属于CAB(已经销售出去的产品)特殊订单，则直接交给配送中心，配送中心再根据不同的送货方式——顾客自提、百送(消费者购物额达到6000元由百安居负责配送)、电话联系(确定是自提还是百送)，不同处理。

北京金四季店的收货部平均每天约处理120个订单，每月共三四千个订单。收货时，SAP系统的流程控制模块SOP严格规定了每个员工的职责。如，货物送到以后，先要由保安进行送货单登记，再由两名收货员分别签字，然后文员进行送货单信息录入(只需在系统显示的相关品项后面添加数量即可)，最后由主管复核(每天傍晚抽查)。有了极为严格的监督机制，经层层把关，有效地减少了漏入、录错现象，将收货差错率控制在千分之一到千分之二。按照百安居的规定，进入门店销售的商品必须有条形码。条形码贴在每个销售单位商品的外包装上，销售时简单地扫一下条形码即可，大大加快了顾客结账时间，也便于了解商品销售情况，更好地实现销售、采购、库存等内部管理。如果供应商的商品自带条形码并可以识读，则直接添加到系统中，以减少工作量与成本，提高运作效率；否则由百安居自己制作、打印条形码后再粘贴在商品上(此项成本由百安居承担)。

配送中心主要承担仓储管理与配送管理两块业务，按照工作职责设立了文员、仓管员、自提组、发车组、调度组5个工作岗位，分工清晰，各司其职。百安居销售出去的90%的商品都从这里送出去。在配送中心，文员起到物流导航的作用。文员每天到商品部前台取回送货单，再录入到系统中去，并对每天的发货数量进行核实、统计。送货之前，文员需要预先同顾客联系好，约定送货时间；送完货之后，文员马上在系统中登记送货时间、送货驾驶员，便于顾客今后查询商品。配送中心采用高层货架，商品码放密集但极有条理。库区首先分为自提区与百送区，自提区再按照商品类型划分存储区域，如瓷砖、厨电、浴室设备等分门别类集中存放。货架上层存放整托盘货物，以叉车完成存取；不方便叉车行走的地方，专门存放需要手工搬运的商品，如浴缸等；易碎品如瓷砖等存放在货架上，以避免因不慎造成的损失；对于非标商品，如玻璃淋浴房要垂直竖放，则按照商品的特殊形状与特性专门定做了非标货架。为避免顾客到期限不来提货，占用仓储空间，配送中心有专门人员提醒顾客来提货，并规定如果超过期限，每天收取商品总额的千分之一作为仓储费。配送中心收货后为每个送货单位都制作了一张标签，贴在商品包装的显著位置，内容包括订单号、顾客姓名、提货时间等信息。每天收货后对配送中心货物进行整理，只需要3个工作人员即可。配送中心打印出送货单，交给第三方物流公司的送货员。百安居将北京地区划分为十几条线路，同一线路顾客的商品要集中配送，并保证车辆的满载率。前一天晚上，送货驾驶员到百安居的配送中心装车，第二天早上送货。发货区设在仓库外面，共划分了15个车位，一辆车对应一个车位。按照送货路线，将一个顾客的商品放在一个托盘上，以免出错。物流公司运输车按照实际需要灵活调动，旺季时每天约需20辆车。百安居规定，每辆车一天要完成20个顾客的商品配送。

2004年上半年，百安居销售额比去年同期增长了76.2%，利润增长400%。良好的销售业绩无疑大大增强了百安居对中国市场的投资信心。

2005年，百安居将重点在中国沿海城市扩大规模，发展13～17家连锁店，并将考虑进军西部地区。目前，无锡、大连、重庆、成都等地新店正在筹备建设。与此同时，分别位于华东、华北、华南的三个区域物流中心正在加紧建设，三个物流中心正式投入运营后，将不仅可以满足百安居的大规模采购、配送的需要，而且有望真正实现自己控制物流体系的运作，使物流成本降到最合理的程度，巩固在行业中的“领头羊”地位。展望未来，雄心勃勃的百安居计划将业务覆盖中国各大城市。按照百安居的战略部署，在2009年之前，其在中国内地30多个城市的总店数将达到80家。同时，百安居将加大对市场推广方面的投入，进一步加强连锁店电脑系统和物流体系的改善，为开拓全中国市场树立第二个里程碑做好准备。

资料来源：物流天下

[思考与练习题]

1. 对“牛鞭效应”分析并提出解决思路。
2. 调查行业应用 QR 和 ECR 的状况、具体单证与流程，并形成分析报告 PPT。
3. 针对具体的产品，设计供应链需求响应策略。

第三章 供应链生产计划与交付时间压缩

学习目标

1. 能编制主生产计划；
2. 能分析供应链总响应时间并提出压缩策略；
3. 理解 JIT、TOC、“延迟策略”管理思想。

基本概念

ERP　MPS　提前期　总响应时间　瓶颈分析
JIT　TOC　延迟策略

引导情景

PSS 公司的订单交货期问题

PSS 公司所有的生产制造均是外包业务，对 OEM 厂商的产能分析评估与提高改善非常重要。一方面客户交期的回复必须依靠准确的产能分析，另一方面产能评估实质上是供应商与 PSS 公司的一种生产协议，直接影响成本核算与供应商的评估。产能评估与瓶颈分析由运营部的项目小组负责完成。PSS 公司的运营部主要由两个小组构成：负责工艺工程设计的工程师小组和负责日常生产管理的项目小组。

与 PSS 直接有业务来往的客户主要是各知名品牌的厂商，如汽车行业中的福特、大众、宝马等；电脑电视制造行业的戴尔(DELL)、惠普(HP)、飞利浦等；音箱行业中的雅玛哈(YAMAHA)、飞利浦等。所有这些客户都是在全球范围内经营业务，工厂分布也遍布世界各地，管理水平很高，因此对于它们的配套厂商之一的 PSS 公司的要求与评价水准也很高。虽然音响行业里，PSS 公司的订单交期(海外订单 6 个星期)已达到了 1 个半星期(行业平均 2 个星期)，但为了避免不必要的麻烦与处理空间，PSS 公司对客户承诺的正常交期是两个星期。DELL，宝马这样的大客户抱怨 PSS 公司的订单交期较长、影响了客户的系统效率，而且在旺季生产时缺乏紧急定单生产的灵活性。

PSS 公司的订单交期较长主要原因：

(1)部分材料的短缺率高：原材料供应问题严重影响了订单的交期与供应系统的灵活性。PSS公司在推行供应商管理库存和缩短材料的交期方面方面得了一定的效果，但增加了供应商的库存风险。在备有原材料的情况下，本地供应商生产与送货交期要求是3天，CM公司至少需要一个星期的时间完成一批订单的生产。但在销售旺季(7、8、9、12、1月份)，虽然PSS公司迫使供应商备有一些原材料，但仍然还有一些供应商不可能真实的为PSS公司准备大量库存，部分原材料的短缺率高达80%以上。因为一小部分原材料供应的不稳定，PSS公司订单交期得延长1个星期，同时CM公司的生产受到影响，经常因材料问题停线。这就出现了一方面客户急着催订单的交期，另一方面工厂的生产停线，产能没有充分利用。

(2)海外物料的采购提前期太长：对于一些海外长采购周期物料，如果因客户的订单数激增而没有备好材料，PSS公司对此种情况是无法通过向海外供应商施加压力缩短交期。只有延迟客户的交期或损失客户的订单。

(3)沟通与管理流程问题：在日常运作中，因为PSS公司的采购对供应商进行直接的管理，这削弱了CM公司的对于下游供应商指令的强制性与执行力，在采购材料的跟踪与催单上PSS公司缺乏优势。经常在出现材料问题很严重的时候，CM公司才将供应商的问题向供应链管理部的采购小组反应争取援助。这些人为的因素经常耽误了处理的时间从而无形的延长了订单的交期，并且加重了供应链管理部采购小组的工作量降低了本身对供应系统优化工作的效率。许多合作关系不稳定的供应商无法在短时间里找到更合适的厂商替代，严重影响了整个供应系统的效率与反应速度。

(4)季节需求波动与产能的瓶颈问题：在电子行业中，需求的变动是非常频繁的，对于将来的中长期的市场变化是很难准确预测的。淡季生产线符合不足，旺季产能不足，大部分知名的加工厂商在旺季不大可能接受PSS这样的短期订单，因此PSS公司在旺季很难再找到外协厂商而投资新的生产线来增加产能也是不经济的。降低系统风险最为有效的方法是提高系统对需求的反应速度。戴尔能够在5天的库存水平保证及时地满足客户需求，就是通过供应链的整合大大缩短交期。PSS公司目前的订单交期维持在12天的水平上(行业平均水平为18天)，而戴尔、福特、宝马、雅玛哈等这样的大客户，对于供应商体系的交期要求是非常高的，通常要求三天到一个星期内供应。PSS公司实际的做法是通过库存策略来满足客户的要求，这样意味着PSS供应系统中的至少需要维持8～10天的库存来弥补这种客户交货期的差距。另一方面，在生产旺季客户大量新增的订单，PSS供应系统目前无法及时为客户提供急需的备件，客户对此非常不满。

供应链的交货期长短直接影响对市场需求的反应速度，企业通过有效的生产计划来协调生产。本章第一部分介绍企业生产计划，第二部分重点介绍在应用ERP系统中的主生产计划的编制，第三部分介绍供应链总响应时间及压缩的方法，第四部分介绍JIT、TOC等管理思想。

第一节　企业生产计划

一、生产计划的层次与特征

（一）企业生产计划的层次

企业生产计划是多种多样的，这些计划是分层次的。一般可以分成战略层计划、战术层计划与作业层计划三个层次。企业生产物流在三个层次上分别制订长期计划、中期计划、短期计划。长期计划一般按年来制定，它着眼于一年以上的时间段的生产运营活动。中期计划通常涵盖 6～18 个月，一般以月或季度为计量单位。短期计划则从 1 天到 6 个月都可以，一般以周为时间单位。长期计划涉及产品和服务选择（如决定向市场推出哪一种产品或服务）、设施选址及其布局设计、设备选择以及设施布局等决策。而中期计划与员工、产出、存货的一般水平有关，并影响短期生产能力决策的制定。短期计划实际上是在长、中期计划限定的范围内，为达到期望结果而决定最佳的行为方式。它涉及对工作量、工人和设备的排程以及其他日常生产运营活动。生产计划的这三个层次如图 3-1 所示。

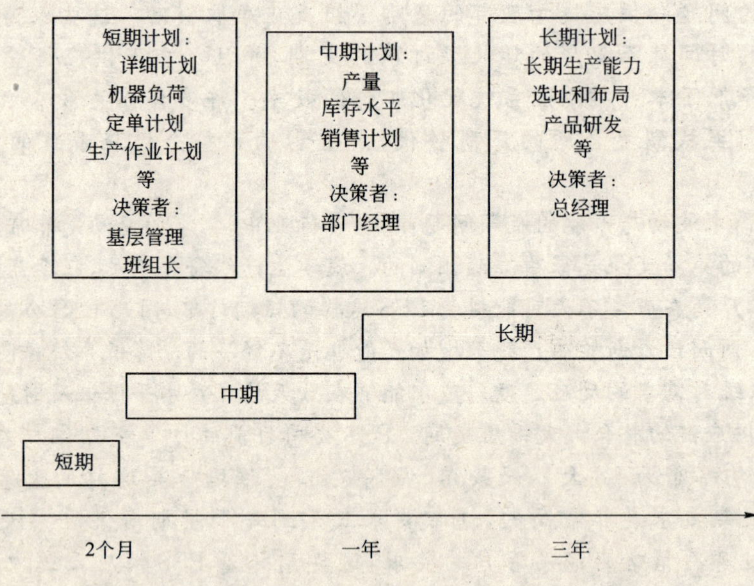

图 3-1　计划的层次

战略层计划涉及产品发展方向、生产发展规模、技术发展水平、新生产设备的建造等。战术层计划是确定在现有资源条件下所从事的生产经营活动应该达到的目标，如产量、品种、产值和利润。作业层计划是确定日常的生产经营活动的安排。

三个层次的计划有不同的特点，如表 3-1 所示。从表中可以看出，从战略层到作业层，计划期越来越短，计划的时间单位越来越细，覆盖的空间范围越来越小，计划内容越来越详细，计划中的不确定性越来越小。

三个层次的计划有不同的特点　　表 3-1

	战略层计划	战术层计划	作业层计划
计划期	长(≥5 年)	中(一年)	短(月、旬、周)
计划的时间单位	粗(年)	中(月、季)	细(工作日、班次、小时、分)
空间范围	企业、公司	工厂	车间、工段、班组
详细程度	高度综合	综合	详细
不确定性	高	中	低
管理层次	企业高层领导	中层,部门领导	低层、车间领导
特点	涉及资源获取	资源利用	日常活动处理

(二)制订计划的一般步骤

制订计划的一般步骤如图 3-2 所示:

(1)确定目标:要根据上期计划执行的结果。目标要尽可能具体,如利润指标、市场占有率等。

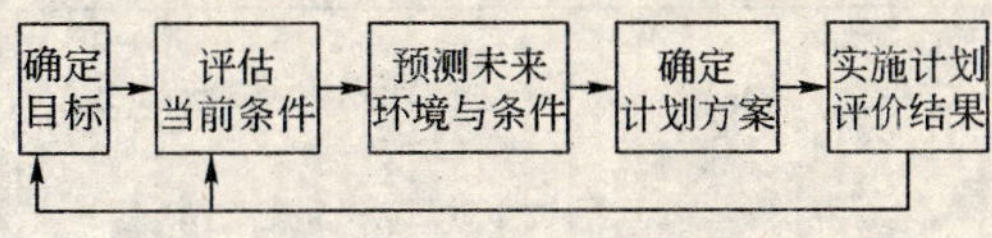

图 3-2　制订计划的一般步骤

(2)评估当前条件:要弄清楚现状与目标有多大差距。当前条件包括外部环境与内部条件。外部环境主要包括市场情况、原料。燃料、动力、工具等供应情况,以及协作关系情况;内部条件包括设备状况、工人状况、劳动状况、新产品研制及生产技术准备状况、各种物资库存情况及在制品占用量等。

(3)预测未来的环境与条件:根据国内外各种政治因素、经济因素、社会因素和技术因素综合作用的结果,预测未来,把握现状将如何变化,找出达成目标的有利和不利因素。

(4)确定计划方案:通过计划方案比较,选择合适的方案形成共识。

(5)实施计划评价结果:制订计划确定方方案后就是要落实实施。

(三)滚动式计划的编制方法

编制滚动式计划通常将整个计划期被分为几个时间段,其中第一个时间段的计划为执行计划,后几个时间段的计划为预计计划。执行计划较具体,要求按计划实施。预计计划比较粗略。每经过一个时间段,根据执行计划的实施情况以及企业内、外条件的变化,对原来的预计计划作出调整与修改,原预计计划中的第一个时间段的计划变成了执行计划。比如,2005 年编制 5 年计划,计划期从 2005 年至 2009 年,共 5 年。若将 5 年分成 5 个时间段,则 2005 年的计划为执行计划,其余 4 年的计划均为预计计划。当 2005 年的计划实施之后,又根据当时的条件编制。2006～2010 年计划,其中 2006 年的计划为执行计划,2007～2010 的计划为预计计划,依次类推。修订计划的间隔时间称为滚动期,它通常等于执行计划的计划期,如图 3-3 所示。

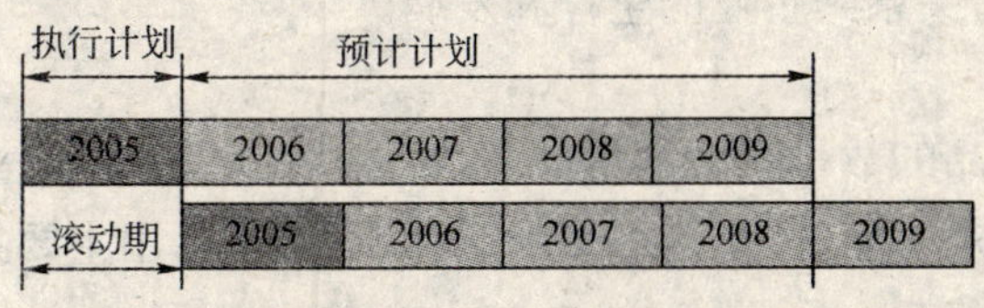

图 3-3　滚动计划示意图

滚动式计划方法的优点有:

(1)使计划的严肃性和应变性都得到保证。因执行计划与编制计划的时间接近,内、外条件不会发生很大变化,可以基本保证完成,体现了计划的严肃性;预计计划允许修改,体现了应变性。如果不是采用波动式计划方法,第一期实施的结果出现偏差,以后备期计划如不作出调整,就会流于形式。

(2)提高了计划的连续性。逐年波动，自然形成新的5年计划。

(四)生产计划的类型

在生产物流的计划与控制中，计划的对象是物料，计划执行的结果通过对物料的监控来考核。生产计划是一种战术性计划，它以产品和工矿配件作为计划的对象，这些都是企业向市场所提供的东西。生产作业计划是生产计划的执行计划，是指挥企业内部生产活动的计划。对于大型加工装配式企业，生产作业计划一般分成厂级生产作业计划和车间级生产作业计划两级。厂级生产作业计划的对象为原材料、毛坯和零件。从产品结构的角度来看，也可称作零件级作业计划。车间级生产作业计划的计划对象为工序，故也可称为工序级生产作业计划。不同层次的生产计划的特点见表3-2。

不同层次生产计划比较　　表3-2

	计划层	执行层	操作层
计划的形式及种类	生产计划大纲、产品出产计划	零部件(毛坯)投入出产计划、原材料(外购件)需求计划等	双日(或周)生产作业计划、关键机床加工计划等
计划对象	产品(假定产品、代表产品、具体产品)、工矿配件	零件(自制件、外购件、外协件)、毛坯、原材料	工序
编制计划的基础数据	产品生产周期、成品库存	产品结构、加工制造提前期、零件、原材料、毛坯库存	加工路线、加工时间、在制品库存
计划编制部门	经营计划处(科)	生产处(科)	车间计划科(组)
计划期	1年	1月、1季度	双日、周、旬
计划的时间单位	季(细到月)	旬、周、日	工作日、小时、分
计划的空间范围	全厂	车间及有关部门	工段、班组、工作地
采用的优化方法举例	线性规划、运输问题算法、搜索决策法则(SDR)、线性决策法则(LDR)	MRP、批量算法	各种作业排序方法

(五)生产计划指标体系

生产计划的主要指标有品种、产量、质量、产值和出产期等指标。

1.品种指标

品种指标是企业在计划期内出产的产品品名、型号、规格和种类数，涉及“生产什么”的决策。确定品种指标是编制生产计划的首要问题，关系到企业的生存和发展。

2.产量指标

产量指标是企业在计划期内出产的合格产品的数量，涉及“生产多少”的决策，关系到企业能获得多少利润。产量可以用台、件、吨表示。对于品种、规格很多的系列产品，也可用主要技术参数计量，如拖拉机用千瓦等。

3.质量指标

质量指标是企业在计划期内产品质量应达到的水平，常采用统计指标来衡量，如一等品率、合格品率、废品率、返修率等。

4. 产值指标

产值指标是用货币表示的产量指标，能综合反映企业生产经营活动成果，以便不同行业比较。根据具体内容与作用不同，分为商品产值、总产值与净产值三种。

商品产值是企业在计划期内出产的可供销售的产品价值。商品产值的内容包括：用本企业自备的原材料生产的成品和半成品的价值；用外单位来料加工的产品加工价值。工业劳务的价值。只有完成商品产值指标，才能保证流动资金正常周转。

总产值是企业在计划期内完成的以货币计算的生产活动总成果的数量。总产值包括：商品产值、期末期初在制品价值的差额、订货者来料加工的材料价值。总产值一般按不变价格计算。

净产值是企业在计划期内通过生产活动新创造的价值。由于它扣除了部门间重复计算，因此能反映计划期内为社会提供的国民收入。净产值指标算法有两种：生产法和分配法。

5. 出产期

出产期是为了保证按期交货确定的产品出产期限。正确地决定出产期很重要。因为出产期太紧，保证不了按期交货，会给用户带来损失，也给企业的信誉带来损失；出产期太松，不利于争取顾客，还会造成生产能力浪费。

对于MTO企业，确定交货期和产品价格是主要的决策；对于MTS企业，主要是确定品种和产量。

（六）供应链管理环境下生产计划的特征

供应链管理环境下的生产计划与传统的生产计划有显著不同，这是因为在供应链管理下，与企业具有战略伙伴关系的企业的资源通过物资流、信息流和资金流的紧密合作而成为企业制造资源的拓展。在制订生产计划的过程中，主要面临柔性约束、生产进度信息、生产能力三个方面的问题。在供应链管理下，企业的生产计划编制过程有了较大的变动，在原有的生产计划制定过程的基础上增添了新的特点。

1. 具有纵向和横向的信息集成过程

这里的纵向指供应链由下游向上游的信息集成，而横向指生产相同或类似产品的企业之间的信息共享。在生产计划过程中上游企业的生产能力信息在生产计划的能力分析中独立发挥作用。通过在主生产计划和投入出产计划中分别进行的粗、细能力平衡，上游企业承接订单的能力和意愿都反映到了下游企业的生产计划中。同时，上游企业的生产进度信息也和下游企业的生产进度信息一道作为滚动编制计划的依据，其目的在于保持上下游企业间生产活动的同步。

外包决策和外包生产进度分析是集中体现供应链横向集成的环节。在外包中所涉及的企业都能够生产相同或类似的产品，或者说在供应链网络上是属于同一产品级别的企业。企业在编制主生产计划时所面临的订单，在两种情况下可能转向外包：一是企业本身或其上游企业的生产能力无法承受需求波动所带来的负荷；二是所承接的订单通过外包所获得利润大于企业自己进行生产的利润。无论在何种情况下，都需要承接外包的企业的基本数据来支持企业的获利分析，以确定是否外包。同时，由于企业对该订单的客户负有直接的责任，因此也需要承接外包的企业的生产进度信息来确保对客户的供应。

2. 丰富了能力平衡在计划中的作用

在通常的概念中，能力平衡只是一种分析生产任务与生产能力之间差距的手段，并根据能力平衡的结果对计划进行修正。在供应链管理环境下，能力平衡分别为修正主生产计划和投入出产计划提供依据，为进行外包决策和零部件(原材料)急件外购的决策依据，可以为供应链管理的高效运作提供保证。

3. 突破了企业的限制

在企业独立运行生产计划系统时，一般有三个信息流的闭环，而且都在企业内部。信息流跨越了企业，需要说明的是，以上各循环中的信息流都只是各自循环所必需的信息流的一部分，但可对计划的某个方面起决定性的作用。

二、企业生产计划岗位职责与工作流程

(一)生产计划主管岗位职责

图 3-4 给出某制造企业生产计划主管(PMC)的职责。

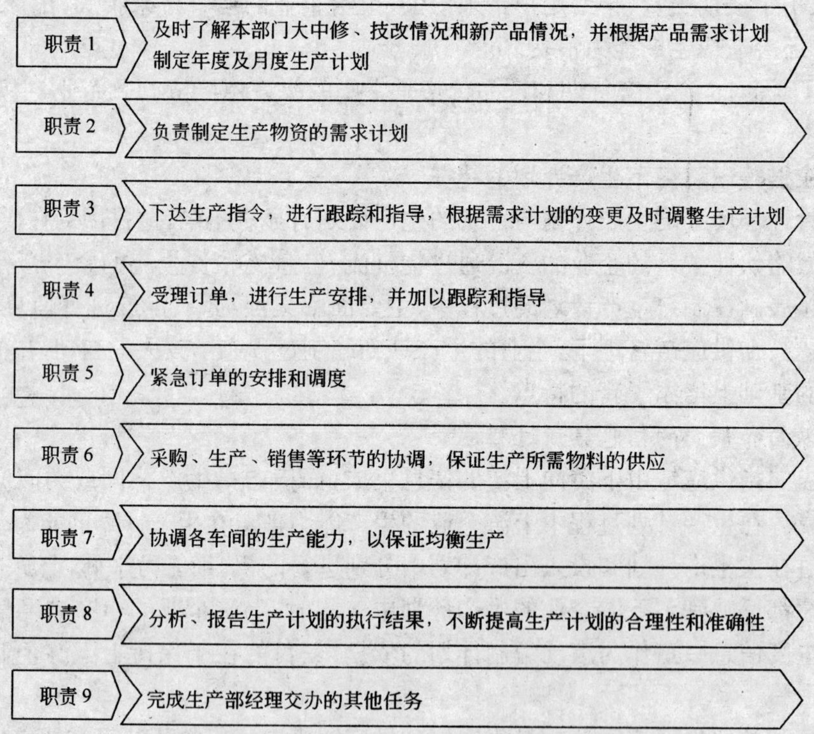

图 3-4 某制造企业生产计划主管的职责

(二)企业生产计划编制流程

某企业生产计划编制流程如图 3-5 所示。

(三)常见的生产计划单证

某公司生产计划通知单如图 3-6 所示。

某公司投入产出统计明细表如表 3-3 所示。

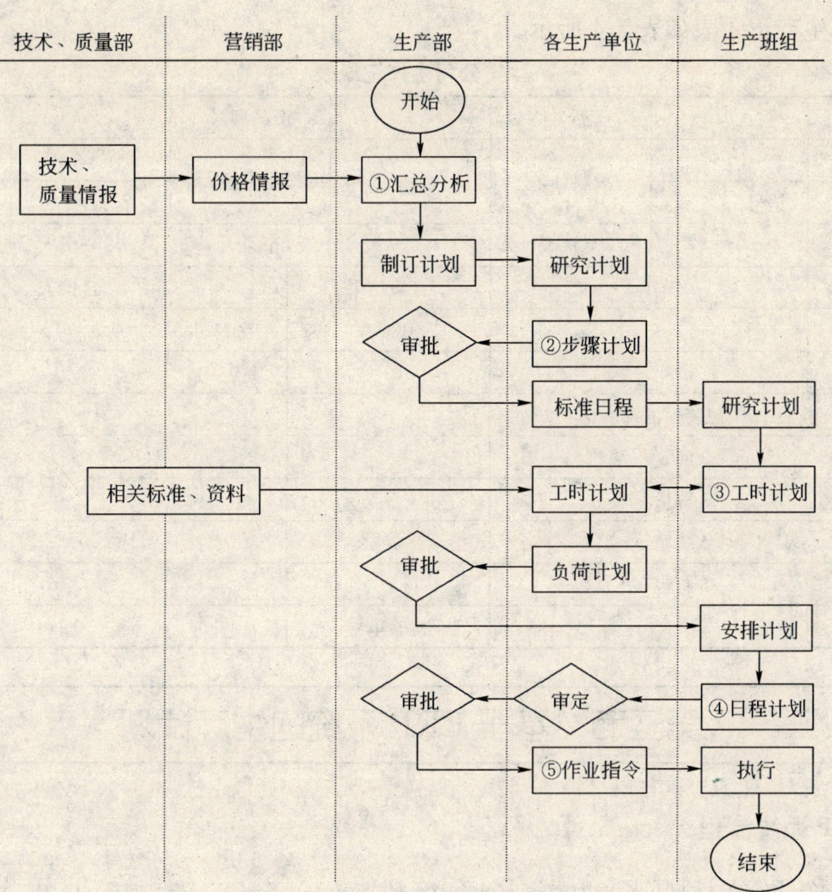

图 3-5　某企业生产计划编制流程

编号：　　　　　　　　　　　　　　　　　　　　　　　　　　　　年　月　日

序号	产品名称	型号	数量	包装要求	完成日期

制单人：　　　　　　　　　　　　　　　　　　批准人：

（注：一式六联。一联生产部存根，一联报生产总监，一联报质量管理部，一联报采购部，一联报库管部，一联报销售部。）

图 3-6　某公司生产计划通知单

某公司投入产出统计明细表　　　　　　　　表 3-3

单位:kg　　　　　　　　产品型号：　　　　　　　　产品名称：

日期	生产批号	投入	产出	包装形式及数量				损耗	备注
				2kg	5kg	20kg	40kg		

某公司生产记录表如表 3-4 所示。

某公司生产记录表　　　　表 3-4

<table>
<tr><td>生产日期</td><td colspan="2"></td><td>产品名称</td><td></td><td>产品型号</td><td colspan="3"></td></tr>
<tr><td rowspan="2">产品批号</td><td colspan="2"></td><td rowspan="2">投料(kg)</td><td rowspan="2"></td><td rowspan="2">产出量(kg)</td><td colspan="3"></td></tr>
<tr><td>锅号</td><td></td><td>余</td><td>亏</td><td></td></tr>
<tr><td>领料人</td><td colspan="2"></td><td>复核人</td><td></td><td>记录人</td><td colspan="3"></td></tr>
<tr><td>作业内容</td><td colspan="3">操作人</td><td colspan="2">自检结果</td><td colspan="3">自检人</td></tr>
<tr><td>1 配料</td><td colspan="3"></td><td colspan="2"></td><td colspan="3"></td></tr>
<tr><td>2 均质</td><td colspan="3"></td><td colspan="2"></td><td colspan="3"></td></tr>
<tr><td rowspan="5">3 包装</td><td colspan="3">1 包装桶消毒</td><td colspan="2"></td><td colspan="3"></td></tr>
<tr><td colspan="3">2 灌装</td><td colspan="2"></td><td colspan="3"></td></tr>
<tr><td colspan="3">3 称量</td><td colspan="2"></td><td colspan="3"></td></tr>
<tr><td colspan="3">4 装箱</td><td colspan="2"></td><td colspan="3"></td></tr>
<tr><td colspan="3">5 打包</td><td colspan="2"></td><td colspan="3"></td></tr>
<tr><td>检验结果</td><td colspan="3"></td><td colspan="2">检验单号</td><td colspan="3"></td></tr>
</table>

第二节　基于 ERP 系统的生产计划

一、ERP 系统流程

ERP 是企业资源计划(Enterprise Resource Planning)的英文缩写。ERP 是将企业内外部资源整合在一起,对采购、生产、成本、库存、分销、运输财务、人力资源等进行规划,以达到最佳资源组合,取得最佳效益。在 ERP 技术条件下,生产物流计划与控制与其他业务活动的联系更加紧密,集成性更高。ERP 技术经历的三个发展阶段:物料需求计划(Material Requirements Planning ,MRP)阶段、制造资源计划(Manufacturing Resource Planning ,MRP)阶段和 ERP 阶段。

目前,大多数 ERP 系统适合于宏观调控和长期规划,在企业级发挥着很好的作用,但它对车间层控制相对薄弱,且其计划与控制相分离,因此,把 ERP 定位在厂级或企业级,负责主生产计划、物料需求计划及各车间零部件的月、周计划。ERP 的计划总体逻辑流程如图 3-7 所示:

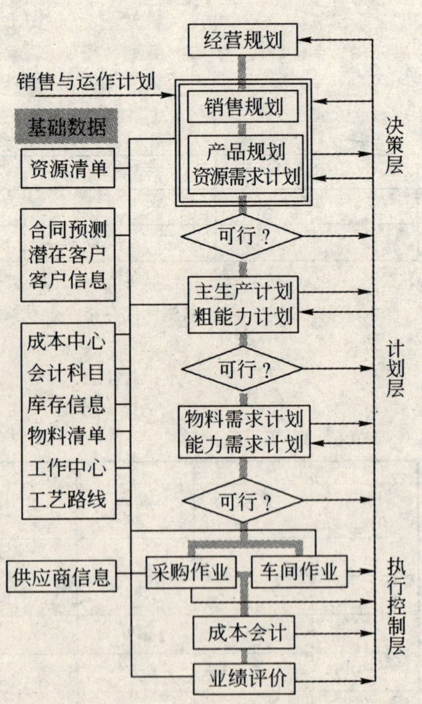

图 3-7　ERP 计划流程图

二、基于 ERP 系统的主生产计划

(一)MPS 的重要地位

主生产计划(Master Production Schedule, MPS)是

对企业生产大纲的细化，说明在可用资源的条件下，在一定时期内(一般为3～18个月)的产出计划，即决定生产什么；生产多少；何时交货。它是由计划大纲转化而来，是按最终产品或产品的组件来进行描述的，是确定每一个具体产品在每一个具体时间段的生产计划。它与销售运作计划不同，销售运作计划是大纲和主的原始输入信息，不考虑物料和能力的可用性问题。它与生产计划大纲也不同，生产计划大纲是按产品类规定生产率，主生产计划是按最终产品或产品的组件进行描述。

如果直接根据预测和客户订单的需求来运行物料需求计划(MRP)，则得到的计划将在数量和时间上与预测和客户订单需求相互匹配。但预测和客户订单是不稳定、不均衡的，直接用来安排生产将会出现加班加点也不能完成任务或设备闲置导致很多人没有活干的现象。而且企业的生产能力和其他资源是有限的，这样安排也不总能做到加上主生产计划(MPS)一层通过人工干预，均衡安排。使得在一段时间内主生产计划量和预测及客户订单在总量上相匹配，而不追求在每个具体时刻上均与需求相匹配，从而得到一份稳定，均衡的计划。据此得到的关于非独立需求项目的物料需求计划也将是稳定和均衡的。因此，制定主生产计划是为了得到一份稳定，均衡的生产计划。

MPS在ERP系统中起非常关键的作用，它能够做到把生产计划同日常作业计划连接起来，为日常作业的管理提供控制。能否制定一个好的主生产计划将直接影响企业使用EPR系统的实际效果，也是关系到供应链的成败的重要因素。

(二)MPS的相关术语

MPS的输入/输出流程可以用图3-8表示：

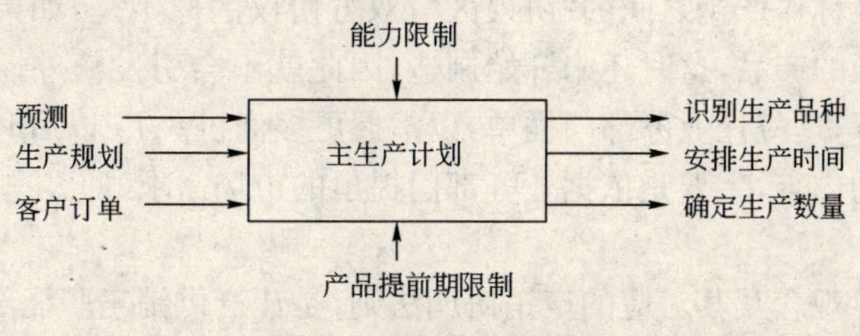

图3-8　MPS计划流程图

在编制MPS时基本流程中数据的输入与输出，涉及了相关基本术语介绍如下：

1)最终项目

最终项目也称最终产品(指具有独立需求的物料)，有时也指维修件，可洗件或工厂自用件。编制项目若过多，则预测与管理都困难，根据不同的制造环境，选取产品结构不同层次来进行MPS编制，使得在产品结构这一级制造和装配过程中，产品(或选型)数目最少。只列出可构造项目，而非一些项目组或计划清单项目，需列出对生产能力，财务或关键材料有重大影响的项目。

备货环境下，指产品，备品备件等独立需求项目。MPS要确定每一具体的最终产品在每一具体时间段内的生产数量，其中的最终产品是指对于企业来说最终完成的，要出厂的产品。实际，这主要是指大多数备货生产型企业而言。此类企业中，虽然用到多种原材料和零部件，但最终产品的种类一般较少且大都是标准产品。这种产品的市场需求预测的可靠性也较高。因此，通常是将最终产品预先生产出来，放置于仓库，随时准备交货。

订货环境下,若交货期比产品生产提前期长,可直接安排这些最终产品,否则就需预测产品的

2) ATP(Available To Promise)可承诺量

若某产品库存为100,生产计划量为200,已经接到而尚未出货的客户订单量为150,则100+200-150=150称为可承诺量,指业务人员在当前供货状况下,所能再承诺给新客户订单的数量。

3)协议区与冻结区

图3-9中,假定T_1为5天,则车间在最近5天内的生产日程是不宜变动的,否则换线,制造通知,备料,更动日程及相关工作会很高,因此一般又称T_1为冻结日期,把从当天到冻结日期这段时区称作冻结区。除非高阶主管同意,否则业务部门是不能要求生产部门在冻结区内插单的。当然,如果冻结区内生产负荷还有空余,料的库存够用或者还来得及采购,制造主管又同意业务部门插单的要求,就不必上报给高阶了。

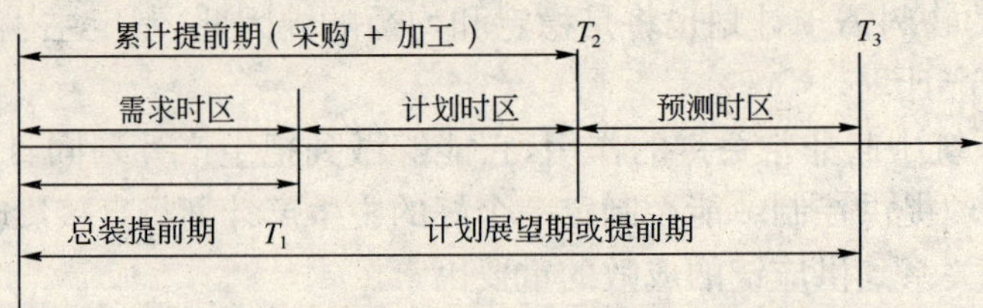

图3-9 MPS计划时区

T_1到T_2的时区称作产销之间的"协议区",双方协议的原则是:如果有料,就可插单。因为车间在此区内要做的产品,这时还未开始制造,因此就不会引发额外插单的成本,在物料供应状况允许的前提下,理应让业务部门插单,以掌握更多商机。T_2以后时区内,原则上是业务说了算。工厂生产的内容,主要是依据业务部门提出的市场需求,即客户订单与销售预测的内容而定。

上述时区与时界观念及其对应的产销协调法则,是让产供销三职能部分建立良好的共识,协调彼此工作,降低整体成本的有效方法。

在编制主生产计划时要注意的问题:

1. MPS与大纲的连接

大纲要考虑生产速率、人员水平等折中因素。因此,在实际的MPS制定中,是以大纲所确定的生产量而不是市场需求预测量来计算MPS量。大纲中的产量是按照产品系列规定的,为了使之转换成MPS中的市场需求量,首先对其进行分解,分解成每一计划期内对每一具体型号产品的需求,在分解时,必须考虑到不同型号,规格的适当组合,每种型号的现有库存和已有顾客订单量相等,然后将这样的分解结果作为MPS中的需求预测量。

2. MPS的"冻结"区

MPS是所有部件,零件等物料需求计划的基础。由于此原因,MPS计划的改变尤其是对已开始执行但尚未完成的MPS计划进行修改时,将会引起一系列计划的改变以及成本的增加。当MPS量要增加时,可能会由物料短缺而引起交货期延迟或使分配变得复杂;当MPS要减少时,可能会导致多余物料或零部件的产生,还会导致生产能力用于现在并不需要的产

品。当需求改变从而要求 MPS 量改变时,类似成本也同样发生。

为此,许多企业采取的做法是设定一个时间段,使 MPS 在该期间内不变或轻易不得变动,也就是使 MPS 相对稳定化,有一个“冻结”期。这种方法是规定“需求冻结期”,可以包括从本期开始的若干个单位计划期,在该期间内,没有管理决策层的特殊授权,计划人员和计算机不得随意修改 MPS。规定“计划冻结期”,通常比需求冻结期长,在该期间内,计算机没有自主改变 MPS 的程序和授权。几种方法实质只是对 MPS 的修改程度不同。冻结期的长度应周期性地进行审视,不应该总是定值不变。此外,MPS 的相对冻结虽然使成本得以减少,但也同时减少了影响市场变化的柔性,而这同样是要发生成本的。因此需考虑两者的平衡。

三、SAP R/3 系统的生产计划和控制

(一)R/3 PP 系统

R/3 PP 系统是一个综合性的企业资源计划系统,包括制造执行系统的全部功能。它完整地集成各种应用领域的所有业务功能,支持客户订单快速处理,可将 R/3 业务模型的组织实体同任何现有企业组织结构对应起来。R/3 支持跨越多个公司的事务处理,以及同一企业各组织实体之间的分销需求计划。

R/3 PP 系统是一个联机处理的制造资源计划系统,同所有 R/3 应用程序完全集成。R/3 PP 完全支持 APICS 的 MRP II 模型。与传统的 MRP II 系统不同,它不仅集成了财务和后勤的计划和执行功能,而且将企业的利润控制贯穿于整个供应链,完成了供应链到价值链的升华。此外,R/3 PP 还提供制造执行系统(MES)的所有功能。同时,R/3 还具有强大的面向客户并充分集成各种销售业务的功能。在所有 R/3 事务处理中,用户可享受到集成的好处。例如,R/3 将销售订单的需求量转换至主计划,新的客户需求量立即显示在主计划员面前,这是保证按时发货的最快途径;所有存货消耗量及货物入库事务处理同步地过账到总账科目。

该系统具备的主要功能是:制订销售计划、编制主生产计划、生成物料需求计划、市场预测、生产资源计划、能力计划、生产活动控制、工厂数据采集,如图 3-10 所示。

(二)SAP R/3 的 MRP II 系统主要模块功能

下面分别简要阐述 SAP R/3 MRP II 模型(图 3-10)各模块功能的实施:

1. 销售及运作计划(SOP)模块

销售和运作计划(SOP)是一个通用的计划和预测工具,它可以用来使公司的经营现代化,优化公司的业务。SOP 的集成功能可使公司的各项活动一目了然。利用它可以汇总不同的内部和外部的数据,作为设置现实经营目标的依据,并且可以使公司采取有针对性的计划。

SOP 的延展性使它适用于对任何逻辑数据进行高级的或详细的计划。弹性计划层次可以从几乎所有组织单位(例如,销售组织、物料组、生产工厂、产品组)的角度甚至整个企业的角度创建和查看数据。由于充分支持集中规划,SOP 适用于销售、生产、采购,库存管理等的中长期计划。

2. 需求管理

需求管理(DM)是用来确定成品与重要部件的需求数量与交货日期的,其结果就是需求

大纲。为了形成需求大纲，首先需要定义某一产品的计划策略(用于生产或采购不同的生产方法)，然后使用这些策略，决定是由销售订单来触发生产(定制)还是不由销售订单来触发生产(为库存生产)，也可以既有销售订单也有库存订单。如果生产时间比市场交货时间长，在销售数量可以预测的情况下，即使没有销售订单也可以先生产产成品或某些部件。

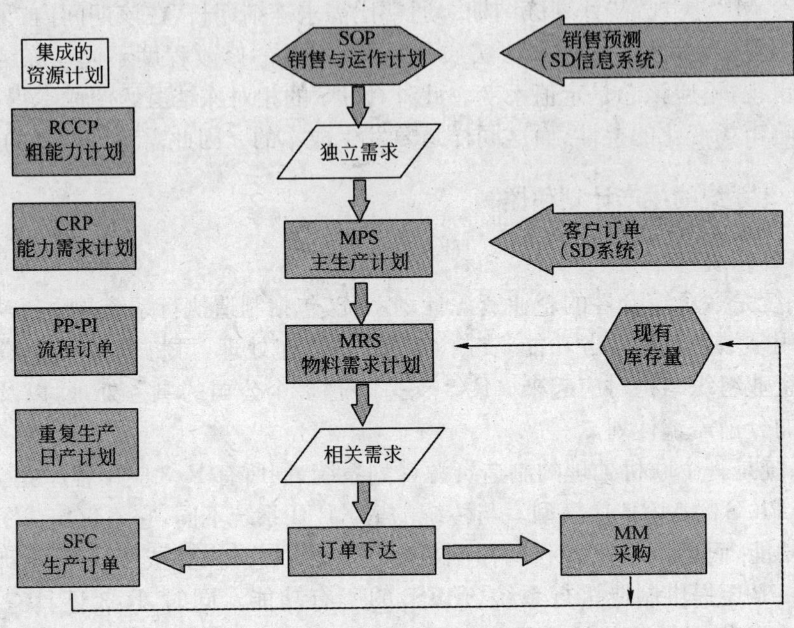

图 3-10　R/3 的 MRP II 模型

3. 主生产计划

主生产计划(MPS)和物料需求计划的目的是定制可用能力和收货以适合需求数量。为了确保物料的可用量，不同的缓冲时间和安全库存被输入，这不可避免导致了高库存水平。因此尤其对于有价值的物料会出现高仓储成本。为了减少这些高仓储成本并同时增加计划稳定性，成品计划和主部件应该很好地协调，因为这些产品的主计划对整个生产流程影响很大。综合而述，R/3 主生产计划模块的主要特征为：

R/3 主计划模块包括需求管理、生产计划管理及主生产计划(MPS)；需求管理与销售与运作计划(SOP)及销售与分销的计划功能完全集成；可以根据生产率或根据详细工艺路线进行集成的能力计划；MPS 可以在任何计划层进行也可以在多个层次进行；在最终产品或物料层可以选择不同的计划策略，如按冲销预测或订货生产编制计划；订单报告(多层)在所有的生产层次显示作业计划问题；R/3 支持多地区分销资源计划(DRP)。

4. 物料需求计划

物料需求计划(MRP)的主要功能是保证物料的可用量，即它被用于为内部目的以及销售和分销而采购或生产需求数量。这个过程包含库存监控，特别是用于采购和生产的订货建议。

如果一个物料是自制的，系统通过展开 BOM 来计算相关需求，或生产成品或部件所需的组件数量。如果存在物料短缺，在每个 BOM 层创建计划订单以满足需求。一旦系统完成计算数量和日期，就会生成自制的生产订单和外部采购的采购订单。自制物料的生产订单处理通过车间作业计划控制，包含它自己的排产过程，能力计划和状态管理。

外部采购的物料触发采购过程。根据采购计划，采购员可以选择合适的供应商，或提出草案协议。通过生产或外部采购而获得物料被放置在仓库中并通过库存管理进行管理。物料需求计划的目的是确保正确的物料能及时和在所需的数量上是可用的。在 R/3 系统中计划运行主要目标是保证物料的可用量并同时避免过量的库存。为了让 MRP 控制者在物料的例程监控中花较少的时间，系统创建了通知 MRP 控制者关键部分和例外情况的自动引擎，以便迅速地再处理自动计划运行的结果。

5. 生产计划及生产活动控制

SAP 系统中的生产订单是生产计划系统的重要部分。一个生产订单指定何种物料将被生产，在何处被生产，使用什么作业并且用于什么日期。它并指定在生产过程中需要什么资源，以及订单成本如何被结算。来自前面计划层(MRP)的计划订单或内部请求一存在，生产作业控制就把特定订单的数据(比如日期和数量)加入已存在的信息中。生产订单被用于控制和监控工厂中的生产，作为成本会计的成本控制指令 。

6. 能力需求计划

利用 R/3 系统，在工作中心中使用能力类别定义可用能力。根据定义的工作中心的不同，在工厂车间中的一台单独机器、操作一条生产线的一组人、在工厂维护中的一个维护工作中心、项目系统中的工程师组 ，均可以定义为不同的能力类别。

能力需求是由订单产生，被转化为对资源的负载。在 SAP 系统中订单被创建为：物料需求计划中的计划订单、工厂车间控制中的生产订单、工厂维护中的工厂维护订单。订单提供排产的基本数据，订单中的工序中的标准值和数量形成了排产和计算能力需求的基础。通过 R/3 系统能力评估，可以 确定可用能力、确定能力需求、把可用能力和能力需求比较。通过 R/3 能力均衡来调整工作中心中的不足和过载能力，以及实现最佳的机器和生产线的实行、合适资源的选择 。

7. 计算机辅助工艺过程设计标准值计算

关于计算机辅助工艺过程设计(Computer Aided Process Planning，CAPP)标准值计算是生产计划系统的一部分，CAPP 是属于生产计划的主数据，包括物料主档、物料清单、工艺路线和工作中心。CAPP 标准值计算为工作计划确定工艺路线中的标准值而提供了机器的支持。这些标准值是利用执行工序的工作中心所允许的加工方法或工艺来计算的。在能力计划，利用一个工序中的标准值和数量来确定执行该工序的能力需求。这些需求再和工作中心所定义的可用能力进行比较。成本核算计算当物料在本公司进行加工时所发生的成本。成本核算提供了定价和定价政策、估价、成本控制、获利能力分析等方面的信息。工艺路线中的工序是通过成本中心和在工作中心中所维护的作业类型来与成本会计相联系的。如果工作中心指明了执行工序，就可以为保存在该工作中心的作业类型而输入标准值。在产品成本核算期间，内部作业的估价是在为该作业类型所计划的比率的基础上进行的。

第三节　供应链响应的时间压缩

随着供应链管理实践和理论的发展，竞争优势已经逐步转移到时间上，于是时间已经成为供应链竞争优势的一种新的重要资源。20 世纪 80 年代后期，Stalk 提出了基于时间竞争的概

念和引进了基于时间的竞争模式。一些学者提出了建立一个决策和行动一致的“无缝供应链”，用于消除企业间所有的功能界限，从而加速信息流、物流和资金流的运转。在市场环境下，单个企业往往难以单独完成对市场需求变化的快速响应。因此，人们开始从如下三个方面关注整个供应链周期时间：供应链的总体响应时间概念、基于时间的供应链流程模型以及时间压缩方法。

一、时间压缩的意义

所谓时间压缩，即利用各种手段压缩、减少供应链业务非增值时间来实现供应链增值。时间压缩对同时实现低成本、即时交付和有效缓解或消除牛鞭效应起关键作用。当今企业面临着越来越多的竞争压力，最终消费者对于产品的需求越来越苛刻，不仅要求产品质量好、价格低廉、服务周到，还要求供应链迅速把产品送到顾客手中。供应链终端的顾客可以分为两类，一类是忠诚顾客，另一类是非忠诚顾客。如果企业不能及时地将满足顾客需求的产品送到顾客手中，忠诚顾客可能会允许这种延迟，而非忠诚顾客就很可能会转向其他竞争者购买替代品。可见，时间对于现代企业是至关重要的。

(一)时间压缩意味着利润

有些客户愿意为获得更快的服务而支付费用，满足这些客户意味着将时间转化成双方的利润。时间效率的提高可以降低供应商的库存水平，节约时间和资金。在供应链中，如果时间得到高效管理，时滞减少，供应链中的库存在各成员间的流转加快，从而能降低整个供应链的库存量。配送时间的减少不仅可以减少库存，而且可以减少重复劳动，提高产品质量。所有这些改进会直接影响企业的利润。

(二)时间压缩既可带来内部效益，也可带来外部效益

内部效益指供应链节点企业内部各职能部门内部或之间的利益，诸如更精简的企业组织，更短的计划周期，更快的反应速度，各职能部门间更好地交流、协调和合作。外部效益指供应链企业及其合作伙伴在市场上以更好的质量、更快的客户反应能力、更先进的产品等来获得比竞争对手更多的利益。毫无疑问，供应链时间压缩使得供应链上各企业的内部效益和外部效益都有所增加。

(三)高时效性对企业国际化更具有重要性

现代企业为了生存和发展，在国内市场发展的同时，必须在全球经济迅速扩张中占有一席之地，开拓国际市场。面对这些挑战，企业管理者必须努力扩大其全球性的物流和分销网络，通过动态的、快速变化的市场渠道将产品送到客户手中。这就要求供应链各企业能够同步高速运作，合理定位库存，使其能在客户需要的时候，以适当的数量、适当的价格提供产品(或服务)满足于客户。

二、供应链的总体响应时间

(一)供应链主要环节分析

供应链的整个业务流程可以描述为：以最终顾客需求订单为源头，经过分销网络进入核心企业后，进行订单处理，并根据订单进行产品设计；然后，根据产品设计和订单生成“生产计划”，再根据生产计划生成物料需求计划，形成“采购订单”和“车间作业计划”，交由采购部门完

成;接着,采购部门根据采购订单安排原材料、零部件采购,通过供应网络把原材料、零部件交付到材料库;当采购结束入库后,根据生产订单发料给生产部门,进行加工"生产订单"完成后,转为成品库;最后,通过分销网络把产品交付给最终顾客。

采用环节分析法将供应链整个业务流程分解多个环节,每一个环节把应链中两个相邻阶段连接起来。一般供应链的整个流程可以被划分为 6 个环节:

(1)订单处理环节,它是指从最终顾客开始经过分销网络进入核心企业后进分解直至生成"生产计划"的所有过程。

(2)产品设计环节:指从订单进入设计时至进入计划部门的所有过程。

(3)采购环节:指从生成"采购订单"到订单到最初供应商的所有过程。

(4)供应环节:指原材料经供应网络进入核心企业材料库存的所有过程。

(5)生产加工环节:指按照生产订单把原材料转变成产成品进入产品库的所有过程。

(6)产品分销环节:指从核心企业成品库开始经过分销网络直至满足最终顾客需求的所有过程,如图 3-11 所示。

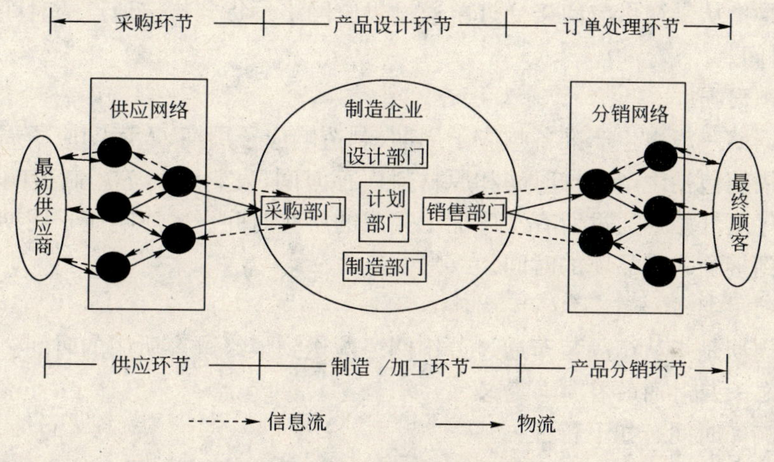

图 3-11　供应链各个环节简图

(二)供应链总响应时间

对于整个供应链系统而言,其总响应时间应该是指从供应链最终顾客需求信息开始,经过分销网络进入制造企业,制造企业根据订单进行产品设计,产品由最初原材料供应商经过整个供应链的所有阶段直至把产品(或服务)交付给最终顾客的全过程中所累积的全部时间。供应链总响应时间可以被认为是由 6 个要素组成,分别是:订单处理周期、产品设计周期、采购周期、供应周期、生产加工周期、产品分销周期,如图 3-12 所示。

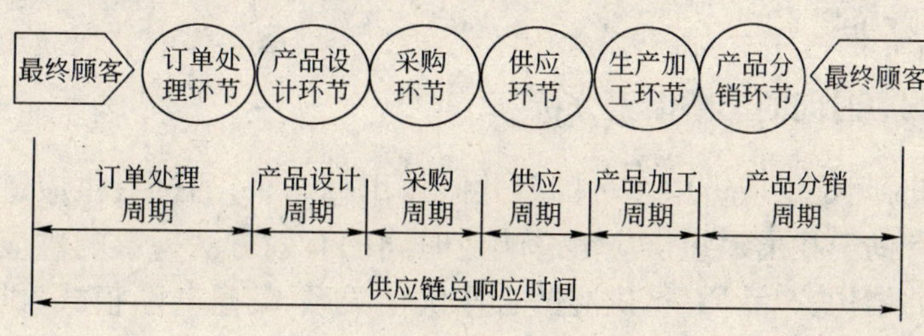

图 3-12　供应链总响应时间

1. 订单处理周期

订单处理周期一般由订单汇聚与传递响应子周期、订单处理响应子周期组成。订单汇聚与传递响应子周期是指最终顾客订单进入核心企业之前经过分销网络处理过程的时间，包括零售商和分销商对订单的汇总与整理等过程。订单处理响应子周期是指订单进入核心企业到订单进入订单库的时间（包括订单录入、编排等过程）和订单在订单库中的等待分解的时间。

2. 产品设计周期

产品设计周期是指设计和开发一个新产品或者改善现有产品所花费的时间。产品设计环节包括许多处理流程，如市场分析、产品定义、产品设计、模具开发、功能确认、工艺流程设计等。

3. 采购周期

采购周期是指采购订单发出之前的处理过程，包括报价、确定供应商、商务谈判、订单签订、合同审批等，以及采购订单从核心制造企业发出到达最初供应商的全部过程。

4. 供应周期

供应周期是指从最初供应商接受订单通过供应网络发货到指定地点的时间，它包括采购、制造、发运等时间。

5. 生产加工周期

生产加工周期一般由生产准备响应子周期、制造响应子周期、入库响应子周期所组成。生产准备响应子周期包括生产安排时间和原材料库存时间、发料时间等。制造响应子周期是指从在第一个工序上开始到通过所有工序加工完成的所有时间。入库响应子周期是指从车间收货、点数、检验到接受入成品库的时间。

6. 产品分销周期

产品分销周期是指从产品装车通过分销网络配送到最终顾客所用的时间。

7. 供应链总响应时间的特征与意义

供应链总响应时间有如下特征：

（1）累积性：供应链总响应时间突破了单个企业的界限，是面向供应链全过程的时间累积。

（2）连续性：供应链是由一系列连续的业务流程所构成，每个业务流程都要消耗一定时间，整个供应链过程伴随着产生时间连续流，形成了一个时间连续统一体。

（3）能动性。供应链总响应时间反映了供应链自身对最终顾客的响应能动性，表现为供应链在交货时间上能够满足最终顾客的能力。

（4）是管理能力、管理水平的反映。供应链总响应时间的长短直接反映了供应链调动和使用各种资源的能力，即管理能力。同时也直接反映了供应链管理绩效的状况，因为时间已经成为供应链最重要的竞争要素之一。

三、供应链总响应时间的影响因素分析

供应链总响应时间是供应链中多种因素共同作用的结果，通过对供应链总响应时间的影响因素进行分析，有助于找出缩短供应链总响应时间的有效方法。影响供应链总响应时的主要因素有：供应链的结构、产品质量、供应链合作伙伴关系、信息共享模式、供应链的资源状况和供应链中的库存管理策略。

(一)供应链的结构

供应链的结构是由产品的特性、原材料获得的难易程度、销售方式和服务的形式等多种因素决定的。不同的产品具有不同形式的供应链,同一企业也可以是多个不同供应链的实体。供应链结构可从水平层次和垂直规模两个方面来描述。水平层次是指供应链中所包含的所有供应商或消费者的层次数量,它决定了供应链的长短;垂直规模是指对于某核心企业而言,其各层次所包含的供应商或消费者的数目,它决定了供应链的宽度。

(二)产品质量

这里的产品是指包括原材料、零部件、半成品和成品在内的所有物品,供应链上节点企业产品质量的高低对供应链响应时间的影响表现为:如果该节点企业有高质量的产品产出,则可以加速后续节点企业的生产制造过程,否则就会导致高返工率而延长该节点企业对下一节点企业的响应时间。

(三)供应链节点企业间的合作关系

合作关系是指供应链上各企业之间为了满足最终用户的需求这个共同的目标(即增强市场竞争力)达成的一定时期(短期或长期)相互合作的协议,它规定相互之间在一定时期内彼此利益分享和责任共担的关系。根据合作关系的紧密程度,可以把合作关系分为战略合作伙伴关系、部分合作伙伴关系和独立决策关系三种类型。合作关系是影响供应链总响应时间的重要因素,合作关系越紧密,则供应链总响应时间就越短。

(四)信息流模式

信息流模式包括信息传递模式和信息控制模式两种。信息传递模式是采用串行传递、并行传递还是辐射型传递决定了信息传递时间;信息控制模式是采取分散控制、集中控制还是综合协调型控制决定了信息反馈时间。信息流模式直接影响产、供、销各环节的衔接,如果环节之间衔接不好,会产生大量非增值时间。欧洲 3DayCar 研究项目发现,在汽车定制过程中,80%以上的时间花在处理与订单有关的信息流上,只有不到 20%的时间真正用于制造和分销。由此可见,从信息流角度缩短供应链响应时间的潜力很大。

(五)供应链的资源状况

供应链中各节点企业的资源(如人员、设备和工具等)配置情况、资源饱和程度以及资源质量直接影响到各节点企业运作环响应时间的长短。例如,资源处于"繁忙"状态时必须等到有资源可供使用,产品加工处理过程中资源出现故障时不得不停下来排除故障解决问题,产品加工完后无运输资源可供调度时必须等待运输等,这些都直接影响到供应链总响应时间。

(六)供应链中的库存管理策略

长期以来,供应链中的库存控制是各自为政的。链上每个环节中的每个部门都是各自管理自己的库存、零售商库存、批发商库存以及供应商库存。各环节中的大量库存不可避免地导致需求信息扭曲,从而影响到供应链快速地响应顾客的需求。库存策略不同,供应链响应时间也就不同。

四、订单履行周期的分析

(一)订单履行周期

订单履行周期是指从接受顾客电话、传真、网络订购开始,到顾客接受产品入库或直接投入生产为止的全过程，包含企业满足客户订单的所有环节。订单履行周期关系到企业的竞争战略、设施选址、物流规划、客户服务水平、库存管理以及内部流程和架构的设计，如图 3-13 所示。

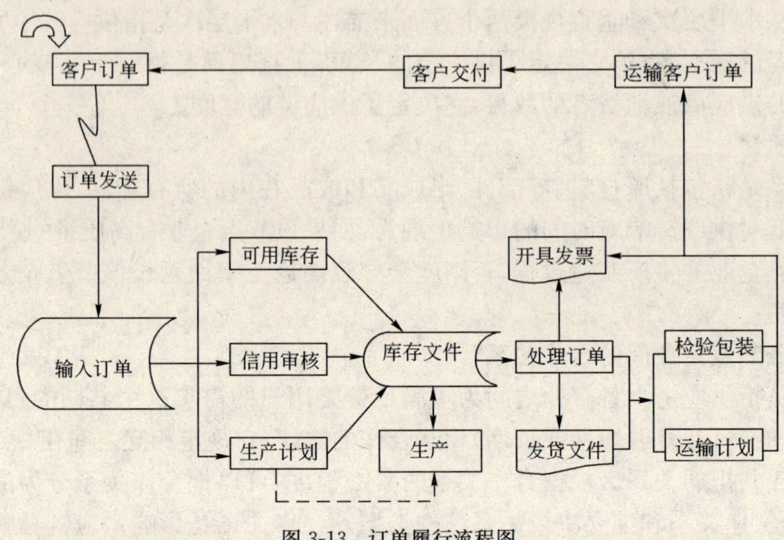

图 3-13　订单履行流程图

(二)订单履行全过程活动

订单履行可分为订单接受和输入、订单处理、生产、检验和标识、运输、客户接受和入库几个主要过程，如图 3-14 所示。

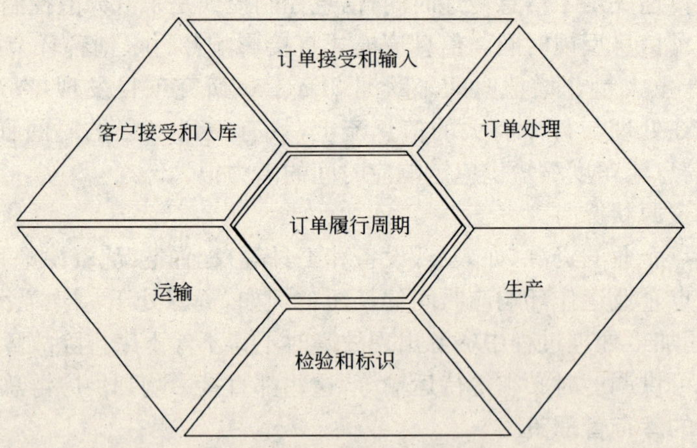

图 3-14　订单履行周期图

1. 订单接受和输入

客户订单的下单、发送和输入制造商订单处理功能的方法有很多。传统的方法是客户填写订单，然后将订单传真或客户电话告知订单内容至制造商；由制造商订单处理人员进行库存查询、报价、信用审核、约定交付日期并进行订单回传确认，最终由客户确认后回传作为订单成立的输入。先进的系统可以使客户通过电话告知信息，配备计算机终端的客户服务代表输入客户的订单信息至管理信息系统，系统自动生成客户和产品信息（如客户信用状况、交货详细地址、客户订购产品的库存可获得性、产品报价、生产计划单、送货单以及发票）。订单通过计算机返回客户确认后，当订单全部满足准确和完整的标准格式时，就进入处理阶段。

2.订单处理

订单处理系统的主要功能在于提供一个连接客户与供应商的通讯网络。通常来说，较大的不一致与订单处理周期有紧密的关系。订单处理过程中人工进行处理的比重越大，意味着更高的出错风险。此外，订单处理系统可以把有用的信息传递给销售部门（用于市场分析和预测）、财务部门（用于现金流计划）以及物流或生产部门。订单处理系统向仓库或发货人员分配订单、审核客户信用、更新库存文件、准备仓库分拣指令以及准备运输指令及相关文档的员工提供信息。优秀的订单处理系统功能包括：

(1)确定运输方式、承运商和装载顺序。

(2)分配库存并准备分拣和包装清单。

(3)执行仓库分拣和包装。

(4)更新库存文件。

(5)自动打印补货清单。

(6)准备运送文件。

(7)把产品运送给恰当的客户。

3.生产

根据美国2006年的数据，制造业中生产时间占整个订单履行周期的20%～25%，是订单履行周期的重要组成部分，对于专注于内部制造的ETO企业来说更是如此。在缩短生产时间方面，目前的研究成果和实践成果包括工厂布局（单元式制造）、SMED（单分钟及时换线）、最小物流距离模型、排队论、降低生产批量、降低在制品等。通过取消、合并、改变和简化等策略对工序进行优化而降低整体生产时间和提高效率。通常生产时间具有以下组成要素：

(1)排队等待时间。

(2)加工时间。

(3)更换作业的准备时间。

(4)停放时间。

(5)检验时间。

(6)物流时间。

排队等待时间、加工成本以及更换作业的准备时间是互相制约的。从精益生产的角度，产品的排序（订单分拣）、加工批量、设备布局和加工过程的在制品都对特定产品的物流时间、排队等待时间有很大的影响。此外，库存的预测对产品加工时间的影响有时也是决定订单履行周期的关键。

4.检验、包装和运输

运输对供应链的反应能力和赢利能力均有很大影响。运输速度的提高意味着供应链反应能力的提高和赢利能力的下降。运输方式的选择会还影响供应链的库存水平和设施布局。如果运输时间在整个订单履行周期中所占的比例较大，拥有自主运输队伍或进行运输线路的优化对于缩短供应链响应时间是有价值的。

小资料

压缩时间:宝洁供应链优化

在宝洁的发展历程中,通过缩短距离,更加深入地研究消费者,是宝洁的第三核心竞争力。下面以宝洁公司的香波产品供应链优化为例,详细剖析宝洁供应链的优化方法。

宝洁供应链优化总体思路就是通过压缩供应链时间,提高供应链反应速度,来降低运作成本,最终提高企业竞争能力。从宝洁供应链上下游之间的紧密配合方式进行分析,寻找可以压缩时间的改进点,从细节入手,以时间的压缩换取市场更大的空间。供应链合作伙伴关系不应该仅考虑企业之间的交易价格本身,有很多方面值得关注。比如完善的服务、技术创新、产品的优化设计等。宝洁和供应商一起探讨供应链中非价值增值点以及改进的机会,压缩材料采购提前期,开发供应商伙伴关系,建立相互信任关系。

(一)材料不同制定的时间不同

香波生产原材料供应最长时间105天,最短7天,平均68天。根据原材料的特点,宝洁公司将其分为ABC三类分别进行管理:A类品种占总数5%~20%,资金占60%~70%;C类品种占总数60%~70%,资金占<15%;B类介于二者之间。对不同的材料管理策略分为全面合作、压缩时间和库存管理三类。

(二)对材料供应部分的供应链进行优化,将时间减少和库存管理结合起来。比如,原材料A供应提前期105天,但是订货价值只占总价值0.07%,不值得花费很多精力讨论缩短提前期。而原材料B虽然提前期只有50天,但是年用量却高达总价值的24%,因此对这样的材料应该重点考虑。

(三)原材料的库存由供应商管理

宝洁的材料库存管理策略是供应商管理库存(VMI)。对于价值低、用量大、占用存储空间不大的材料,在供应链中时间减少的机会很少,这类材料占香波材料的80%,适合采用供应商管理库存的方式来下达采购订单和管理库存。库存状态的透明性是实施VMI的关键。首先双方一起确定供应商订单业务处理过程所需要的信息和库存控制参数;其次改变订单处理方式,建立基于标准的托付订单处理模式;最后把订货交货和票据处理各个业务处理功能集成在供应商一边。

资料来源:中国物流与采购网

第四节 JIT 生 产

JIT生产方式产生于日本丰田汽车公司,它是在丰田汽车公司扩大规模、确立规模生产体制的过程中不断发展起来的。在丰田初建时期,丰田喜一郎就提出了“非常准时”的理念,这是实施JIT系统 的原则和基础。

一、JIT的核心思想

JIT是一种以高质量、低成本的方式进行多品种、小批量混合生产。这种生产方式也是经过了长期的实践摸索后才逐渐成熟起来的。在20世纪50年代初期,大野耐一从美国超级市场的管理结构和工作程序中受到启发,找到了通过“看板”来实现“非常准时”理念的方法。大野耐一是看板管理的积极推行者,他认为,可以将超级市场看做是作业线上的前一道工序,把顾客看做是这条作业线上的后一道工序,顾客(后道工序)来到超级市场(前道工序),在必要的时间就可以买到必要数量的必要商层(零部件)。超级市场不仅可以“及时”满足顾客对商品的需要,而且可 以及时地把顾客买走的商品补充上(当计价器将顾客买走的商品进行 计价之后,记有购走商品数量、种类的卡片就立即送往采购部,使商品得到及时补充)。1953年,丰田公司对看板管理进行了试点运行。在1962年,丰田公司全面实施了看板管理,丰田汽车公司在采用以看板管理为特征的JIT生产方式之后.公司的经营绩效与其他汽车制造企业的经营绩效开始拉开了差距。到20世纪70年代时,丰田的JIT生产方式逐步完善,JIT生产方式的优越性开始引起了人们的关注和进一步的研究,日本的其他汽车制造企 业纷纷结合企业实际情况学习丰田的JIT生产方式,使JIT逐步成为“日本式”的汽车生产方式。不仅如此,准时制生产方式的应用还扩展 到了汽车制造业以外的许多其他行业。

从公司经营的角度来看,JIT的最终目标是实现公司的利润目标. 而实现利润目标的方式是降低成本,不断消除浪费。这是JIT区别子传统的经营思想的主要方面。传统的经营思想认为保证利润目标的途径在于产品定价,也就是说通过产品的成本加上利润得出产品的价格,这种经营思想的基本逻辑为:价格=成本+利润。而JIT则认价格是由市场所决定的,在竞争的市场中,企业保持利润的最佳途径是不断地降低成本,其经营思想的基本逻辑为:利润=价格-成本。因此,JIT生产方式中的基本目标在于消除浪费、降低成本。在JIT中,无效劳动和浪费包括:过量生产的浪费;等待时间的浪费;运输的浪费;库存的浪费;过程(工序)的浪费;动作的浪费;产品缺陷的浪费。要实现消除浪费的目标,需要实现废品量最低(零废品);准备时间最短(零准备时间);库存量最少(零库存);搬运量最低;机器设备的故障率最低;生产提前期短;生产批量小等目标。

二、JIT实施的条件

JIT是一种管理哲理,它的基本目标是寻求消除企业生产活动方面浪费的各种原因。JIT最适合重复性生产系统,但实施JIT需要建立在一系列条件基础之上。

(一)柔性的系统

因为JIT系统面临的是多品种小批量生产的难题,提高系统的柔性就显得非常的必要。系统的柔性包括生产设备柔性、流程的柔性和人员的柔性。设备的柔性就是指在同一台设备可以生产多种产品,并且机器在切换生产不同产品所需的准备时间短。大量生产所用的专用设备,并不适用于JIT中的重复性生产。提高生产系统的柔性,关键要提高机器设备的柔性,提高机器设备的柔性关键在于缩短机器设备从生产一种产品到生产另一种产品所需要的调整准备时间。改变机器设备的柔性主要是购置具有柔性的设备,如数控机床、柔性制造单元等,也可以通过改造现有的设备、工艺装备来提高生产系统的柔性。提高人员的柔性也就是要对人进行多种技能的培训,使人员能够掌握操作多种设备,从事多种工作,即成为“多面手”。这样可以提高系统的柔性,因为一旦产生“瓶颈”现象,可以马上重新配置人员,消除“瓶颈”。提高流程的柔性是指对生产设备进行合理的布置,使物料在整个生产过程中保持连续。

(二)改进产品设计

提高机器设备的柔性是提高生产系统柔性的一个重要方面,提高生产系统柔性的另一个方面在于改进产品的设计。在 JIT 生产方式中,通过产品的合理设计,使产品易于生产和装配。当产品范围增加时,应尽量保持工艺过程不增加,具体可以采用的方法有基于标准化产品的变型设计、模块化设计和在设计时考虑生产的自动化。基于标准化产品的变型设计指在产品基本型号的基础上,改动少量零部件,从而形成各种变型产品,用于满足不同需求。由于基本型号与变型产品之间存在着大量标准件和通用件,可以使生产过程相对简化。通过设计各种基本模块,将这些模块按不同的组合方式,形成多种多样的产品,同样也可以简化生产过程,使产品范围扩大。

(三)全面质量管理

JIT 和全面质量管理是一种相互促进的关系,质量是实施 JIT 的保证,不从根本上保证质量,则不可能成功地实行 JIT。JIT 追求零库存和生产的准时性,要达到零库存并能稳定均衡的进行准时生产,就必须消除所有生产中的浪费,包括产品返工、物料的浪费。在理想的 JIT 中不允许出现次品,否则就会打乱准时生产体系,因此,JIT 的顺畅运行需要全面质量管理的保证。在 JIT 中,通过将质量管理贯穿于每一个工序之中来实现提高质量和降低成本。在 JIT 中,设备或生产线自动检测不良产品,一旦发现异常或不良产品,该设备或生产线的操作工人可以自动停止设备运行。由于一旦发现异常,生产线或设备就立即停止运行,管理者和工人积极找出发生异常的原因,并有针对性地采取措施,防止类似问题的再次发生。

(四)与关键供应商建立合作关系

正如顾客和员工是 JIT 系统关键组成要素一样,供应商对 JIT 同样十分重要。在 JIT 方式下,要缩短提前期,实现准时采购,就要求供应商按 JIT 方式供应原料或零部件。供应商要频繁、小批量地在指定时间供应指定数量的物料,如果供应商采用传统的生产方式,为了不失去市场只能增加自身的库存,这实际上是一种库存的转嫁,从整个供应链角度来看,总库存水平并没有降低。为了真正实现 JIT,应当有供应商的参与。企业要尽量选择合适的(例如相互距离较近)和有合作意愿的供应商,与之结成长期相互信任的良好伙伴关系。从理论上说,供应批量越小越好,供应次数越多越好,且供应的物料应该是无质量缺陷的免检产品。供应物料的质量取决于供应商的全面质量管理工作,小批量、多频率的供货与距离远近有关,距离较近的情况下,实际可将实施 JIT 的供查企业看做生产企业的一个环节。在合作方面,生产企业应当给予供应商一定的帮助和支持(如技术支持)。

(五)看板管理

看板管理是 JIT 实施的一个重要工具,下文将详细分析看板管理在 JIT 中的作用和使用。

(六)均衡生产

JIT 生产的最后一个主要的实施条件是均衡生产。所谓生产均衡化,是指总装配线在向前道工序领取零部件时均衡地使用各种零部件,混合生产各种产品。因此,在制定生产计划时应加以考虑。

三、JIT 生产系统

JIT 生产系统是一种重复生产系统,其中物料和产品的加工和移动仅在需要的时候才发生。在该系统中，产品移动、加工和供方的交货都严格准时进行，以至在生产过程中的每一阶段都是：恰好在当前生产任务完成时，下一个生产任务刚好到达。JIT 追求使零部件和物料准时流过整个生产系统、准时供给下道工序和准时加工，其结果是系统中没有等待加工的闲置物料，也没有等待加工的空闲工人和设备。

在这个系统中，首先由供应链最终端的需求“牵引”产品进入市场，然后由这些产品的需求决定零部件的需求和生产流程。在生产业务中，目标是只生产即时需要的品种、数量。当物流供应链上需要某一部件时，由沿着供应链的上一个阶段来满足，在需要的时间提供恰恰需要的部件品种和数量。同样，这一供需活动引发了供应链上的再上一级工作平台的需求，依此类推。在严格“牵引”的核心思想指引下，物流供应始终以客户的最终需求为起点，始终由后一道作业工序根据前一道作业工序所提供的信息提取材料或零部件。在生产流程的安排上，要求整个物流供应能够保持生产过程的稳定化、标准化和同步化，从而保证从原材料到产成品的全部生产过程畅通无阻，不出现“瓶颈”现象圆满地完成准时物流的目标。

从准时物流的角度看，牵引式系统比推进式系统更容易做到按需生产。推进式系统和牵引式系统的物流和信息流在这种生产系统下，物流和信息流是结合在一起的。

第五节 约束理论

20 世纪 70 年代末由以色列物理学家高德拉特(Dr. E. Goldratt)首创最优化生产技术(Optimizational Production Technology，OPT)。1992 年，高德拉特撰写并出版了一本畅销小说《目标》，这本小说以故事的形式介绍了他的 OPT 思想。这是一套用于安排人力和物料调度的计划方法。最初，高德拉特是为他朋友的一家处于困境的制造厂设计了这套方法。该厂使用这套方法后，迅速摆脱了困境。在此基础上高德拉特和他的同事们又进一步开发了适用于制造的系统软件，并申请了专利。为了有助于 OPT 的运算原理被理解，高德拉特描述了 OPT 的 9 个原理。由于 OPT 在管理思想上很有特点，并在生产实践中取得了明显的经济效益，已被国际上一些大企业重视并采纳，如通用汽车公司、通用电器公司、飞利浦、柯达等。高德拉特在 OPT 的基础上进一步扩展了应用范围，发展了约束理论(Theory of Constrains，TOC)。这一理论现已成为一种可用于多种行业(不局限于制造业)解决问题的方法。

一、TOC 基本概念与核心思想

(一)瓶颈

所谓“瓶颈”(Bottleneck)，是指制约生产系统产出的关键生产资源。生产资源由生产能力的主要特征决定，可以是机器，也可以是人力资源或生产场地等。因此生产系统中的瓶颈，有可能是制约系统产量的某种机器设备或具有高技能的专门操作者，也可能是掌握某种知识与能力的管理人员或技术人员。瓶颈资源的能力小于对它的需求，瓶颈是限制系统输出的约束，当物流或服务流经过瓶颈位置时，若安排不当常常会出现停顿。大多数企业一般都存在瓶颈的问题。如果企业没有瓶颈，就意味着存在多余的能力，为了充分利用能力，企业很可能在运营上做一些调整，以降低成本。如减小生产批量(同时增加了设备的调整次数)或减少能力(解聘人力或租出设备)，其结果又会促使瓶颈产生。所以，生产系统是一个动态的系统，瓶颈

与非瓶颈在一定的条件下会互相转化。

(二)非瓶颈

非瓶颈(Non-bottleneck)是指能力大于需求的资源。也就是说，非瓶颈资源有空闲时间。正因为此,非瓶颈资源不应该连续工作,否则会使它生产出多于需求的产品。

(三)能力约束资源

能力约束资源(Capacity-Constrained Resource,CCR)是指利用率接近实际生产能力的资源。当生产安排不合理时,CCR 有可能转化为瓶颈。例如,在单件小批生产的企业里,CCR 可能需要加工来自不同工序的工件,当排序不适合时,这些工件的到达无法让 CCR 连续工作,此时在 CCR 上就出现了等待的时间。当等待的时间大于:原来计划的空闲时间时,CCR 就转换成了瓶颈。

(四)能力的平衡

生产能力的平衡是指生产系统内各阶段、各类型的生产能力与负荷都是均衡的。其具体含义为:

(1)生产系统各阶段的生产能力是相等的,即每一阶段可完成的零件品种数量都是相等的。

(2)所完成的产品数是以平均工时来计算的;如某工序全天生产能力为 8 小时,能力利用率假设为 90%,工序单件工时为 10 分钟,则

该工序每天可完成产品数=8(小时)×90%×60(分)/10=432(个)

(3)能力的利用率在各阶段是平衡的;能力的利用率在各阶段是平衡的,是指每一个阶段能力的利用率是相等的。若某一阶段生产能力的利用率是 90%,则按照能力平衡观点,要求每一阶段能力的利用率都是 90%。

(五)物流的平衡

所谓物流的平衡,是指物流在各阶段是畅通的,具有准时准量的特点,即在需要的时间物流及时到达,并且需要多少就到达多少。

绝大多数企业都尝试使内部各阶段能力平衡,以达到能力充分起用和降低成本的目的,并以此考核各个部门。但事实上,正如前面多次提到,由于需求的多变,引起对企业各阶段各类型能力需求的比例失衡,在这种情况下要求能力平衡实际是很难达到的,因为这种能力平衡实际上意味着需要不断地对能力投资,同时产生大量成品和在制品积压。即使不断进行能力投资,实际也无法真正达到能力平衡。只有当各工作地输出时间为一常量或者标准差很小时,这种平衡才能实现,也就是说,只有在使用专用设备,高效自动化设备时才有可能实现这种平衡。

(六)企业业绩衡量标准

对于 TOC 系统,为了实现企业目标,必须对企业业绩进行衡量。同时使用两套衡量体系,一套是从财务角度,另一套从运营角度衡量。

(七)DBR 控制

所谓 DBR 控制,是指生产系统中通过采用鼓点(Drum),缓冲(Buffer),以及绳索(Rope)的方法来控制整个生产系统。

1. 鼓点

任何一个生产系统都需要设置控制点对生产系统的物流进行控制。那么应该如何设置控制点的位置呢?若生产存在瓶颈,则瓶颈就是最好的控制点。在TOC系统里,这个控制点

叫做鼓点，因为它敲出了决定生产系统其他部分运转的节拍，像击鼓传花一样，由鼓点决定传花的速度及工作的起止时间。由于瓶颈的能力小于对它的需求，所以把瓶颈作为控制点就可以确保前工序不过量生产，以免前工序生产出过量的瓶颈无法消化的在制品库存；当生产系统不存在瓶颈时，就把能力约束资源(CCR)做为鼓点。

2. 缓冲

TOC系统最突出的特点是充分发挥瓶颈的作用，确保瓶颈始终有工作可做。为了让瓶颈连续有工作可做，重要的措施之一就是在瓶颈之前设置缓冲，以确保瓶颈有足够的工作可做。在瓶颈前的库存实质是一种时间库存，例如提供60小时的库存量，就意味着当前道工序由于意外情况发生中断时，瓶颈工序还可以连续工作60小时。

当系统不存在瓶颈，选CCR为鼓点时，则要在两处设立库存：一处设在CCR之前，另一处设在工序末端后，即产成品库存。若工序末端存有一些成品库存，则市场需要时可立即提供，以防顾客流失。

3. 绳索

对于TOC生产系统，找到鼓点就可以控制生产的节拍。但是要实现这种控制让鼓点前的工序不多生产呢？需要通过绳索来传递信息。

二、TOC系统生产运营机制

TOC系统的指导思想及其运行机理的要点如下：

(一)追求物流的平衡，而不是能力的平衡

作为一个理想的生产过程，希望既实现物流的平衡又实现能力的平衡。但这种情况在单件小批生产类型下很难出现，其原因就是由于瓶颈资源的存在。在设计建立一个新企业时，总要使生产过程各环节的生产能力实现平衡，这时往往可以做到物流平衡与能力平衡并举的情况。但对于一个已投产的企业，特别是多品种的单件小批的生产企业，由于市场需求时刻都在变化，加上科学技术日新月异的发展，使得原来平衡的能力变得不平衡了，而且这种不平衡是绝对的，即使采取一些措施使能力达到了平衡，但这种平衡关系很快又会被打破。在这种情况下，若一定要追求能力平衡，那么企业的生产能力虽然被充分利用了，但生产出来的产品并非符合需求配套的比例关系和市场的需求，多余的部分就成为库存积压下来，这将给企业造成极大的浪费。因此TOC强调追求物流的平衡，以求生产周期最短、在制品最少。这一点，在现代企业生产管理的各种方法中比如JIT、ERP等都是首先强调的。

(二)在瓶颈资源的损失，就是整个的系统

既然瓶颈资源是制约整个生产系统产出的关键资源，那么瓶颈资源工作的每一分钟都直接贡献于生产系统的产出。所以，在瓶颈资源上损失一小时就意味着整个生产系统损失1小时。为取得生产系统的最大产出，就应该保证瓶颈资源100%的利用率。TOC系统中，通常采用下述措施来提高瓶颈的产出量：

(1)在瓶颈工序前设置质量检查站，保证流入瓶颈的工件100%都是合格品。

(2)在瓶颈工序前设置缓冲环节，以使瓶颈不受前面工序生产率波动的影响。

(3)加大瓶颈设备的生产批量以减少瓶颈设备的调整次数，从而增加瓶颈设备的总基本生产时间。

(4)减少瓶颈工序中的辅助生产时间以增加设备的基本生产时间。

(三)系统的总物流量取决于瓶颈资源的通过能力

由于非瓶颈资源的利用程度由瓶颈资源的能力来决定,系统的总物流量取决于瓶颈资源的通过能力,因此系统的利用程度应根据物流平衡的原则由瓶颈资源的通过能力决定,否则非瓶颈资源满负荷工作,生产出来的在制品通过瓶颈资源加工不了,就会增加库存而引起浪费。

(四)在非瓶颈资源上节省时间是没有意义的

由于系统的能力是受瓶颈资源的制约,因此在非瓶颈资源上时间除了增加非瓶颈资源的空闲时间外,对整个系统来说不产生作用。相反,在非瓶颈资源上节省时间和提高生产率往往需要代价,而且这种代价的付出却不能获得经济效益,因此是没有意义,那些不区分瓶颈与非瓶颈而一味强调提高生产率的做法是很有问题的。

(五)生产系统的库存量和流程受瓶颈控制

由于瓶颈资源决定了整个生产系统的产出量,为了使得瓶颈资源被充分地利用,应该在生产系统中设置相应的缓冲环节,以免资源受相关环节的干扰。

(六)对瓶颈工序的前导工序和后续工序应采用不同的计划方法

由于瓶颈制约了整个生产系统的产出,因此 TOC 计划系同在做生产物流计划时,首先排定各种工件在瓶颈资源上的所有工序的加工时间。而这些工件的其他不在瓶颈资源上的工序,则根据已排定的在瓶颈资源上的工序的开工、完工时间来决定;处在瓶颈工序前的工序,则由瓶颈工序的开工时间从后往前决定前工序的开工、完工时间,即采用拉动方式编制计划。对于在瓶颈工序后的工序,则由瓶颈工序的完工时间从前往后决定后工序的开工、完工时间,即采用推动方式编制计划。采用这样的计划方式在瓶颈工序之前可以使工件不会过多地积压以及在瓶颈工序之后可迅速流出。

(七)运输批量不一定等于加工批量

运输批量是在工序间一次运输的部分。一个加工批量一般不会在全部加工完后才运输,一般来说,运输批量可以等于加工批量,但不会大于加工批量。运输批量小于加工批量的好处是可以缩短加工周期,减少在制品库存,但增加了物流搬运次数。确定加工批量与运输批量的依据是不同的:加工批量的大小主要应该综合考虑资源的充分利用(减少设备调整次数)和减少在制品库存储因素;而运输批量的大小则要综合考虑减少运输工作量和运输次数以及保证生产的连续性和减少工件的等待时间等因素。由于确定批量的依据不同,因此所确定的加工批量和运输批量也不一定相同。

(八)各工序的加工批量是可变的

同一种工件在瓶颈资源和非瓶颈资源上采用不同的加工批量,以使生产系统有尽可能大的产出和较低的成本。由于瓶颈资源约束整个生产系统的产出,因此为提高其有效能力常采用较大的加工批量;而非瓶颈资源本来就负荷不足,因此主要考虑物流平衡及减少在制品库存而采用较小的加工批量。

(九)提前期不是固定期量标准,而是作业计划的结果

作业计划应该在考虑了整个系统资源的约束条件之后再进行安排。由于单件小批生产类型在编制作业计划时,计划期内部分资源已有不同程度的占用,这时作业计划若全部采用反工艺顺序从后往前编排,那么排到前面则由于许多资源已被占用而使这样的计划不可行,这样就要做很大的调整，实际造成了很大的返工。TOC 不采用这样的作业计划方式，而是在考虑了计划期内资源的约束条件后，按一定的优先级原则编排作业计划。

因此 TOC 计划体系下的提前期，是综合考虑资源负荷、排队时间、加工批量等因素后的作业计划的结果，而不是像 MRP II 系统是一个固定的期量标准。

［案例分析］

康佳集团实施 SAP 系统

近年来，无论从理论上，还是从企业应用的角度，ERP（企业资源计划）都可称得上是业界讨论的一个热点，其核心思想便是以客户需求为中心的供应链管理，而其突出特点便是事前控制（或称为实时控制），强调生产流程各个环节之间的衔接、协调和统一。它通过以先进的 IT 技术来实现基于广泛的实践而形成的先进的管理方法、管理工具在具体企业的应用而改善企业管理模式，使之更加合理化，进而降低成本，提高企业竞争力。

ERP 作为 MRPII 的延伸，在全球有着广泛而成功的应用。据调查，国外大型 ERP 软件在中国用户的 60%～70%均为外资或合资企业，特别是那些应用历史较长，效果也相对明显的大型用户更是如此。全球经济一体化导致国内企业参与国际竞争加剧，越来越多的国内企业通过应用 ERP 来改变传统的管理观念、改善管理模式、调整生产流程这一根本途径而提高竞争力的需求也日渐强烈。但其在实施过程方面却与外资企业存在着较大的不同。那么，国内企业应在何种情况下选择实施 ERP，又如何选型、实施，实施中应注意哪些问题、如何解决，它的真正意义在哪里？对于这一系列问题，康佳集团的实践是一个很好的解答。

（一）企业背景

总部位于深圳的康佳集团是深圳华侨城集团控股的中外股份上市公司，多年来以彩电生产为主业，其彩电产销量居全国第二位，1998 年达到 450 万台，创下年产量之最。康佳集团同时还是中国 500 家最大规模工业企业之一，是中国上市公司综合实力百强企业之一，美国高清晰数字电视会员单位，它曾生产出中国第一台高清晰数字电视（HDTV），并通过 ISO 9001（质量体系）和 ISO 14001（环境管理体系）国际及国家双重认证。近两年，随着生产规模的扩大，其业务范围也由原来的基本以彩电为主发展到现在的包括康佳牌“彩霸”电视、移动通信、视盘机、组合音响、电冰箱、空调等 17 类 500 多种型号的电子产品，新品产值率达 90%以上，整机年产量逾 700 万台。经过多年的发展，康佳通过兼并等方式，除深圳总部之外还在东莞、牡丹江、陕西、安徽及重庆建立了五大生产基地，其产量占整个集团的 70%左右，形成华南－华东－东北－西北－西南五方合力的生产格局；并在印度及墨西哥等地设有海外生产基地。

（二）IT 应用历史

康佳集团从 1990 年时只有 2 台 PC 到现在建成以 ERP 为核心的包括 OA、Internet 应用、硬件、企业网、应用软件等在内的全面的企业信息化系统，是经历了一番从技术到管理观念的变化的，其 IT 系统的发展、完善过程，IT 部门的成长变化过程都可谓典型的国内企业 IT 应用史，而这一系列变化的根本则在于企业提高竞争力的需求。1992 年，根据当时生产的需要和对市场发展的理解，康佳引入了主机/终端方式（60 多个终端）的王安系统并采用 COBOL 语言自行完成了基于此的应用软件的开发，从而建起了自己的计算机生产管理系统。鉴于当时的主客观环境，该系统只包括库存管理、工艺管理和财务管理等几部分，而销售及市场等环节的管理没有含在内。并于其后建起了小型企业网。其实，该系统已具备基本的 MRP II 思想，只是不够完整，没有全面的信息集成和各环节的紧密衔接，模块之间彼此孤立。尽管如此，该

系统在 20 世纪 90 年代中期康佳迅速成长过程中仍然发挥了相当大的作用。

（三）系统的应用基础

从 1997 年起，康佳每年用于 IT 方面的投资达到 2000 万元，并已建立起一个由近 20 人组成的精干的 IT 部门。1998 年也是康佳计算机应用全面走上新台阶的一年，ERP 系统成功实施，网络系统全面建成，连接到五大生产基地的广域网建成，办公自动化系统全面投入使用，成熟的互联网应用开始起步。

（四）需求分析

20 世纪 90 年代中后期，国内彩电生产企业迅速增加，市场竞争加剧，厂商间掀起了旷日持久的价格战、彩管战。而康佳自身此间发展很快，规模迅速扩大，销售收入每年以 30%左右的幅度增长。在这样的市场竞争中取胜的关键在于挖掘自身潜力，采用先进技术手段改善自身管理模式，特别是供应链管理，以降低成本、缩短生产周期进而提高企业竞争力。生产基地的增加，使得供应链相应发生变化，而成本管理也随之变得复杂化，如何在总部和各大生产基地间对企业生产资源进行合理调配，并且保持原材料供应、销售、生产计划均由总部统一制定，成为解决问题的关键所在。这种需求具体体现在以下 7 个方面：企业在制造资源的调配；企业资金的统筹运用；销售策略的优化；成本控制；应变能力的增强；服务水平的提高；内部管理机制的规范。

（五）系统规划及选型

1. 系统规划

1996 年底，康佳做出在整个集团实施 ERP 的决定，并进行了系统的规划，明确了基本思想：通过实施 ERP 系统，整合企业经营，对企业物流、资金流和信息流进行一体化管理，从而全面强化企业内部资源管理，进一步提高企业现代化管理水平，支持企业全球化经营战略；高起点，按建设现代化国际性企业的要求规划和建设系统。

2. 系统选型

由于长期使用王安系统，康佳企业管理层中已经确立了 MRPⅡ 的概念，因此在随即开始的为系统选型而进行的考察中，康佳人并非头脑中一片空白，而是带着许多具体的问题，详细地考察了制造业特别是与其自身生产特点相近的企业中 ERP 软件的整体实施及应用情况。由于当时的情况，考察中也走了一些弯路，除外资企业外，当时的国内企业成功应用并不多。经过半年的考察分析，到 1997 年下半年时，集团做出决定：选用 SAPR /3。整个系统的具体构成情况如下：SAP R /3 系统；西门子行业应用服务部（SBS）为实施顾问，SBS 是 SAP 在国内的几大咨询实施商之一，西门子也是 SAP 在全球最大的用户和合作伙伴；以 ATM 为骨干的企业内部网；采用卫星技术建立广域网；硬件平台采用 IBMRS /6000S7A 企业服务器；Informix 数据库。

（六）系统实施

1. 模块选择

康佳选择软件模块的原则是围绕供应链过程而进行的，包括物料管理（MM）、财务管理（FI）、生产计划管理（PP）、成本控制管理（CO）、固定资产管理（AM）及销售与分销管理（SD）等几部分，尽力将供应链的全过程都涵盖进来。

2. 实施组织机构

（1）项目领导小组：集团常务副总任组长，集团分管领导、主要部门领导为成员，对组织机构、业务流程等的改进做出决策；

（2）项目工作小组：集团主管副总任组长，IT 部门、业务部门领导和骨干为成员，作为日常实施机构，全面负责具体实施工作。在实施期间，所有成员 70%的工作时间用于参加此小组的工作。

3. 实施计划

SAP R/3 在整个集团的实施分两期工程：第一期工程包括集团总部和精密模具厂；第二期工程包括新成立的康佳通讯公司及五大生产基地。先应用于彩电生产线，再推广至其他产品。由于原有的王安系统具有财务管理和物料管理的功能，为继承原有的数据资源，保证与原有系统的有效衔接，以保证系统切换过程中的正常运转和日常生产业务流程不受影响，第一期工程又分为两个阶段：第一阶段，实施 MM、FI 和 PP 中的 BOM 部分；第二阶段，目标是 PP、CO、SD 及 AM。其中，PP 和 CO 是整个供应链管理的核心模块，也是实施的重点。

4. 实施经过

整个实施过程于 1998 年 2 月正式启动，同年 6 月 1 日，第一阶段实施成功，按计划投入运行；并给原有的管理方式带来了一些可见的变化，如数据已是经过集成的，生产流程的各环节也已按照 ERP 系统的要求来做。1998 年下半年，是全厂历史上最忙碌的一段时间，但由于这几个模块的实施，生产流程非常顺畅，未出现任何间断，管理人员及操作人员也正是在这种实际运作中不断适应新的管理理念的要求的。

值得一提的是，第一阶段整个实施过程中没有经历新旧系统的并行运行阶段，直接进行切换。这主要是由于彩电生产的旺季在下半年，实施必须赶在 6 月之前完毕并预留出磨合阶段，以使整个流程完全适应新的系统。整个切换过程仅经历了三天，而此前则做了大量充分而详尽的测试准备，系统培训、业务分析、实施分析、实施设计、模拟实施和试运行等六个阶段全部包括在内。

此外，第一阶段实施工作除深圳总部外，在同样位于深圳的精密模具厂也取得了成功。模具厂是集团内独立的生产系统，它与彩电等其他产品大批量少品种的生产方式完全不同，属于多品种小批量，因此实施过程也完全不同。1998 年 3 月 1 日，SD 投入运行；自 1997 年底开始，用了将近半年时间准备 PP 和 CO 的实施。PP 实施后，包括全国五个生产基地在内的集团完整制造计划的制订才易于实现和调整，实现全部生产资源在五大基地间的合理调配，并制定各个基地组织生产的各要素。比如，按照订单（机型、数量）制定，决定何时在何处进行采购，采购多少，下达采购原材料的订单，指定供应商在不同的时间分别向五个基地运送原材料。上了 PP 之后，采购方式也发生改变，采购员首先根据对生产电视机所用原材料的结构及其供货商情况进行分析（如其中 SKD 的机芯是在东莞生产的，这部分原材料应何时下达采购订单，让供应商在指定时间交到东莞，何时东莞将半成品交到深圳总部，深圳结合其他原材料，让其他供应商在合适的时间将所需原材料供应到位，与 SKD 机芯到达的时间吻合，即所有这些半成品或原材料到达的时间即是整机生产可以开始的时间），并需对产品结构、所需各种原材料及其供应商、生产流程都有一个完整和详细的了解，而这恰是借助 ERP 系统来实现的。计划人员所需做的工作也与以前有所不同，包括：制定主计划的人员需要非常清楚地了解其制造资源，比如哪些生产线可用，有多少劳动力可供支配等，做采购计划的人员必须了解何时做什么东西，需要哪些材料，该何时完工等。

实施 ERP 前后，最关键性的转变在于由生产流程的事后控制过渡到事前控制。每个生产计划都是通过一系列的环节来实现的。过去，每个环节只考虑自己部门的工作即可，不必考虑相关环节的可行性，对生产流程的控制和调整完全是事后的。如今，计划部门输进一个计划，系统会据此反馈给它相应的分析，包括此计划的可行性到底有多大，原因在哪里，需考虑的因素等，并提出几套建议。例如，若原材料不足，一种建议是取消计划；如必须要做的话，则给出解决途径，假设显像管不够，系统会建议借用其他计划中的显像管以完成此计划，从而保证后续环节的可行性。试运行中出现的最主要的问题是传统管理观念、组织管理结构和新的 ERP 系统的冲突，即需要进行相应程度的企业流程重组（BPR）。比如，原来发放生产材料的方式是

大批量发放，一次发一周用的；采用 ERP 系统后改为按需求发放，需要什么发什么，一次只发一天或半天的，这种做法的突出好处在于可有效控制在产品的成本，使原材料的供应更加顺畅，库存材料的堆积大为减少。

5. 有关培训

作为实施过程的重要组成之一，这一工作由康佳的 IT 部门和 SBS 共同完成，包括两方面：一是理论上的，即有关 ERP 的基本培训，由 SBS 进行；其二是有关流程和操作的培训，由康佳 IT 部门完成，为此针对每一环节都编制了详细的操作说明。

6. 实施特点

它包括贯彻 ERP 理念到企业各个业务环节；建立和规范了系统主数据；重组了企业管理架构；规范和优化了企业业务流程；准备和整理基础数据；抛弃了管理上的陋习；基础管理从粗犷型转向细致型；与实施顾问的紧密配合。

7. 实施结果

系统实施有效支持了集团主营业务的发展，1998 年顺利完成了集团历史最高产量 450 万台；财务管理和物料管理实现了真正意义的实时管理和控制；生产的计划性、采购的及时性、技术资料的准确性、原材料的通用性、成本的准确性、管理的规范性等工作得到明显改进；实时的资金应用和成本报告；企业内部的信息沟通大大加强；员工参与感明显提高，团结精神得到发扬。

（七）推广工作

1998 年 10 月，康佳建成了卫星通信网络，尽快使 R/3 应用延伸到全国所有生产基地。

（1）五大生产基地已开始实施，并将于 9 月独立运行。

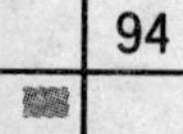

（2）康佳通讯科技公司已于 7 月开始实施。

（3）2000 年前完成海内外所有生产基地的系统实施。

（4）远期将使 ERP 应用推广到集团所有子公司。

［思考与练习题］

1. 网上搜索制造企业 PMC 职责、招聘要求，在 ERP 系统里制作主生产计划。
2. 根据相关资料分析供应链总响应时间并提出压缩策略。

第四章 供应链库存管理

学习目标

1. 会计算 EOQ,会用基本库存模型。
2. 能进行库存 ABC 分类管理。
3. 能衡量供应链库存管理水平,并实施 VMI、JMI 等项目。

基本概念

基本库存模型　EOQ　ABC 分类法　零库存　VMI　JMI

引导情景

PSS 公司供应链系统面临的库存积压问题

电子行业内许多公司包括一些知名的跨国公司,正是因为库存的积压导致没有赢利甚至亏损。PSS 公司虽然经过 2000 年的组织变革对库存问题有了很大的改善,但迫于下游客户的交货期的压力,PSS 公司对主要大客户仍然保持一定的库存。随着行业的价格变化,从 2002 年 PSS 公司的内部财务报表上看,PSS 公司承担了巨大的存货跌价损失(300 多万)。出于降低自身库存风险考虑,PSS 公司 2003 年减少对客户的库存管理,强行在上游供应商推行供应商管理库存(VMI)。2004 年,PSS 公司的账面库存确实降低了很多,平均库存金额相当于 9 天的平均销售额(行业平均水平在 20 天)。供应链管理部在实际的分析中发现,公司的库存风险大部分转嫁到上游供应商身上,供应链的整体库存仍然很大,金额库存水平约相当于 18 天的水平。供应商特别是一些核心供应厂商,按照 PSS 公司的要求一般备有 2～3 周的安全库存,对于一些旺销的成品库存 CM 公司备有 1 周的库存。这些库存量的确定,大都是 PSS 公司利用自己的强势地位要求供应商保证及

时供应,对于库存的消化处理问题并没有正式的合同作出规定。从表面上看,PSS 公司的库存成本低,实质上供应商把库存的风险成本的一部分分摊到价格上,由 PSS 公司与供应商共同承担了库存风险。

主要原因分析:

1. 供应商管理库存本身并没有降低供应系统的库存

但 PSS 公司推行 VMI 实际上是对传统库存控制策略进行"责任倒置"后的一种管理方法,这无疑加大了供应商的风险。PSS 公司推行的供应商管理库存在一些前提条件,但 PSS 公司管理层并未考虑到公司与供应商和零售商协作水平有限;PSS 供应系统的不对称的责任与风险处理机制加深了企业之间的不合作与不信任,供应商抵制情绪很大,难免造成不满与阳奉阴违的行为。

2. 市场需求的突变与工程更改导致大量历史遗留库存

2003 年,CM 公司作为 PSS 公司的战略合作伙伴积极配合 PSS 公司的库存计划。但到年底,原来非常畅销的一系列喇叭产品因市场原因滞销,CM 公司的仓库堆积了有 400 多万成品库存无法处理。原材料仓库特别是一些海外物料,其中有许多的特殊物料因产品的更新换代而变成呆滞料,金额也非常巨大约有 200 多万。在双方的合作协议里,PSS 公司承担因订单变更或工程更改而造成的库存损失,但在实际操作过程中有很多的库存是无法完全划分责任。以上的一些呆滞料仅属于双方有争议的一部分。实际上,每月 PSS 公司为处理库存呆滞料耗费的金额平均在 80 万左右。在 PSS 供应链系统中,约有 300 多家厂商作为 CM 公司的合格供应商。在这庞大的供应体系中,材料的库存也是惊人的。有很多的公司为了与 PSS 公司合作自愿的准备 2 到 3 周的库存,这些库存一旦市场需求变化就会变成难以处理的呆滞料,蒙受的损失只能由供应商自己承担,有十几家规模小的下游供应商因为资金无法周转而倒闭。

3. 采取不适应公司情况的库存管理策略

PSS 的供应系统内,制造工厂的上游供应商有 300 多家,有上千种不同的物料各自的提前期也不一样。有的长周期采购物料的周期达一个半月,而普通的物料平均的采购周期在 4～6 天。采购提前期的平衡一般通过增加安全库存来解决。另一方面,对于材料的安全库存设定与管理,PSS 的上游供应商采取的是一刀切的方式,并没有考虑到不同物料的价值与特点加以区别对待,这也无疑增加了系统的库存量。

在电子制造行业,下游供应商普遍被动的接受上游供应商的权责不对称的要求,库存风险非常大。PSS 公司在前几次变革中成功地把自身的库存风险降低了许多,但对于供应链系统里特别是上游供应商的库存风险并没有明显的改善。从长远来看,这些库存风险都只能在系统内消化从而造成供应系统的不稳定甚至瘫痪。所以,如何解决供应系统的库存问题,成为 PSS 公司进一步推进供应链管理面临的不可回避的难题之一。

第一节　供应链库存管理基本理论

一、库存的作用

企业生产经营活动持续不断地进行，而物资的生产和消耗在空间和时间上往往是分离的，正是由于这种分离，决定了物资要经过运输和储存阶段，这样便形成了一定数量的库存。

“库存”在英语里面有两种表达方式：Inventory 和 Stock，它表示用于将来目的的资源暂时处于闲置状态。一般情况下，人们设置库存的目的是防止短缺，就像水库里储存的水一样。另外，它还具有保持生产过程连续性、分摊订货费用、快速满足用户订货需求的作用。狭义上的库存是静态的，是指仓库中暂时处于储存状态的商品，它是存储的一种表形式。而广义库存是一种动态的概念，它表示用于将来目的而暂时处于闲置状态的资源，不仅包括了在仓库中存储的原材料、零部件、半成品、产成品等，还包括生产线上处于生产状态的在制品，甚至包括在码头、车站和机场等物流节点上等待运输的货品以及处于运输途中的货品。显然，广义上的库存其涵盖面更加宽泛和全面，所以一般意义上都将库存定义为广义库存。实际上，不论是狭义的库存还是广义的库存，它们都是处于暂时不使用状态或者说是闲置状态的物品。

库存以各种不同的形式出现在企业的各个运作阶段。在企业的采购阶段，为了保证生产过程的连续性，需要有一定的原材料、零部件的库存。在生产阶段，原材料投入生产之后，变成各种在制品，不论在制品是处于运动状态还是停顿状态，它们都构成在制品库存。在销售阶段，为了能及时满足顾客的要求，避免发生缺货或延期交货现象，需要有一定的成品库存。库存的表现形式虽然多样，但归根结底都是一些未使用的企业资源。

合理地持有库存使得库存得以带来经济利益，所以有效的库存是必要的。根据不同的划分标准，可以把库存分成不同的类型，以方便有针对的加以管理控制。

（一）库存的积极作用

库存是企业的一项规模庞大的投资，它在企业中发挥着积极的作用。它可以带来规模经济效益，可以作为供需不确定性的缓冲，可以突破生产能力的限制从而保证较短提前期的客户需求。

企业的库存，主要起着以下五个方面的积极作用：

1.调节供求差异，平衡供需，保证均衡生产

对物料的需求，是随生产、经营活动的进行而不断发生的，但需求与供应在时间和数量上又往往是不同步的。因此，只有保持一定的库存量，才能保证企业生产、经营活动的正常需要。库存保证生产经营的持续性，防止因缺货而发生非正常中断。

2.稳定生产、获取规模经济效益。

企业只有按照适当的数量（一定的规模）组织产品生产和货物供应，才能够利用规模经济效应，获取良好的经济效益。一方面，在采购过程中，批量采购可以分摊订货费用；另一方面，在生产过程中，采取批量加工的方式，可以分摊转产和准备费用。

3. 缩短订货提前期，提高客户反应速度

企业维持一定量的成品库存，客户需要就可以迅速供货，缩短客户的订货提前期，增强企业对客户需求的快速响应的能力。

4. 缓冲不确定性因素

在企业生产经营的实践中，外部环境的不确定性是客观存在的，一些主观或客观的因素（如预测、计划不准确，生产事故，运输故障等），出现决策失误而影响正常生产经营。企业保持有一定的库存，就可以缓冲不确定性因素的影响，有利于保证生产经营按预定的要求继续进行。

5. 降低供应链成本

假设供应链中没有库存，下游的销售企业当遇到销售情况变动时，会向上游的生产企业进行紧急订货，这会造成销售企业的订货成本上升；上游的生产企业接到紧急的订单后紧急安排生产，由于是额外的加班和小批量的生产，生产成本也会比平时高。通过保持适量库存，可以保持均衡的生产而减少生产成本，从而降低供应链的总成本。

（二）库存消极作用

然而任何一个事物都具有两面性，库存同样也会带来很多负面的效用。库存会产生如下三个方面的消极作用。

1. 占用资金，影响资源配置

在流动资产中，存货的流动性最差，库存过高会造成企业的投资成本增加，影响企业的经济效益指标。

2. 增加库存成本

维持一定库存需要增加相应成本开支。这些成本包括了库存占用资金的利息、储存保管费用、保险费用和价值损失费用等等。

3. 掩盖经营中的问题

一个企业的生产管理过程中可能会有很多致命问题，比如人员绩效差、库存结构不合理、机器故障率高、盲目采购、送货延迟和计划错误等。这些问题很可能被高的库存水平所掩盖。一旦库存水平下降，这些暗礁便会“水落石出”，可能会给企业造成重大打击。

二、库存分类

（一）按库存物品在生产过程和配送过程中所处的状态分类

按库存物品在生产过程和配送过程中所处的状态进行分类，库存可分为原材料库存、在制品库存、维修库存和产成品库存，如图 4-1 所示。

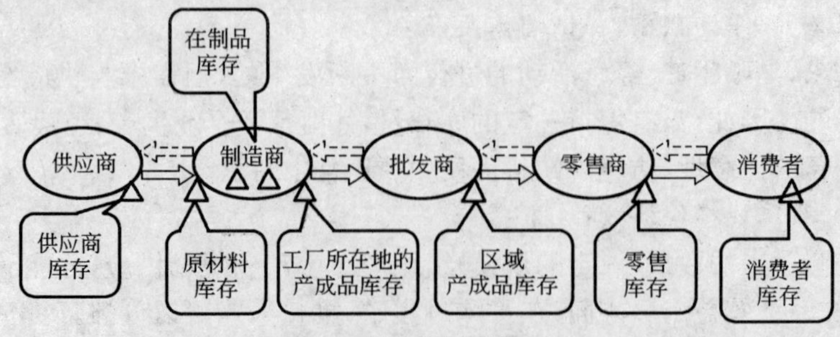

图 4-1　供应链各环节库存

1. 原材料库存

原材料库存是指企业存储的在生产过程中所需要的各种原材料，这些原料和材料必须符合企业生产所规定的要求。有时也将外购件库存划归为原材料库存。在生产企业中，原材料库存一般由供应部门来管理控制。

2. 在制品库存

在制品库存包括产品生产过程中不同阶段的半成品。在制品库存由生产部门来管理控制。

3. 维修库存

维修库存包括用于维修与养护的经常消耗的物品或备件，如润滑油和机器零件；不包括产成品的维护活动所用的物品或备件。维修库存一般由设备维修部门来管理控制。

4. 产成品库存

产成品库存是准备让消费者购买的最终的产品，这种库存通常由销售部门或物流部门来管理控制。生产企业有原材料库存、在制品库存、维修库存和产成品库存。商业企业如储运、配送、批发与零售企业，通常只有产成品库存。公用事业单位一般是提供服务的，因此比较常见的是维修库存（如用于地铁列车的车辆零配件）。

（二）按库存的作用分类

按库存的作用分类，库存可分为周转库存、安全库存、调节库存和在途库存 4 种。

1. 周转库存

采购批量或生产批量越大，单位采购成本或生产成本就越低（节省订货费用，得到数量折扣），因而采用批量形式购入，这种由周期性批量购入所形成的库存就称为周转库存。这里有两个概念，一个是订货周期，即两次订货之间的间隔时间；另一个是订货批量，即每次订货的数量。这二者之间的关系是显而易见的，当总需求量一定时，每次订货批量越大，两次订货之间的间隔就越长，周转库存量也越大。周转库存的大小与订货的频率成反比，即订货频率越高，周转库存量就越小。

2. 安全库存

由于需求和提前期等方面存在着不确定性，需要持有超过周转库存的安全库存。安全库存是为了应付需求、生产周期或供应周期等可能发生的不测变化而设置的一定数量的库存。需求变动需要增加安全库存，为避免缺货的发生就得增加安全库存。

3. 调节库存

调节库存是用于调节需求或供应的不均衡、生产速度与供应速度不均衡、各个生产阶段的产出不均衡而设置的。例如，对季节性需求产品（如空调等一些家用电器），为了保持生产能力的均衡，将淡季生产的产品置于调节库存，以备旺季的需求，即用调市库存来缓冲生产能力与需求之间的矛盾。对有些季节性较强的原材料，或供应商的供应能力不均衡时，也需设置调节库存。

4. 在途库存

在途库存是指从一个地方到另一个地方处于运输过程中的物品。虽然在途库存在没有到达目的地之前，还不能用于销售或发货，但可以将在途库存视为周转库存的一部分。这种库存是一种客观存在，而不是有意设置的。在途库存的大小取决于运输时间以及该期间内的平均

需求量。

(三)按照需求相关性分类

按照需求相关性，把所有物料可以分为独立需求和相关需求两大类，相应的物品库存分为独立需求库存和相关需求库存。

1. 独立需求库存

独立需求库存，是指该库存品的需求与其他物品需求在数量、时间上没有相关性，只取决于市场和客户需求。生产电脑的厂商，产成品某一型号电脑库存就是独立需求库存。

2. 相关需求库存

相关需求库存是指该库存品需求与其他物品需求在数量、时间上有相关性，直接取决于其他物料的需求。比如电脑信号线的需求直接取决于电脑的需求量，所以电脑信号线的库存就是相关需求库存。

三、供应链库存管理特征

库存管理又称为存货管理或在库管理，是指围绕物资的储运、保管、保养等工作所开展的一系列的业务和管理活动。库存管理的主要任务有两个：一是提供准确的动态库存数据；二是作出采购、生产和库存量决策。也就是说，除了正确处理进、出、存、盘等业务外，更重要的是维持合理的库存量，以最少的代价满足各类用户需求（商品客户、下道工序、维修需求等），获得最好的经济效益。

在供应链管理环境下，库存的范围不仅包括单个企业的库存，而且包括整个供应链上系统上的库存。库存不再作为维持生产和销售的措施，而是作为一种供应链的平衡机制。通过简化供应链和经济控制论等方法解除供应链上的薄弱环节来寻求总体平衡，库存的功能将是战略层次上的。也就是说，供应链环境下的库存的基本功能是使供应链在各节点处很好地连接，减少由于预测需求和实际需求的差异以及由于供应链中的各种不确定性所带来的供应链效率的降低。因为库存在供应链中的首要作用是满足客户的随机需求，所以必须保持供应链的衔接性和敏捷性。库存费用是供应链成本的主要来源之一。减少必要的供应链库存，将对供应链响应与物流时间都有巨大影响。库存也是供应链管理驱动中的重要因素，它对支持企业竞争策略（如用户满意程度）的供应能力起着重要的作用。

因此，库存管理是供应链管理的重要内容，在某种程度上可以说是实现供应链效益的关键因素。一般而言，传统的库存管理仅仅是对自身库存物资的数量管理与控制，往往只是着眼于自身的库存水平的最低与库存持有费用的最少。而供应链管理中的库存管理则应把视野从单个企业扩大到由供应商、制造商、批发商和零售商组成的供应链网络上来，它们之间充分交换库存信息，相互协调共同管理库存、实现整体库存水平的下降，甚至有可能实现零库存。

供应链环境下的库存管理决策受到顾客服务水平的影响。顾客服务水平指的是顾客所要求的服务标准。一般采用按时供货完成率来表示。按时供货完成率是在顾客接受的提前期内按时完成顾客订单的百分数。因此，顾客服务水平取决于两个因素：供货提前期和订单完成率。供货提前期对库存的位置（仓库）有着重要影响。供货提前期要求越短，库存的位置距顾客就越要更近。因此，供货提前期对物流网点设计的战略有着决定性的影响。顾客所需要的订单完成率对库存水平有着主要影响。库存水平越高，订单完成率就越高。因此，顾客服务水平越高，所需库存也越大。供应链中的库存管理就是要在满足顾客服务水平的条件下，使库存水平最低。

四、库存管理的衡量指标

在库存管理过程中，存在多种衡量库存管理水平的方法，如库存物品的种类、数量和重量等。具有重要意义的衡量指标主要有平均库存值、可供应时间和库存周转率。

（一）平均库存值

平均库存值指某一时间段内（而不是某一时刻）全部库存所占用的资金总和。这一指标可以告诉管理者，企业资产中的多大部分是与库存相关联的。一般来说，制造业企业大约是25%左右，而批发、零售业有可能占到75%左右。管理人员可根据历史数据或同行业的平均水平，分别从纵向和横向两方面评价企业这一指标的高低。

（二）可供应时间

可供应时间是指现有库存能够满足需求的时间，这一指标可用平均库存值除以相应时间段内的单位时间（如每周、每月等）的需求量来得到，也可以分别用每种物料的平均库存量除以相应时间段内单位时间的需求量来得到。在有些情况下，后者更具现实意义。

第二节　传统库存控制策略

在库存控制理论中，人们一般根据物品需求的重复程度分为单周期库存和多周期库存。单周期需求也叫一次性订货，这种需求的特征是偶发性和物品生命周期短，因而很少重复订货。多周期需求是在长时间内需求反复发生，库存需要不断补充，在实际生活中，这种需求现象较为多见。

多周期需求又分为独立需求库存与相关需求库存两种属性。所谓独立需求是指需求变化独立于人们的主观控制能力之外，因而其数量与出现的概率是随机的、不确定的、模糊的。相关需求物料需求数量和需求时间与其他的变量存在一定的相互关系，可以通过一定的数学关系推算得出。对于一个相对独立的企业而言，其产品是独立的需求变量，因为其需求的数量与需求时间对于企业内部管理者而言，一般是无法预先精确确定的。而生产过程中的在制品以及需要的原材料，则可以通过产品的结构关系和一定的生产比例关系准确确定。独立需求的库存控制与相关需求的库存控制原理是不相同的。独立需求对一定的库存控制系统来说，是一种外生变量，相关需求则是控制系统的内生变量。

不管是独立需求库存控制还是相关需求库存控制，都要回答这些问题：

(1)如何优化库存成本？

(2)怎样平衡生产与销售计划，来满足一定的交货要求？

(3)怎样避免浪费，避免不必要的库存？

(4)怎样避免需求损失和利润损失？

归根到底，库存控制要解决三个主要问题：

(1)确定库存检查周期。

(2)确定订货量。

(3)确定订货点(何时订货)。

一、基本库存补给策略

因为独立需求库存控制采用的是订货点控制策略，因此我们首先介绍一下几种常见的库存补给策略。

订货点法库存管理的策略很多，最基本的策略有 4 种：

(1)连续性检查的固定订货量、固定订货点策略，即(Q,R)策略。

(2)连续性检查的固定订货点、最大库存策略，即(R,S)策略。

(3)周期性检查策略，即(t,S)策略。

(4)综合库存策略，即(t,R,S)策略。

在这 4 种基本的库存策略基础上，又延伸出很多种库存策略，我们简单介绍这 4 种基本的库存策略。

1. (Q,R)策略

该策略的基本思想是：对库存进行连续性检查，当库存降低到订货点水平 R 时，即发出一个订货，每次的订货量保持不变，都为固定值 Q。该策略适用于需求量大、缺货费用较高、需求波动性很大的情形。

2. (R,S)策略

该策略和(Q,R)策略一样，都是连续性检查类型的策略，也就是要随时检查库存状态，当发现库存降低到订货点水平 R 时，开始订货，订货后使最大库存保持不变，即为常量 S，若发出订单时库存量为 I，则其订货量即为 $S-I$。该策略和(Q,R)策略的不同之处在于其订货量是按实际库存而定，因而订货量是可变的。

3. (t,S)策略

该策略是每隔一定时期检查一次库存，并发出一次订货，把现有库存补充到最大库存水平 S，如果检查时库存量为 I，则订货量为 $S-I$。如图 8-2 所示，经过固定的检查期 t，发出订货，这时，库存量为 I_1，订货量为 $S-I_1$。经过一定的时间 LT，库存补充 $S-I_1$，库存到达 A 点。再经过一个固定的检查时期 t，又发出一次订货，订货量为 $S-I_2$，经过一定的时间(LT 为订货提前期，可以为随机变量)，库存有达到新的高度 B。如此周期性检查库存，不断补给。该策略不设订货点，只设固定检查周期和最大库存量。该策略适用于一些不很重要的、或使用量不大的物资。

4. (t,R,S)策略

该策略是(t,S)策略和(R,S)策略的综合。这种补给策略有一个固定的检查周期 t、最大库存量 S、固定订货点水平 R。当经过一定的检查周期 t 后，若库存低于订货点，则发出订货，否则，不订货。订货量的大小等于最大库存量减去检查时的库存量。

二、基本库存模型

常见的独立需求库存控制模型根据其主要的参数，如需求量与提前期是否为确定，分为确定型库存模型和随机型库存模型。

(一)确定型库存模型

1. 周期性检查模型

此类模型有 6 种，分不允许缺货、允许缺货、实行补货等三种情况。每种情况又分瞬时到货、延时到货两种情形。最常用的模型是不允许缺货、瞬时到货型。

2. 连续性检查模型

连续型检查模型需要确定订货点和订货量两个参数，也就是解决(Q,R)策略的两个参数的设定问题。连续性库存检查模型分以下 6 种：不允许缺货、瞬时到货型；不允许缺货、持时到货型；允许缺货、瞬时到货型；允许缺货、持时到货型；补货、瞬时到货型；补货、持时到货型。最常见的连续性检查模型是不允许缺货、瞬时到货型。最经典的经济订货批量模型(EOQ)模型就是这种。

(二)随机型库存模型

随机型库存模型要解决的问题是：确定经济订货批量或经济订货期；确定安全库存量；确定订货点和订货后最大库存量。随机型库存模型也分连续性检查和周期性检查两种情形。当需求量、提前期同时为随机变量时，库存模型较为复杂。以上所谈的库存分析与控制已有比较成熟的理论和方法，有兴趣的读者可参考有关资料和研究文献，限于篇幅，此处就不作进一步介绍了。

根据经验，实践中最常见的库存模型是基本库存(或称周期检查、目标订货水平)模型。在这种模型中，在每个计划周期都会发出订单或者启动生产，将库存状态提高到一个预先设定的水平，这一水平被称为基本库存或目标订货水平。基本库存水平的设置是为了在每个周期提供预期的服务水平。这意味着基本库存水平必须足够大，除了要满足直到下一次库存补货时刻为止的平均库存需求之外，还要满足由服务水平要求提出的可能更多的需求。基本库存中防止需求和供应不确定性影响的那部分被称为安全库存。当需求或者供应的不确定性增加、平均提前期或者库存检查周期增加，或希望的服务水平提高时，安全库存的相对大小也会增加。

在一个基本库存策略下，每个计划周期都会发出一个订单，将库存状态重新提高到基本库存水平。假设当前的计划周期是在时间 t，发出一个订单，将当前所持有的和已订购尚未到达的库存总量提高到基本库存水平 B。如果 R 表示连续的计划周期之间的时间(也被称为检查周期)，那么直到时刻 $t+R$ 才会有下一次的订购机会。而这个下一次的订货又会直到 L 个周期之后才能到达，其中 L 表示补货的提前期。因此，在时刻 t 所持有的库存，再加上已订购尚未到达的库存，就表示所有可用于满足从时刻 t 到时刻 $t+R+L$ 之间需求的供应。所以，基本库存水平 B 必须足够大，才能以预期的置信度(服务水平)满足随后 $R+L$ 个周期的需求。检查周期与提前期之和通常被称为暴露期，由于无法对这段时间之内的可用供应施加影响，因此将直接面对这段时间内的需求不确定性。

将以上内容用公式表达，并且希望设置安全库存水平，以使得

概率{暴露期内的需求基本库存}＝服务水平

如果假设在暴露期内面临的需求服从正态分布，那么上式可通过如下设置达到

基本库存＝暴露期内平均需求＋(安全因子)×(暴露期内需求的标准偏差)

其中安全因子就等于由服务水平指出的需保障的标准偏差数。以上求和式的第二个部分，代表用于缓冲暴露期内需求不确定性的安全库存。有时需求会超过其均值，有时会低于期

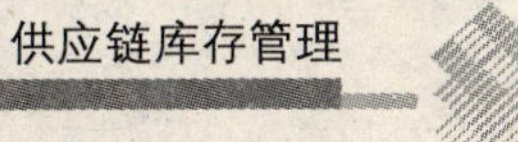

望值。从平均意义上说,每个检查周期的期末所持有的库存就等于安全库存。

注意,每个检查周期都会发出一个订单,来补充自上次检查周期以来发生的需求。这个订单会在 L 个周期之后到达,然后逐步消耗掉这部分库存,直至下一个订单在此后 R 个周期到达。库存增加和消耗随着时间循环周转进行。由于平均订货量与检查周期内的平均需求相同,因此这种周转库存在单位时间上的平均量就等于检查周期内需求的一半。如果现在考虑需求和提前期都为随机这样一种更一般的情况,那么在一些合理的假设下,可以得出暴露期内需求的均值和标准偏差。将这些众所周知的统计结果与以上的公式和观察结果结合在一起就得到了如下结果

$$基本库存=\mu_D(R+\mu_{LT})+安全库存$$

$$安全库存=z\sqrt{\sigma_D^2(R+\mu_{LT})+\mu_D^2\sigma_{LT}^2}$$

$$周转库存=(R\mu_D)/2$$

$$平均持有库存=安全库存+周转库存$$

式中:μ_D——每个时间周期内的期望(平均)需求;

σ_D——每个时间周期内需求的不确定性(标准偏差);

μ_{LT}——期望(平均)补货提前期;

σ_{LT}——补货提前期的不确定性(标准偏差);

R——检查或计划周期(即连续两次订货的间隔时间);

z——安全因子(预期服务水平的函数)。

由于把符合商业实际的假设和数学上的易处理性很好地结合在一起,基本库存模型得到了广泛的应用。该模型在相对简单的公式中考虑了持有库存的关键动机。模型中有规律的订货间隔时间与典型的商业计划周期吻合得很好,使得企业得以协调多种 SKU 的运输。而且根据目标服务水平计算所需库存的这个过程与管理思想及数据的可获性也是一致的。

基本库存模型可以进一步加以扩展,以考虑额外的商业上的复杂情况。当需求的预期水平和不确定性随着时间频繁变化时,能够对每个周期都计算出反映这些变化的不同的基本库存水平。在这些情况下更常见的做法是,用前面介绍的平稳模型来确定以供应周数为单位的安全库存要求。然后在每个周期,通过将目标与该计划周期的周需求预测相乘,得出安全库存数量。

三、经济订货批量

企业每一次订货数量直接关系到库存水平和库存成本大小,所以企业希望能找到一个合适的订货数量来降低成本。经济订货批量(Economic Order Quantity,EOQ)可以满足这种要求。它对可能发生的费用进行综合分析,以总成本最低的订货批量为经济订货批量,按照此数量确定每次订货时间和时间间隔。由于很多参考书专门对该方法进行了详细介绍,在此仅简单介绍确定型需求下最基本的 EOQ 方法。EOQ 就是使总的订货费用最小的订购量,如图4-2所示。

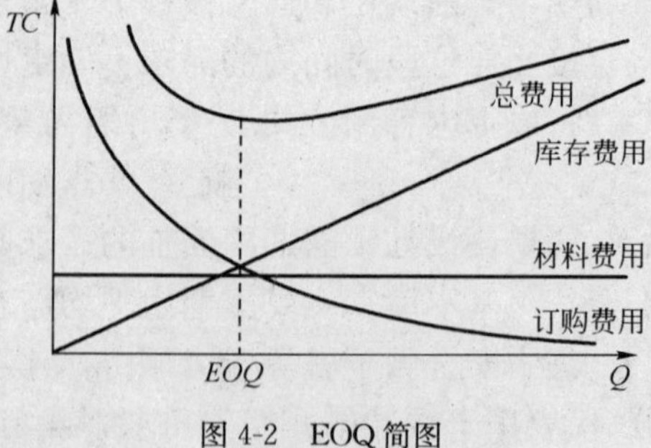

图 4-2 EOQ 简图

据订货批量越大，平均库存就越大，每年的库存维持成本也就越大。然而，订货批量越大，每一计划期需要的订货次数就越少，订货总成本也就越低。把订货批量公式化可以确定精确的批量，对于给定的需求量，使订购费用和库存费用的综合总费用最低。根据一些假设条件，运用数学推导，可以求出 EOQ 大小，在此省略详细推导过程，直接给出结果：

经济订货批量的标准公式如下

$$EOQ=\sqrt{\frac{2C_0D}{C_iU}}$$

式中：EOQ——经济订货批量；

C_0——每次订货发生的费用；

C_i——每年库存成本；

D——每年需求量，单位数；

U——每年单位成本。

经济订货批量模型是所有库存模型的鼻祖。该模型做了许多相当严格的假设，其中最突出的就是假设需求是已知的常量。尽管如此，当每次订货的固定成本很显著时，EOQ 模型可以用于考虑固定成本与库存之间的权衡。如果需求已知，但是变动的，而且固定成本仍然是持有库存的关键动机时，那么一些批量算法是有用的工具。如果需求是不确定的，而且产品易变质或接近其生命周期末端时，可以采用报童模型来指导最后一次的采购决策。

四、ABC 分类法

经济学家帕累托研究发现，在总体价值中占相当大比重的物品在数量上却只占很小的比例。对于任何给定的组类，组类中的少数项目将占总值的大部分。在美国约 20%的人占有 80%的财富；约 20%不同样式的车辆占了年度汽车销售量的 80%；家庭预算中 20%项目占了现金开支 80%。这个原理通常叫做“20/80”法则。该思想在管理中具体应用，依据管理对象的重要程度和数量划分不同等级（比如 ABC），区别对待有重点的加以管理控制。

美国 GE 公司创立了库存 ABC 分类法（ABC Classification），将库存分为如下 ABC 三级，如表 4-1 所示。

（1）A 级项目：少数项目的价值占整个库存量总值比例特别高，通常为 15%～20%的项目约占 75%～80%的总值。

（2）B 级项目：数量较多而总值不高，通常 30%～40%的项目约占 15%的总值。

（3）C 级项目：数量很多而价值占总量很少，通常为 40%～50%的项目仅占 5%～10%的总值。

将库存分为 ABC 三级，并非绝对固定的，也可以分为 ABCD 四级，或将 A 级再分为 AAA、AA 和 A 级三类。

ABC 分类法管理方法　　表 4-1

库存类型	特点(按货币量占用)	管理方法
A	品种数约占库存总数的 5%～15%,平均资金占用额累计比率约占 60%～80%	进行重点管理。现场管理要更加严格,应放在更安全的地方;为了保持库存记录的准确性要经常进行检查和盘点;预测时要更加仔细
B	品种数约占库存总数的 20%～30%,平均资金占用额累计比率约占 20%～30%	进行次重点管理。现场管理不必投入比 A 类更多的精力;库存检查和盘点的周期可以比 A 类要长一些
C	平均资金占用额累计比率也许只占 5%～15%,但品种数量或许是库存总数的 60%～80%	只进行一般管理。现场管理可以更粗放一些,但是由于品种多,差错出现的可能性也比较大,因此也必须定期进行库存检查和盘点,周期可以比 B 类长一些

ABC 分类法也有不足之处,通常表现为 C 类货物得不到应有的重视,而 C 类货物往往也会导致整个装配线的停工。因此,有些企业在库存管理中引入了关键因素分析法(Critical Value Analysis, CVA)。CVA 的基本思想是把存货按照关键性分成 3 或 5 类,即最高优先级,是经营的关键性物资,不允许缺货;较高优先级,是指经营活动中的基础性物资,但允许偶尔缺货;中等优先级,多属于比较重要的物资,允许合理范围内的缺货;较低优先级,经营中需用这些物资,但可替代性高,允许缺货。最高优先级,经营管理中的关键物品或 A 类重点客户的存货,不许缺货;较高优先级,生产经营中的基础性物品或 B 类客户的存货,允许偶尔缺货;中等优先级,生产经营中比较重要的物品或 C 类客户的存货,允许合理范围内缺货;较低优先级,生产经营中需要但可替代的物品,允许缺货。CVA 管理法比起 ABC 分类法有着更强的目的性。在使用中要注意,人们往往倾向于制定高的优先级,结果高优先级的物资种类很多,最终哪种物资也得不到应有的重视。

CVA 管理法和 ABC 分析法结合使用,可以达到分清主次、抓住关键环节的目的。

五、库存方法的比较选择

经调查访问发现,供应链管理经理常用的 5 个策略首选为:

(1)基本库存模型定期检查库存,及时处理过时的产品;定期审查订货批量,及时调整订货批量。

(2)严格管理库存使用速度和提前期;严格监视和管理安全库存。

(3)按 ABC 法管理库存。

(4)通过减少供货提前期降低安全库存水平。

(5)采用定量的方法,严格按时按订货点和定货批量订货,正确权衡库存保管成本(资金占用成本)与订货成本(采购成本)。

尽管基本库存模型很好地考虑了持有库存最常见的动机,但是还存在其他环境,需要采用一种不同的方法。在与不同的从业人员和软件提供商共同工作的过程中。经济订货批量 EOQ 模型是所有库存模型的鼻祖。如果需求已知,但是变动的,而且固定成本仍然是持有库存的关键动机时,那么一些批量算法(例如瓦格纳一怀廷(Wagner－Whitin)方法和西尔弗一米尔(Siver—Meal)启发式方法)是有用的工具,这些方法作为物料需求计划的一部分被广泛使用。

如果需求是不确定的,而且产品易变质或接近其生命周期末端时,可以采用报童模型来指导最后一次的采购决策。产品的生命周期短于供应链补货提前期是一种越来越普遍的现象,在这种情况下,报童模型方法也是适用的。

如果需求不确定而且订货固定成本显著,那么最小最大模型或订货点、目标订货水平模型最适用。一旦库存降低到最小水平,这种库存策略就会发出订单,将库存提高到最大水平。对以上各种模型更详细的介绍超出了本章的范围。我们建议感兴趣的读者参考纳米尔斯(Nahmias,2001)和西尔弗等人(1998)关于这一问题的著作。基于企业持有库存的动机的不同,图 4-3 可用于指导选择适用的库存方法。

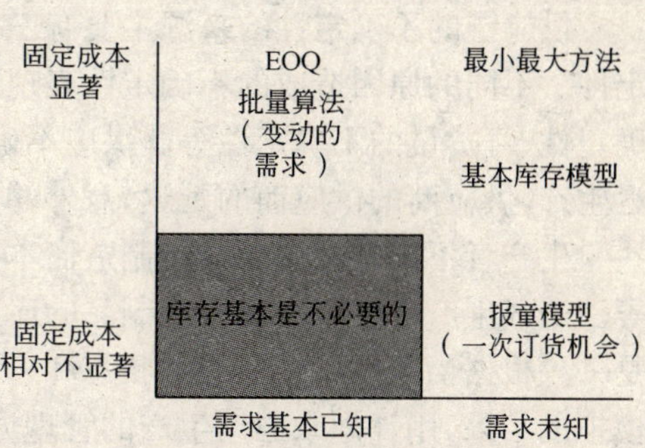

图 4-3 库存管理方法应用策略

这些单节点方法一起形成了一个有效的工具包,利用这个工具包,供应链库存从业人员可以构造相应的库存管理策略。

第三节 供应链管理环境下的库存问题

一、供应链中的不确定性与库存

(一)供应链中的不确定性

从需求放大现象中可以看到,供应链的库存与供应链的不确定性有很密切的关系。从供应链整体的角度看,供应链上的库存无非有两种,一种是生产制造过程中的库存,一种是物流过程中的库存。库存存在的客观原因是为了应付各种各样的不确定性,保持供应链系统的正常性和稳定性,但是库存另一方面也同时产生和掩盖管理中的问题。

供应链上的不确定性表现形式有两种:

1. 衔接不确定性

企业之间(或部门之间)关系不确定性,可以说是供应链的衔接不确定性。这种衔接的不确定性主要表现在合作性上。为了消除衔接不确定性,需要增加企业之间或部门之间的合作性。

2. 另一种不确定性是运作不确定性

系统运行不稳定是组织内部缺乏有效的控制机制所致,控制失效是组织管理不稳定和不确定性的根源。为了消除运行中的不确定性需要增加组织的控制,提高系统的可靠性。

本质上讲,供应链上的不确定性,不管其来源出自哪方面,根本上讲是 3 个方面原因造成的:

(1)需求预测水平造成的不确定性。预测水平与预测时间的长度有关,预测时间长,预测精度则差,另外还有预测的方法对预测的影响。

(2)决策信息的可获得性、透明性、可靠性。信息的准确性对预测同样造成影响,下游企业与顾客接触的机会多,可获得的有用信息就多;远离顾客需求,信息可获性和准确性差,因而预测的可靠性差。

(3)决策过程的影响,特别是决策人心理的影响。需求计划的取舍与修订,对信息的要求与共享,无不反映个人的心理偏好。

供应链的不确定性的来源主要有三个方面:供应者不确定性、生产者不确定性、顾客不确定性。不同的原因造成的不确定性表现形式各不相同。供应商的不确定性表现在提前期的不确定性、订货量的不确定性等。供应不确定的原因是多方面的,供应商的生产系统发生故障延迟生产,供应商的供应商的延迟,意外的交通事故导致的运输延迟等。

生产者不确定性主要缘于制造商本身的生产系统的可靠性、机器的故障、计划执行的偏差等。造成生产者生产过程中在制品的库存的原因也表现在其对需求的处理方式上。生产计划是一种根据当前的生产系统的状态和未来情况做出的对生产过程的模拟,用计划的形式表达模拟的结果,用计划来驱动生产的管理方法。但是生产过程的复杂性使生产计划并不能精确地反映企业的实际生产条件和预测生产环境的改变,不可避免地造成计划与实际执行的偏差。生产控制的有效措施能够对生产的偏差给以一定的修补,但是生产控制必须建立在对生产信息的实时采集与处理上,使信息及时、准确、快速地转化为生产控制的有效信息。

顾客不确定性原因主要有:需求预测的偏差、购买力的波动、从众心理和个性特征等。通常的需求预测的方法都有一定的模式或假设条件,假设需求按照一定的规律运行或表现一定的规律特征,但是任何需求预测方法都存在这样或那样的缺陷而无法确切地预测需求的波动和顾客心理性反应,在供应链中,不同的节点企业相互之间的需求预测的偏差进一步加剧了供应链的放大效应及信息的扭曲。

(二)供应链的不确定性与库存的关系

供应链运行中的衔接不确定性与运作不确定性对库存的影响。

1.衔接不确定性对库存的影响

传统的供应链的衔接不确定性普遍存在,企业为了各自的利益而进行资源的自我封闭(包括物质资源和信息资源),企业之间的合作仅仅是贸易上的短时性合作,会人为地增加了企业之间的信息壁垒和沟通的障碍,而这会导致企业为应对不测而增加库存储备。信息更多的是在企业内部而非企业之间进行交流。信息共享程度差是传统的供应链不确定性增加的一个主要原因。

供应链中信息往往是逐级传递的,即上游供应链企业依据下游供应链企业的需求信息做生产或供应的决策。而在集成的供应链系统中,要求每个供应链企业都能够共享顾客的需求信息,信息不再是线性的传递过程而是网络的传递过程和多信息源的反馈过程。通过建立合作伙伴关系的新型的企业合作模式,以及跨组织的信息系统为供应链的各个合作企业提供了共同的需求信息,有利于推动企业之间的信息交流与沟通。如果企业有了确定的需求信息,在制订生产计划时,就可以减少为了吸收需求波动而设立的库存,使生产计划更加精确可行。对于下游企业而言,稳定的伙伴关系和供应链联盟可为该企业提供综合的、稳定的供应信息。不管上游企业是否能按期交货,下游企业都能预先得到相关信息而采取相应的措施,这样企业无需过多设立库存。

2. 运作不确定性对库存的影响

在传统的企业生产决策过程中，供应商或分销商的信息是生产决策的外生变量，因而其无法预见到外在需求或供应的变化信息，至少是延迟的信息；同时，库存管理的策略也是考虑独立的库存点而不是采用共享的信息，因而库存成了维系生产正常运行的必要条件。当生产系统形成网络时，不确定性就像瘟疫一样在生产网络中传播，几乎所有的生产者都希望拥有库存来应付生产系统内外的不测变化，因为无法预测不确定性的大小和影响程度，人们只好按照保守的方法设立库存来对付不确定性。

在不确定性较大的情形下，为了维护一定的用户服务水平，企业也常常维持一定的库存，以提高服务水平。在不确定性存在的情况下，高服务水平必然带来高库存水平。

企业之间的衔接不确定性通过建立战略伙伴关系和供应链联盟而得以消减，同样，这种合作关系可以消除运作不确定性对库存的影响。当企业之间的合作关系得以改善时，企业的内部生产管理也大大得以改善。因为企业之间的衔接不确定性因素减少时，企业的生产控制系统就能摆脱这种不确定性因素的影响，使生产系统的控制达到实时、准确，也只有在供应链的条件下，企业才能获得对生产系统有效控制的有利条件，消除生产过程中不必要的库存现象。

二、供应链库存管理管理问题

供应链环境下的库存问题和传统的企业库存问题有许多不同之处，这些不同点体现出供应链管理思想对库存的影响。传统的企业库存管理侧重于优化单一的库存成本，从存储成本和订货成本出发确定经济订货量和订货点。从单一的企业角度看，这种库存管理方法有一定的适用性，但是从供应链整体的角度看，单一企业库存管理的方法显然是不够的。目前供应链管理环境下的库存控制存在的主要问题有三大类：信息共享的问题、供应链的运作问题、供应链的战略与规划问题。这些问题可综合成以下几个方面的内容。

（一）缺乏供应链的整体观念

虽然供应链的整体绩效取决于各个供应链的节点绩效，但是各个部门都是各自独立的单元，都有各自独立的目标与使命。有些目标和供应链的整体目标是不相干的，更有可能是冲突的。因此，这种各行其道的山头主义行为必然导致供应链的整体效率的低下。比如，美国北加利福尼亚的计算机制造商电路板组装作业采用每笔订货费作为其压倒一切的绩效评价指标，该企业集中精力放在减少订货成本上。这种做法本身并无不妥，但是它没有考虑这样做对整体供应链的其他制造商和分销商的影响，结果该企业维持过高的库存以保证大批量订货生产。而印第安纳的一家汽车制造配件厂却在大量压缩库存，因为它的绩效评价是由库存决定的。结果，库存对组装厂与零配件分销中心的响应时间变得更长和波动不定。组装厂与分销中心为了满足顾客的服务要求不得不维持较高的库存。这两个例子说明，供应链库存的决定是各自为政的，没有考虑整体的效能。

（二）对用户服务的理解与定义不恰当

供应链管理的绩效好坏应该由用户来评价。但是，用户的服务的理解与定义各不相同，导致对用户服务水平评估的差异。许多企业采用订货满足率来评估用户服务水平，这是一种比较好的用户服务考核指标。但是用户满足率本身并不保证运作问题。比如一家计算机工作站的制造商要满足一份包含多产品的订单要求，产品来自各供应商，用户要求一次性交货，制造

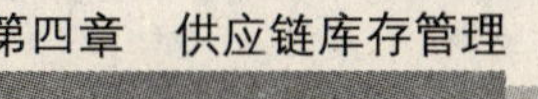

商要把各个供应商的产品都到齐后才一次性装运给用户，这时，用总的用户满足率来评价制造商的用户服务水平是恰当的。但是，这种评价指标并不能帮助制造商发现是哪家供应商的交货迟了或早了。传统的订货满足率评价指标也不能评价订货的延迟水平。另外其他一些能反映服务水平的重要指标，如总订货周转时间，平均回头订货、平均延迟时间、提前或延迟交货时间等也常常被忽视。

（三）不准确的交货状态数据

当顾客下订单时，总是想知道什么时候能交货。顾客在等待交货过程中，也可能会对订单交货状态进行修改，特别是当交货被延迟以后。许多企业并没有及时而准确地把推迟的订单交货的修改数据提供给用户，其结果是用户的不满和良好愿望的损失。

（四）低效率的信息传递系统

在供应链中，各个供应链节点企业之间的需求预测、库存状态、生产计划等都是供应链管理的重要数据，这些数据分布在不同的供应链组织之间，要做到有效地快速响应用户需求，必须实时地传递，为此需要对供应链的信息系统模型作相应的改变，通过系统集成的办法，使供应链中的库存数据能够实时、快速地传递。但是目前许多企业的信息系统并没有很好地集成起来，当供应商需要了解用户的需求信息时，常常得到的是延迟的信息和不准确的信息。由于延迟引起误差和影响库存量的精确度，短期生产计划的实施也会遇到困难。

（五）忽视不确定性对库存的影响

供应链运作中存在诸多的不确定因素，如订货提前期、货物运输状况、原材料的质量、生产过程的时间、运输时间、需求的变化等。为减少不确定性因素对供应链的影响，首先应了解不确定性因素的来源和影响程度。很多公司并没有认真研究和跟踪其不确定性的来源和影响，错误估计供应链中物料的流动时间（提前期），造成有的物品库存增加，而有的物品库存不足的现象。关于供应链中不确定性与库存的关系前面已经专门论述过了。

（六）库存控制策略简单化

无论是生产性企业还是物流服务企业，库存控制目的都是为了保证供应链运行的连续性和应付不确定需求。了解和跟踪不确定性状态的因素是第一步，第二步是要利用跟踪到的信息去制定相应的库存控制策略。这是一个动态的过程，因为不确定性也在不断地变化。有些供应商在交货与质量方面可靠性好，而有些则相对差些；有些物品的需求可预测性大，而有些物品的可预测性小一些，库存控制策略应能反映这种情况。许多公司对所有的物品采用统一的库存控制策略，物品的分类没有反映供应与需求中的不确定性。在传统的库存控制策略中，多数是面向单一企业的，采用的信息基本上来自企业内部，其库存控制没有体现供应链管理的思想。因此，如何建立有效的库存控制方法、并能体现供应链管理的思想，是供应链库存管理的重要内容。

（七）缺乏合作与协调性

供应链是一个整体，需要协调各方活动，才能取得最佳的运作效果。协调的目的是使满足一定服务质量要求的信息可以无缝地、流畅地在供应链中传递，从而使整个供应链能够根据用户的要求步调一致，形成更为合理的供需关系，适应复杂多变的市场环境。例如，当用户的订货由多种产品组成，而各产品又是不同的供应商提供时，如用户要求所有的商品都一次性交货，这时企业必须对来自不同供应商的交货期进行协调。如果组织间缺乏协调与合作，会导致交货期延迟和服务水平下降，同时库存水平也由此而增加。供应链的各个节点企业为了应付不确定性，都设有一定的安全库存，正如前面提到的，设置安全库存是企业采取的一种应急措施。问题在于，多厂商特别是全球化的供应链中，组织的协调涉及更多的利益群体，相互之间的信息透明度不高。在这样的情况下，企业不得不维持一个较高的安全库存，为此付出了较高的代价。组织之间存在的障碍有可能使库存控制变得更为困难，因为各自都有不同的目标、绩效评价尺度、不同的仓库，也不愿意去帮助其他部门共享资源。在分布式的组织体系中，组织之间的障碍对库存集中控制的阻力更大。

要进行有效的合作与协调，组织之间需要一种有效的激励机制。在企业内部一般有各种各样的激励机制加强部门之间的合作与协调，但是当涉及企业之间的激励时，困难就大得多。问题还不止如此，信任风险的存在更加深了问题的严重性，相互之间缺乏有效的监督机制和激励机制是供应链企业之间合作性不稳固的原因。

另一方面，在供应链的结构设计中，同样需要考虑库存的影响。要在一条供应链中增加或关闭一个工厂或分销中心，一般是先考虑固定成本与相关的物流成本，至于网络变化对运作的影响因素，如库存投资、订单的响应时间等常常是放在第二位的。但是这些因素对供应链的影响是不可低估的。如美国一家 IC 芯片制造商的供应链结构是这样的：在美国加工晶片后运到新加坡检验，再运回美国生产地作最后的测试，包装后运到用户手中。供应链所以这样设计是因为考虑了新加坡的检验技术先进、劳动力素质高和税收低等因素。但是这样显然对库存和周转时间的考虑是欠缺的，因为从美国到新加坡来回至少要两周，而且还有海关手续时间，这就延长了制造周期，增加了库存成本。

第四节　供应链管理环境下的库存管理新策略

为了适应供应链管理的要求，供应链下的库存管理方法必须作相应的改变。下面结合国内外企业实践经验及理论研究成果，介绍几种先进的供应链库存管理技术与方法，包括 VMI 管理系统、联合库存管理、多级库存优化等。

一、供应商管理库存模式

在 20 世纪 80 年代以后，全球性市场竞争日趋激烈，企业为了提高竞争力，不断寻求各种措施提高企业对市场需求的响应速度。在库存管理方法中，供应商管理库存(VMI)便是其中一种新的管理策略。VMI 得到国际知名企业的推崇比如沃尔玛，家乐福是实施 VMI 的先驱，IT 行业的朗讯、思科、戴尔、惠普、诺基亚等公司都是成功实施 VMI 的典范。

(一)供应商管理库存定义

供应商管理库存(Vendor Managed Inventory，VMI)是一种战略贸易伙伴之间的合作性策略，是一种库存决策代理模式。它以系统的、集成的思想管理库存，使供应链系统能够同步化运行。在这种库存控制策略下，允许上游组织对下游组织的库存策略、订货策略进行计划与管理，在一个共同的框架协议下以双方都获得最低成本为目标，由供应商来管理库存，由供应商代理分销商或批发商行使库存决策的权力，并通过对该框架协议经常性的监督和修正使库存管理得到持续的改进。

AICS 字典定义 VMI 一般有两种形式：一是指供应商在用户的所在地，代表用户执行存货决策，管理存货，拥有存货所有权。二是指供应商不在用户的所在地，但是定期派人代表用户执行存货决策，管理存货，供应商拥有存货的所有权。该形式体现供应商在用户的允许下设立库存，确定库存水平货物补给策略，行使对库存的控制权的基本思想。其管理理念来源于产品的市场全过程管理思想，即只要产品没有被最终消费者购买并得到满意的消费，那么这个产品就不能算作已经销售，并构成供应上的一种潜在风险，供应商同样负有监控该产品的流通状况的责任，而不管该产品的产权归属是怎样的。其实质上就是供货方代替用户管理库存，库存的职能有供应商负责。

(二)VMI 的核心思想与原则

VMI 是基于企业间合作的由供应商拥有存货所有权的库存管理模式，以系统的、集成的管理思想进行库存管理，由供应商将供需双方的库存管理职能活动实施跨企业边界的集成与协调，以达到企业间业务活动同步化，使供应链系统获得同步化的优化运行，实现低成本、高服务水平的目标。VMI 的核心思想体现在以下 4 个原则中：

1. 合作性原则

VMI 需要供需方之间有紧密的合作，如果仍然使用各自为三的管理模式，VMI 是无法实施的。合作需要深层次、多层面，包括战略层上的主作、战术层上的合作和操作层的合作。

2. 互惠性原则

VMI 的目标是实现供需双方的总库存成本最低。但是这时至少是将库存的管理权限完全转移给供应商，这显然会增加供应商的成本。互惠性或是要双方进行利益分割，以求达到双赢。

3. 目标一致原则

双方的目标要一致，在这个前提条件下，责任也要明确。这些都是在预先签订的协议中需要明确的。

4. 连续改进原则

在 VMI 实施以后，在操作实践中，对其中不完善的地方进行完善，对其中不合理的地方进行改正。

(三)实施 VMI 给合作双方带来的益处

VMI 对买方的益处体现在：

(1)减少库存成本，增加资金利用率。

(2)减少日常库存管理工作。

(3)降低市场风险，特别是新产品导入阶段，或季节性产品。

(4)降低供货前置期，提高供应链的灵活度等。

VMI 对卖方的益处体现在：

(1)提升客戶服务满意度，可增加市场份额。

(2)可能降低物流运输成本。

(3)减少“长鞭效应”导致的库存量。

(4)主动控制库存能更有效的安排生产采购等活动。

(四)VMI 实施前提条件

VMI 库存管理方式并不是在任何两个供需企业之间都可以使用的。有效实施 VMI 需要有一定的前提条件：

1. 正确选择合作伙伴

只有合作伙伴对 VI 都感兴趣，并且对库存管理观念基本一致，VMI 控制的策略和方式才能基本一致。

2. 成本与风险的合理分担

只有合理分担风险与收益，才能保持长久的合作并促进项目投资与运行。

3. 流程的标准化管理

主要指订单业务处理的标准化管理由供应商和用户共同负责，质量保证由供应商负责等。

4. 信息平台的支持

如补货决策支持系统、电子数据交换系统 EDI、信息搜集系统、运输跟踪系统、智能化自动补货系统等。

5. 信息共享与相互信任

企业之间共同形成对需要的信息和库存控制，保持用户库存状态的透明，让供应商或零售商的库存状态能随时进行跟踪调查和检查等。库存状态、生产计划等重要信息的共享是实施 VMI 的关键，这又建立在相互之间的信任与合作的基础之上的。

(五)国内企业实施 VMI 的问题与挑战

尽管 VMI 是一种有效的供应链库存管理模式，并在许多大公司如日用品业的强生和宝洁、雀巢公司，零售业的沃尔玛和家乐福超市的实践中证明可以有效降低整个供应链的成本，能够给企业带来很大的经济效益，但是，根据对我国 VMI 的抽查结果，在国内的企业当中应用 VMI 模式的微乎其微。VMI 实施并不完美，它还需要解决以下一些问题：

1. 库存所有权问题

VMI 的实施过程中库存所有权控制常见有 4 种形式：其一是供应商提供给用户所有产品和软件平台，用户使用软件执行库存决策，用户拥有库存所有权；其二是供应商在用户的所在地代表用户执行库存决策，但是库存的所有权归用户所有；其三是供应商在用户所在地，代表用户执行库存决策，供应商拥有库存；第四种是供应商不在用户所在地，定期派人代表用户执行库存决策，供应商拥有库存的所有权。这 4 种形式库存实物的所在地和实际库存决策控制人是隔离的，往往也是不明确的，这就产生了库存所有权的归属问题。还有一种情况，库存品在从供应商至零售商的运输途中以及在待销期间内，到底归谁所有，也在库存所有权归属存在争议。库存的所有权归属与争议解决方法需在实施 VMI 前的协议中明确规定。

2. 风险分担问题

用户的库存由供应商持有，一旦供应商出现突发情况，用户就面临着很大的缺货风险。另一方面，库存由供应商管理，这对供应商的管理水平要求也会提高，增加供应商潜在的风险。在实施 VMI 前，企业各自都保有库存，在一方出现问题的时候，供应链还可以保持运转；但是在实施 VMI 后，只有一方持有库存，如果在供应链的任何一个节点企业出现问题，供应链就会断裂，整个供应链就会面临很大的风险。

3. 保密性问题

在实施 VMI 过程中要求双方信息充分共享，上游供应商掌握着下游制造企业的重要经营信息，信息的保密性成为供应链中各企业担心的问题。如果合作伙伴同时又与竞争对手合作，并将这些商业机密透露给竞争对手，必定会损害企业之间的关系从而影响 VMI 的运行。

4. 绩效评估标准问题

企业在实施 VMI 后，缺少有效的绩效评估标准，很难衡量 VMI 项目实施的效果。

除了面临以上问题外，我们企业的信息系统等支持技术落后、管理水平跟不上还没有建立一套信用机制，企业之间无法在互相信任的基础上进行合作。所以，我国的 VMI 实践还有很长的路要走。

二、联合库存管理(JMI)

在供应商管理库存(VMI)中的框架协议虽然是双方协定，但供应商处于主导地位，决策过程中缺乏足够的协商，难免造成失误。VMI 的实施减少了库存总费用，但在 VMI 系统中，供应商比以前承担更多的管理责任，库存费用、运输费用和意外损失(如物品毁坏)不是由客户承担，而是由供应商承担。由此可见，VMI 实际上是对传统库存控制策略进行"责任倒置"后的一种库存管理方法，这无疑加大了供应商的风险。为了克服以上 VMI 系统的局限性，并同时避免或减少"牛鞭效应"，联合库存管理 (Jointly Managed Inventor，JMI)随之而出。

(一)JMI 定义

简单地说，JMI 是一种在 VMI 的基础上发展起来的上游企业和下游企业权利责任平衡和风险共担的库存管理策略。JMI 体现了战略供应商联盟的新型企业合作关系，强调了供应链企业之间双方的互利合作关系。

JMI 是基于协调中心的库存管理策略，强调供需双方同时参与，相互协调，共同制订库存计划，使供应链过程中的每个库存管理者都从相互之间的协调性考虑，在供应商和用户之间建立起合理的库存成本、运输成本及意外损失的分担机制，将 VMI 系统中供应商的全责转化为各个用户的部分责任，通过加强供应链管理模式下的库存控制来提高供应链的系统性和集成性，增强企业的敏捷性和响应性，体现战略供应商联盟的新型企业合作关系，是一种风险分担的库存管理模式。

(二)JMI 运作模式及优劣

JMI 是一种供应链集成化运作的决策代理模式，它把客户的库存决策权代理给供应商，由供应商代理分销商或批发商行使库存决策的权力。近年来，在供应链企业之间的合作关系中，更加强调双方的互利合作关系，联合库存管理就体现了战略供应商联盟的新型合作关系，通过在供应链主要成员之间，充分信息共享，合理分担风险、共同进行库存决策等，如图 4-4 描述了有第三方物流企业参与的 JMI 运作模式。

JMI 运作模式的优势：在 JMI 运作中，库存成为供需双方信息交流和协调的纽带，为实现供应链的同步化提供条件；通过协调管理中心共享信息，减少供应链中的需求扭曲现象，降低库存的不确定性，消除供应链的波动，提高供应链的运作稳定性。JMI 为实现零库存管理、准时采购创造条件，有利于供应链管理的资源共享和风险分担。

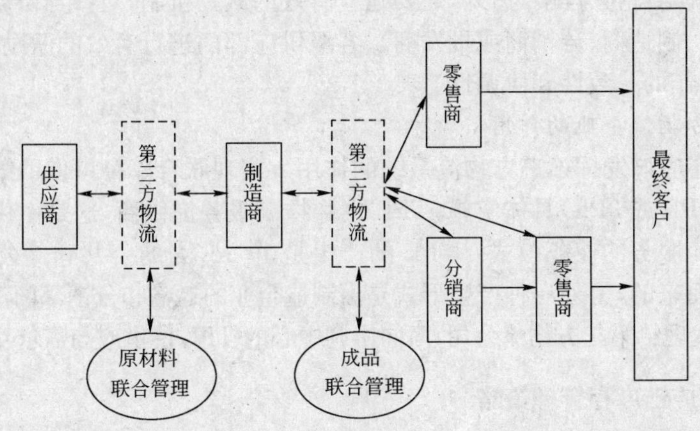

图 4-4　第三方物流参与的 JMI 运作

JMI 的劣势：在 JMI 运作中过度地以客户为中心，使得供应链建立和维护费用很高。虽然通过 JMI 能及时准确地预测由各项促销措施或异常变化带来的销售高峰和波动，使销售商和供应商都能做好充分的准备，赢得主动，但是，建立和协调这种库存管理模式需要较高的成本，而且企业之间的合作要求很高，联合库存的协调中心不容易建立，其运作也有很高的要求。

(三)JMI 的实施

为了成功实施 JMI，发挥 JMI 的作用，供需双方应从合作的精神出发，首先建立供应选供需协调管理的机制，明确各自的目标和责任，建立合作沟通的渠道，为供应链的联合库存管理提供有效的机制。没有一个协调的管理机制，就不可能进行有效的联合库存管理。建立供应链供需协调管理机制，要从以下几个方面着手：

1. 协商一致，建立供应链共同愿景

要建立联合库存管理模式，首先供应链各节点企业必须本着互惠互利的原则，建立共同的合作目标。为此，要理解供需双方在市场目标中的共同之处和冲突点，通过协商形成共赢的共同愿景，如客户满意度、利润的共同增长和风险的减少等。

2. 确定协调控制的基本内容，建立联合库存的协调控制方法

联合库存管理中心担负着协调供应链各节点企业利益的角色，是供应链中的协调控制器。联合库存管理中心需要对库存优化的方法进行明确确定，包括库存如何在多个需求商之间调节与分配、库存的最大量和最低库存水平、安全库存的确定、需求的预测、订货点与订货量的确定等。

3. 建立信息共享与沟通的体系

为了提高整个供应链的需求信息的一致性和稳定性，减少由于多重预测导致的需求信息扭曲，应增加供应链各节点企业对需求信息获得的及时性和透明性。为此需要将条码技术、扫描技术、POS 系统和 EDI 集成起来，并且要充分利用互联网的优势，在供需双方之间建立一个畅通的信息沟通桥梁和联系纽带，以保证需求信息在供应链中的畅通和准确性。

4. 建立合理公平的利益分配机制和有效的激励机制

成功实施 JMI，必须建立公平的利益分配制度，将通过供应链管理实现的利益在供应链各

节点企业之间合理地进行分配。另外，还要建立有效的激励机制，对参与协调库存管理中心的各个企业（供应商、制造商、分销商或批发商）、各级供应部门进行有效的激励，防止机会主义行为，增加供应链运作的一致性和协调性。

5. 发挥第三方物流企业的作用

JMI 的实施还应该发挥第三方物流系统的作用。实现联合库存可借助第三方物流（Third part Logistics，TPL 或 3PL）具体实施，TPL 也称物流服务提供商，这是由供方和需方以外的物流企业提供物流服务的业务模式。TPL 的产生是由一些大的公共仓储公司通过提供更多的附加服务演变而来的，另外一种产生形式是由制造企业的运输和分销部门演变而来的。把库存管理部分功能代理给第三方物流公司，面向协调中心的 TPL 使供应与需求双方能更好合作。

三、协同式供应链库存管理策略

（一）CPFR 库存管理技术

CPFR 是一种协同式的供应链库存管理技术，建立在 JMI 和 VMI 的最佳实践基础上，抛弃了二者缺乏供应链集成等主要缺点，能在降低分销商的存货量同时增加供应商的销售量。它应用了一系列处理过程和技术模型，覆盖整个供应链合作过程，通过共同管理业务过程和共享信息来改善分销商和供应商的伙伴关系，提高预测的准确度，最终达到提高供应链效率、降低库存和提高客户满意度的目的。CPFR 的最大优势是能及时、准确地预测由各项促销措施或异常变化带来的销售高峰和波动，从而使分销商和供应商都做好充分的准备，赢得主动。CPFR 采取了多赢的原则，从全局的观点出发，制定统一的管理目标以及实施方案，是以库存管理为核心，兼顾供应链上其他方面的供应链管理新模式。CPFR 有利于实现伙伴间更广泛深入的合作，帮助制定面向客户的合作框架，基于销售报告的生产计划，进而消除供应链过程约束等。关于 CPFR 的定义和内容在前面章节已经介绍不再进行详细阐述。

（二）CPFR 实施条件与主要障碍

CPFR 除了可以帮助企业节省成本之外，也能帮助企业挽回流失的市场占有率。一旦导入 CPFR 后，需要买卖双方共同订定一套预测计划，共同参与预测、共同承担风险、采用同样的标准指针来评量绩效。通过 CPFR 的共同预测计划，制造商可以减少库存量并提高客户服务水平，零售商也可确保采购订单能被执行，减少缺货率和顾客流失率。

然而，CPFR 的建立和运行离不开现代信息技术的支持，这些技术可以使 CPFR 更具有灵活性。

CPFR 信息应用系统的形式有多种，应保持现行的信息标准尽量不变，信息系统尽量做到具有可缩放性、安全性、开放性、易管理和维护、兼容性等特点。如 CPFR 服务器用于 CPFR 共同业务处理，由供应链中的核心企业管理和维护，而每个企业通过互联网与 CPFR 服务器连接，使供应链中较小的企业也能加入 CPFR 系统中进行工作，且不必承受开发和维护系统的安全等风险。同时还便于合作伙伴采用统一的标准和技术。通过采用相关技术可以共享预测和历史数据信息；灵活的合作安排并将其和商业计划接轨；识别和评估异常情况；使修正和评估更具实施性。另外，CPFR 对信息系统集成也有着较高的要求，协同预测和补货的数据要与企业的 ERP 系统进行交换和协同，以利于生产计划的组织等。

实施 CPFR 主要面临 6 个障碍：

(1)管理例外及再次检查过程的预测(销售及订单预测)不易。

(2)交易伙伴过于专注在传统供应链上的阶段,而不是例外及再次检查的过程;促销及新产品项目不在事前共同规划的事项之内。

(3)目前没有一个联合决策支持系统可以提供消费者、顾客及市场的相关信息;预测的过程之中非常需要信息科技。

(4)没有共同的目标、根据库存单位水准的统计设置、通信资料上的需求变异、各仓库的最适服务水准及整体供应链的能力与成本,还有经认定的安全、周期及预期的构成要素。

(5)企业间对于分享敏感性的资料缺乏信任;分享的信息标准过于零碎。

(6)企业内部缺乏协同预测的基础。

(三)CPFR与其他库存管理方法比较

根据供应链中各节点企业的合作程度的高低,可以看出供应链库存管理模式的演进,经历从单纯的交易处理到企业的协同计划决策的过程,从而逐渐地转移到整体的供应链库存管理上来。各种库存管理模式的比较如表4-2所示。

库存管理模式比较

表4-2

模式类别	传统库存管理模式	JMI 模 式	VMI 模 式	CPFR 模 式
管理实体	各节点企业	核心企业/联合主体	供应商	协同计划协调工作组
主要思想	各节点企业独立管理自有库存,寻求降低自身的缺货、需求不确定等风险的方法	各节点共同参与库存计划管理,共同制订统一的生产计划与销售计划,并将计划下达到各制造单元和销售单元执行	各节点企业共同帮助供应商制订库存计划,要求供应商来参与管理客户的库存、供应商拥有和管理库存控制权,本质上是将多级供应链问题变为单级库存管理问题	CPFR应用一系列的处理和技术模型,提供覆盖整个供应链的合作过程,通过共同管理业务过程和共享信息来改善零售商和供应商的伙伴关系、提高预测的准确度,最终达到提高供应链效率、减少库存和提高消费者满意度的目标
主要优点	降低缺货、需求不确定性等风险以及对外部交易商的依赖	共享库存信息,加强相互间的信息交换与协调,改善供应链的运作效率、降低成本与风险,改善客户服务水平	降低库存、减少成本,改善缺货、提高服务水平,缩短提前期、提高库存周转率,提高需求预测的精确度,配送最佳化	实现企业之间的功能合作,显著改善预测准确度,降低成本、库存总量和现货百分比,改善客户服务,发掘商业机会,发挥出供应链的全部效率
主要缺点	库存量过高,存在严重的Bullwhip效应,库存管理各自为政。缺乏协调沟通	建立和协调成本较高、企业合作联盟的建立较困难,建立的协调中心运作困难,联合库存的管理需要高度的监督	缺乏系统集成、协作水平有限:对供应商依存度较高、要求高度信任:决策过程缺乏足够的协商,加入了供应商的风险	以客户为中心的思想未能完全实现,CPFR始于需求预测,终于订单产生,因此合作过程不是十分完善
适用范围	传统的库存各自分离,协作信任程度较弱,对待风险态度较保守	供应链节点企业有良好的沟通与信任基础,有联合库存管理中心如大型分销中心,良好的配送能力	下游企业没有IT系统或基础设施来有效管理他们的库存:上游厂商实力雄厚、市场信息量大、有较高的直接存储交货水平	供应链企业都有良好的IT系统支持并且协作关系固定,对供应链中业务流程持高度的一致,整个系统能够快速响应客户与预测客户需求
支持技术	MRP/MRP Ⅱ、订货点技术方法、双堆/多堆系统	企业内部大型ERP、SCM、CRM系统,基于Intranet/Extranet的网络通信系统	EDI/Internet、条码技术、连续补货系统、企业信息系统	企业间的交互系统如基于SCM/ERP/CRM集成的系统,高级计划与协调系统、商业智能等技术

续上表

模式类别	传统库存管理模式	JMI 模 式	VMI 模 式	CPFR 模 式
实施策略	确定独立需求库存，设置订货库存策略，设定自有安全库存量，按安全库存量补充库存	建立供需协调机制，发挥制造与分销两种资源计划的作用，建立快速响应系统，充分利用第三物流系统	建立顾客情报系统，建立销售网络系统，建立合作框架协议，组织机构的变革	供应链伙伴达成协议，创建共同业务计划，创建销售预测，辨识销售预测的例外情况，例外情况的解决/合作，创建订单预测，识别订单预测的例外情况，例外项目的解决/合作，产生订单

四、多级库存优化与控制

（一）多级库存控制的方法

基于协调中心的联合库存管理是对供应链的局部优化控制，而要进行供应链的全局性优化与控制，就必须采用多级库存优化与控制方法。因此，多级库存优化与控制是供应链资源的全局性优化。多级库存的优化与控制是在单级库存控制的基础上形成的。多级库存系统根据不同的配置方式有串行系统、并行系统、纯组装系统、树形系统、无回路系统和一般系统。

多级库存控制的方法有两种：一种是非中心化（分布式）策略，另一种是中心化（集中式）策略。非中心化策略是各个库存点独立地采取各自的库存策略，这种策略在管理上比较简单，但是并不能保证产生整体的供应链优化，如果信息的共享度低，多数情况产生的是次优的结果，因此非中心化策略需要更多信息共享。用中心化策略，所有库存点的控制参数是同时决定的，考虑了各个库存点的相互关系，通过协调的办法获得库存的优化。但是中心化策略在管理上协调的难度大，特别是供应链的层次比较多，即供应链的长度增加时，更增加了协调控制的难度。

（二）多级库存控制模型涉及的问题

1. 库存优化的目标

实施供应链库存优化时要明确库存优化的目标是什么，成本还是时间？成本是库存控制中必须考虑的因素，但是，在现代市场竞争的环境下，仅优化成本这样一个参数显然是不够的，应该把时间（库存周转时间）的优化也作为库存优化的主要目标来考虑。

2. 明确库存优化的边界

供应链库存管理的边界即供应链的范围。在库存优化中，一定要明确所优化的库存范围是什么。供应链的结构有各种各样的形式，有全局的供应链，包括供应商、制造商、分销商和零售商各个部门；有局部的供应链，分为上游供应链和下游供应链。在传统的所谓多级库存优化模型中，绝大多数的库存优化模型是下游供应链，即关于制造商（产品供应商）—分销中心（批发商）—零售商的三级库存优化。很少有关于零部件供应商—制造商之间的库存优化模型，在上游供应链中，主要考虑的问题是关于供应商的选择问题。

3. 多级库存优化的效率问题

理论上讲，如果所有的相关信息都是可获得的，并把所有的管理策略都考虑到目标函数中去，中心化的多级库存优化要比基于单级库存优化的策略（非中心化策略）要好。但是，现实情况未必如此，当把组织与管理问题考虑进去时，管理控制的幅度常常是下放给各个供应链的部门独立进行，因此多级库存控制策略的好处也许会被组织与管理的考虑所抵消。因此简单的多级库存优化并不能真正产生优化的效果，需要对供应链的组织、管理进行优化。否则，多级库存优化策略效率是低下的。

4. 明确采用的库存控制策略

在单库存点的控制策略中，一般采用的是周期性检查与连续性检查策略。在周期性检查库存策略中主要有(nQ, s, R)、(S,R)、(s, S, R)等策略，连续库存控制策略主要有(s, Q)和(s, S)两种策略。这些库存控制策略对于多级库存控制仍然适用。但是，到目前为止，关于多级库存控制，都是基于无限能力假设的单一产品的多级库存。对于有限能力的多产品的库存控制是供应链多级库存控制的难点和有待解决的问题。

(三)基于成本优化的多级库存优化

基于成本优化的多级库存控制实际上就是确定库存控制的有关参数：库存检查期、订货点、订货量。在传统的多级库存优化方法中，主要考虑的供应链模式是生产—分销模式，也就是供应链的下游部分。我们进一步把问题推广到整个供应链的一般性情形。在库存控制中，考虑集中式(中心化)和分布式(非中心化)两种库存控制策略情形。

在分析之前首先确定库存成本结构。供应链的库存成本结构如下：

1. 维持库存费用

在供应链的每个阶段都维持一定的库存，以保证生产、供应的连续性。这些库存维持费用包括资金成本、仓库及设备折旧费、税收、保险金等。维持库存费用与库存价值和库存量的大小有关，其沿着供应链从上游到下游有一个累积的过程。如果是上游供应链，则维持库存费用是一个汇合的过程，而在下游供应链，则是分散的过程。

2. 交易成本

即在供应链企业之间的交易合作过程中产生的各种费用，包括谈判要价、准备订单、商品检验费用、佣金等。交易成本随交易量的增加而减少。交易成本与供应链企业之间的合作关系有关。通过建立一种长期的互惠合作关系有利于降低交易成本，战略伙伴关系的供应链企业之间交易成本是最低的。

3. 缺货损失成本

缺货损失成本是由于供不应求，即库存小于零的时候，造成市场机会损失以及用户罚款等。缺货损失成本与库存大小有关，库存量大，缺货损失成本小，反之，缺货损失成本高。为了减少缺货损失成本，维持一定量的库存是必要的，但是库存过多将增加维持库存费用。在多级供应链中，提高信息的共享程度、增加供需双方的协调与沟通有利于减少缺货带来的损失。

多级库存的控制策略分为中心化控制策略和非中心化策略，以下分别加以说明。

1)中心化库存控制

采用中心控制的优势在于能够对整个供应链系统的运行有一个较全面的掌握，能够协调各个节点企业的库存活动。中心化控制是将控制中心放在核心企业上，由核心企业对供应链系统的库存进行控制，协调上游与下游企业的库存活动。这样核心企业也就成了供应链上的数据中心(数据仓库)，担负着数据的集成、协调功能。中心化库存优化控制的目标是使供应链上总的库存成本最低，即：理论上讲，供应链的层次是可以无限的，即从用户到原材料供应商，整个供应链是 n 个层次的供应链网络模型，分一级供应商、二级供应商、k 级供应商，然后到核

心企业(组装厂);分销商也可以是多层次的,分一级分销商、二级分销商、三级分销商等,最后才到用户。但是,现实的供应链的层次并不是越多越好,而是越少越好,因此实际供应链的层次并不很长,采用供应—生产—分销这样的典型三层模型足够说明供应链的运作问题。由于供应链的级库存=某库存节点现有库存+转移到或正在转移给其后续节点的库存,因此检查库存状态时不但要检查本库存点的库存数据,而且还要检查其下游需求方的库存数据。多级库存策略的库存决策是基于完全对其下游企业的库存状态掌握的基础上,因此避免了信息扭曲现象。建立在 Internet 和 EDI 技术基础上的全球供应链信息系统,为企业之间的快速信息传递提供了保证,因此,实现供应链的多级库存控制是有技术保证的。

2)非中心化的控制策略

非中心化库存控制是把供应链的库存控制分为三个成本归结中心,即制造商成本中心、分销商成本中心和零售商成本中心,各自根据自己的库存成本优化做出优化的控制策略。非中心化的库存控制要取得整体的供应链优化效果,需要增加供应链的信息共享程度,使供应链的各个部门都共享统一的市场信息。非中心化多级库存控制策略能够使企业根据自己的实际情况独立做出快速决策,有利于发挥企业自己的独立自主性和灵活机动性。非中心化库存订货点的确定,可完全按照单点库存的订货策略进行,即每个库存点根据库存的变化,独立地决定库存控制策略。非中心化的多级库存优化策略,需要企业之间的协调性比较好,如果协调性差,有可能导致各自为政的局面。

[案例分析]

中兴通讯供应链库存管理

在中兴通讯位于深圳高新区总部的一个库房里,整整齐齐地排列着几百个大小不一的货架。每天,都有一些来自全国各地的供应商将很多零配件送到这里,需要时再由仓管人员运到生产车间。这种活动每天都在重复着。“这些都不是我们自己的库存,而是专门为供应商安排的。目的是为了保证及时交货。”中兴通讯的全资子公司——康讯公司主管供应链的汪部长介绍。

中兴通讯供应商管理库存的一种策略是引入供应商管理库存(VMI)的概念。汪部长解释说,在中兴,供应商管理库存分为两种模式:一是在中兴制造工厂内或者旁边设立仓库,让供应商存放零部件,需要时直接从仓库提取,然后及时补货;另一种情况是在供应商自己的地盘上设立专门供应中兴通讯的仓库,虽然地点可能在千里之外,但是库存信息对中兴通讯完全透明,并且未经许可,货物只能供应中兴,不能作为他用。零配件供应商围着生产厂家扎堆的现象,在国内并不少见。以汽车行业为例,在上海市嘉定区上汽大众汽车厂区 2.5km^2 之内,分布着数十个或大或小的仓库。同样的,这些仓库绝大部分并不是上汽大众所有,而是属于上汽大众众多零配件供应商的。整车商为实现“零库存”,一般会要求零配件商在其工厂的周边设立配套厂,或者至少租一个仓库。在一汽、二汽、上汽通用厂区的周边,零配件供应商的仓库无不鳞次栉比。

供应链管理大致可归纳为两种情况:一是集团公司内部的跨地区、跨国界经营的供应链管理;二是关联企业之间协作管理。前者把集团内部的分公司、生产基地、分销中心、中心仓库等根据业务关系联结成供应链。这种扩展早在 20 世纪 80 年代初就在美国的通用汽车、宝洁、沃尔玛等集团企业通过 EDI 方式连接。互联网技术的出现,使数据的交换得到更大普及。

另一种情况是，某些产业如汽车、服装、建材、医药等的全行业协作供应链扩展，将行业中上下游企业联结在一起，形成一种产业链，充分整合行业中上下游企业间的优势，形成一个庞大的虚拟企业，实现整体实力的竞争。对制造企业来说，供应链管理是一个广义的概念。从原材料采购、生产制造再到销售渠道，所有流程都属于供应链管理的范畴。制造业的原材料占了产品总成本的绝大部分，因此他们最关注的就是采购成本。据统计，电脑和汽车行业的采购成本为 60％～80％，消费电子为 50％～70％。降低了采购成本，对提升企业竞争力至关重要。

传统观念认为，向供应商压价，是降低采购成本最直接的方法。但中兴通讯并不赞成单纯的竞价策略。在中兴通讯，供应商之间的采购份额分配主要通过电子化的招标机制来实现，强调公正、公开、公平的原则，通过合格供应商之间的在线竞争来降低成本。汪提到："成本虽然重要，但这并不是唯一，我们的招标并不是单纯的比价，而是强调供应商综合实力之间的比拼。我们的竞价是基于这样的前提，也即："供应商的产能、实力、货期、质量、服务等必须满足公司的发展要求。"

供应商管理是一个重要而且复杂的工作，目前成为中兴通讯供应链管理中最重要的环节。中兴现有近百种产品，涉及的物料数万种，不可能全部由自己生产，很多是从上游原材料供应商处获取，目前供应商有数百家，事实上就形成了以中兴通讯为核心、一个庞大的"虚拟企业"。

与供应商发展何种关系，要视供应商的级别来定。中兴通讯根据供应商的配合、规模和产品重要性等指标，对供应商进行综合评级，将其分为三个等级：战略供应商、重点供应商和普通供应商。与核心供应商建立战略伙伴关系，进行全方位、更紧密的合作。中兴有专职的供应商关系管理工程师，负责维护与战略供应商之间的合作关系。为了保证双方的合作顺利，从产品研发的选型开始，到商务谈判和交货方面，都明确了彼此的义务和职责。这类《战略合作备忘录》需要由双方高层签署，作为彼此合作的依据。而对普通的供应商，则主要采取竞价的方法从中择优选择。

从研发开始，中兴通讯要求战略供应商能参与进来。公司会优先考虑其产品，但也要求对方提供技术支持，比如培训、方案推广甚至和研发小组一起解决技术难题，这就要求彼此互相的开放。同时，对那些中兴尚未用到的产品，材料工程师将主动推荐给项目组，和战略供应商尽量扩大合作范围。

中兴通讯正在实施"提高采购集中度"的项目，目标是 80％的采购量集中到前 50 位核心供应商身上，减少供应商数量，提高质量。供应商数量的减少，意味着管理成本的下降，彼此关系更加牢固。目前战略供应商有 40 多家，重点供应商超过 40 家，其他为普通供应商。在数量削减的同时，供应商的评级是一个动态、持续的过程。

中兴每年进行采购招标，在同等的价格基础上，会优先考虑战略供应商，当然也给对方提出更高要求，比如设有专门为中兴通讯服务的客户经理和质量代表，并要求彼此进行在线的信息交流。中兴通讯已建设了专门的采购网站，现正着手实施与供应商的系统对接项目，通过 EDI 或 Rosetta Net 的方式，将彼此 ERP 系统进行连接，避免中间的人为干预，实现订单执行情况、库存信息等的自动交换。预计在 2004 年完成和所有战略供应商之间的系统连接。

在供应链管理过程中，最难解决的问题是计划。由于客户需求是动态的，而企业往往是多级计划，上下游部门/公司之间无法及时交流、协同工作，从下游的营销部门到上游的采购部门，计划的误差往往很大。

中兴通讯以往经常遇到这个难题。从 2001 年开始，中兴通讯开始了每周一次的计划协调会制度，营销部门、产品部门和采购部门(康讯)共同讨论并且制订计划。为了实现内部的信息交流，中兴通讯开发了电子协同商务(ECC)系统，最前端的用户是营销部门，负责将最前沿的销售信息搜集到系统之中，这成为产品事业部制订计划的基础，然后再根据产品市场占有率、

大客户的投资策略，制订出一个未来 13 周的生产计划。

为了保证各部门之间更顺畅的交流和合作，中兴通讯更是从 2002 年底开始实施了“产品经营团队”制度。中兴通讯有几十个大类产品，总裁明确提出要将每种产品当作一个小公司来经营，从产品的研发阶段开始，直到产品完全退出市场。团队由产品经理负责，里面包括了采购部门、生产研发部和营销事业部的员工，团队的业绩和产品销售额、利润、周转和及时交货率等多项指标挂钩。

在供应链管理上，中国企业无一例外都在做不同程度的外包。比较突出的是流程重组咨询、IT 系统的外包。中兴通讯在 2003 年 7 月到 12 月，为了上高级计划系统（APS），接受了 IBM 的流程优化咨询项目。估计在一年之内，中兴通讯将开始 APS 的选型和实施。而联想集团早期自己开发了一套供应链管理系统，发现有不少缺陷，后来决定购买 i2 的整套系统。神州数码、华为等公司也先后购买了 i2 的供应链管理系统。

如今，一条连接企业内外的供应链是否健全与高效，决定着制造企业竞争能力的高低。难怪专家预测，21 世纪的竞争不再是企业和企业之间的竞争，而是供应链与供应链之间的竞争。在中兴通讯位于深圳高新区总部的一个库房里，整整齐齐地排列着几百个大小不一的货架。每天，都有一些来自全国各地的供应商将很多零配件送到这里，需要时再由仓管人员运到生产车间。这种活动每天都在重复着。

资料来源：物流天下

[思考与练习题]

分小组阅读讨论 VMI 案例材料，收集资料整理案例分析报告并用 PPT 陈述观点。

第五章 采购供应管理

学习目标

1. 会制作采购计划、填写采购相关主要单证。
2. 能进行供应商开发、选择和关系管理。
3. 能识别采购组织核心岗位及职责。
4. 会供应商分类管理、评价方法。
5. 熟悉电子采购。

基本概念

战略采购　采购流程　物料需求计划　供应商管理　合作伙伴　电子采购

引导情景

沃尔玛物流的采购供应

一般在七八月份，沃尔玛深圳总部会召开一年一度的冬季商品采购大会，鞋类供货商们纷纷带着今冬可能流行的样鞋前往一试。沃尔玛采购部有专门负责采购鞋类的采购员，负责主持“选秀”大赛。赛后，供货商们拿着入选的样鞋回到生产地。通常，沃尔玛的供货商往往也是二级采购商，并不负责生产，而是将订单发到工厂。在温州就有很多这样的工厂间接为沃尔玛提供商品。

大约 45 天后，按照订单生产的鞋正式下线。如温州生产的鞋将由汽车运到北京加工厂，在那里，制作鞋盒的厂商会将鞋盒送来；鞋子包装好后，装箱运往沃尔玛天津物流配送中心。天津物流配送中心是沃尔玛最重要的质监环节，收货窗口点数、箱检，主要查看数量和是否存在空箱。另外，沃尔玛相关工作人员要认真核对供货商提供的商品生产批号、安全检验证明、专卖商品许可证、防伪标等各种文件。然后再对商品直接进行抽检。入库后，沃尔玛的冬鞋采购工作就算基本完成。不久，冬鞋就会由天津物流配送中心发往全国各地。在北方的沃尔玛超市，8 月份就可能看到薄棉鞋上架。

在检验过程中，对于鞋、箱、包、服装之类的商品，沃尔玛只凭肉眼检查，并使用相关设备。比如，深圳沃尔玛前段时间出现的问题童装，沃尔玛公司并没有染料方面的质量监测设备，如果供货商提供的质监文件齐全，而服装从外表上是看不出什么毛病的，染料等隐形质量问题也就可以顺利过关了。因此，从流程上看，供应商是否对产品进行严格质检，有关质监部门出具的文件是否具有真实有效性，就显得至关重要。

沃尔玛和供货商之间还有一个不成文的规定：如果供货商提供的某商品在单个店内出现质量问题，供货商需赔偿5000元左右；如果是在多个店内出现问题，或者是造成重大损失，沃尔玛可能会通过诉诸法律的途径索赔。沃尔玛的供货商大都是经过筛选的长期合作的商业伙伴，每增加一种新产品，除了采购部把关，法律部也将参与审核，审核该商品的商标注册证或者授权证书等文件，以确保商品的合法性，防止假冒产品。为了杜绝供货商和采购员"勾结"，以免采购人员对商品把关不严造成损失，沃尔玛还有几个部门专门对供货商进行长期培训：防损部给供货商上课，告知他们如何拒绝采购员的索贿和投诉等内容，同时也要求供货商不得行贿、请客吃饭或者给沃尔玛员工家属提供便利。财务部会教育沃尔玛的供货商如何快速结账，而采购部的商品行政部将负责培训供货商使用沃尔玛的网络电子工具等。沃尔玛的内部企业文化已经上升到企业宗教的高度。它也有自己的"摩西十戒"，第一条就是不允许不诚实。深圳问题童装事件出现后，根据惯例，沃尔玛防损部会马上调查供货商，并调查采购部的采购是失误还是过失？政府事务部也会马上进入危机公关阶段。不管怎样，沃尔玛和该供货商的合作估计马上结束。采购负责人和店长可能都会受到相应处罚。

国内消费者如果在沃尔玛发现问题商品，建议到美国起诉沃尔玛。因为美国的法律对消费者保护的力度更大，而作为美国企业，即使在国外违法，美国法律依然会严格追究。

资料来源：考试大网站(www.examda.com)

第一节　采购供应管理工作组织

自20世纪70年代以来，企业面临两个问题：一方面，原材料出现了短缺；而另一方面，原材料价格出现了大幅增长。这些变化使得采购部门的地位变得非常重要，因为他们能否以合理的价格从供应商那里获得所需要的物品，直接影响企业的正常运营和竞争力。20世纪90年代后，企业已经清楚地认识到，要想成功地与国内和国际上的企业竞争，就必须有一个有效率和效益的采购、供应部门来组织供应链中的采购供应工作。

一、供应链中的采购活动及意义

采购是企业所共有的职能，随着企业规模的不断扩大及精细管理与信息技术的广泛应用，采购的作用日益突出。它不仅是保证生产正常运转的必要条件，而且也为企业降低成本、增加盈利创造条件。采购具有狭义和广义两方面的含义。从狭义上讲，采购可以被定义为企业购买货物和服务的行为；从广义上讲，采购可以被定义为企业获取货物和服务的过程。然而，采购过程不仅是一种活动的终点，而且是一系列跨越组织边界的活动的成功实现。采购是供应链的一项重要职能。采购环节联结着供应链中各个成员，同时协调物料在供应链合作组织成员之间移动。在供应链的每个节点上，采购都向后传递有关客户的信息，并前向传递有关供应商可提供的物料的信息，如图 5-1 所示。

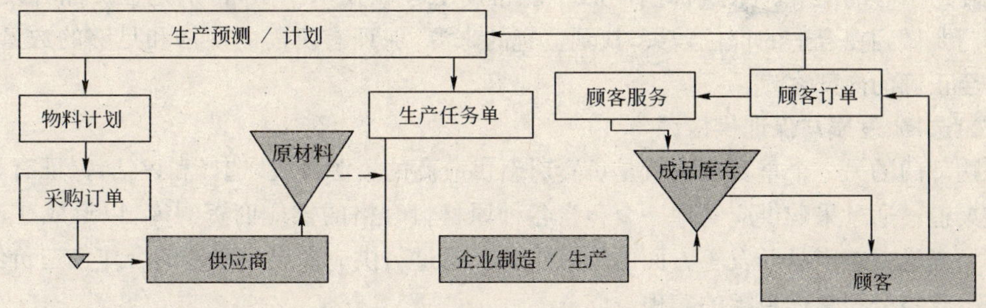

图 5-1　供应链中的采购活动

一方面，采购工作是企业正常运营的保证。如果采购工作完成得不好，就会引起物料短缺、交货种类和数量差错、交货时间延误、物料品质问题而使公司正常生产计划难以执行。另一方面，采购是降低成本的重要途径。在制造行业，企业有大约 60%的支出用于物料采购，如通用汽车公司每年的物料支出超过 500 亿美元，较小幅度的降低采购成本就会为公司节省很大数量的金额。

采购与供应活动是供应链管理的主要内容之一，通过加强在采购供应的管理可以提高企业和所在供应链的整体竞争力，主要的好处如下：

(一)成本降低

采购显然是一个潜在的节约成本的主要领域。早在 20 世纪 80 年代日本的一些汽车巨头公司所发现通过良好的供应商的管理能给日本汽车业带来每辆汽车 300～600 美元的成本收益。

(二)缩短新产品的开发推广周期

通过与供应商的合作，把非核心业务外包给供应商，并在产品开发和市场推广方面深入交流，可以提高新产品上市速度。

(三)质量的改进

采购和供应管理对质量改进也有显著的影响。原材料的质量直接影响产品的质量，通过对采购供应管理可以提高原材料的可获得性和质量的保证。

(四)优化的产品与技术开发流程

采购也能够增进产品和流程设计并有助于将新技术更快地应用于产品和服务。例如：当克莱斯勒公司生产新型汽车时，公司意识到供应费用将占该车售价的 70%。为了使该车按时投产，就曾邀请了诸如座椅、轮胎、变速器等 25 家核心制造商的工程师到克莱斯勒的机械部门一起工作。

二、采购供应管理目标

在供应链竞争环境下，采购供应部门的职能目标超越了传统意义上对企业内部材料供应的保证和成本降低的要求，其主要目标如下：

(一)适时适量保证供应,保证公司运营需求

首先采购部门必须满足企业内部生产的物料需求,通过购买原材料、配件、维修及服务等来满足日常运作需求。采购还可以通过向配送中心的仓储、补货及成品配送等功能提供服务来满足配送中心的需要。采购部门同时也能帮助工程和技术团队,特别是在产品开发阶段。采购部门要做到在合适的价位购买,找到适宜的来源,保证有所需的规格和足够的数量,以及及时送至正确的内部客户。

(二)选择、发展与保证供应源

采购部门的另一个重要目标就是负责对新供应商的资源开发,选择和评估,保证有竞争力的供应渠道。通过采购供应管理一个包含各种原材料合格的供应商资源库,以形成在产品成本、质量、配送或新产品开发等方面的绩效优势。通过与供应商更为紧密的合作创造价值。

(三)支持公司总体目标的实现

采购最为重要的一个目标就是支持公司总体的目标的实现。采购部门能直接影响企业总绩效,需要从全局战略的高度来配合各个部门促使公司总体目标的实现。比如,在环境变化,价格上涨、物料短缺、新产品推出时,主动去赢得供应商支持达成合理的价格和条件,同时保证原材料质量,是非常必要的。

(四)提高采购部门内部管理效率

采购部门必须通过各种管理手段使内部管理运作有效率,在部门职员、预算资金、时间和知识等约束条件,采购部门需不断寻求具有所需技术的人员来处理采购工作中面临的复杂任务。

(五)与其他工作团队紧密配合

采购部门应与公司内部与外部的其他工作团队更为密切的交流与合作。如果制造部门的人员抱怨从某一供应商处收到的零部件有问题,那么采购部门就应与该供应商更密切地联系以改进质量。为了达到这个目标,采购部门必须与诸如市场、制造、机械、工程和财务等部门之间发展一种恰当的联系并与之密切接触。

三、供应链管理环境下采购供应特点

传统采购的重点放在如何与供应商进行日常的商业交易活动上,供需关系是临时的或短时期的合作关系,而且竞争多于合作,响应用户需求能力迟钝;比较重视交易过程中的价格比较,通过供应商的多头竞争,从中选择价格最低的作为合作者。在传统的采购方式下,质量控制是通过验收检查这样的事后监督的方式,控制难度大,效果也不理想。

在供应链管理的环境下,供应链管理环境下的采购供应体现了如下新的特点:

(一)从为库存而采购到为订单而采购的转变

订单驱动的采购方式大大简化了签订供应合同的手续,也避免了双方的反复协商过程,从而降低了交易成本。这种方式也缩短了用户响应时间,使采购物资直接进入制造部门,减少采购部门的工作压力和不增加价值的活动过程,信息传递方式也发生了变化。供应商共享制造商的信息,提高了供应商应变能力,减少了信息失真。同时在订货过程中不断进行信息反馈,修正订货计划,使订货与需求保持同步,是一种面向过程的管理模式。

(二)从采购管理向外部资源管理转变

从供应链企业集成的过程来看,外部资源管理(供应管理)是供应链企业从内部集成走向外部集成的重要一步。要实现有效的外部资源管理,企业的采购活动应和供应商建立一种长期、互惠互利的合作关系,通过提供信息反馈和教育培训支持,参与供应商的产品设计和产品质量控制过程,协调供应商的计划,建立一种新的有不同层次的供应商网络,并通过逐步减少供应商的数量,致力于与供应商建立合作伙伴关系。事后把关,不能进行实时控制,这些缺陷使供应链企业无法实现同步化运作。为此,供应链管理采购模式的第二个特点就是实施有效的外部资源管理。

(三)从一般买卖关系向战略协作伙伴关系转变

基于战略伙伴关系的采购方式为解决库存问题、风险问题提供了新途径。通过合作伙伴关系可以为双方共同解决问题提供便利的条件,降低采购成本问题。战略伙伴关系消除了供应过程的组织障碍,为实现准时化采购创造了条件。

四、采购部门工作与组织机构

(一)采购部门活动领域

采购供应工作是专业性很强的工作,专业化要求部门内个人或者小组在具体领域中具有专门技术。当今采购部门的活动远远超出传统的物料、零部件和服务购买方式,在大型组织中采购部门的作用正在增强,常见的采购活动包括 4 个主要领域:

1. 获取资源和谈判

获取资源和谈判、与供应商进行磋商,并且进行物品和服务的购买。采购员常常负责采购物品的具体范围或具体类型,这些物品可被分为不同种类,例如塑料零部件有专人负责采购事宜。其他采购员可能专门负责原材料,或对包装物负责,或是专门与供应商就高价值物品进行谈判。其他人可能擅长在全球范围内获取资源。通常,采购员会参与全球商品小组工作,该小组负责为整个企业进行合同洽谈。

2. 采购调研

采购调研采购调研涉及多种活动,这些活动包括进行长期物料预测、价值分析、计划制定、供应商能力评价和供应商的成本结构分析等。由于在这些专门化任务中有一些是采购员个人的职责,越来越多的企业认识到发展专业化采购研究人员的意义。产品和物料战略计划的发展要求详细和准确的预测。

3. 运营支持和订单跟踪

支持采购或物料管理部门日常运作的活动。订单下达者和跟单者就将物料发放给供应商的准备和配送活动也是运营支持过程的一个部分。随着电子商务的出现,组织中负责这种类型作业的采购人员数量减少。而且企业正不断将采购人员与运营支持人员分离,支持人员甚至不直接向采购经理汇报工作。

4. 管理和支持

制订采购政策程序,制定部门计划,为采购人员组织培训和研讨会,为评估采购工作和考核系统等,以保证采购部门顺利完成职责。

(二)采购组织机构

根据采购的方针目标、采购工作范围及采购过程层次,可将采购、采购任务、责权归纳为战略、战术及运作三个层次,不同层次的责权意味着相关人员或部门在公司或企业中拥有不同程度的地位,也是采购部门内部组织机构设置的依据。不同规模、不同类型的企业,采购部门所处的地位也不一样,图 5-2 所示为采购部门在公司组织结构中所处不同层级的关系。

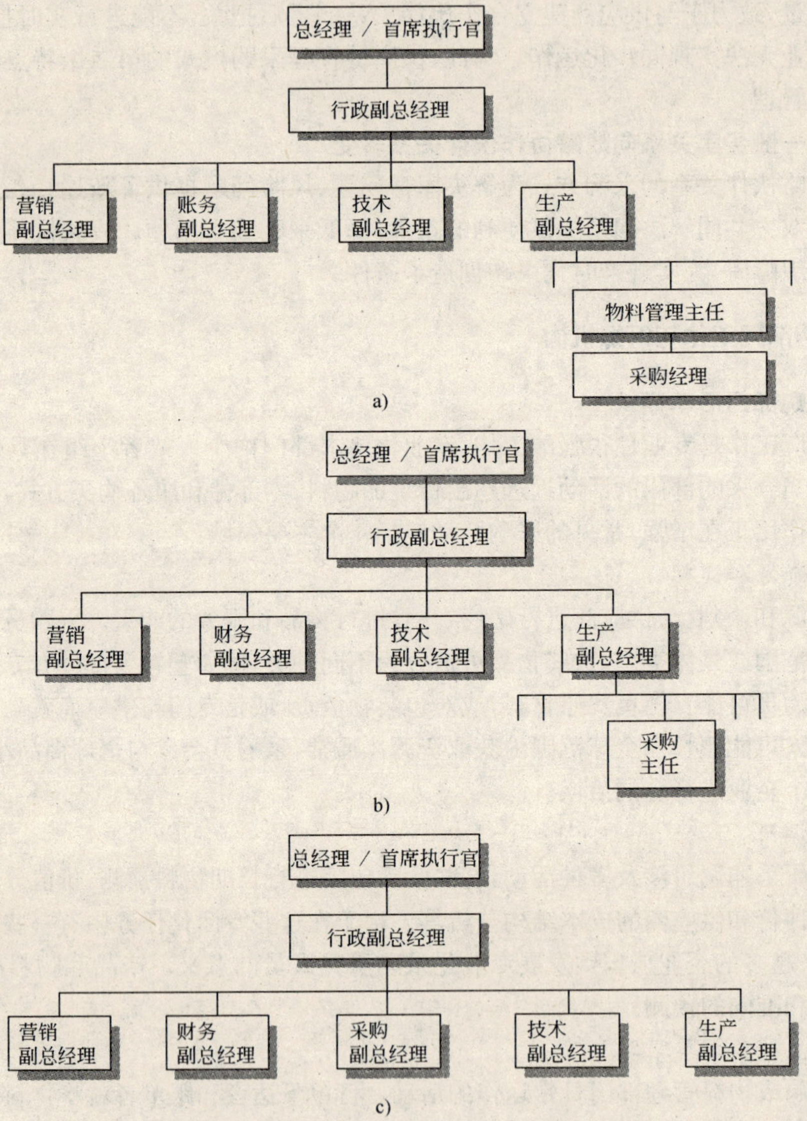

总经理 / 首席执行官
行政副总经理
营销副总经理　账务副总经理　技术副总经理　生产副总经理
物料管理主任
采购经理

a)

总经理 / 首席执行官
行政副总经理
营销副总经理　财务副总经理　技术副总经理　生产副总经理
采购主任

b)

总经理 / 首席执行官
行政副总经理
营销副总经理　财务副总经理　采购副总经理　技术副总经理　生产副总经理

c)

图 5-2　采购部分在公司组织结构中的层次关系

a)采购作为低级功能;b)采购作为第二级功能;c)采购作为高级功能

其层次关系的特点如下:

(1)在图 5-2a)中,采购是低层部门,至少距行政副总经理之间有两个汇报层次。

(2)在图 5-2b)中,采购是向低于行政副总经理的行政主管报告的中层部门。

(3)在图 5-2c)中,采购是直接向行政副总经理报告的高层部门。

高级采购研究中心的研究发现采购在企业组织结构中的地位持续上升。在接受调查的企业中，近35％的最高采购行政人员向高级或集团副总经理及其以上层次汇报。到1995年，被调查公司中50％的最高采购行政人员向高级或集团副总经理及其以上层次汇报。在公司结构中采购地位越高，在公司战略辩论中发挥的作用就越大。当一位采购副总经理可以向公司最高行政官报告，并考虑到其他资源时（表现为培训、人事和信息组织资源），组织资源战略成功配置的可能性就会很高。

按公司员工不同工作的管理职位与影响力从高到低与可分为战略层、战术层和运作层三个层面，表5-1列出了采购工作人员的管理层次。采购部门经理工作同属于战略层和战术层，采购员工作属于战术层和运作层，物料员属于运作层。

采购管理层次图 表5-1

管理层次 / 职责层次	管理层次				
	最高管理层	企划等部门	采购部门经理	采购员	采购助理/物料员
战略层	▲	▲	▲	—	—
战术层	—	▲	▲	▲	—
运作层	—	—	—	▲	▲

第二节　采购工作流程与主要单证

一、采购流程

采购流程是指企业为了达成生产和销售计划，从适当的供应商，在确保适当品质的情况下，于适当的时期，以适当的价格，购入恰当数量的物品和劳务的作业活动过程。采购流程会因采购的来源（国内采购、国际采购），采购的方式（议价、比价、招标），以及采购的对象（物料、工程发包等），在作业上有若干差异，但是基本的流程则大同小异。常规物品的采购流程分为以下7个步骤；如图5-3所示。

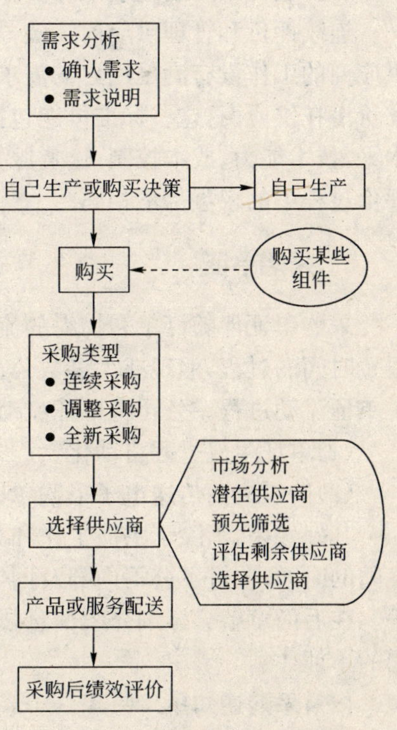

图5-3　常规物品采购流程图

(一)确认需求

即在采购前应先确定：购买哪些物料？买多少？何时买？由谁决定？有时可能是重复采购，而有时则需要根据相应发生的变化重新对需求进行评估。无论是哪种情况，一旦需求被确认了，采购活动就开始了。

(二)需求说明

即在确认需求后，对需求的内容如品质、规格型号、需要包装、售后服务、运输及检验方式等，均需加以说明，以确保供应商选择和价格谈判等作业能顺利进行。

(三)决定是自制还是外购

在要求外部供应商提供产品之前,购买企业必须确定是自己制造还是购买产品或服务来满足用户需求。然而,有时即使决定自己制造,购买企业通常也需要向外部供应商购买某些规格的原材料。

(四)确认采购的类型

满足用户所必要的采购类型将决定采购过程所需要的时间以及该过程的复杂程度。从所需时间最少、过程最简单到所需时间最多、过程最复杂,采购类型分为三种,依次是连续采购、调整采购和全新采购。

(1)连续采购,也称为定期采购。

(2)调整采购,要求改变现有的供应商或原材料。

(3)全新采购,来自于新的用户需求。

在连续采购或调整采购中,以下步骤是可以省略的,没有必要识别所有可能的供应商。

(五)选择供应商

它是指在对市场进行调查等前期工作的基础上,识别所有可能的供应商或从原有的供应商中选择业绩良好的厂商,通知其报价,或以刊登公告的方式公开征求报价,综合多种情况进行筛选、分析,选出一个供应商。

(六)接收运送的产品和服务

这个活动的发生是供应商试图满足用户需求的第一步。这个活动的完成同时会产生下一步活动所需使用的绩效数据。

(七)进行采购后的绩效评价

连续评价和管理供应商绩效,从而确定供应商是否真正满足了用户需求。这同时也如果供应商的工作没有满足用户的需求,就一定要找到原因并采取措施。使用不同的绩效标准来评价潜在供应商,这些标准可能包括供应商的实力、以往在产品设计上的表现、质量承诺、管理水平、技术能力、成本控制、送货服务、优化流程和开发产品的技术能力等。这些因素在供应商评价过程中的权重都不相同。

二、采购单证

采购单证伴随订单和物料的流动贯穿整个采购活动过程。采购单证的准备和管理是一个很费时间的过程,但现在大多数公司为了减少每一次采购的书面工作和单证处理数量都简化了单证流动过程。公司将单证流动进行计算机化的方式有:

(1)单证生成过程自动化。

(2)向供应商传送电子采购单证。

其好处是:消除了书面工作和书面单证处理;缩短了从发现需求到发送需求再到接收订单之间的时间;改进了公司内部及同供应商之间的交流;减少误差;降低了采购方面的日常开支等。在后面章节会详细介绍信息技术应用对采购的优点,本节主要介绍物料采购有关的最常用的单证:

(一)采购通知单

物料采购需求通知的一般方法是使用采购通知单。客户也可以通过电话或电子邮件方法

来传递他们的要求。采购通知单的形式有许多,但每一份都必须包括如下内容:

(1)待购物料或服务的说明。

(2)数量和期限。

(3)估算的单位成本。

(4)应支付账款。

(5)发出通知单的日期(追查周期的开始)。

(6)通知单有效期。

(7)负责人签名。

这份文件由需要物料的个人或部门以人工或电子的方式向采购部门传送。客户可以建议选用哪一个供应商,但采购部门有最后的决定权。对于常规的现货商品,采购通知单可能包括采购部门所需的所有信息。但对技术复杂或非标准的商品采购,除了采购通知单外还需要额外的信息或详细说明,如物料等级、制造方法以及具体的标准和承压度等。采购部门通常会以向需求者发出确认单的形式确认收到采购通知单。确认单可以是一份独立的表格,通知客户采购通知单已收到,正在办理采购,也可以采用采购通知单复印件。这种确认形式对客户物料需求的细节进行了确认。

(二)征求建议书

如果采购通知单所要求的采购项目还没有供货人,采购部门就会从潜在供应商那里获取报价。采购部向供应商发出征求建议书,要求它们就采购项目进行报价。供应商填妥报价单,包括名称、联系人、单价、净量以及必需的付款条件等,然后送达买方,买方会对不同的报价单进行比较。通常买方至少要获取三份报价,采购部门会对这些报价进行评价,挑选出最佳的供应商。

如果待购项目是复杂的,或者是新的未经检验的生产过程,采购部门可以通过附加信息或附件向供应商提供帮助,比如详细的设计图、样品或者工艺图等。另外,买方还可通过征求建议书初步决定潜在供应商是否有能力生产新的或技术复杂性的商品。买方在做出详细的竞争性报价要求前必须确定卖方是否有所需的生产能力。然后卖方就可进行进一步的报价,买方据此做出评价,决定最佳供应商。

如果采购合同要求买卖双方进行谈判(而不是竞争性报价),采购部门就会向供应商发出一份意向书(RFP)。在许多公司,RTQ 和 RFP 是同义词。但对后者而言,采购项目的复杂性要求供应商的答复中包含价格外的许多其他信息。

(三)采购订单

采购订单(PO)有时被称为采购合同,一般在选择供应商后订立采购订单。采购部门拟定采购合同时必须特别注意,它是具有法律效力的文件。几乎所有的采购订单都包括与违约相关的标准法律条款。采购订单描述了采购所需的重要细节信息,一般包括:

- 数量;
- 物料规格;
- 质量要求;
- 价格;

- 交货日期；
- 交货方式；
- 送达地址；
- 采购订单号码以及订单有效期。

这些信息，加上采购公司的名称和地址，位于订单的正面。

如果公司没有使用电脑系统，一份采购订单常要有6～8份副本。现在大多数公司都有电脑系统，只需将一份采购订单副本送到有关部门的电子邮箱就可以了。供应商确认并签完字后将其送回，表明已经收到并同意订单内容，该合同就具有法律效力。

(四)采购发货单

公司通过采购发货单来订购商品项目，采购部门确定批量、数量、单价、交货日期、使用部门、送达地址以及装运方法后，将其送交供应商，同时将副本分送供应商、会计部门、接收和运输部门。采购部门还要保留几份副本作为记录。送交供应商的副本告知供应商所需商品项目。会计部门用它来核对收到的数量和订单上应支付的数量是否一致。接收部门也必须了解订单，在收货时检查收到的量与所订量是否一致。同其他形式的订单一样，这一过程也越来越电子化了。

货物的运输和接收过程还需要其他几种重要的单证：

1. 物料装运通知

物料装运通知是供应商开列的装运货物的详细说明，包括产品说明和数量，同时注明该批货物的采购订单编号和物料发货编号以便进行追踪和核查。装运通知是买方在自己的工厂内接收货物时的一份重要单证，它所标示的数量应与物料移交的数量相吻合，对这两个数量的比较相当重要，可以看出供应商是否多装或少装。

2. 托运单

承运人通过托运单来记录所装运的货物数量，例如，托运单可以说明某承运人于某日向某买方交付了三箱某种货物。这样买方就不可能在收货一周后说只收到两箱。托运单只详细说明箱数或集装箱数。对集装箱内货物的具体说明则在供应商所开列的装运通知上。

托运单可以保护承运人不被误指控为丢失或以其他方式损坏货物，但不能使它们免于包装内货物破损的指控。客户可能在开箱后发现货物有破损，但损坏的责任很难确定。接收方可能指责承运人，承运人可能指责供应商或坚持说破损是在交货后才出现，而供应商则可能坚持自己完全无辜而把责任推给承运人。

3. 接收不符报告

接收不符报告详细记录了接收方发现的装运和接收不符合的情况。该问题的解决通常是采购或物流部门的工作。经常发生的情况是数量不符合，也可能是件号标志错误或弄错货物。

第三节 供应商选择与评价

为了应对全球化、外包和技术的变化趋势，领先的企业已经采取明显不同的方法来管理它们的供应商，很多企业推行战略联盟和伙伴关系。

一、供应商类别与关系类型

(一)供应商的类别

根据供应商在供应链的增值作用和它的竞争力，可将其分成不同的类别，如图 5-4 所示。图中纵轴代表的是供应商在供应链的增值作用，对于一个供应商来说，如果他不能对增值作出贡献，对供应链的其他企业就没有吸引力。横轴代表某个供应商与其他供应商之间的区别，主要是设计能力、特殊工艺能力、柔性、项目管理能力等方面的竞争力的区别。

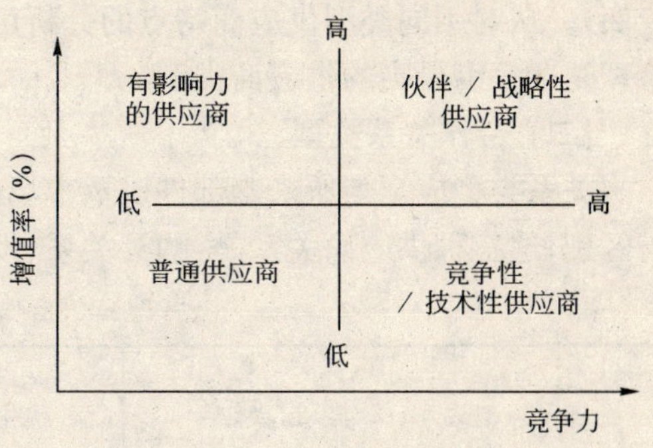

图 5-4　供应商的类型

通过图 5-4 可以看出供应商可分为四大类型，对各类供应商的特点如下：

1. 有影响力的供应商

这一类的供应商对制造商来说通常具有较大的增值作用，但其竞争性却比较弱，其特点是供应商数量众多，但其本身的产品具有较高的增值率；或是处于某个行业的垄断地位，具有较高的进入障碍；或是处于关键的地理或政治位置。

由于此类供应商的产品通常已经建立了质量和技术标准，联盟与伙伴关系价值不大，因此合理的采购方法主要包括根据需求形成采购规模，或者可以签订长期协议。即使与这类供应商建立合作关系，通常也是较低层次的协议，重点在降低成本或保证材料的可获得性。

2. 竞争性/技术性供应商

这类供应商的产品和服务属于低价值的产品和服务，整个采购中所占价值比重较低。但是由于其具有某一方面技术的专有性或特殊性，具有较高的难以替代性，因此采购这些产品需要耗费大量的时间和精力。对于此类供应商，采购方的重点在使采购这些产品所需的精力和交易尽量标准化和简单化，降低与交易相关的成本等。

3. 普通供应商

此类供应商不仅对制造商来说具有较低的增值率，并且供应商数量多，通常产品的质量和技术标准化程度较高，供应商转换成本低，采购方应把重点放在价格分析上，根据市场需求判断最有效的产品。比较适宜的采购方法是施加压力和签订短期协议。对于此类供应商，建立伙伴关系无助于有效地利用时间和资源。

4. 伙伴/战略性供应商

这类供应商的产品和服务非常重要，价值较高，这些产品和服务可能对采购方的产品和流程运营产生重大的影响，或者可能影响采购方满足客户需求的能力。同时由于其具有较强的竞争力，产品和服务通常对具体采购方的需求，实现了高度个性化和独特化，能满足采购方需要的供应商数量相对较少，因此供应商转换成本很高，适宜的采购方法是建立长期的合作关系。

实际运作中，要根据不同的目标选择不同类型的供应商。对于长期而言，要求供应商能保持较高的竞争力和增值率，因此最好选择战略性供应商；而对于短期或某一短暂市场需求而

言，只需选择普通供应商满足需求则可，以保证成本最小化；而对中期而言，可根据竞争力和增值率对供应链的重要程度的不同，选择不同类型的供应商（有影响力的或竞争性/技术性的供应商）。从对不同类型供应商特点的分析可以看出，伙伴供应商是对其竞争力影响最大、也是管理复杂程度最高的供应商类型。

（二）合作关系类型

关系类型应当与所采购部件以及市场的特性相适应。表5-2列出了三种典型关系的特点与区别，这三种供应商关系是：购买关系、发展优先关系、伙伴关系。

合作关系类型特点 表5-2

关系类型	买卖关系	优先型供应商	伙伴型供应商	
			供应伙伴	设计伙伴
关系特征	运作联系	运作联系	战术考虑	战略考虑
时间跨度	1年以下	1年左右	1～3年	1～5年
质量	按顾客要求并选择	•顾客要求 •顾客与供应商共同控制质量	•供应商保证 •顾客审核	•供应商保证 •供应商早期介入设计及产品质量标准 •顾客审核
供应	订单订货	年度协议＋交货订单	顾客定期向供应商提供物料需求计划	电子数据交换系统
合约	按订单变化	年度协议	•年度协议(>1年) •质量协议	•设计合同 •质量协议等
成本/价格	市场价格	价格＋折扣	价格＋降价目标	•公开价格与成本构成 •不断改进降低成本

(三)建立合作伙伴关系的益处

对于公司关键部件采购，很多知名公司精简供应商，与特定的供应商建立合作伙伴关系并取得了成功。实践证明建立合作伙伴关系可以带来很多益处：

(1)缩短供应商的供应周期、提高供应的灵活性。

(2)减少原材料、零部件库存，降低费用、加快资金周转。

(3)提高原材料、零部件的质量，降低非质量成本。

(4)强化供应商沟通，改善整体供应链。

(5)共享供应商的技术与革新成果，加快产品开发速度。

(6)共享管理经验、推动企业整体管理水平的提高。

对于买方的益处体现在：

(1)降低总体采购成本。

(2)提高质量。

(3)响应速度更快。

(4)增强新产品开发能力等。

对于卖方的益处主要体现在：

(1)增加业务量和市场份额。

(2)提高技能。

(3)进行长期投资能力。

(4)更高利润等。

当然，建立牢固的供应商合作伙伴关系需要双方大量的工作和彼此的承诺。《采购杂志》的读者调查显示，显然，采购经理认可供应商合作伙伴关系的重要性，但“许多人对于他 们的供应商合作伙伴计划并没有热情”。这表明建立真正的合作伙伴关系并不容易。

小资料

本田公司(Honda)与其供应商的合作伙伴关系

位于俄亥俄州的本田美国公司，强调与供应商之间的长期战略合作伙伴关系。本田公司总成本的大约80%都是用在向供应商的采购上，这在全球范围是最高的。因为它选择离制造厂近的供应源，所以与供应商能建立更加紧密的合作关系，能更好地保证JIT供货。制造厂库存的平均周转周期不到3小时。1982年，27个美国供应商为本田美国公司提供价值1400万美元的零部件，而到了1990年，有175个美国的供应商为它提供超过22亿美元的零部件。大多数供应商与它的总装厂距离不超过150英里。在俄亥俄州生产的汽车的零部件本地率达到90%(1997年)，只有少数的零部件来自日本。强有力的本地化供应商的支持是本田公司成功的原因之一。

在本田公司与供应商之间是一种长期相互信赖的合作关系。如果供应商达到本田公司的业绩标准就可以成为它的终身供应商。本田公司也在以下几个方面提供支持帮助，使供应商成为世界一流的供应商：

(1)2名员工协助供应商改善员工管理。

(2)40名工程师在采购部门协助供应商提高生产率和质量。

(3)质量控制部门配备120名工程师解决进厂产品和供应商的质量问题。

(4)在塑造技术、焊接、模铸等领域为供应商提供技术支持。

(5)成立特殊小组帮助供应商解决特定的难题。

(6)直接与供应商上层沟通，确保供应商的高质量。

(7)定期检查供应商的运作情况，包括财务和商业计划等。

(8)外派高层领导人到供应商所在地工作，以加深本田公司与供应商相互之间的了解及沟通。

本田与Donnelly公司的合作关系就是一个很好的例子。本田美国公司从1986年开始选择Donnelly为它生产全部车内玻璃，当时Donnelly的核心业务就是生产车内玻璃，随着合作的加深，相互的关系越来越密切(部分原因是相同的企业文化和价值观)，本田公司开始建议Donnelly生产外玻璃(这不是Donnelly的强项)。在本田公司的帮助下，Donnelly建立了一个

新厂生产本田的外玻璃。他们之间的交易额在第一年为5百万美元，到1997年就达到6千万美元。

在俄亥俄州生产的汽车是本田公司在美国销量最好、品牌忠诚度最高的汽车。事实上，它在美国生产的汽车已经部分返销日本。本田公司与供应商之间的合作关系无疑是它成功的关键因素之一。

资料来源：物流天下

二、伙伴供应商的选择

(一)伙伴供应商选择原则

选择合适的对象(企业)作为供应链中的合作伙伴，是加强供应链管理中最重要的一个基础。如果企业选择合作伙伴不当，不仅会腐蚀企业的利润，还会使企业失去与其他企业合作的机会。供应链中的合作伙伴的选择，可以遵循以下原则：

1. 合作伙伴必须拥有各自的可利用的核心竞争力

唯有合作企业拥有各自的核心竞争力，并使各自的核心竞争力相结合，才能提高整条供应链的运作效率，从而为企业带来可观的贡献。这些贡献包括及时、准确的市场信息，快速高效的物流，快速的新产品研制，高质量的消费者服务，成本的降低等。

2. 拥有相同的企业价值观及战略思想

企业价值观的差异表现在，是否存在官僚作风，是否强调投资的快速收回，是否采取长期的观点等。战略思想的差异表现在，市场策略是否一致，注重质量还是注重价格，以及企业文化的一致性等。若企业间的价值观及战略思想差距过大，合作必定以失败而告终。

3. 合作伙伴必须少而精

若合作伙伴的目的性和针对性不强，过于泛滥的合作可能导致过多资源、机会与成本的浪费。

(二)伙伴供应商选择的方法

选择合作伙伴，是对企业输入物资的适当品质、适当期限、适当数量与适当价格的总体进行选择的起点与归宿。选择合作伙伴的方法较多，一般要根据供应单位的多少、对供应单位的了解程度以及对物资需要的时间是否紧迫等要求来确定。目前国内外较常用的方法是：

1. 直观判断法

直观判断法是根据征询和调查所得的资料并结合人的分析判断，对合作伙伴进行分析、评价的一种方法。这种方法主要是倾听和采纳有经验的采购人员意见，或者直接由采购人员凭经验作出判断。常用于选择企业非主要原材料的合作伙伴。

2. 招标法

当订购数量大、合作伙伴竞争激烈时，可采用招标法来选择适当的合作伙伴。它是由企业提出招标条件，各招标合作伙伴进行竞标，然后由企业决标，与提出最有利条件的合作伙伴签订合同或协议。招标方法竞争性强，企业能在更广泛的范围内选择适当的合作伙伴，以获得供应条件有利的、便宜而适用的物资。但招标法手续较繁杂，时间长，不能适应紧急订购的需要；

订购机动性差，有时订购者对投标者了解不够，双方未能充分协商，造成货不对路或不能按时到货。

3. 协商选择法

在供货方较多、企业难以抉择时，也可以采用协商选择的方法，即由企业先选出供应条件较为有利的几个合作伙伴，同他们分别进行协商，再确定适当的合作伙伴。与招标法相比，协商方法由于供需双方能充分协商，在物资质量、交货日期和售后服务等方面较有保证。但由于选择范围有限，不一定能得到价格最合理、供应条件最有利的供应来源。当采购时间紧迫、投标单位少、竞争程度小，订购物资规格和技术条件复杂时，协商选择方法比招标法更为合适。

4. 采购成本比较法

采购成本一般包括售价、采购费用、运输费用等各项支出的总和。采购成本比较法是通过计算分析针对各个不同合作伙伴的采购成本，选择采购成本较低的合作伙伴的一种方法。

5. 层次分析法

该方法是20世纪70年代由著名运筹学家赛惕（T. L. Satty）提出的。韦伯（Weber）也曾提出利用层次分析法分别用于合作伙伴的选择。层次分析法的基本原理是根据具有递阶结构的目标、子目标（准则）、约束条件、部门等来评价方案，采用两两比较的方法确定判断矩阵，然后把判断矩阵的最大特征相对应的特征向量的分量作为相应的系数，最后综合给出各方案的权重（优先程度）。由于该方法让评价者对照相对重要性函数表，给出因素两两比较的重要性等级，因而可靠性高、误差小，不足之处是遇到因素众多、规模较大的问题时，该方法容易出现问题，如判断矩阵难以满足一致性要求，往往难于进一步对其分组。

6. 合作伙伴选择的神经网络算法

人工神经网络（ANN）是20世纪80年代后期迅速发展的一门新兴学科，ANN可以模拟人脑的某些智能行为，如知觉、灵感和形象思维等，具有自学习、自适应和非线形动态处理等特征。将ANN应用于供应链管理环境下合作伙伴的综合评价选择，意在建立更加接近于人类思维模式的定性与定量相结合的综合评价选择模型。通过对给定样本模式的学习，获取评价专家的知识、经验、主观判断及对目标重要性的倾向，当对合作伙伴做出综合评价时，该方法可再现评价专家的经验、知识和直觉思维，从而实现了定性分析与定量分析的有效结合，也可以较好地保证合作伙伴综合评价结果的客观性。

（三）伙伴供应商选择与评价过程

合作伙伴的综合评价选择可以归纳为以下几个步骤（图5-5）。企业必须确定各个步骤的开始时间，每一个步骤对企业来说都是动态的（企业可自行决定先后和开始时间），并且每一个步骤对于企业来说都是一次改善业务的过程。

步骤一：分析市场竞争环境。

市场需求是企业一切活动的驱动源。建立基于信任、合作、开放性交流的供应链长期合作关系，必须首先分析市场竞争环境。必须知道现在的产品需求是什么，产品的类型和特征是什么，以确认用户的需求，确认是否有建立供应链合作关系的必要，如果已建立供应链合作关系，则根据需求的变化确认供应链合作关系变化的必要性，从而确认合作伙伴评价选择的必要性。同时分析现有合作伙伴的现状，分析、总结企业存在的问题。

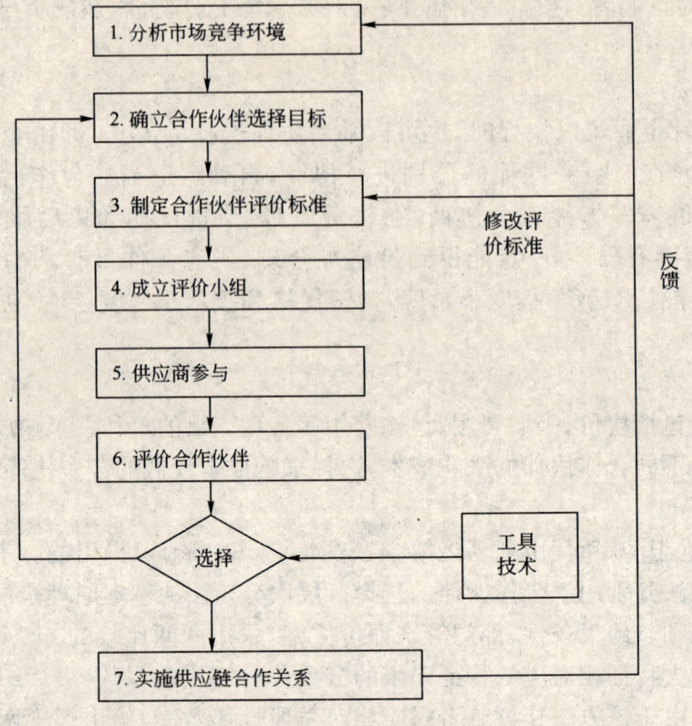

图 5-5 供应商选择步骤

步骤二:确立合作伙伴选择目标。

企业必须确定合作伙伴评价程序如何实施、信息流程如何运作、谁负责,而且必须建立实质性、实际的目标。其中降低成本是主要目标之一,合作伙伴评价、选择不仅是一个简单的评价、选择过程,它本身也是企业自身和企业与企业之间的一次业务流程重构过程,实施得好,它本身就可带来一系列的利益。

步骤三:制定合作伙伴评价标准。

合作伙伴综合评价的指标体系是企业对合作伙伴进行综合评价的依据和标准,是反映企业本身和环境所构成的复杂系统不同属性的指标,按隶属关系、层次结构有序组成的集合。根据系统全面性、简明科学性、稳定可比性、灵活可操作性的原则,建立集成化供应链管理环境下合作伙伴的综合评价指标体系。不同行业、企业、产品需求、不同环境下的合作伙伴评价应是不一样的。但不外乎都涉及合作伙伴的业绩、设备管理、人力资源开发、质量控制、成本控制、技术开发、用户满意度、交货协议等可能影响供应链合作关系的方面。所以参与的合作伙伴不能太多。

步骤四:成立评价小组。

企业必须建立一个小组以控制和实施供应商评价。小组成员来自采购、生产、工程等与供应链密切合作关系的部门为主。

步骤五:供应商参与。

企业应该早点让供应商参与到评价的设计过程中来,企业只能与少数关键的供应商保持密切合作,所以参与的供应商不能太多。

步骤六:评价合作伙伴。

评价合作伙伴的一个主要工作是调查、收集有关合作伙伴的生产运作等全方位的信息。在收集合作伙伴信息的基础上,就可以利用一定的工具和技术方法进行合作伙伴的评价了(如前面提出的人工神经网络技术评价)。在评价的过程后,有一个决策点,根据一定的技术方法选择合作伙伴,如果选择成功,则可开始实施供应链合作关系,如果没有合适合作伙伴可选,则返回步骤2重新开始评价选择。

步骤七:实施供应链合作关系。

在实施供应链合作关系的过程中,市场需求将不断变化,可以根据实际情况的需要及时修改合作伙伴评价标准,或重新开始合作伙伴评价选择。在重新选择合作伙伴的时候,应给予旧合作伙伴以足够的时间适应变化。

三、供应商评价指标

(一)建立指标体系的原则

建立和使用一个全面的伙伴供应商评价指标体系,对伙伴供应商做出全面、具体、客观的评价。应注意如下原则:

1.系统全面性原则

评价指标体系必须全面反映伙伴供应商企业目前的综合水平,并包括企业发展前景的各方面指标。

2.简明可操作性原则

评价指标体系的大小也必须适宜,亦即指标体系的设置应有一定的科学性。如果指标体系过大,指标层次过多、指标过细,会将评价者的注意力吸引到细小的问题。

3.客观性和可比性原则

评价指标体系的设置还应考虑到易于国内其他指标体系相比较。评估体系应该稳定运作,标准统一,减少主观因素。

4.可塑性和可扩展性原则

评价指标体系应具有足够的灵活性,以使企业能根据自己的特点以及实际情况,对指标灵活运用。有两方面的含义:一方面供应商评价指标体系尽可能利用现有的统计指标,不宜有过多的评价指标,在满足指标体系功能的前提下,指标体系应做到简单易行。另一方面,是指标体系类型的选择应易于操作。供应商的评价指标体系应分三种类型:计算型、评分型、混合型。

计算型评分体系虽然严格、准确、公平,但是很难操作。评分型指标体系由专家打分,简单易行,但受人为的因素影响较大。混合型的指标体系,一部分是由专家评分,一部分是通过统计测算或由专家定性描述表示。

(二)伙伴供应商的评价指标体系

通过对国内外现行供应商评价指标体系、国外一些国家成果进行比较分析,以及对国家供应商评价的调查,发现伙伴供应商评价指标体系存在以下难点和问题。

1.评价指标的量化问题

指标的量化问题,对于任何评价系统来说都是一个难点,供应商评价也是如此。现行的指标体系基本上都采取模糊指标,使评价的随意性增大。

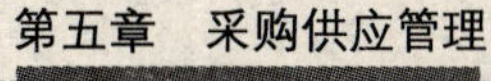

2. 专家偏好的纠正问题

由于供应商评价主要依靠专家判断评分，专家的个人偏好对评价结果的影响很大。如何综合专家偏好，本文认为在有条件的情况下，应对评委进行信任度分析，信任度分析可由计算机完成。

3. 关于权数的确定问题

各项指标权重如何确定是构建指标体系时遇到的一个关键问题。鉴于供应商评价是一个多目标多属性的评价系统，各类指标在供应商总评价中占的重要性不同，必须给出不同的权重。

在通过对国内外现有研究成果分析比较和国内外一些具体实践的基础上，可以发现影响伙伴供应商选择的主要因素有：质量、价格、交货期、服务、设备、科技等。

第四节 电子化采购

电子采购是一个基于 Web 体系和工作流管理的企业采购解决方案。通过这个先进的解决方案，可以将企业的采购过程进行系统化、流程化管理，从而根本上实现提高工作效率、降低采购成本、减小采购环节等目的，电子采购同时帮助企业实现集中采购，提高交易的议价能力，改善客户服务质量。对于采用电子化采购后，购买方和供应商对风险和效益的反应分别是：购买方认为有收益，供应商认为有周期性的损失但可以降低单位成本，减少交易和加工成本，并且缩短采购过程的时间。

一、电子采购解决方案

管理人员应该如何响应电子化采购？我们认为购买方应该采取一种长期的观点，避免压榨供应商。对于许多部件而言，维持一个广泛的并且有能力的供应商基础是非常关键的。此外，购买方应该考虑与某些供应商建立关系，即使这种关系最初是基于市场购买这种采购关系的。那些一定要向电子化客户进行销售的供应商必须很好地了解其成本结构，这样他们才能准确地招标。而且应该提供增值服务以及产品或服务包与其竞争对手有所区别。

下面以 IBM 为例，来看看电子采购市场在企业中所扮演的角色。早在多年前，IBM 就开始由传统采购方式向电子采购进行转变。1999 年 IBM 电子采购额高达 130 亿美元。电子采购为 IBM 提供了最高效的购货服务手段，它有效地将供货商、用户和业务伙伴联系在一起，为向客户提供优质高效的服务创造了良好的条件。通过电子采购，IBM 的成本在不断降低之中，自 1995 年以来，电子采购市场已经为 IBM 节约了大约 90 亿美元。仅 2000 年第一季度，IBM 通过网络完成的货物和服务订单就有 47 亿美元，仅第一季度，电子采购就为 IBM 节约成本 5600 万美元。IBM 率先完成中国台湾地区信息业电子化的 A 计划，共为参与 A 计划的 20 家厂商节省了新台币 7 亿多元（新台币对人民币兑换率约为 4 : 1）的费用。一年半之前率先取得 A 计划核准的台湾 IBM 公司，2000 年 7 月在台北庆祝成为第一个完成 A 计划的业者，台湾地区同时也是 IBM 在美国本土以外，第一个导入整合性电子化采购的市场，并至少领先了其他国家及地区半年以上的时间。

从表 5-3 可以看出，IBM 采用电子化采购最大的收益是压低了单位成本，但也面临一些风险。比如，质量就可能受损，可能会疏远关键供应商，也可能会使一些重要的供应商退出的交易平台。

电子采购的益处 表 5-3

	实施电子采购之前	实施了电子采购之后
支出	高	低
流程处理	手工	自动
处理费用	中	低
采购周期	几天	几个小时
错误率	高	中
订单状况	不可知	在线可查
数据	冗余	清晰可查

二、基于互联网的 B2B 电子采购系统实例

一个真实的基于互联网的 B2B 电子采购系统是为拉斯维加斯的度假胜地而设计，以解决游客的采购问题，采购的商品从低价的办公用品到食物、饮料以至到高价的工程技术类产品，范围十分广泛。一家电子商务的公司提供了 B2B 采购系统的软件和技术。

图 5-6 所示的是基于互联网的电子采购系统流程。物料的使用者通过输入物料申请单和其 他相关信息启动电子采购流程，如将数量、到货日期等要求输入物料申请单模板。接下来，

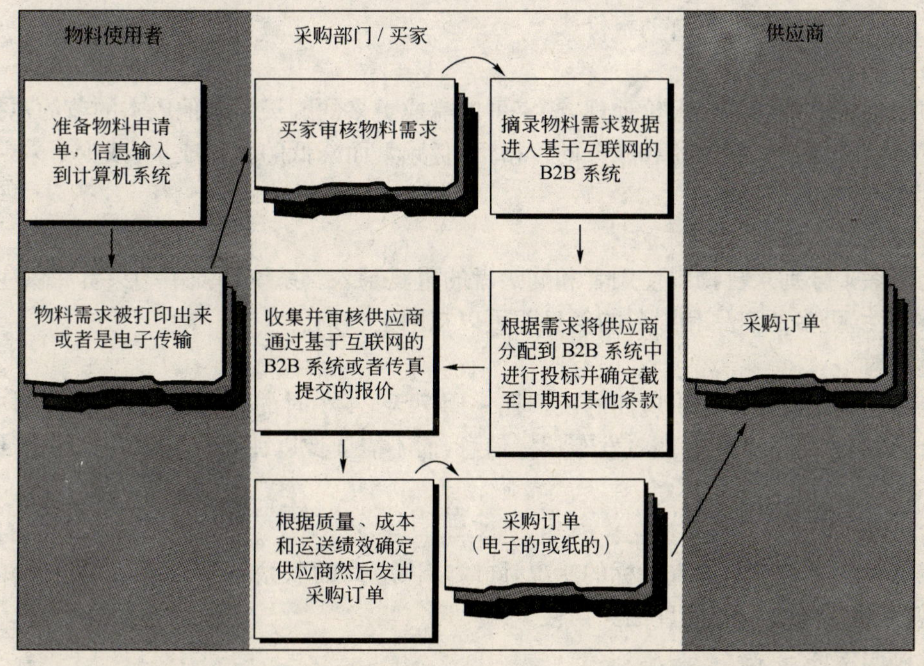

图 5-6 一家公司 B2B 电子采购业务流程

物料申请单被打印出来并提交给采购部门的人员(也可能直接发送电子文件)。采购人员审核采购产品的准确性和接受程度。根据对需求的满意确认,买家将物料申请单日期转发到基于互联网的电子采购系统,并通知合格的供应商进行投标。需求上特别明确产品描述、截止日期、投标状况。供应商只要连到互联网上的电子商务系统就可以瞬间得到相关信息,同时买家还可以从服务提供商那里收到传真形式的投标。采购部门针对每一类的物料都维持一份人选的供应商名单。这份名单可以与其他买家共享。因此,买家可以在几秒钟内向许许多多的供应商提交询价单。投标结束后,买家审阅从互联网和传真发来的所有报价,并根据质量、价格、运送等条款来挑选供应商。接下来,如果这家供应商连接到电子采购系统,电子的采购订单就会提交给选中的供应商。否则,这个采购订单就需要打印并寄给供应商。

传统的手工采购系统会发出物料申请单和采购单,是一项乏味的劳动密集型工作。虽然EDI解决了部分问题,但其私有性要求较高的启动成本,对于缺乏预算的小公司是很难使用的。电子采购系统改变了对基础设施的要求,使几乎所有的公司都可以承受。应用电子采购系统的优点如下。

(一)节约时间

电子采购在以下几种情况效率更高。挑选和保持一批有潜力的供应商名单;处理采购订单;重复订货。单个的买家可以针对不同类的商品和服务建立所喜欢的供应商名单。例如一个小工具的供应商小组可能包括15个供应商,买家从这15家里采购小工具。这份名单可以供所有部门进行编辑和共享。供应商的实时绩效数据可以在线及时更新。对询价单进行收集、整理和比较都是需要投入大量人力和时间的工作。一家典型的公司每天都要对几百家公司的报价进行比较。电子采购系统削减了这些没有增值意义的收集和整理行为。因为询价单的信息直接来自于使用最初录入,避免了数据的重复录入。系统可以设计成在规定的时间段内如每天或每周对订单内容自动报价。

(二)节约成本

省去了物料申请的手工报价处理,买家可以完成更多的购买。其他成本的节约包括:为扩大了供应商而降低了采购产品和服务的价格;订货频繁而降低的库存成本;减少了采购人 员、管理人员和更快的订单实现。

(三)提高准确性

系统消除了分别来自物料使用者和购买者的重复录入。系统加强了购买者和供应者之间沟通的准确性,更多的商品和服务的信息都可以在网上查询。

(四)实时

系统能使买家的招标和供应商的反馈在一周7天24小时的环境下进行。一旦物料申请单在程启动,买家可以在网上即时发布招标信息,而不需要像以往那样一家一家的去通知供应商。

(五)机动性

买家可以提交、处理、检查发标的状况,同时与供应商的联系不受买家地理位置和时间的限制,这就是电子采购系统高度的灵活性。

(六)可追索性

发生过的所有流程都可以以电子表格的形式保存或传输。跟踪一份电子招标和交易要比纸张的更容易和更快。买家和供应商都可以在线要求额外信息、发表评论或者表明它们是否对投标感兴趣。

(七)方便管理

这个系统可以设计成具有重要的供应商信息,包括供应商是否是少数派或归本地所有,这样才能使买家支撑这项业务。由此产生的概要统计和供应商业绩报告可以帮助管理者审核供应商并制定未来的计划。

(八)对供应商的好处

由于较低的进入壁垒和交易费用,可以接触更多的买家,针对市场情况不断调整能力,因此电子采购系统对绝大多数供应商都有吸引力。

三、电子采购信息交流平台

电子采购需要借助一个统一的信息交流平台来实现对整个采购过程进行组织、控制、协调。生产和技术部门需通过企业内部的管理信息系统根据订单编制生产计划和物资需求计划。供应商通过信息交流平台,处理来自企业的信息,预测企业需求以便备货,当订单到达时按时发货,货物质量由供应商自己控制。通过信息平台可以实现降低库存,设计一个适合于企业的信息处理平台是(图 5-7)实现畅通的信息交流的关键。

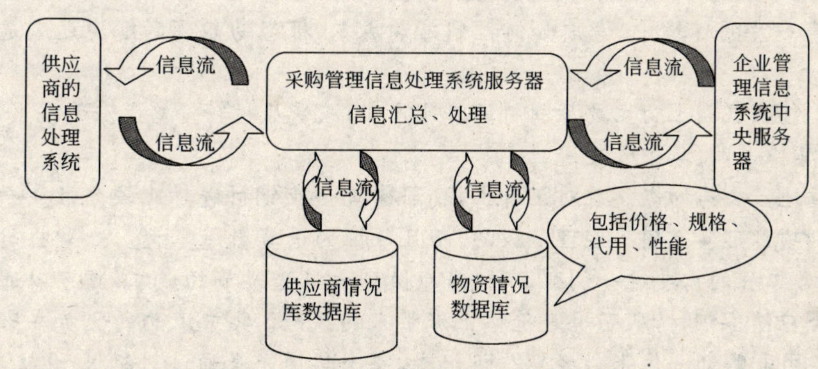

图 5-7 采购信息系统

信息处理系统的解决方案有很多,但普遍对采购管理的关注很少,有的系统甚至不支持采购管理信息的处理。现有的 MRP 或 MRPII 以及现在流行的 ERP 系统都不能很好地支持基于供应链的采购管理,甚至缺乏专门为采购管理设置的数据库,主要是由于系统只考虑如何合理地应用企业内部的资源来提高效率,降低成本,而没有考虑应用企业外部资源来创造价值。而一些专用的采购管理信息处理系统,往往是独立于其他系统之外的一个独立系统,没有很好地和企业的其他系统集成起来。

图 5-7 中,中央服务器为采购管理子系统提供物资需求信息和库存信息(在实现零库存后此信息将不被提供)。采购管理子系统将对信息进行汇总、加工、分析、处理,根据物资情况数据库和供应商情况数据库,生成对供应商的联系单("联系单"是一种供应商与企业协商制订的信息交流标准)。联系单中包含有物资需求情况、参考价格、供货要求等信息。供应商将处理此联系单,并回复一个联系单。回复联系单中包含预备供货信息、供货价格等信息。回复联系单中内容被确认后,将传送到中央服务器在转送到各相关部门,再由相关部门提出意见。意见

被汇总到中央服务器，传送至采购管理信息处理系统，系统生成联系单发给供应商。如此往复，直至采购过程完成为止。当采购完成时，系统将把采购过程中供应商的有关信息汇总储存于供应商情况数据库中，同时根据交易物资情况更新物资情况数据库。

另一方面，信息技术的发展为企业与外界的信息交流提供了很多平台，如互联网和传真已被广泛应用到商业信息传递中；也产生了不少模式，EDI 就是一种应用较为广泛的模式。EDI 是一种电子数据交换规范，联系双方使用同一种规范进行数据编辑和传递，利用企业之间的计算机网络来传递信息。它的特点是传递信息快、种类多、保密性好。但其费用昂贵，不适合中小型企业使用。所以应该提倡使用 E-mail 来与供应商传递信息。因为从效果来看，这种途径可以满足信息传递的需要，而价格要比 EDI 低很多。应注意的是为防止商业秘密外泄，邮件在传递过程中有必要加密。为供应商提供信息技术的支持是必要的，因为信息平台的使用是要双方同时进行才可实现的，而且平台的兼容性是不得不考虑的内容。因此，要为供应商提供良好的信息技术支持，并保持在此领域的交流，以求整个系统的稳定。

小资料

控制企业采购成本的五大策略

策略一：集中采购——采购规模优势更大化

在“涨”声一片的环境中，考虑如何控制采购成本，很容易想到的解决之道是采取集中采购。

以钢筋、水泥、混凝土为主要原材料的房地产业，深受原材料价格上涨的拖累，已经开始采取措施，加强集中采购、集中管理进货。

北京一位地产公司的老总曾对记者讲，我国建筑企业钢材进货比较分散。一些企业的进货权是分散到项目部甚至项目经理一级的，而且每批的进货数量不大。如果公司统一采购钢材，然后根据各工程的需要统一调配，不仅可以做到大批进货节约成本，更可以通过分析市场趋势决定是否应储备钢材，从而规避价格上涨带来的风险。集中采购的优势在家电行业同样显现。海尔集团采购部一位张姓经理告诉记者，整个集团光是通过对钢板、化工物料、电子零部件等大宗原材料实行集中采购，就为公司节省成本达到 20%～30%。

针对涨价风潮，海尔集团特别提出了“四大”集中采购策略，即“大订单、大客户、大市场和大资源。”然而，要做到集中采购，听起来容易做起来难，有时不单是靠公司采购部一个部门能够完成的。

张经理给记者举了一个例子。电缆是海尔集团众多产品都要使用的部件，为了做到集中采购，采购部门和产品设计部门通力合作，对空调、洗衣机、电冰箱等产品所用到的电缆进行了统一的重新设计，能够标准化的标准化，能采用通用部件的尽量使用通用部件。通过这些措施，海尔集团所采购的电缆由原来的几百种减少为十几种。采购产品种类减少，才能顺理成章地实现集中采购。据透露，仅此一项改进，就使得海尔集团在电缆采购上节约了大概 20%的成本。

策略二：联合采购——中小企业联合抵御风险

中集集团在集装箱制造领域是行业里的领先者，记者采访该集团采购部李小姐时，曾谈到集中采购的问题，李小姐直言不讳地指出，集中采购基本是一个大企业把采购上的规模优势扩大化的手段。没有多品类的产品线，产品销量没到一定规模，根本不可能实现集中。所以，在集中采购方面，中集的竞争力相对比较强。这话听起来有些残忍，但众多中小企业管理者比较认同。天合宁波电子紧固装置公司黄经理对记者谈了他的看法，"规模的大小直接决定了企业在产业链的话语权，大众、神龙等客户端的大企业拼命压迫我们降低价格，我们只能唯唯诺诺地接受；但当我们要从比我们更小的零部件企业采购时，我们的腰板也是挺得硬硬的。""大鱼吃小鱼，小鱼吃虾米。"黄经理仿佛一语道破。

沃顿咨询公司的陈司星则认为，黄的说法有失偏颇。他指出，在采购价格问题上，小企业的确处于绝对的被动地位，但这并不意味着众多的中小企业在控制采购成本上无路可走。比如，跨企业的联合采购就不失为一种降低成本的方法。在可能的情况下，中小企业尤其可以考虑组织或加入采购联盟。

中小企业如果在原材料采购上联合起来，就可以增强防范风险的能力。一来多家企业联合采购，集小订单成大订单，增强集体的谈判实力，获取采购规模优势，争得和大企业一样的"江湖地位"；二来联合采购的对象是原材料生产企业，这样就可以摆脱代理商的转手成本，通过直接与制造商交易，减少中间层次，大大降低流通成本和保障产品质量。

策略三：第三方采购——中国企业尚未接受

顾名思义，第三方采购是企业将产品或服务采购外包给第三方公司。国外的经验表明，与企业自己进行采购相比，第三方采购往往可以提供更多的价值和购买经验，可以帮助企业更专注核心竞争力。

据周先生介绍，美国各行业都有这样的采购联盟。比如说，美国地方政府采购联盟是一个第三方采购组织，有7000多政府机构加入了这个采购组织，直接采购成本降低了15%以上。

汉普管理咨询公司行业咨询总监史文月先生，对国内企业通过第三方采购来降低成本的前景并不乐观。"各个企业通过第三方机构来进行联合采购，只能构成机会型联盟，彼此之间的利益很难长时间维持。"

采购发包双方的信任也很难建立。正如IBM前任首席采购官里克特所言，"生产采购包含着许多提前设计工作，而你并不希望设计秘密公开给第三方，因为他们可能与其他公司分享这一信息"，甚至他还认为"采购外包会将IBM的采购利益和经验教给其他公司，这会损害企业的竞争优势。"

"现在接受我们外部采购的客户主要是外资企业，要让中国企业接受第三方采购这个概念，难，很难！"吴先生不无感慨。

策略四：全球采购增加企业的底气

同是受到原材料涨价的威胁，能够实现国际采购的企业明显表现出更强大的竞争力。2003年10月，因为钢材涨价，业内风传家电产品因为成本增加要提高售价。就在那时，日本松下公司逆市而动，宣布松下公司旗下的洗衣机产品降价。当时就有专家指出，松下公司之所以有底气降价，主要是因为它的全球采购网络，使得它的材料成本低于中国同类企业。和前面提到的天合宁波电子紧固装置公司一样，德尔福公司也是一家为整车厂配套的零部件企业。但记者在上海德尔福总部所观察到的气氛就和天合公司不一样，看不到原材料涨价带来的紧张和悲观。公司物流部陈小姐特别指出，因为德尔福实现了真正的全球采购，可以从全球配置

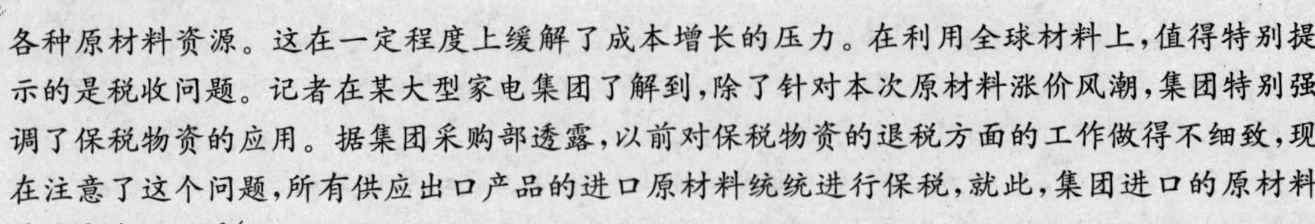

各种原材料资源。这在一定程度上缓解了成本增长的压力。在利用全球材料上，值得特别提示的是税收问题。记者在某大型家电集团了解到，除了针对本次原材料涨价风潮，集团特别强调了保税物资的应用。据集团采购部透露，以前对保税物资的退税方面的工作做得不细致，现在注意了这个问题，所有供应出口产品的进口原材料统统进行保税，就此，集团进口的原材料节省成本约 10%。

策略五：提高产品附加值——解决问题还需从长计议

“当原材料涨价导致成本吃紧之后，企业才开始采取上面这些优化供应的措施，其实都是亡羊补牢。很难有立竿见影的效果。”汉普的史先生说，“倒不如在产品那端做文章。”史先生的观点和记者不谋而合。因为，通过采访记者观察到，通常越是产品附加值高的生产环节，对原材料涨价的态度越平和。越是原材料成本占的比例高，产品附加值越小，企业对原材料涨价越在乎。要增加产品附加值，一个是增加产品的技术附加值，一个是增加产品的品牌附加值。吴广总经理尤其提到增加产品技术附加值，他地告诉记者一个故事。说他不久前看到伊莱克斯的一款新型智能吸尘器，售价高达 13600 元。后来经过他和专家估算，这款智能吸尘器的原材料成本价格约为 300 元，还不及最终售价的零头。“有那么高的利润空间，成本增加多少都不怕。”吴广说。产品品牌附加值增加，主要是做到“差异化”。按照史顾问的说法，企业同质化经营，是造成供需矛盾的结构性原因，而供大于求又造成了终端消费产品只能实行低价策略，“根本没有预留进一步降价的空间，所以对原材料涨价基本没有多少承受能力。”改变这种状况，唯一的途径还是要实行差异化的产品战略。

[案例分析]

跨国公司是如何在中国开展采购工作的？

近十几年来，“中国制造”的产品已成为一种广泛接受的采购选择。福特汽车在 2005 年宣布了它将从中国供应商中采购约 10 亿美元的汽车配件的计划。沃尔玛在深圳成立了采购部，以便直接从中国厂家购买产品。飞利浦电子在中国的 23 家厂总产值已逾 50 亿美元，其中大部分产品用于出口。这些公司以中国作为采购基地的起因是为了节约零配件和成品成本，然而他们的中国采购行动的意义将远不止于此。其最终的目标是要获得企业成本优势。

当然，和在其他发展中国家市场的业务活动一样，在中国的经营活动会有相当大的风险和挑战。但经验显示，企业是完全可以控制和克服这些风险和挑战的。事实上，最大的风险就是行动太慢。中国早已在许多行业中具有全球性的重要影响力。因此，还没有采取行动一或者行动落后于竞争对手的企业一将处于竞争劣势之中。

(一)采购优势的五个层次

随着在中国节约成本的多样化，可供选择的战略也相应增加。根据经验，在中国采购的优势可明显分为 5 个层次。

层次 1：试探“水温”

许多公司虽然意识到了中国的重要性，但还未在中国采取任何正式行动。其中一些公司可能从中国采购一些基础商品，但完全属于试探性质。然而，如此谨小慎微的行动几乎是不能获得任何竞争优势的。这些公司可能的获益是从其他企业的失误与成功中汲取经验教训。但这不足以抵消因此而付出的机会成本。

层次 2:采购零部件或成品

2001 年沃尔玛从中国购买了 103 亿美元的货物,占了中国该年度总出口额的 4%。虽然沃尔玛的外包量几乎高于其他任何在华跨国企业,但它反映出目前大多数在中国有业务活动的大型跨国公司的采购模式。例如,2002 年法国零售业巨头家乐福在中国的采购量高达 16 亿美元——比 2001 年高出 27%。无论是 1000 万美元还是 100 亿美元,大多数公司的出发点是力争用最低的成本购买或制造合乎他们标准的基础产品或配件。

这个层次的优势在于,相对于采购力度较小的竞争对手,企业能获得更低的成本结构。另外,与具体供应商合作的经验,以及对总体供应基础更广泛的理解也都很有价值。然而,这些优势很容易丧失。对竞争者而言,除了自己组织内部的阻力外,没有什么可以阻拦竞争者最终节约同等的成本。

层次 3:发展全方位采购

摩托罗拉计划到 2006 年在中国实现 100 亿美元的累计采购量和 100 亿美元的年产值。同时摩托罗拉还计划到 2006 年前在中国投资 100 亿美元,包括在北京建造全球研发中心和招聘 5000 名研究人员。这种采购战略的意义远远超越了采购简单的商品和配件,而是延伸到了产品设计和工程等服务和人才的范畴。

由于与主要供应商的牢固关系或吸引最优秀的设计师和工程师是其他企业难以照搬的,全方位采购无疑锁定了竞争优势。电信设备制造商在中国建立了最先进的研发能力,他们发现中国完全可以设计和制造更多附加值更高的配件,从而减少了对高成本国家进口的依赖。全方位采购还可能实现时间上的优势,例如缩短产品开发周期。某全球制造企业最近发现如果在中国改造一家工厂,不仅成本只是其他国家的一半,而且所需时间也缩短了一半。

层次 4:实施一体化中国战略

目前在中国经营的全球性汽车制造商以及他们的供应商不再只把中国当作单纯的重要市场或者单纯的出口商品供应基地,而是越来越多地将中国看做市场和供应基地的结合体。无论对于这些企业还是其他企业,在中国运营都需要一种一体化的战略,即每种产品线的配件采购可以分别用于生产适于在中国和国外市场销售的产品。

一体化战略的优势源于规模效应所带来的协同作用,由此可能节省的成本非常可观。产品的设计既面向全球市场,又面向当地市场。同时,对产能也实行一体化规划:厂房的规模满足的不再是单一的国内或出口需求,因而能充分实现规模效应,并且规格符合国内和国际化要求。如果同时在两个领域竞争,还可能获得一定的政策优势:一些中国经济观察家认为仅将中国作为出口加工基地可能会遇到一些困难处境,因为政府会认为这些公司对中国的投入程度不及那些以中国作为重要市场的企业。

层次 5:获得全球优势

虽然许多企业都在谈论如何将低成本采购与其他许多国家的业务融为一体,但只有为数不多的公司真正有所建树。例如,丰田紧密地协调了不同地区之间制造和供应,从亚洲采购总成件,使公司得以降低成本和准时交付。

成本结构和业务模式全球化的经济效益是无穷的。真正全球化业务的竞争优势来源于对最低成本和最好能力的充分运用,这是一种规模经济和稳固关系上的结构性优势。但这种优势必须基于能力,要实现很难,竞争者要模仿也难。随之产生的效益是更大的业务增长一在当地、地区范围和全球范围的同时业务增长。

(二)如何行动

以上采购优势的 5 个层次并不一定是循序渐进的:一家公司并不一定要依次从第一个层次发展到第二个,然后再到第三个层次。企业战略有时可从以成本为导向的采购基本配件的战略一跃成为雄心勃勃的综合性中国战略。同样，许多已经在中国市场开展了多年销售活动的公司，现在在某种意义上又回到采购层面来，并重新开始出口生产。类似的例子有西门子、狮王啤酒、通用电器和几家跨国整车厂。

因此应该如何开始行动呢？根据我们的经验，无论是要从零开始建立在中国的采购能力或是要改善现有的运营，都需要经过三个重要的步骤。

（三）机遇分析

如今，跨国公司几乎可以在中国买到任何东西。那么它们应该采购什么呢？要回答这个问题，就要求公司尽快制定采购方案，然后细分所有市场机会—包括潜在产品和潜在供应商—并对所有机会进行现实性和可行性筛选。此外，公司还必须估算实现潜在成本节约所需花费的供应链总成本，进而判断潜在的优势足以抵消风险吗？最后，因为市场环境还将不断的快速变化，公司还需建立一个有助于公司不断更新对中国看法的管理系统。

沃尔玛直接从中国工厂进货的作法是一个值得深思的案例。凭借其无人能企及的压价能力，又因为它需要的是相对简单的产品，沃尔玛筛选供应商的大部分工作由供应商自己来完成，让他们自己提供详细的背景资料和样品。然而，即便如此，沃尔玛还是需要200多人来完成现场考查，核实信息以及实施采购决策等任务。对其他公司来说，这项任务就更加艰巨。更复杂一些的产品—特别是要安装到其他产品中的零件——就需要更详细的评估，还必须与供应商更多的接触。

（四）基础设施建立

设计和建立采购运营是一项十分艰巨的工作，它意味着要为包括供应商的筛选、评估、监督、遵守、人权状况评估和风险管理在内的各个方面制定流程和政策，也意味着要建立跟踪供应商报价的数据库；建立符合中国国情的专业能力；以及获取和评估有关参照公司、现场评估和供应商能力的重要数据。最后，它还意味着要在全球不同部门和运营之间建立紧密的联系和合作关系—这是一项非常困难，需要谨慎从事的工作。公司必须建立良好的系统和团队，迅速做出正确决策并加以执行，从而实现成本节约、引发增长势头。要完成这样艰巨的工作，选择一位有足够经验和能力，能够带动整个组织结构的领导者非常重要。此外，要在中国取得成功的许多因素来自中国以外，因此获得总部积极的支持非常重要。几个在中国的跨国公司已考虑实行“提高两个级别”的经验法则，即中国采购业务的责任必须由比正常情况高两个级别的组织层面来担负。

（五）克服行动阻碍

现在许多企业经理都担心在中国开展业务的风险。肯定地说，开拓中国市场的确面临一系列巨大的挑战。比如，银行业或其他金融危机可能影响中国经济的稳定性，公司还必须密切注意WTO承诺实施的进展，同样重要的还有运营和管理方面的多种风险，诸如，如何排除货币波动的影响、协调复杂的物流系统以及寻找有能力又值得信赖的合作伙伴等。

在分享知识产权的问题上，信任是关键。当公司从海外带来产品设计的专利技术时，它们同时也承担着专利技术泄露的风险，泄露给竞争对手、泄露给可能跳槽到对手公司的员工和泄露给国内的民营企业家，这些民营企业会盗用从手机到鞋子，从洗发水到软件任何产品的专利权。然而，那些似乎最易受到侵害的公司，如电子产品或成衣服饰厂商，仍旧继续在中国扩大生产，因为他们认为提升总体竞争力十分必要。虽然这些问题是真实的，也很重要，但竞争优势是来自于深入了解和克服风险，而不是来自逃避风险。

最大的障碍可能是来自公司内部的阻力，甚至来自现有供应商的反对，因此一再发现那些希望在中国开展业务的公司受到文化上和组织结构上困难的困扰。这些困难包括缺乏紧迫感、“按部就班”的观念、缺乏在中国采购的经验以及全球采购的一般经验、组织结构极度复杂、信息不完整、现有供应商的反对以及制定可行目标的难度。在一家公司行动之前，必须先明确和解决好这些组织结构上的问题。

本质上说，"志向高，行动快"是当今在中国进行采购的原则。

部分行业的领先企业已经在中国业务方面取得了很大的进步：它们已经锁定优势，并正在向第 5 个层次的采购优势迈进。然而，许多公司，甚至是那些在低采购成本的国家采购价值数百万美元产品的公司早已落后于在中国的主要竞争对手了。对于这些企业，任何市场状况分析的起点，不再是"在中国的采购应有多大规模?"，而首先应考虑"该怎样赶上其他公司?"

资料来源：考试大网站（www. examda. com）

[思考与练习题]

1. 调查知名企业物流外包情况，分析原因及对 3PL 的评价指标。
2. 阅读公司签订的物流协议条款。
3. 制订运输方案并电话询问运输服务报价。

第六章 供应链中的物流管理

学习目标

1. 能识别公司核心能力，作出物流业务自营或外包决策。
2. 会进行运输方式、线路安排、运输管理。
3. 能选择合适物流服务商，签订物流协议。

基本概念

核心竞争力　业务外包　第三方物流　契约承运商　无船承运商

引导情景

从DHL公司的案例中看科技企业物流外包

在敦豪公司(DHL)位于上海的4000m^2的宽阔货区内，成堆的印有“Siemens(西门子)”标志的货件显得格外显眼。去年，西门子(中国)有限公司自动化与驱动集团和敦豪丹沙海空运公司签订了无限期的合作协议，由后者全面负责其从德国工厂至上海的进口海运、空运及清关程序。现在，在敦豪公司上海货区内，任何时候西门子公司货物的库存量均高于2500件。通过公路、铁路及国内空运，每月2000项左右的订单全部由敦豪公司负责门到门地递送。所有订单均通过连接西门子公司的电子数据交换系统进行处理，使西门子公司与敦豪公司的仓库管理系统互通，实现全面自动化的仓储管理过程。

科技企业由于产品更新速度快，原料和产品单价高且全球化程度高、售后备件处理任务重，面临比较复杂的物流环境。为获得更大的市场，全球性的物流公司也不断出台新的物流和供应链服务。像西门子公司一样，科技企业将物流系统外包给第三方物流企业正在成为一种趋势。

科技企业的跨国采购和销售使得其供应链延伸到全球，既有海运、空运等长途运输，也有门对门的递送，还需要进行通关等手续，因此建立一体化的全球物流体系，统一资源规划，减少成本，提高效率就成为科技企业应对激烈竞争的手段之一。在与敦豪公司合作以前，西门子公司的仓储、库存及派送均由公司内部自行管理，其各个生产工厂都需要设小型产品存储仓库，由员工进行手工管理。在敦豪公司接管及引进电子数据交换系统(EDI)后，原来由19名西门子公司员工才能完成的物流管理工作现在由8名驻上海的敦豪公司员工即可完成。西门子公司中国采购及物流服务主管托马斯·费希腾麦尔(Thomas Fichtenmeier)表示："敦豪公司的服务集成了海运、空运及物流服务，从而实现了端到端的物流系统。"

科技企业和第三方物流公司的这种合作正在亚太地区逐渐普及。朗讯科技公司(Lucent)和另一家全球性的物流企业美国联合包裹公司(UPS)合作进行物流管理。由联合包裹公司相关业务部门设立一个专门工作组，负责管理朗讯科技公司在所有空中和陆上的货运业务、跨港口仓储业务及物流系统的运行。朗讯科技公司供应链网络部副总裁吉姆·约翰逊(Jim Johnson)认为："这项物流管理方案将在整个层面上监督物流网络的运行，包括如何管理送货车驾驶员、缩短各个物流环节之间的间隙，提高整个物流系统运行的透明度等。"可见，第三方物流企业的介入可以让科技企业各个物流环节之间的连接更为顺畅。

中外运—敦豪国际航空快件有限公司董事副总经理陈奋祯透露：敦豪公司计划在中国投资2.7亿美元用于完善基础设施，包括口岸和服务中心等设施。2005年3月，联合包裹公司在上海、苏州和福田分别设立了3个仓库和配送中心，这三大业务基地均毗邻重要的科技制造中心。联合包裹公司计划今明两年在中国的主要城市再建立20个这样的业务基地，将在中国的仓库数量增加到60个，其中2005年完成10个业务基地的建设。

科技企业的物流外包需要大发展，仍面临着一些障碍，如何满足科技企业的个性化需求是其中最重要的一点。敦豪公司全球客户解决方案部亚太区电子元器件部销售总监沈剑平(Sim Kian Peng)说："运一箱芯片与运一箱衣服的要求当然不同，需要根据客户的需求提供必要的确保货物安全的服务。"如敦豪公司与影像企业爱克发公司(Agfa)在合作中，就必须为爱克发公司的影像产品提供特殊的环境，如对温度和湿度严格控制，在仓库内设置专用工作间用于仪器的校准等。在敦豪公司上海区域转运中心1.8万m^2的仓库中常设500余个爱克发公司专用库存单元，占据了全部物流中心的六分之一。

个性化的需求显然会带来成本的增加。如某物流企业为高价值的芯片等产品提供的特殊服务，采用全球定位、特别保镖和装甲卡车等措施，这样的服务开价不菲。

虽然基础设施的限制以及管理体制的制约仍然影响着科技企业外包物流的决心，但科技企业外包物流在中国已经开始兴起。中外运—敦豪国际航空快件有限公司董事副总经理陈奋祯说："目前在这个领域，发达国家外包的比例为45%～50%，在中国为20%～24%，还有很大的增长空间。"

资料来源：物流师资格考试大网

第一节 企业核心竞争力与业务外包

供应链管理强调把企业的主要精力放在企业的关键业务上，充分发挥其优势，形成自己的核心竞争力。同时在全球范围内与适应的企业建立合作关系，而把企业的非核心业务外包给其他企业。其中很多制造企业把物流业务外包给专业的物流服务商管理，这给物流带来前所未有的发展空间与机会，同时对于提升供应链中物流管理水平也有现实意义。美国著名的管理学大师彼得·德鲁克曾预言："在10～15年之内，任何企业中仅做后台支持而不创造营业额的工作都应该外包出去，任何不提供向高级发展的机会和活动、业务也应该采用外包形式。企业的最终目的不外乎最优化地利用已有的生产、管理和财务资源。"

一、企业核心竞争力

核心竞争力（Core Competence）又称核心能力，美国战略管理专家普拉哈德和哈默尔在1990年哈佛管理评论上发表的《企业核心能力》论文中首次提出。认为企业的核心能力是一种稀缺的、难以模仿的、有价值的、可延展的能力。就短期而言，公司产品的质量和性能决定了公司的竞争力；就长期而言，起决定作用的是企业的核心能力，公司所拥有的核心能力组合与价值创造体系对企业的竞争优势起决定性的作用。

自Prahalad和Hamel提出核心竞争力的概念之后，很多学者专家分别研究了什么是企业的核心竞争力，并有不完全相同观点：麦肯锡咨询公司认为，"核心竞争力是某一组织内部一系列互补的技能和知识的结合，它具有使一项或多项业务达到竞争领域一流水平、具有明显优势的能力"。波特教授认为，一个企业的竞争优势取决于两个因素：所选择产业的吸引力与产业内企业的战略定位。也就是说，企业要取得竞争优势一方面要有能够进入具有吸引力的产业的资源和能力，另一方面拥有不同于竞争对手且能形成竞争优势的特殊资产。而国内一部分研究者认为，核心竞争力应是企业的系统、整合能力，或是企业某一方面的能力，例如华为公司的研发能力。戴尔电脑所具有的快速满足用户定制化需求的能力，UPS公司的追踪及控制全世界包裹运送的能力，企业只要在业务流程的某一两个环节上具有明显优于并且不易被竞争对于模仿的能够满足客户价值需要的独特能力，就能在激烈的市场竞争中获得一席之地，这就是核心竞争力。

一种能力要想成为核心竞争力，必须是"从客户的角度出发，是有价值并不可替代的；从竞争者的角度出发，是独特并不可模仿的"。一般认为核心竞争力应该具备以下基本特征：

（一）价值优越性

核心竞争力能够为顾客带来利益，而且这种利益是可感知的；能帮助企业在创造价值和降低成本方面比他们的竞争对手做得更好。核心竞争力不仅要具有"技术"上的先进性，更要具有市场上的可行性。从经济学的角度分析，一项能力之所以是核心的，其检验和判别的标准之一就是能给消费者带来好处。

（二）稀缺的差异性

稀缺的差异性是核心竞争力的本质特征，是指那些极少数现有或潜在竞争对手能拥有的能力。核心能力应当是稀有的：如美国的沃尔玛公司，由于其率先开发和运用了采购点收集的数据来控制库存，这种技能使之获得了一种相对卡马特公司的竞争优势。

(三)不可模仿性

核心竞争力是其他企业不能轻易建立的能力。它们往往只能通过“干中学”和“用中学”而得到,靠口头传授或书本学习是不行的。如果其他企业很容易模仿、复制、购得或用其他方式获得,那么企业独享的核心竞争力的状况就很快被改变,其他企业的成功仿效会打破原有的竞争优势。

(四)难替代性

即依靠核心竞争力生产出来的产品或服务在市场上很难被其他产品或服务取代。核心竞争力必须难以被替代。它是企业经过漫长时间的锤炼而形成的战略性资产,开发不但花费一定的时间,而且具有相当的难度,是其他企业不易仿制,是其他技术难以替代的战略资源。

(五)可延伸性

可延伸性即企业的核心竞争力不仅可以为当前提供某些特殊的产品或服务,而且还能帮助企业开发出新的具有竞争力的产品或服务。

(六)持久性

核心能力是企业在长期发展过程中逐渐形成的,一旦企业确立了自己的核心能力就需要长期不懈地进行资源投资,使核心能力长期保持优势地位。企业的核心竞争力一旦建立,将持久地发挥作用,使企业在一个相当长的时期内与竞争对手相比具备竞争优势。

柯达公司将核心能力集中于技术核心能力,称之为“战略技术”,它们是竞争优势的核心,柯达的目标是必须保持世界领先。例如,卤化银材料技术就是柯达的战略技术。卤化银是照相技术中的关键物质,是成像过程有效的光敏催化剂。柯达通过开发新型卤化剂,有效提高了彩照清晰度。另一类技术柯达称为“可行技术”。这些技术是竞争获胜必需的技术,但并不构成竞争优势,因此在此方面柯达的目标是不比竞争者差,也不必自控。例如,测量卤化银颗粒上少量染料的技术,此技术是制造可再生卤化剂的重要技术,但不是竞争优势的来源。

二、业务外包

(一)“业务外包”含义

业务外包(Outsourcing)直译是“外部资源”,即外包,其核心思想是:企业在内部资源有限的情况下,为取得更大的竞争优势,仅保留其最具竞争优势的业务,而将其他业务委托给比自己更具成本优势和专业知识的企业。外包本身并不能使企业产生核心竞争力,而是在企业已明确核心竞争力的情况下,帮助其突出并强化核心竞争力。因此,企业若仅考虑成本等因素,盲目地将部分业务分包出去,而不保留企业的竞争优势很可能得不偿失。

(二)业务外包的原因

进入21世纪,企业越来越关注自身核心能力的建设,外包的程度逐步增加。企业越来越意识到,如果在供应链上的某一环节不具有竞争优势,并且这种活动不是公司核心业务,那么可以把它外包给世界上最合适的专业公司去做。企业开展业务外包的原因主要有:

1.集中资源发展核心业务

企业应更注重于高价值生产模式,更强调速度、专门知识、灵活性和革新。与传统的“纵向一体化”控制和完成所有业务的做法相比,实行业务外包的企业更强调。集中企业资源于经过仔细挑选的少数具有竞争力的核心业务,也就是集中在那些使它们真正区别于竞争对手的技能和知识上,而把其他一些虽然重要,但不是核心的业务职能外包给世界范围内的“专家企

业”,并与这些企业保持紧密合作的关系。因此,企业为了适应新的竞争环境,去整合内部资源与外部资源是企业实现竞争力的关键之一,这也就是企业自制与业务外包决策的出发点。

2. 利用外部资源获取知识与技术

如果企业没有有效完成业务所需的资源(包括所需现金、技术、设备和人才),而且不能赢利时,企业也会将业务外包。这是企业临时外包的原因之一,但是企业必须同时进行成本/利润分析,确认在长期情况下这种外包是否有利,由此决定是否应该采取外包策略。

3. 分担经营风险,增加经营灵活性

企业可以通过外向资源配置分散由政府、经济、市场、财务、自然社会环境不确定因素所产生的风险,企业经营活动可以变得更有灵活性,更能适应变化的外部环境。

4. 降低和控制经营成本,节约资金

许多外部资源配置服务提供者都拥有能比本企业更有效、更便宜的完成业务的技术和知识,可以实现规模效益,并且愿意通过这种方式获利。企业可以通过向外资源配置避免在设备、技术、研究开发上的大额投资。据纽约业务外包研究的一项调查表明,节约资金是企业业务外包的最重要的原因,有64%的被调查企业由于“经费问题”而实施业务外包。

(三)业务外包的方式

从企业业务外包的具体方式主要包括以下5种:

1. 临时服务和临时工

企业可用最少的雇佣工,最有效地完成规定的日常工作量,而在有辅助性服务需求的时候雇用临时工去处理。因为临时工对失业的恐惧或报酬的重视,使他们对委托工作更认真。

2. 子网

为了夺回以往的竞争优势,大量的企业将“控制导向”、“纵向一体化”的企业组织分解为独立的业务部门或公司,形成母公司的子网公司。

3. 与竞争者合作

与竞争者合作使得两个竞争者把自己的资源投入到共同的任务(诸如共同的开发研究)中,这样不仅可以使企业分散开发新产品的风险,同时,也可使企业获得比单个企业更高的创造性和柔性。

4. 非核心业务完全外包

日本本田公司认为发动机和电机是汽车工业的核心能力,公司专注于自己在和电机方面的独立开发。通过对自己核心竞争力的自主开发培育以及与外包经销商紧密的合作,本田公司迅速、成功地进入了广泛的业务领域,从众多竞争者中脱颖而出。

5. 转包(Subcontract)合同

在通信行业,新产品寿命周期基本上不超过1年,MCI公司就是靠转包合同而不是靠自己开发新产品在竞争中立于不败之地。MCI公司的转包合同每年都在变换,它们有专门的小组负责寻找能为其服务增值的企业,从而使MCI公司能提供最先进的服务。

(四)业务外包可能出现的问题

成功的业务外包策略可以帮助企业降低成本、提高业务能力、改善质量、提高利润率和生产率。但是它也同时也会给管理带来新的问题:

(1)失去对过程的控制:业务外包减少企业对业务的监控,企业必须不断监控外企业的行为并与之建立稳定长期的联系。

(2)可能选择错误的供应商:在业务外包时,如果选择了合适的供应商可以获得更大灵活性,相反如果选择了错误供应商,则会影响公司竞争力,那将非常危险。

(3)公司空心化:外包过程中可能另一个问题是可能增加公司失去关键技术或者生产能力的潜在可能性。目前很多公司将生产业务外包给低成本供应商,这种现象描述为“公司空心化”。

(4)可能延长提前期,增加风险:很多零部件由自制变为外包,增加了对供应商管理的难度和经营风险。交付提前期可能应某些物料的供应问题而延长,导致客户抱怨甚至失去订单。

三、企业物流业务外包

供应链管理要求供应链核心企业将其他的不具有核心竞争力的业务外包给其他能够做的更好的企业。一般制造企业和商业企业的核心竞争力并不存在于物流方面,它们为了发挥自己在主营业务上的特长,提高效率,降低在不擅长的物流运作方面的成本,必然要把自己所在供应链上的物流业务外包给适合的、能胜任的第三方物流企业去完成。据美国某机构对美国制造业 500 家大企业的调查,2002 年,有 65%的企业将国内物流业务交给了外部的第三方物流承担,如果加上国际物流业务的外包,则 77%的企业实施了物流外包,且外包期限一般不低于 5 年。在欧洲,目前使用第三方物流的比例也高达 76%;在日本第三方物流在整个市场中的比重则达到了 80%。影响物流业务外包推动因素主要有:

(一)物流需求的增长

经济全球一体化趋势使物流功能众多,物流服务区域广泛,增加了物流运作的规模和范围,也增加了企业物流运作的复杂性;同时企业之间的竞争日趋激烈,企业为保持其竞争优势,被迫将其主要资源和精力集中与核心业务上;与此同时,顾客需求越来越个性化,企业为满足顾客日益增长的需求而花费的物流费用不断增长。企业越来越倾向于使用第三方物流,来满足企业内部部分或全部的物流功能的需要,即企业物流外包的行为越来越普遍。

(二)专业物流服务商队伍的发展壮大

由于运输业的解除管制,促使第三方物流业的兴旺发展,专业的物流服务提供商不断壮大,并不断提高专业化管理水平。第三方物流企业自身所具有的核心竞争力就是自己的物流业务能力、自己在物流方面的专业能力,以及在物流资产、设备、设施、物流人才上的优势。这样才能参与供应链管理,与供应链核心企业共同发展壮大,使企业把物流业务外包第三方物流服务成为可能。

(三)信息技术迅速发展

随着计算机硬件和物流软件技术的不断提高,信息技术、通信以及电子商务的迅猛发展,使得企业之间的信息交流更为便捷、准确有效,促进了供应链各个环节业务的集成。从而降低了企业物流外包的风险与许多弊端,促进了物流外包发展。

依据核心能力理论,企业的活动分为:

(1)企业核心活动(所有和企业生存相关的必需活动)。

(2)核心附近的活动(直接和核心活动有关系)。

(3)远离核心的活动(支持活动)。

(4)可任意处理的活动(一般可用性)。

当物流是企业的核心能力时,企业才应该物流自营。对于第三方物流企业来说,从事的是专业化的物流服务,一般拥有专门的知识和信息网络,在物流服务水平、服务质量上等方面可以获得竞争优势;为众多的物流需求企业提供服务,能够实现规模经济;规模经济的结果,又带来了成本的降低。所以说,物流经营是第三方物流企业的核心能力。企业将物流交给外部组织,就可以强化自身在产品研发、核心部件的生产和销售等方面的核心能力,同时,又可以充分利用外部企业的核心能力获得互补能力,提高交易质量,并以整个供应链的竞争优势提高企业的竞争力。企业将有限的资源用在核心能力上,整合利用外部资源,实施物流外包仍是明智之举。

四、第三方物流企业

(一)第三方物流概念

在社会分工日益专业化的现代经济中,没有哪一家厂商能够完全做到自给自足,只有将企业有限的资源投入到加强自身核心竞争力上,才能够成为赢家。同样,如果企业本身不是物流公司,那么最好将企业的物流业务交给一个独立的专业化的物流公司去做。需求方为采购而进行的物流,被称为第一方物流,如赴产地采购、自行运回商品。第二方物流是指供应方为了提供商品而进行的物流,如供应商送货上门。由物流的供应方和需求方之外的第三方所进行的物流,称为第三方物流。在理论研究上,关于第三方物流的(Third Party Logistics, TPL)定义,无统一定论。在国外常称为契约物流、物流联盟、物流伙伴或物流外部化。“第三方物流类似于外协或契约物流”,也有学者认为第三方物流是指由与货物有关的发货人和收货人之外的专业企业,即第三方物流企业来承担企业物流活动的一种物流形态。在美国的有关专业著作中,将第三方物流供应者定义为通过合同的方式确定回报,承担货主企业全部或一部分物流活动的企业。所提供的服务形态可以分为与运营相关的服务、与管理相关的服务以及二者兼而有之的服务三种类型。

(二)第三方物流的特点

随着物流业务外包的兴起,第三方物流得到快速发展,第三方物流与传统物流有明显的区别,见表 6-1。

第三方物流与传统物流的区别　　表 6-1

功能要素	第三方物流	传统物流
合约关系	一对多	一对一
法人构成	数量少(对用户)	数量多(对用户)
业务关系	一对一	多对一
服务功能	多功能	单功能
物流成本	较低	较高
增值服务	较多	较少
质量控制	难	易
运营风险	大	小
供应链因素	多	少

作为优秀的第三方物流服务企业，必须具有如下条件：

(1)必须具有经营管理的组织机构、业务章程和具有企业法人资格以能够与用户方或其代表订立物流服务合同。

(2)具备一定的信誉：从用户方或代表手中接收货物后，即能签发自己的物流服务单证以证明合同的订立、执行和接收货物并开始对货物负责任。为确保该单证作为有价证券的流通性，物流服务商必须在承担相关物流服务中具备一定的资信或令人信服的担保，尤其是针对开展国际物流服务的 TPL 而言。

(3)必须具有与经营能力相适应的自有资金：在涉及综合物流服务，甚至国际综合物流服务时，物流服务商要完成或组织完成全程服务，并对服务全程中的货物遗失、损害和延误运输负责，因此，必须具有开展业务所需的流动资金和足够的赔偿能力。

(4)具有一定技术的能力：物流服务商必须能承担物流服务合同中规定的与仓储、运输和其他服务有关的责任，并保证把货物交给物流服务单证的持有人或单证中指定的收货人。因此必须具有与合同要求相适应的，能承担上述责任的技术能力。国际物流服务商的要求具有国际运输服务线路、国际运输知识、经验和能力的专业队伍、网络机构以及能够制定各线路的多式联运单一费率。

(三)第三方物流的经营方式和业务范围

一些传统的物流企业，比如仓储运输企业，可以通过自主发展模式或合作发展模式发展成为优秀的第三方物流模式。承担物流服务业务的企业的经营方式通常有以下三种：企业独立经营型、大企业联营型、代理。常见的物流企业服务内容可以参见表 6-2；世界知名企业业务经营范围见表 6-3。

供应链物流企业服务内容 表 6-2

供应链物流环节	物流服务项目举例	服 务 内 容
采购物流	代理供货系统	原材料、零部件从供货商到生产线供货 及时配送、共同保管、共同配送、库存管理、紧急对应
生产物流	工厂物流业务整体外包	工厂内物流、发送管理等对顾客生产活动的侧面支援、物料管理、包装设计、包装作业、发送管理、运输作业等
销售物流	信息、保管、配送网络系统 长距离运输网络系统 大型物件、精密机器物流	信息、保管、配送功能一体化的物流系统 经济、快捷的国际运输网络长距离整车运输、配载运输、特殊物品运输、中转运输 各种工程项目用物资、需要谨慎搬运的精密仪器、商品的运输、搬入、安装等一条龙服务
国际物流	进口、出口物流 海外物流 第三国物流	陆、海、空运输手段的效率化利用国际物流信息系统顺畅地进行进口、出口以及第三国物流活动
其他	会展品、美术品运输 搬家、大规模搬移	会展品、美术品的包装、运输搬入、安装、搬出 家庭搬家、工厂大规模搬移等

世界知名物流企业业务经营范围　表 6-3

公司名称	经营业务范围
UPS	90%美国，陆运为主，200 多个国家，600 万件人/天，全球最大
Fedex	76%美国，空运为主，覆盖全球 3.8 万个邮局收件箱，并大量兼并同行
德国邮政	71%欧洲，邮政占总收入 49%，83 家分拣中心，与 DHL 合作
马士基	250 艘船，全球最大航运公司，丹麦 GDP37%，第二大连锁超市
日通	93%业务日本市场，汽车运输为主，现代化仓储服务

跟国外物流企业比较，我国的第三方物流企业还有一定差距。我国的第三方物流企业仍以运输、仓储等基本物流业务为主，加工、配送、定制服务等增值服务功能处在发展完善阶段。像宝供、中海这样功能完善的第三方物流企业目前为数不多，规模也不是很大。我国物流服务商的收益 85%来自基础性服务，如运输管理(占 53%)和仓储管理(占 32%)，增值服务及物流信息服务与支持物流的财务的收益只占 15%。增值服务主要是货物拆拼箱，重新贴签、重新包装，包装、分类、并货、零部件配套，产品退货管理，组装、配件组装，测试和修理。即使像中远集团、中外运集团、中国储运总公司这样大型的运输、仓储企业虽已向第三方物流企业转化，但它们的传统运输、仓储业务仍占主要部分，第三方物流的功能还不完善。生产企业和商业企业的外包物流主要集中在市内配送、单纯仓储和干线运输。其中生产企业的外包物流中，单纯仓储占 21%、干线运输占 36%、市内配送占 28%、包装占 4%；商业企业的外包物流中，单纯仓储占 37%、干线运输占 21%、市内配送占 43%、包装占 14%。

第二节　供应链管理环境下的物流管理

一、供应链管理环境下的物流管理

一般认为，供应链是物流、信息流、资金流三个流的统一，那么，物流管理很自然地成为供应链管理体系的重要组成部分。供应链管理与物流管理的区别在哪里呢？一般而言，供应链管理涉及制造问题和物流问题两个方面，物流涉及的是企业的非制造领域问题。供应链管理环境下的物流管理和传统企业的物流管理的意义和方法不同。由于企业的经营思想的转变，为保证供应链的企业之间运作的同步化、并行化，实现快速响应市场的能力，物流系统管理将面临一系列的转变。主要解决以下几个方面的问题：

(1)实现快速准时交货的措施问题。

(2)低成本准时的物资采购供应策略问题。

(3)物流信息的准确输送，信息反馈与共享问题。

(4)物流系统的敏捷性和灵活性问题。

(5)供需协调实现无缝供应链连接问题。

由于供应链管理下物流环境的改变，使新的物流管理和传统的物流管理相比有许多不同的特点。这些特点反映了供应链管理思想的要求和企业竞争的新策略。首先来考察一下传统的物流管理的情况。在传统的物流系统中，需求信息和反馈信息(供应信息)都是逐级传递的，因此上级供应商不能及时地掌握市场信息，因而对市场的信息反馈速度比较慢，从而导致需求信息的扭曲。1994 年，康柏公司就因为流通渠道没有跟上而导致 1 亿美元的损失，康柏财务经理说，我们在制造、市场开拓、广告等方面做了大量的努力，但是物流管理没有跟上，这是最大的损失。简言之，传统物流管理的主要特点表现在：

(1)纵向一体化的物流系统。

(2)不稳定的供需关系，缺乏合作。

(3)资源的利用率低，没有充分利用企业的有用资源。

(4)信息的利用率低，没有共享有关的需求资源，需求信息扭曲现象严重。

供应链管理环境下的物流和传统的物流模型相比，信息的流量大大增加。需求信息和反馈信息不是逐级传递，而是网络式传递的，企业通过 EDI/Internet 可以很快掌握供应链上不同环节的供求信息和市场信息。对物流网络规划能力的增强，也反映了供应链管理环境下的物流特征。它充分利用第三方物流系统、代理运输等多种形式的运输和交货手段，降低了库存的压力和安全库存水平。作业流程的快速重组能力极大地提高了物流系统的敏捷性。通过消除不增加价值的过程和时间，使供应链的物流系统进一步降低成本，为实现供应链的敏捷性、精细化运作提供了基础性保障。对信息跟踪能力的提高，使供应链物流过程更加透明化，也为实时控制物流过程提供了条件。无缝连接的供应链物流系统是使供应链获得协调运作的前提条件。灵活多样的物流服务，提高了用户的满意度。通过制造商和运输部门的实时信息交换，及时地把用户关于运输、包装和装卸方面的要求反映给相关部门，提高了供应链管理系统对用户个性化响应的能力。

二、供应链物流管理战略

战略是企业生存和发展的保证。没有战略的企业是不会长久发展的企业，没有战略眼光的企业家是不称职的企业家。现代物流管理系统处于复杂多变的环境，物流管理需要运筹与决策，要为提高供应链的竞争力提供有力保证，因此物流战略在供应链管理战略中有重要的意义和作用。

(一)物流管理战略的意义

古人云："兵马未到，粮草先行"。物流为企业产品打入市场架桥铺路，为生产源源不断地输送原材料。没有通畅而敏捷的物流系统，企业就无法在市场竞争中站住脚跟。在传统的物流管理中，由于物流被看做是企业的经营活动中辅助的内容，因此许多企业没有物流战略，缺乏战略性的物流规划和运筹。有的企业虽然生产管理搞得很好，产品研究开发也很有水平，但是产品就是销不出去，原因是多方面的，其中之一可能就是物流渠道不通畅导致产品分销受阻，影响了产品的进一步生产与开发。

供应链管理的战略思想就是要通过企业与企业之间的有效合作，建立一种低成本、高效率、响应性好、具有敏捷性的企业经营机制，产生一种超常的竞争优势；就是要使企业从成本、质量、时间、服务、灵活性等方面显著提高竞争优势，加快企业产品进入市场的速度。这种战略思想的实现需要供应链物流系统从企业战略的高度去规划与运筹，并把供应链管理战略通过物流战略的贯彻实施得以落实。由此可见，物流管理战略对于供应链管理来说是非常重要的，重视物流战略问题是供应链管理区别于传统物流管理的一个重要标志。

(二)物流管理战略内容

物流管理战略内容分全局性的战略、结构性的战略、功能性的战略、基础性的战略 4 个层次。物流管理的最终目标是满足用户需求(把企业的产品和服务以最快的方式、最低的成本交付用户),因此用户服务应该成为物流管理的最终目标,即全局性的战略性目标。结构性的战略包括渠道设计和网络分析。渠道设计是供应链设计的一个重要内容,包括重构物流系统、优化物流渠道等。通过优化渠道,提高物流系统的敏捷性和响应性,使供应链获得最低的物流成本。

物流管理第三层次的战略为功能性的战略,包括物料管理、仓库管理、运输管理等三个方面。内容主要有:

(1)运输工具的使用与调度。

(2)采购与供应、库存控制的方法与策略。

(3)仓库的作业管理等。

第四层次的战略是基础性的战略,主要作用是为保证物流系统的正常运行提供基础性的保障。内容包括:

(1)组织系统管理。

(2)信息系统管理。

(3)政策与策略。

(4)基础设施管理。

要健全物流系统的组织管理结构和人员配备,就要重视对企业有关人员的培训,提高他们的业务素质,例如,采购与销售部门是企业的两个对外业务协调部门,他们工作的好坏直接关系到企业与合作伙伴的关系和企业的形象,因此必须加强对这两个部门的领导与组织工作。

信息系统是物流系统中传递物流信息的桥梁,库存管理信息系统、配送分销系统、用户信息系统、EDI/Internet 数据交换与传输系统、电子资金交易系统(EFT)、零售点 POS,对提高物流系统的运行效率起着关键作用,因此必须从战略的高度去规划与管理,才能保证物流系统高效运行。

(三)战略渠道设计

渠道设计是物流管理和供应链管理的重要内容之一。战略渠道设计就是通过网络分析,优化、确定物流供应链的制造工厂、分销中心、仓库等设施的位置和数量,使物流系统合理化,获得合理的运输和库存成本。网络设计是一个复杂的系统工程,需要从供应链管理的战略高度、整体的利益考虑问题。

物流网络设计(渠道设计)有两种情况,一种是配送中心或分销点的设计,这是一种局部的物流网络设计,另一种是供应链全局的网络设计。局部渠道设计就是通常的分销网点的布置,比如分销中心的选择,这是供应链物流网络设计中常见的问题。网络优化的目标是使物流系统的总成本最低,这是一个成本优化的决策问题。与任何一种优化问题一样,这个问题的优化也受到各种条件的约束,如生产厂的生产能力约束,即各生产厂的供应量应小于生产能力。用户的需求量约束,即要求进货量大于或等于需求量;配送中心的物流均衡约束,即要求配送中心进货量等于发送量。

全局物流网络设计考虑的不是优化某个节点,如上面的配送中心的问题,而是从全局的角度考虑，特别是从供应链管理全局的角度考虑。全局物流网络设计的主要决策问题，对上游供应链来说，是供应商的选择与确定，对下游供应链来说，是分销商与代理商的确定，因此全局的物流网络设计要把两个市场的约束都考虑进去。进行渠道设计时还要考虑非物质因素，如对下游物流网络的设计要考虑地区文化、消费观念等。对上游物流网络的设计则更多是考虑运输费用、技术合作的优势、供货的可靠性和协作管理成本等。因此整体的供应链网络的物流优化不是单纯的网络运输问题的优化设计，是一种战略性的规划，需要从供应链的整体角度去考虑问题。

战略渠道设计可以分为三个步骤：第一步要进行网络分析。通过网络分析，确定网络要素和相互的关系，比如工厂的位置、分销地点和数量、供应商的数量和位置等。第二步是优化设计，采用有关数学模型或采用其他方法进行优化决策分析。第三步是组织实施网络设计方案。

(四)全球物流系统

当一个企业发展成为全球性的企业时，就需要有全球供应链管理系统，为此必须建立全球的后勤保障体系，否则，企业将无法适应全球竞争的要求。企业的全球供应链管理系统应主要考虑如下几个方面的问题。

1.建立全球的售后服务体系

实现全球供应链管理的企业需要建立完善的全球后勤服务体系，以保证物流畅通和树立良好的企业形象。海尔集团是我国成功打入国际市场、实施全球化经营的大型国有企业。

2.建立全球供应链需求信息网络

全球化经营和本地化经营的最大不同是需求信息来源的多样化、地区差别化、消费的文化价值差异化等，因此企业要根据不同的国情，对需求特点进行分析，建立全球需求信息反馈系统。全球供应链的信息需要从一个地区反馈到另一个地区，从一个供应链节点企业到另一个节点企业，形成满足供应链管理要求的信息网络，它是维护全球供应信息的一致性、保证全球供应链的信息能够准确无误、畅通无阻、进而实现全球供应链同步化运营的关键。

3.建立全球化合作关系网络，提高物流效率

由于全球供应链跨越不同的国家和地区，物流过程要经过海关、机场、港口等，运输过程十分复杂，有汽车、飞机、轮船等各种运输工具，还有不同国家的管理与地区性政策等都将会导致物流过程的效率变低。为了提高物流效率，必须建立全球化的合作关系网，通过和当地的物流部门进行合作，把部分业务外包给当地企业，如代理销售、代理运输、代理库存管理等，或建立联合经营体，如地区分销中心等，这些措施可以大幅度提高物流系统的效率。

第三节　企业物流合作协议的签订

一、选择第三方物流公司的原则

企业物流外包实施随着企业物流外包业务的迅速增长，那些没有利用外包的企业有落后的危险，而那些没有对外包进行妥善管理的公司可能会失望。克里弗德曾经在《物流外购——管理手册》一书中指出，在物流外包实施过程中要坚持下面这10个基本的规则是成功、互助、互惠关系的保证。

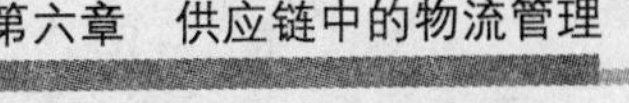

1. 原则一：制定外购的战略

对外购需要谨慎考虑，要认真与自我解决方案相比较。这将有助于分辨出每种选择方案的优劣势，要从起点考虑过程中的每一个供应商。尽管提案要求能够很容易对潜在的和约进行评估，他们通常会忽略对最有效的成本和服务过程的服务的整体认识。

2. 原则二：建立一个严密的供应商选择程序

检查公司已经存在的客户关系和财务状况。仔细分析公司的管理深度、战略方向、信息技术的能力、劳资关系和个人风格和可亲近程度。

3. 原则三：清楚地定义期望

大量不成功的外购关系都是由不明确的预期所导致的。供应商经常面临这样的窘境：在对产品的体积、尺寸和运送频度等信息掌握不全的情况下提供服务，这是因为公司往往缺少对他们自身物流活动的准确和详细的描述。除此之外，提供服务的成本，特别是在信息技术领域，通常都是被低估的。这些不准确的要素会导致供应商成本的上升，而这往往是与实际相违背的。

4. 原则四：设计一个好的合同

要提高共享收益的合同双方的运营状况和生产力，提供一种有效的预测机制，其中一定要讲清楚双方的义务期望和补偿方案等。

5. 原则五：建立合理的政策和程序

给服务提供者设计一个操作手册。更理想的是，手册可以由双方共同制定，要包含所有的政策、程序以及高效的外购活动运作所必需的所有其他信息。

6. 原则六：明确并尽力避免潜在的摩擦点

双方都要明确可能会出现的摩擦点，并提前发现，协商制定相关的解决方案。

7. 原则七：与物流合作伙伴有效沟通

无效的沟通与无效的计划相比是导致失败的外购关系中的第二个重要原因。对合作的所有细节的沟通必须是经常的，而且必须是双方的。

8. 原则八：进行绩效评估

当建立合作关系后，对于绩效的标准要明确辨别达成一致，同时要经常沟通。要经常进行绩效评价。

9. 原则九：激发并奖励供应商

要学会对供应商良好的服务进行奖励，但是不要想当然。表扬、认可、激励、奖品和搭餐都是已经被证明有效的激励手段。尽任何可能地勇于表达自己对供应商的良好的态度。

10. 原则十：做个好的合作伙伴

好的合作关系会使是双方受益的，物流供应商良好的服务于客户的能力能够提升业绩表现，否则将会使业绩大打折口。

二、物流外包决策步骤

企业的物流外包决策对于企业来说是一把双刃剑，遵循一定的科学决策程序慎重选择物流服务商非常必要。在实践中，企业物流外包采用的决策过程，如图 6-1 所示。

(一)企业内外部因素分析

企业要想制定一个好物流经营策略，要求企业对外部宏观环境、内部环境进行彻底调查和分析。外部宏观环境因素包括：物流市场的现状、环境法规与政府管制、技术环境和经济环境等因素。内部环境包括：企业核心能力、物流在企业中的地位、企业拥有的物流资源、企业成本控制要求、企业规模和实力、企业性质、物流转换成本、物流变革的阻力、企业的基础管理水平等因素。

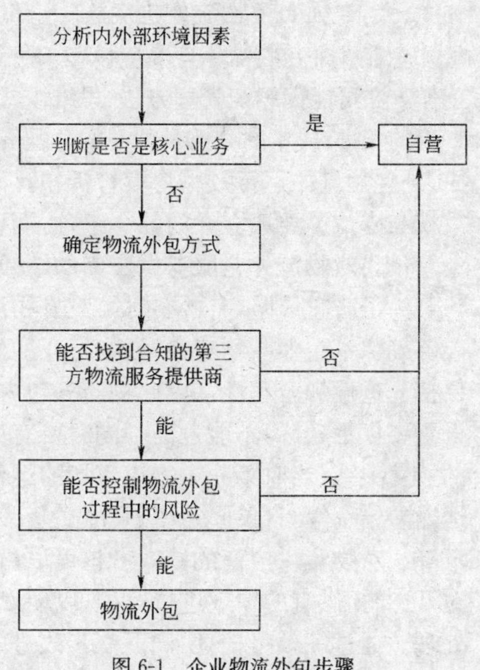

图 6-1　企业物流外包步骤

（二）判断是否核心业务

只有物流是企业的核心活动，而且集团公司内部企业的物流资源具有可持续性的竞争优势，企业才可以实施内部外包。否则，不管企业持有多少物流资源，只要物流不是企业的核心能力；即使是企业的核心业务但自身或集团公司内部在物流运作上不具有可持续的竞争优势，企业就应该外部外包物流。

（三）确定外包方式

确定外包方式，企业就可以对物流外包的方式进行量化分析和定性分析。企业物流业务外包的方式有：物流业务部分外包、物流业务全部外包、物流系统接管、战略联盟、物流系统剥离、物流业务管理外包。

（四）选择外包物流供应商

选择合适的外包物流供应商作为供应链中的合作伙伴，是外包物流策略最重要的内容之一。如果企业对合作伙伴选择不当，不仅会损失企业的利润，还会使企业失去与其他企业合作的机会，就会无形中抑制了企业竞争力的提高。对第三方物流商进行初选时的基本条件是：物流供应商具有必要的资源条件，第三方物流商的物流满足能力、品牌、网络覆盖率、服务商的声誉、业务范围、经验等；合作双方有互补性；双方之间有一个相互沟通的信息平台等。

（五）控制物流外包中的风险

为了最大限度地防止风险，提高合作的综合质量和效益，选择物流服务商不应只考虑物流服务成本，还应考虑 TPL 的综合能力，和最终客户满意度，具体来讲主要包括以下 7 个方面：

(1)规划能力：物流系统规划、解决方案设计、供应链优化。

(2)物流网络：合理分布的区域物流中心与城市配送中心 。

(3)运输能力：包裹、零担、整车多种运输模式，铁路、公路、航空等多种运输方式，费率谈判及与承运人的关系，集货运输与货运代理。

(4)仓储能力：进、存、出货作业设施、设备、人员、贴条码、贴标签、包装、装配、退货处理等增值服务。

(5)信息水平：计算机、网络设备与应用，物流软件、呼叫中心、信息服务。

(6)管理水平：管理层、标准业务流程、质量体系、员工培训、企业文化。

(7)服务水平：绩效评价体系、客户群、客户评价，是否能够针对企业的现行业务提出专家级的并切实可行的解决方案等来降低事前风险和事后风险处理能力。

(六)专人负责物流外包实施

企业和外包物流供应商应该是一种亲密的伙伴关系,但由于各企业的目标不尽相同,各自的工作方法可能因组织管理方法、思维模式以及组织文化等方面存在的差异而不同,同时也可能在日程的安排、成本的分摊及利益的分配等方面存在分歧。这些矛盾和冲突如得不到及时、圆满解决,外包物流的运行效率将大打折扣。因此,企业高层管理者对于外包物流管理要给予足够的重视与支持。要成立专门的小组,协调可能发生的矛盾和冲突,促进外包物流目标的实现。

(七)对物流外包服务供应商的绩效考核与激励

为了防止风险,有必要对第三方物流提供商建立从过程到结果的考核体系,必须建立机制能够确保本企业与物流市场、本行业的发展保持密切联系,使本企业的物流服务的质量和成本保持先进性和合理性。因此物流外包方应建立第三方物流运作的绩效评价机制。评价指标的设置要立足实际,不能过高。同时要有可操作性,并能够准确地反映客户企业与物流企业之间的运营关系、当时第三方物流市场的运作情况。物流绩效关键业绩指标主要有:顾客满意度、运输差错率等,订单履行率、及时送货率、物品完好率、物流成本降低、交货周期缩短、库存水平下降。对物流供应商的绩效考核可以由外包物流的企业组成评审小组或聘请独立的外部人员对 TPL 提供者的绩效进行监控,以便发现问题及时改正,并可根据合同中的条款进行适当的处理。通过绩效考核,明确下一步改进的计划,给对方的合作提供便利条件。因此通过绩效管理对客户企业和物流服务的提供商都可起到一定的激励作用。

小资料

TNT 的惠普物流服务案例

1999 年开始,TNT 物流公司成为惠普的第三方物流管理商,负责管理零部件仓库和来自世界各地供应商货品的进口运输。随着惠普开始减少直接开支,允许低成本服务商接管原来由惠普自己的员工管理的一些事务,TNT 的势力逐步增长。现在 TNT 做的所有工作,过去都是惠普自己做的,与使用惠普自己的员工相比,TNT 的开支要节省 40%,而且,TNT 更多使用临时工和兼职人员,这样可以根据订单的多少自如伸缩。惠普在罗斯韦尔的物流合同是由具有 25 年物流经验的大卫·埃尔韦负责的。

TNT 管理着惠普的 11 座仓库,每年的营业额约 2600 万美元。罗斯韦尔在其中占大部分。位于罗斯韦尔的工厂占地 80 万平方英尺。由于仓库和生产线是在同一处,所以这种经营又称为“同址”运营。目前在其他许多公司,零部件还需要在仓库和工厂间运来运去,既耗时又费钱。而在罗斯韦尔,配送零件通常只需一辆叉车跑一趟来回。接到要求提取某一零部件的提货单后,一名 TNT 员工就会在排满了 800 0 种库存产品的巨大货架上找到所要的零部件,然后更改库存记录,最后把零件送到组装线上。通常这只需要 30 分钟。但在过去,由于仓库和厂房遍布罗斯韦尔全城,运送一趟通常需要 2~3 个小时。节省的不仅是时间,而且是产品的损耗和破坏。

TNT 物流公司除了管理上千万美元的库存,还从惠普员工手中接过了运输管理业务,这在惠普公司历史上尚属首次。TNT 将过去众多的运输商减少为寥寥几家。其中 Eagle 物流公司负责重型产品的国内空运,安邦快递公司则运送小部件, Schneider 公司、US Freightways、Con-Way 公司和联邦快递货运公司负责惠普国内运输的 70%，Expeditors 公司承担亚洲地区的空运，并且是惠普在亚欧地区的货运代理，德迅公司(K&N)在欧洲空运中发挥作用。

TNT 的运输经理就像是沟通惠普采购经理和公司供应商的桥梁。TNT 从惠普手中拿到订单后，联系供应商，确保零部件能及时送到惠普的工厂，中间具体的运输过程就是承运商的事了。每周，TNT 都对每一条产品线上的国内和国际运输费用开出清单，这在惠普历史上也是从未有过的。在与惠普合作的头 6 个月，TNT 就通过减少加急运输，为惠普节省了 250 万美元。另外，TNT 还通过减少运输商的使用、改变运输方式，为惠普省下了 400 万美元。同时，TNT 还利用旧垫板，而不是像原来租用带垫板的面包车，这又为惠普在半年内省下了 50 万美元。过去，惠普要租赁大量飞机保证及时运输，但现在 TNT 只在为了保证生产线继续运转的紧急情况下才使用空运，其余情况下都通过公路运输。

惠普自身也在进行着变革，公司原来的物流经理都离开了原有岗位。惠普与康柏合并之后，新公司使用的 TPL 供应商有 30 多家，遍布全球。新公司希望在近期把这一数目减至 15 家。合并后，公司对所有的 TPL 公司都进行合同评估，公司内部对于运营的集中化程度分歧很大。过去惠普都是对每一地的物流单独管理，但现在人们对于本地化还是集中化持有不同的意见。对于 TNT 来说，必须让当地工厂经理和总部的决策者双方都满意。过去惠普是反对外包的。而在康柏，外包是企业文化的一部分。在合并过程中，TNT 必须加倍小心，因为他们通常是和那些在惠普有着二三十年工龄的老员工打交道。

现在惠普康柏已合二为一了，双方的物流业务正慢慢融合。如果康柏在物流方面占上风的话，那么对 TPL 来说，将会有更多的外包机会，而且业务会越来越集中到少数企业中。TNT 物流公司还替康柏管理着 5 个卫星枢纽，这和惠普在罗斯韦尔的情况大不相同。这 5 个仓库的库存由供应商管理，TNT 并不掌控库存。而在罗斯韦尔，惠普掌握着所有的库存。惠普之所以最后选定 TNT，并不是因为价格，而是 TNT 的作风。由于经济下滑、高科技企业受挫，惠普必须紧缩开支。惠普邻近罗斯韦尔的一个 80 万平方英尺的仓库关闭，一些生产线转移到罗斯韦尔，实际产量比 3 年前增加 20%，但开支增幅只有 6%。

TNT 物流公司和惠普之间签订了一个颇具激励性的合同，TNT 必须在不提价的前提下，达到一系列指标。当 TNT 成功地把成本减少了 12%时，其中的 4%作为奖励给予 TNT 的员工。成本得以缩减，很大程度上得益于 TNT 在 200 多名员工中进行的交叉培训。

资料来源：中国物流与采购网

第四节　供应链中的运输管理

运输使产品实现了在供应链全过程中从最初的起点到消费终点的移动，是实现实体物流活动的时间效用和空间效用。运输在供应链中的作用至关重要，因为供应链合作伙伴之间的商品流动必须在规定时间送到指定的地点。当供应链中的运送出现问题的时候，就意味着要保存更多的安全库存，同时意味着客户服务水平的恶化，最终是提高了成本并降低了终端客户的满意度。当公司计划将采购链条扩大到国外供应商时，运输成本和时效就成为决策的关键因素。

一、运输相关常识

运输的目标是在满足客户需要同时将成本最小化。对运输经理而言，这就要求决定采取何种运输方式，与合适的运输商合作，选择恰当的车辆调度和线路，安排仓储和货物包装处置，运输合同保险、法律等问题。作为从业者必须对这些运输基本常识非常清楚，下面简单介绍一些知识。

(一)运输公司的法律形式

运输服务公司从法律上被划分为普通、契约、免责或自用承运商 4 种：

1. 普通承运商

普通承运商指按照公开的价格，在指定的地点之间为所有托运人提供运输服务。他向所有公众提供没有差别的服务，即针对相同的服务收取同样的价格。因为普通承运商向一般公众提供服务，他们是所有承运商中受管制最多的承运商。

2. 契约承运商

契约承运商指在契约的规定下服务特定的客户，他们不限定仅服务公众。典型的契约承运商是就特定的货物按照规定好的价格进行运输，某些契约承运商具备某些专门的能力，能使他们比普通承运商提供较低的价格。托运人和承运商可以自由商讨价格、运送的商品、责任、运送时间和服务类型。

3. 免责承运商

免责承运商也是普通承运商，但它们不受服务条款和价格的管制，可以运输一些特别的商品。

4. 自用承运商

自用承运商归属于某家公司，专为这家公司运送。当一家企业有大量的自有物品需要运输的时候，一般会保持一个大规模的运输车队，使自己经营运输的成本低于向第三方购买运输服务的费用。商品运输的灵活性和控制能力也是公司拥有自用承运商的一大优势。例如。沃尔玛拥有一个属于自己的运输车队和一些配送中心，负责从配送中心向各销售点运送货物。

(二)主要运输方式比较

运输方式主要有公路、铁路、航空、水路和管道运输 5 种形式。每种运输方式都为可客户提供独特的优势，方式的选择取决于要运送商品的特点，如需要以多快的速度以及起点和目的地的位置等。这 5 种运输方式比较如表 6-4 所示。

5 种运输方式比较 表 6-4

运输方式	优点	缺点
汽车运输	灵活性高 速度快 可靠性高 适用于即时送货和门到门服务	成本高 局限于国内或地区运输 不适用体积较大的货物
火车运输	成本低 货物使用面广 更好的联运服务	较慢 灵活性低
航空运输	迅速可靠 适用重量轻体积小的高价值货物	成本高 航点网络缺乏
水运	适用重量重、体积大的项目 成本低	有限灵活性 慢
管道运输	一旦安装，长期运输成本低 适用于运输大量液体和气体	安装成本低 局限于某些特殊物品

1. 公路运输

公路运输或者叫载货汽车运输，是最具灵活性的运输方式。汽车运输提供门到门的服务、当地的装运，运送数量也可大可小。它比铁路运输和航空运输更具优势，当需要运到不同国家的多个地点时，汽车运输比其他运输更具优势。汽车承运商通常被划分为零担承运商(LTL承运商)和整车（TL承运商)两类。LTL承运商运输小的包裹或货物，货量不足一整车，其单价比整车承运商要高，因为要收集许多小件货才能装满一整车，然后化整为零将每件货物分别送达目的地。

2. 铁路运输

铁路运输的速度相对较慢且不具灵活性。但铁路运输比空运和公路运输来讲相对价格较低，而且还可运送远程、沉重或大体积的物品。铁路承运商在美国目前仅占到美国运输货物总值的6%，为提高竞争力，铁路公司也开始收购汽车公司来提供点到点的装货或运送服务，他们用载货汽车和铁路板车运送载货汽车拖车，被称为拖车放在平板火车上的服务。

3. 航空运输

航空运输相比其他运输方式来说最贵，但速度也最快，特别对远程距离而言。航空承运商每年占美国运输货物总值约5%，但只占货物周转量(吨英里)的1%。这是因为航空运输不能运送太重和太大的物品。对于价值高、重量轻、距离远的物品，航空运输是最好的选择。如今通过飞机运输的货物有一半都是由专门的货机运送的，如联邦快递。这是20世纪60年代后期的一个重要变化，在此之前货物运输绝大多数是通过客机完成的。由于机场的拥堵和跑道的延误会降低中长距离航空运输的优势，因此一些货运航线也配备汽车运输车队，为客户提供点到点的服务。

4. 水路运输

水路运输非常便宜，但是其速度很慢且不具有灵活性。水路运输包括内河运输、湖泊运输、沿海运输、海岸间运输和国际深海运输。绝大多数内河水运都用来运送重的、低价的物品，如煤、谷物、沙子，这种方式主要与铁路运输和管道运输竞争。借助超级油船，石油生产国可以很便宜地将大量的石油运到需要的地方。海运很多使用集装箱运输，集装箱标准化使运输衔接方便，并为货物物提供了很好的外部保护。

5. 管道运输

管道运输的额外维护成本是非常低的。一旦最初的管道投资后，就很少再有其他额外的费用发生。管道运输只能运送液态和气态的物品，所以这种运输方式的增长潜力也是很有限的。使用管道运送煤时，要先将煤研成粉末，然后将其融入水中形成煤浆。当煤浆到达目的地后，再将水分离。其他通过管道运输的物质还包括水、石油、汽油和天然气。

6. 多式联运

多式联运又称为多种运输方式组合，如今成为非常普及的运输方法，它使商品的运输更加有效。许多大的运输服务公司提供一站式、门到门的运输服务并提供统一报价，考虑最经济的、多种方式相互衔接的运输方式来满足客户需求。例如，一家美国制造企业将产品运往日本的一家客户的运输过程是：首先把产品装入标准的20ft集装箱，铅封后的集装箱被放在拖车上运往附近的火车站；然后将这个集装箱与另外一些集装箱叠在一起放在火车上运往美国西海岸，到港口后集装箱被装上集装箱船运往日本。到达日本，集装箱通过海关后，放到集装箱拖车上送往目的地。

(三)国际物流运输中介

许多物流服务中介能够更好地帮助客户选择运输方式。国际运输中介为客户提供运输、组货和进出口服务,并且向公司提供国际商务中所必需的专业知识。下面简单介绍国际中介的一些形式。

1. 国际货运代理

国际货运代理帮助国外的客户通过海洋、陆地或空中运输,将货物从原产地运到海外客户的目的地。他们将零散的货物组成整车或整集装箱的货物进行运输。他们决定采取何种运输方式,并处理所有相关单证文件,然后在目的地将货物疏散到各自的目的地。他还要选用最佳的路线、监管仓储、拆分和再包装,并满足客户其他物流需求。使用外国货运代理可以降低运输成本,改进客户服务,让小公司更好地关注它们的核心业务。

2. 全程物流服务提供商

全程物流服务提供商可提供满足客户所有物流要求的有偿服务。服务的对象是规模非常大的公司,它们在物料处理、仓储和运输方面有复杂的要求。他能够提供所有这些服务;对上述的需求进行内部和外部的评估;然后为企业提供全面解决方案,帮助企业降低成本同时提高客户服务水平。这类服务发展迅速,因为企业都想找到新的物流服务商改进供应链,提高盈利水平和竞争力。如德国的辛克物流公司为通用和福特汽车公司在北美的经销商提供修零部件的全部运输,DHL、联邦快递、赖德公司和 UPS 这样的公司,为客户提供全球的物流管理服务。它们拥有自己的运输设备,在全球范围的重要码头和内陆地区拥有配送中心,它们可以为客户决策怎样运输监督,如何存储、包装和运送货物。中型、大型公司特别能从这些物流公司提供的全球物流服务中受益,这些物流公司专门为这些公司提供更高效的整体供应链解决方案,并负责实施,从中收取项目咨询与服务费用。

3. 运输经纪人

运输经纪人从事的业务就是处理托运人的运输需求,同时也为承运商拿到需要运输的货物以获得佣金。它们从法律上代表的是托运人或承运商,这些公司之所以有业务是因为它们对各种可供选择的运输方式或者是需要运货的托运人有深入的了解。

4. 海关经纪人

海关经纪人帮助公司完成国际货物通关,同时处理运输业务所必需的文件。公司经常需要这些专家完成产品出口;它们对各进口国家所需的文件和手续非常熟悉,这可以帮助委托公司减少货物出口所需的时间,并办理清关手续,报关行就是典型的海关经纪人。

5. 进出口贸易公司

贸易公司将国外的买方和卖方联系在一起,办理所有进出口事项和文件运输产品并提供服务。

6. 无船承运商

无船承运商(NVOCC)的运行模式与国际货运代理非常相似,但它们一般使用定期班轮。它们从托运人那里收集零散的国际运输货物,组成整集装箱的货梅运输,并安排所有的文件和运输事项。NVOCC 也安排货物到目的地港口之后的配送业务。

(四)运输合同价格定价

在签订运输合同时,价格条款是非常重要的内容,需要双方协商达成一致。运输服务提供商一般采取两种定价战略，一种是服务成本定价，一种是服务价值定价。

1. 服务成本定价

服务成本定价是指承运商根据自身的固定成本和可变成本的变化确定服务价格。承运商需要计算相关的成本并准确地将这些成本分摊到每批运输当中。服务成本定价会因运量和距离远近而变化，当运量增加时，分摊到每批运输的固定成本就减少了，因此承运商可以降低价格。大量的运输还可以让承运商收取整车的费用而不是零担的费用。当运输的距离增加时，价格也会增加，但并非与距离同比例增加，因为固定成本是不因距离增加而增加的。

2. 服务价值定价

承运商根据市场能够承受的竞争水平制定服务价格。因此价格的制定就要根据竞争的程度和市场对服务的需求状况而定。这时体现了利润最大化。如果一家承运商提供的服务市场需很高且竞争程度很低，则定价就会非常高。当其他承运商意识到这里的利润很高时，就会进入这个市场，竞争就会加剧，价格就会下降。当竞争程度加剧时，承运商就会努力降低成本以确保一定的利润率。

在许多情况下，销售条款影响着运输报价。FOB 目的港交货价指当从供应商处采购商品时，供应商的商品报价中包括将货物送到买家所在地的运输费用，在货物安全到达目的港之前，供应商是货物的合法所有者。FOB 出货港交货价，是指买家可以采购后自己安排运输，货物的所有权在供应商出货港处就转交给了买家。

二、运输计划决策程序

供应链中的运输涉及一系列决策，图 6-2 概括了一些公司的物流管理人员制订运输计划方案时面临的一些决策问题。

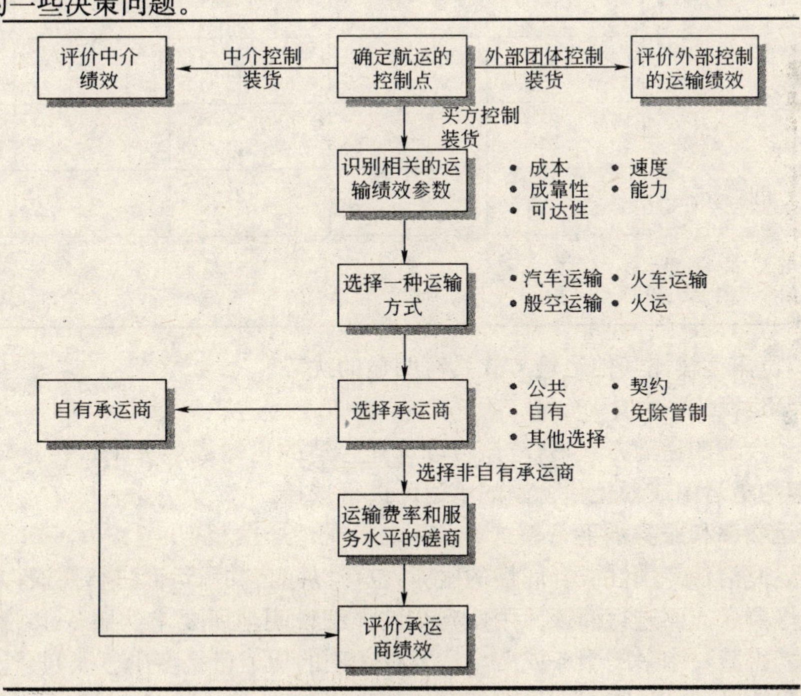

图 6-2　运输决策程序

(一)确定控制运输的时间地点

最初需要决策的就是确定控制运输的时间和地点。相关内容包括：了解到运输采用的FOB起点运输还是FOB目的地方式。对于运输作出是自己运输还是外包给其他供应商运输等。

(二)识别关键的运输绩效参数

在制定一个周密的运输计划时，必须对不同的绩效参数进行认真的评定。在比较不同的运输、同一模式内的具体承运商时，要对下列参数进行评定。

(1)总成本：除了运费外，总成本还包括存货成本、仓储成本、搬运成本、佣金关税等。

(2)速度：该参数指的是一种模式或一个承运商的在途送货时间。

(3)可靠性：有时候也称履约率，指的是准时送货能力。

(4)能力：该参数指的是承运商能为物料的搬运提供设备和特种服务的能力。

(5)可达性：运输的可达性指的是承运商是否有能力进行门到门的装货和送货。

(三)选择运输方式

前面的已经介绍了不同运输方式特点，不同的运输方式或运输类型在这些参数方面对应着不同的参数值。有如下5种基本的运输方式可以选择：汽车运输、火车运输、航空运输、水运、管道运输。表6-5对每种运输方式相对等级进行了概括：

运输方式等级 表6-5

	最低的单位成本	速度	可靠性	能力	可达性
空运	5	1	4	3	3
铁路	3	3	3	1	2
管道	1	4	1	5	5
汽车	4	2	2	2	1
内陆航运	2	5	5	4	4

1＝与其他方式相比，最高等级

5＝与其他方式相比，最高等级

总体看来，汽车运输比其他运输方式具有明显的优势。

(四)选择承运商

一旦决定了合适的运输方式，就应该考虑选择合适的运输提供者来进行运输了。需要在普通承运商、契约承运商或者免除管制的承运商进行选择。

(五)商谈运费率和服务水平

直接同承运商洽谈专用性或合同性的服务，也可以同公共承运商进行商谈，尤其是在运输费率和服务水平要求方面进行商谈。用谈判会议详细说明他所要求的服务水平，同时承运商也可以说明要获得某一水平的服务或费率需要量达到的货运量是多少。谈判会议可以包括许多内容：服务绩效保证，以绩效为基础进行的奖惩；承诺在合同期内运输的最小量；运输投诉的处理；承运商使用的设备类型；运输的频率；信息共享系统的建立；费率折扣；为降低运输总成本而采用的创造性、革新性的结合方式等。

（六）评价承运商

除了选择承运商，还需要对他们进行评价比较，甚至事后进行评估，像选择其他关键零部件供应商一样严格。具体的方法可以参考第五章供应商选择与评价方法中的内容。

三、国际运输管理策略

国际运输是各种运输方式结合的全过程，不同环节涉及不同的问题，管理难度很大。对于国际间的商品移动，运输经理必须清楚地知道各环节的运输可能性、服务和成本及运输法律管制局限性。同时要特别关注国际运输安全问题。这里简单介绍一些实用的国际运输管理控制策略供参考：

（一）减少运输商，与少数供应商建立更为紧密的关系

买方和卖方通常能够从彼此的良好关系中获益。运输服务的买方正逐渐减少与之有业务关系的承运商的数量，并且注重与剩下的承运商开展更密切的合作。

（二）正确选择运输方式和承运商

在国际运输中为减少供应链的运输成本、提高客户服务的工作中，公司一定要明确它们最需要的运输方式和承运商。它们能同时满足公司所服务的外部市场和内部采购原材料的需要。选择承运商的考虑因素包括运输时间的可靠性、运费、总运输时间、是否愿意协商价格和服务、无损耗的运送次数、财务的稳定性、使用电子数据交换以及是否能提供加急运输等。增加对有实力的能提供全方位运输服务的物流企业合作。

（三）签订国际运输合同

托运人通过签订运输合同未满足重复的运输需求，签订合同对签约双方都有好处。对于托运人来说，签订合同可以确保一整套的服务和价格，提供托运人控制运输日期、损坏赔偿和问题修复的能力。对于承运商而言，签订合同可以帮助这家公司更好地安排服务能力和员工需求，确保服务得到合理回报，为今后的合作建立信誉。合同也是双方建立长期合作伙伴关系的基础。

（四）科学评价国际运输作业

国际运输作业评估可以帮助企业发现问题所在，然后进行改进，提高运输服务水平。评估的标准可以参考事先约定的标准、竞争对手的指标和以前的运营情况。这些指标和选择运输公司时所用到的指标类似，如运输成本、准时送达率、平均运送时间、服务的灵活性、记账的准确性、无货损的送达率等。在供应商评价系统中包括承运商的绩效等级并不困难。它们应评价承运商的成本竞争性、运输可靠性、服务水平、响应性、设备状况、可得性以及质量。持续的改善要求具备对承运商绩效的即时可见性。

（五）建立战略承运商联盟

在国际运输过程中，建立和管理有效的供应链网络常常包括与提供运输服务的承运商建立联盟。这些从事运输的合作伙伴在全球供应链管理中扮演重要的角色。

当然在国际运输管理中，还有许多其他措施可以促进创新性运输方式的形成，这些运输方式可以有效地控制运输。公司应该在实践中结合具体情况具体采用。

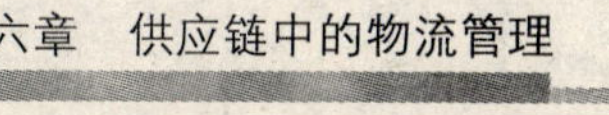

小资料

某汽车制造商物流项目合同签订过程

以某第三方物流公司与某汽车制造商洽谈物流服务合同的过程为例，说明物流服务项目的一般设计过程。

第一步：某汽车制造公司(G)和某第三方物流公司(L)达成物流项目的目标。

第二步：G公司与L公司共同为物流设计提供基础信息：制造数据、零部件数据、包装信息、生产率数据、成本数据。

第三步：G公司与L公司确认数据，并对用于设计过程的特殊变量达成共识。

第四步：L公司的管理层根据上述数据与信息，用L公司的资源设计出几套方案。

第五步：G公司与L公司审阅并修改设计，根据要求做出修改，例如：收货路线、收货顺序、时间计划（起始时间）；按公里计算的运费和运行距离；装货规则（货物堆放规则）；货场外的存储需要（排序与计量），货架回收问题。

第六步：L公司作出下列系统报告：挂车图、线路计划、设备使用表等。

第七步：G公司与L公司对最初可选的物流设计进行评估，在生产控制、物流和采购方面得到认可。

第八步：L公司投入资源进行物流设计：拖挂车、栏杆、驾驶员安排、人员安排、购买服务等。

第九步：L公司作出详细的作业计划：每一条线路的计划、交接计划、原材料物流与销售物流的集运中心、标准工作程序、标准转型工作计划、挂车提供计划。

第十步：L公司提供各种方案的价格比较，包括资金需求。

第十一步：L公司获得G公司最后的认可，作出实施的时间计划。

第十二步：L公司通知所有参与物流系统实施的部门，组成工作组。

［案例分析］

第四方物流公司成功个案介绍——环众物流咨询

一、公司前言

环众公司设立于2001年，由台湾物流专家蓝仁昌（国立台北大学企管博士生）领军。他在台湾从事第三方物流经营（环纬物流股份有限公司）已有15年，且曾任台湾国立海洋大学、东海大学、逢甲大学、实践大学等兼任讲师，以及台湾物流协会、工业技术研究院、资策会、生产力中心、机械公会等物流培训机构特聘讲师；并已在知名期刊杂志上发表过十余篇物流专文。目前环众公司总部设于上海、东莞设有分公司，提供的物流咨询服务有：

(1)物流中心兴建整体设计规划。

(2)物流中心作业系统改善。

(3)物流信息系统开发。

(4)物流人才培训。

主要往来客户有：

(1)东莞糖酒集团公司（时捷第三方物流公司）。

(2)南京苏果连锁超市公司。

(3)上海南浦食品公司(自创天喔知名品牌)。

(4)永恩集团(达芙妮女鞋全国物流网)。

(5)长春粮食集团(东北亚农产品物流中心)。

(6)广西佳用商贸连锁超市。

(7)成都互惠连锁超市。

(8)南宁物流实训中心项目。

(9)合肥物流实训中心项目。

(10)福州物流实训项目。

二、公司特色

(一)急速发展

环众公司以物流技术咨询、物流中心规划、物流软件开发、物流人才培训、物流系统集成等服务为主之物流咨询顾问公司。在台湾已经历15年的第三方物流实战经验,其服务网络已分布在两岸三地,包括北京、上海、广州、东莞、福州、长春、天津、郑州、长沙、台北、台中、高雄,已成为国内少数发展快速的物流咨询顾问公司之一。

(二)致力创新

环众公司结合两岸三地的物流智库,致力于物流新技术的研发(如储位管理可视化、培训教材e化、6个希格玛物流活用化、计算机辅助物流设计系统CAL),持续提升物流技术应用的功能性与标准化,并将新技术迅速运用在物流解决方案上,为客户提供巨大的物流效益。

(三)不断扩大的客户群

目前接受环众服务的企业,以流通领头羊企业为主,包括产、供、销和第三方物流企业,服务的内容包括物流系统诊断、物流流程改善、物流中心兴建规划、物流软件开发(含电子拣货辅助系统CAPS、无线射频终端RF、地理信息系统GIS、卫星定位系统GPS的集成)、物流三级人才培训(作业层、管理层、决策层)等。

三、实施个案介绍

(一)规划个案

(1)上海南浦食品有限公司整体规划物流中心,该物流中心占地4万余m²,2003年10月18日正式启用,具体特色见表6-6。

上海南浦食品有限公司物流中心简介 表6-6

公司简介	南浦食品是目前国内最大的食品批发商之一,也是一家有能力代理国际大品牌的专业公司。其代理产品有雀巢产品系列、康必奶产品系列、惠氏产品系列、都乐产品系列、康富来产品系列、人头马、轩尼诗、马爹利等洋酒系列及皇轩葡萄酒等19个知名品牌。并通过合资或独资形式建立了多家子公司,进一步优化管理。通过代理,了解国际品牌经营之道,在食品之外又拓展经营百货商品,并且创造了自主品牌——“天喔食品”,取得了显著的成效。目前其物流中心总占地面积达8.39万m²,新建仓库面积2.484万m²,待建仓库面积1.1592万m²
系统特色	1.操作系统 (1)拣货模式可多种并用、弹性交互选择 (2)进货及储位管理采用RF系统 (3)车辆派遣计划导入GIS系统 (4)车辆与仓库无接缝装卸操作系统 (5)多仓三向动线规划 2.信息系统 (1)开发WMS和TMS物流信息系统

续上表

系统特色	(2)建立 ERP 与 WMS 实时传输系统 (3)建立主仓与分仓间数据传输系统 3. 控管系统 (1)采用国际品保管理系统 (2)建立分时管理与责任到人制度 (3)采用总量控管预算制度 (4)导入平衡计分卡绩效制度
兴建时程	2003 年 4 月至 2003 年 10 月
规划内容	需求分析、概念设计、厂区规划、厂房规划、动线规划、平面规划、设备规划、流程规划、时间规划、组织规划、成效分析、导入规划
规划工具	CAL 计算机辅助物流设计系统、RM 物流规划法、SEIQ 分析法、平衡记分卡法、ISO-9000 国际品保系统

(2)南京苏果超市有限公司整体规划便利店物流中心，该物流中心 2003 年 12 月份正式启用，具体特色见表 6-7。

南京苏果超市有限公司物流中心简介 表 6-7

公司简介	苏果超市有限公司成立于 1996 年 7 月，2002 年销售规模已达 70.54 亿元，居中国连锁企业第 9 位，连锁超市业态第 5 位。跻身中国 500 强企业第 200 强，位居江苏省企业前 50 强，南京市场占有率达 50%，连续 4 年稳坐江苏省商业连锁企业的头把交椅。经营范围覆盖苏、皖、豫、鲁 4 省，2005 年内网点总数将达到 2000 个，180 亿元的销售规模 目前，配送中心共占地约 6 万平方米，分为客户服务区、6 个食品区域和 5 个百货区域；拥有低温库、冷冻库、普通常温库、常温高架库等仓储面积约 4.5 万平方米；自备冷藏车、保温车、箱式货车、大货车等各式配送车辆 50 多台 配送中心经营干果干菜、蜜饯、酱菜调味品、酒类、糖果、饮料、罐头、饼干、米面、膨化休闲食品、乳制品、保健品、低温冷冻品等大类的食品和纸品、针纺织品、洗涤化妆品、家电等日用品 25000 多种。现在经营管理、调运、后勤人员 450 人，服务辐射到江苏、安徽、浙江、山东、河北、河南等地区。每天批发配送工作在计算机管理系统的控制下紧张有序地进行。秉承为门店为客户服务的宗旨，每天营业全年无休息日
系统特色	1. 操作系统 (1)储位管理可作数量及空间管理 (2)进货计划考量供货商特性，采高效周转 (3)车辆派遣计划采用分批共配原则 (4)拣货作业采行委外分包制度 2. 信息系统 (1)开发 WMS 和 TMS 物流信息系统 (2)建立 MIS 与 WMS 实时传输系统 (3)进货及储位管理采用 RF 系统 3. 控管系统 (1)采用国际品保系统 (2)建立责任到人制度 (3)采用总量控管预算制度
兴建时程	2003 年 9 月至 2004 年 1 月
规划内容	需求分析、概念设计、厂房规划、动线规划、平面规划、设备规划、流程规划、时间规划、组织规划、成效分析、导入规划
规划工具	CAL 计算机辅助物流设计系统、RM 物流规划法、SEIQ 分析法、ISO 9000 质量管理体系

(3)长春粮食集团东北亚农产品物流中心首期工程整体规划，该物流中心于 2003 年 12 月正式启用，具体特色见表 6-8。

长春粮食集团东北亚农产品物流中心简介　　表 6-8

公司简介	东北亚农产品物流中心隶属长春粮食(集团)有限公司，总投资 12 亿元，分两期施工。一期工程于去年年底完工，并投入使用。一期工程投资 7 500 万元，占地面积 14.9 万平方米，建筑面积 1.88 万平方米，拥有 161 个门市房，仓储能力 5 万吨，交易品种以粮油为主，现辐射省内四平、松原、白城等地区，延伸至辽宁、黑龙江及沿海各省。现已入驻业户 161 户，几乎囊括了全国所有知名的大米、面粉、豆油等农产品生产厂家，并且很多厂家还在物流中心建立了经销处，每天都有全国各地的客商来此订货、签单
系统特色	1. 操作系统： (1)园区动线具流畅性 (2)增设第三方物流服务功能 2. 控管系统： (1)采用国际品保系统 (2)采用成本中心制度
兴建时程	2003 年 7 月至 2003 年 11 月
规划内容	需求分析、概念设计、厂房规划、动线规划、平面规划、设备规划、流程规划、时间规划、组织规划、成效分析
规划工具	CAL 计算机辅助物流设计系统、RM 物流规划法、ISO 9000 质量管理体系

(二)软件开发个案

环众公司分别为南浦食品物流中心(WMS＋TMS＋RF)、南京苏果便利店物流中心(WMS＋TMS＋RF)、永恩达芙妮女鞋(WMS＋TMS＋RF＋CAPS)、东莞时捷物流中心(WMS＋TMS)，开发完成定制化的物流信息系统，使上述企业的物流作业向上提升，真正进入了信息化的物流作业平台。

物流中心一体化信息解决方案流程如图 6-3 所示。

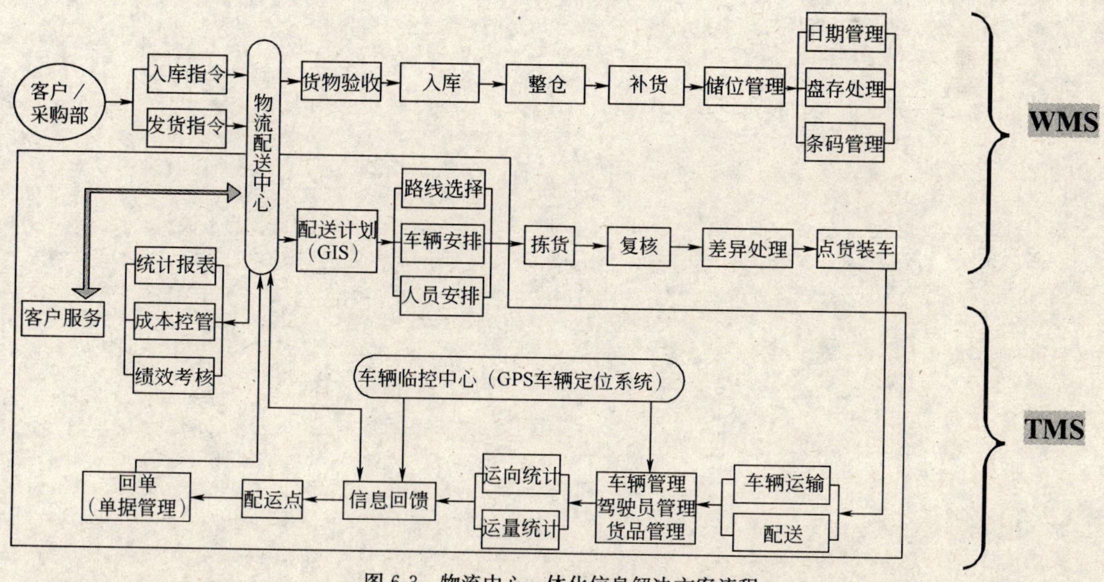

图 6-3　物流中心一体化信息解决方案流程

资料来源：《中国物流与采购》2005 年第 19 期

[思考与练习题]

1. 调查知名企业物流外包情况、分析原因、对 TPL 的评价指标。
2. 阅读公司签订的物流协议条款。
3. 制定运输方案并电话询问运输服务报价。

第七章

供应链中的信息技术应用

学习目标

1. 会识别供应链信息共享模式，并在关键领域采用合适信息技术；
2. 能利用 RFID 技术提升供应链信息管理水平；
3. 会识别常见信息技术功能原理与作用。

基本概念

EPC　RFID　EDI　GPS　GIS　电子商务

引导情景

高露洁供应链管理 SAP R/3 系统解决方案

高露洁公司(Colgate—Palmolive)作为一家知名的跨国公司，向来以采用正确的发展策略为业内称道。为综合管理其供应链，该公司于 1999 年 11 月建立了高露洁全球供应链管理系统。高露洁希望充分利用对其核心 SAP R/3 解决方案的投资，进一步完善全球供应链管理，改善对零售商和客户的服务，减少库存，增加盈利。

总部位于美国纽约的高露洁公司是一家资产达 94 亿美元的全球性消费品公司，在美国及全球范围内制造并销售的消费类产品种类繁多，包括牙膏、肥皂、洗涤用品和宠物食品等。该公司的业务遍布 200 多个国家，其中 70%的销售来自国际市场，80%的雇员在海外。高露洁公司在 SAP 企业管理解决方案的基础上建立高露洁 mySAP 供应链管理(mySAP SCM)。

高露洁从 1995 年开始采用 SAP 提供的企业管理核心解决方案，通过财务管理、后勤规划和其他业务环节等统一全球支持公司的运营。采用 SAP 的系统也推动了高露洁公司内部所有产品命名、配方、原材料、生产数据及流程、金融信息等方面的标准化。

这些方面的改进提高了高露洁公司在全球的运营效率。例如，在经营领域，SAP 企业管理解决方案能够巩固生产设施。国际市场上消费品的竞争十分激烈，尽管高露洁在

SAP 系统的帮助下取得了很大发展，但还有些方面需要完善。通过实施 SAP R/3 系统，高露洁将产生订单和完成订单的实现率提高到 90%，但它仍希望通过突破公司在需求和能力方面的局限将该数字提高。此外，通过 SAP R/3 系统，高露洁在北美将订单在企业内部循环的时间由 9 天缩减到 5 天，但即使这样成本还是很高。

为解决上述问题，高露洁建立了高露洁全球供应链系统。在该系统中，高露洁确定了三个主要的供应链战略。首先是推出 VMI 项目，大幅削减渠道的库存和循环时间。其次，高露洁还想实施一个跨边界资源计划，将地域性模式拓展为全球性模式。这种模式转型可以提高企业的预测能力，减少非盈利股份，凝聚资产，平衡公司的全球业务。最后，高露洁还将实施一个与下游企业的协同计划程序，用来管理供应链中的市场需求和协调各项活动。

在高露洁内部，VMI 是一个推动过程，公司将根据 VMI 提供的每日消费需求与库存信息对各消费者中心进行补充。目前 VMI 的重点在北美，在那里，VMI 管理着来自 5 个工厂 40% 的集装箱，涵盖 40 个分销中心，12 个消费区，包括高露洁所有的产品（约 1000SKUs）。由于 mySAP SCM 使高露洁能更加准确地契合供给与需求，最终降低了成品库存，提高了在产订单和已完成订单的达成率，缩短了补充循环的时间。VMI 商业程序由 mySAP SCM 供应网络的规划能力支持。每天来自消费分销中心的库存量和需求信息传递到 mySAP SCM，对需补充的订单数进行统计。mySAP SCM 能够对企业生产能力信息进行综合以确定生产需求和供应不足。随后，补充订单通过 EDI 传回给消费者进行确认，然后处理顾客的要求。VMI 调度 98% 在产订单和已完成订单，并将补充订单循环时间缩至一天。随着在北美和其他地域 VMI 的实施，高露洁所获得的上述收益还将成倍增长。

高露洁的跨地域资源利用系统（CBS）将需求和全球资源信息整合在一起，使以前的月度预测发展成为每周的订货补充。高露洁的投入迅速见效，其中包括出货率的上升、集装箱整箱率上升、补充订单的循环次数下降、库存下降 8% 等。在新商业模型中，供应商直接负责对高露洁分销中心的资源补充（在此之前，高露洁的销售分支每月发展不均，向海外的工厂发布的补货要求经常不准确）。新的周补给制度是由客户的订单流量来驱动的，通过高露洁在世界各地的分销中心直接传递给供应商。补给要求也是根据高露洁销售机构提供的需求信息（如推广活动刺激的需求增长等）来计算的。CBS 商业控制程序也由 mySAP 支持，根据每日需求信息和库存量对补货订单进行计算，使供需更加吻合，更加适应特殊订单的要求，同时减少了不准确预测产生的影响，进而降低了成品库存、减少了补充订单的循环次数、大幅提高了企业内部补充和用户订单中的在产订单和已完成订单的达成率等。此外，通过使用功能强大的补货系统，高露洁还提高了订单的实现率和资本使用效率。这个灵活、有效的产品补充系统加快了前往分销中心的物流进程，而且企业的运输成本由于有良好的全局规划并没有增加。

一、需求规划

高露洁（美国）采用的 mySAP.com 需求规划系统的功能和 mySAP SCM 的协同引擎能够向供应商传达公司的需求信息并在供应链网络中作出协调计划。mySAP SCM 能够计算出基本需求，推动各种可重复的补充过程，相应增加因市场推广带来的增长的业务。对市场推广带来的额外需求增长的管理独立于基本需求管理之外，是进行生产、产品后整理和分销的重要依据。这种协同引擎通过最新计划信息的交流、偶然事件的管理、对预测准确性等功能测试的跟踪等，对市场推广带来的需求增长进行协同管理支持。

二、绩效确认

高露洁供应链战略的三个主要组成部分由mySAP.com的实时集成模式进行支持，股票、订单和其他市场指数都能实时在顾客、企业内部ERP系统和mySAP SCM之间更新，确保迅速得到各种能够影响计划的指数。这对计划的推广尤为重要。高露洁希望在VMI、CBS和协同引擎被广泛应用到所有的品牌和商场以后，SCM的效益能更加成倍增长。供应链信息的可见度提高意味着可以得到准确、及时、一致的数据信息来支持各种规划的决策。高露洁还将使用mySAP商业智能系统(mySAPBI)，以更快速地获得更加一致和精细的数据信息，支持整个企业集团的决策。

资料来源：立帜网

第一节　供应链中信息共享

一、供应链中信息含义与特征

对于信息的定义，至今没有定论。控制论的创始人之一维纳(N. Weiner)认为：“人们为了适应环境，而不断调整自己的行为，又从环境中感知到调整行为后的结果，在这一过程中，人们与外界交换的内容就是信息”。申农(Shonnon)认为：“当系统具有某种不确定时，能使这种不确定的量减少的就是信息。”很明显，这里指的是信息的作用、功能，还不能说是信息本身。波拉特认为：“信息是经过组织化而加以传递的数据”。由此可见，信息的概念内涵丰富，外延广阔，关于它的解释因角度不同而存在很大差别。我们认为：从广义上讲，信息是个社会概念，它是人类共享的一切知识、学问以及对客观现象加工提炼而得到的各种消息之和。

供应链系统中的信息，是指供应链中各成员所拥有的一切知识和从外部所获得的经过提炼的各种消息之和。因此，供应链中的信息应该包括数据信息和知识信息两种。数据信息数据信息可以传播，易于传播，而知识信息通常不可测，也不易传播，但对于决策起到至关重要的作用。

供应链中的信息应该具备以下的主要特征：

(一)事实性

事实是信息的中心价值。不符合事实的信息不但没有价值，还可能产生负价值。因此，信息的第一和基本的性质是事实性。

(二)等级性

供应链的管理涉及各企业成员，而企业的活动划分为战略层、策略层和操作层，相应的，各

层活动所需要的信息也分为三个等级：战略层信息、策略层信息和执行层信息。战略层信息关系到企业长远目标和全局发展；策略层信息关系企业战术的制定和运用；执行层信息为最基本的企业运作信息。不同层次的信息来源不同，寿命长短不同、保密程度不同，精度也不同。

（三）传输性

信息可以传输、扩散。其传输形式越来越完善，包括数字、文字、图形和图像、声音等。信息具有比物流传输更加快捷、便宜的特点。因此，尽量增加信息流的传递而减少物流的运动，会增加企业运作效率。

（四）共享性

信息可以相互交流，而不存在失去的问题。一方获得信息，另一方并没有失去信息。但是，共享可能提供更好机会，也可能带来经济损失。信息共享的非零和性使得供应链的信息共享具有复杂性，使得信息成为一种资源，有效的利用会加速目标的实现。

当然，供应链中的信息还具有其他的特征，例如增值性、转换性、可压缩性等。

二、供应链中信息的分类

根据以上信息的主要属性，我们将供应链中的信息分成决策信息、运营信息和绩效信息三类。

（一）决策信息

决策信息是指对供应链中各成员来说至关重要的、不轻易与人分享的、制定战略目标所必备的信息。它主要包括企业产品成本信息、利润信息、生产能力信息、重大战略信息、技术信息等。这些信息一般保密性强，一旦泄露，会对企业的竞争优势构成威胁。这些信息的共享只有在完全一体化的组织结构下才能够实现。

（二）运营信息

运营信息是指供应链上的各个成员为了保证按需生产顺利进行而必备的、包括策略层和执行层在内的、来自外部和内部的相关信息。它所包含的信息比较广泛和具体，主要包括生产计划信息、库存策略与信息、订单信息、订单跟踪信息、运输信息等。这些信息的共享是供应链成员高效率合作的必备信息。本书主要介绍库存信息、销售信息与需求预测信息。库存信息包括库存数据和库存策略。供应链伙伴之间最经常沟通的数据就是库存数据，库存和信息沟通在经济意义上是等同的。获得供应链上库存信息可以降低供应链上的整个库存水平。一个由零售商和制造商组成的供应链，若互相封闭消息，双方就会各自保留一定数量的安全库存，防止缺货。显然，整个供应链上的库存数量会增加。因此，合作管理两地库存可以有效减少资源浪费。共享下游的库存策略也是提高效率的有效方法。实践中，库存信息的共享是以不同形式完成的，CRP 和 VMI 是常用的实践形式。例如，宝洁公司、WalMart 利用 CRP 软件与上下游共享库存信息。

在传统的供需关系中，企业之间以订单的形式沟通需求信息。实际上，下游的订单是企业制定将来业务计划所需信息的核心资源，但是如果企业仅依靠订单来制订生产计划，就会出现问题。在日常业务中，订单传递的需求信息往往已经被加工和处理，已经不能充分反映市场的实际需求。为了避免这种现象，就应该将实际的销售数据共享。宝洁公司与它的主要分销中心实时共享下游数据，同时与部分零售商共享 POS 销售数据。

在许多知名大公司管理实践中，许多零售商均建有联合预测小组，和上游供应商一起预测未来市场需求。在VMI补货方式下，制造商获得销售数据，帮助零售商完成补充货物的功能。但是在某些情况下制造商受到零售商的限制，为了防止制造商过多的补充货物，零售商只能确定产品的最大补充量。这种控制限制了制造商在市场需求的预测中最大程度的发挥作用。零售商(例如，WalMart)为了更好地发挥卖方市场预测能力，组成了一个联合预测和执行的小组，共同对市场进行预测和制订计划。有些供应链的成员还采取契约的方式来减小下游预测信息与实际销售的差距，典型的有柔性订货。共享需求预测信息还有许多实际的问题，例如需求预测信息的准确程度，最小时间单位，共享需求信息的层次等。

(三)绩效信息

绩效信息是指供应链中成员用来衡量是否达到合作目的的信息。绩效信息包括质量信息、交货周期、订单完成率、服务水平等。这些信息作为供应链系统的控制指标，不断的改善和调整供应链的合作水平和层次，以及具体的合作信息。绩效信息即使在不合作的情况下，有时也会互相沟通。

三、供应链中信息共享方式

在所研究的供应链简单结构中信息在成员之间通过不同形式相互交流传递，图7-1描述了终端消费者需求信息，通过订单合约形式在供应链中传递。

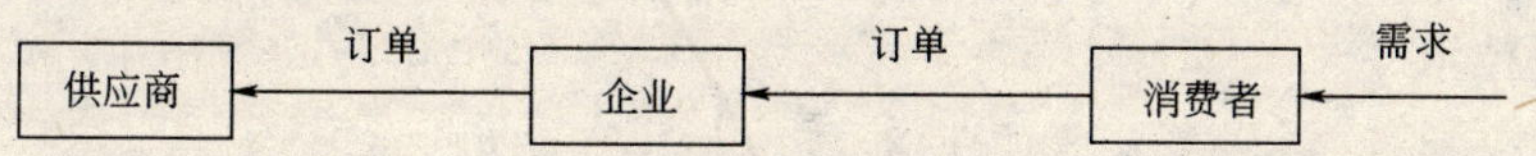

图7-1　订单信息传递过程

其中，企业是消费者的“直接上游”，而是供应商的“直接下游”企业的需求信息来自市场。成员之间的信息共享内容、程度、方式等是不同的，因此，同样可以依据企业共享信息的不同，划分成三种信息共享方式。为了直观，可以用图7-2所示的方式表示以上三种基本的信息共享模式。

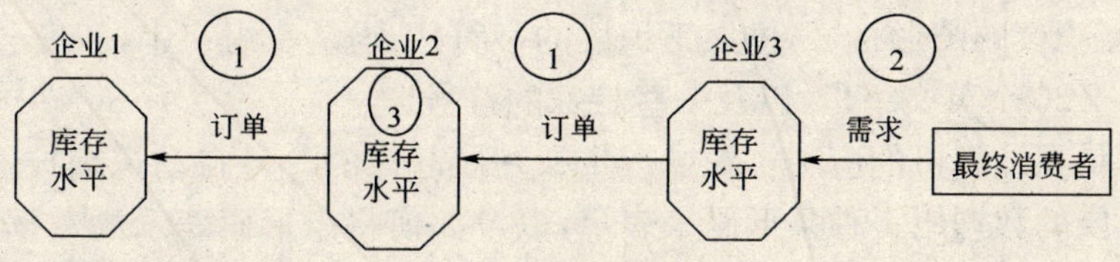

图7-2　订单信息共享

(一)模式1:订单信息共享

供应链中的各成员之间只有订单的沟通，没有其他信息的交流。各成员的生产预测只是依据其直接下游的订单来完成的。下一节介绍的“啤酒游戏”所描述的传统供应链模式中的信息模式属于这种方式。

(二)模式2:需求信息共享

供应链中的各成员对产品的最终消费市场的需求与直接面对市场需求的企业所拥有的信息一样多，即每个成员对市场需求信息和实时的变化都完全知晓。直销模式、POS系统、联合计划与优化都属于这种信息共享模式。

(三)模式3:库存信息共享

供应链中的成员与其直接上游成员之间共享库存信息和需求信息,这是上面两种极端信息共享方式的中间方式。这在零售业和服装业是非常普遍的做法。VMI、生产计划共享窗、CRP等都属于这种信息共享模式。

第二节　供应链中应用的主要信息技术

信息对整个供应链的运行有着引导和优化的作用,信息技术的发展改变了企业应用供应链管理获得竞争优势的方式,成功的企业通常应用信息技术来支持和发展它的经营战略并选择它的经营业务。这些企业利用信息技术(如EDL、XL、RI、GPS等),特别是网络技术融合在供应链管理过程中能大幅提高供应链活动的效率,增强整个供应链管理的经营决策能力。典型的例子是沃尔玛公司。沃尔玛公司通过应用信息技术构筑QR系统,不仅使本企业获得了商业利益和相对于竞争对手的竞争优势,而且也改变了整个行业的经营方式。

信息技术在供应链管理中很多领域得到应用,从供应链的设计、组织规划、产品设计、生产流程优化、原材料采购、市场预测等分别应用了各种信息技术,大大提高了效率。

供应链中的信息技术主要涉及信息的编码技术、数据的自动识别与采集技术、电子数据交换技术、互联网与网络技术等,下一节分别对供应链管理中常用的信息技术作较为详细地介绍。

一、条形码技术

(一)条形码技术基本原理

条形码(Bar Cord),简称条码,是由一组按一定编码规则排列的条、空符号,用以表示一定的字符、数字及符号组成的信息。这些条和空可以有各种不同的组合方法,从而成不同的图形符号,即各种符号体系也称码制,适用于不同的场合。条形码是一种可印制的机器语言,它采用二进制数的原理,用1和0表示编码的特定组合单元,主要由条形码符号和人工识读代码两大部分构成。条形码符号是一组黑白(或深浅色)相间、长短相同、宽窄不一的规则排列的平行线条,是供扫描器识读的图形符号;供人工识读的字符代 码是一组字串,一般包括0～910个阿拉伯数字、A～Z26个英文字母,以及一些特殊的符号。

条码技术则是在计算机的应用实践中产生和发展起来的一种自动识别技术,主要研究如何把计算机所需要的数据用一种条形码来表示,以及如何将条形码表示的数据转变为计算机可以自动采集的数据。它是为实现对信息的自动扫描而设计的,能够实现快速、准确而可靠地采集数据。条码技术的应用解决了数据录入和数据采集的瓶颈,为物品的标示和描述提供了有效的方法。它通过对产品、容器、位置、操作员、设立文档等的识别,为仓储、分拣、装卸搬运、运输跟踪等业务提供了技术支持。

条形码技术涉及知识包括:条形码编码原理及规则标准、条形码译码技术、光电技术、印刷技术、扫描术、通信技术、计算机技术等。而条形码系统是由条形码符号设计、制作及扫描阅读的自动识别系统。

EAN/UPC码作为一种消费单元代码,被用于在全球范围内唯一标识一种商品。EAN码有两种版本:标准版和缩短版。标准版表示13位数字,又称为EAN13码;缩短版表示8位数字，又称EAN8。两种条码的最后一位为校验位，由前面的12位或7位数字计算得出。两种版本的编码方式可参考国家标准GB 12094—1998。EAN码由前缀码、厂商识别码、商品项目代码和校验码组成。前缀码是国际EAN组织标识各会员组织的代码，我国为690、691和692；厂商代码是EAN编码组织在EAN分配的前缀码的基础上分配给厂商的代码；商品项目代码由厂商自行编码；校验码为了校验代码的正确性。在编制商品项目代码时，厂商必须遵守商品编码的基本原则：对同一商品项目的商品必须编制相同的商品项目代码；对不同的商品项目必须编制不同的商品项目代码。保证商品项目与其标识代码一一对应，即一个商品项目只有一个代码，一个代码只标识一个商品项目。如听装健力宝饮料的条码为6901010101098，其中690代表我国EAN组织，1010代表广东健力宝公司，10109是听装饮料的商品代码。这样的编码方式就保证了无论在何时何地，6901010101098就唯一对应该种商品。另外，图书和期刊作为特殊的商品也采用了EAN13表示ISBN和ISSN。前缀977被用于期刊号ISSN，图书号ISBN用978为前缀，我国被分配使用7开头的ISBN号，因此我国出版社出版的图书上的条码全部为9787开头。

（二）条码技术的优点

条码是迄今为止最经济、实用的一种自动识别技术。条码技术具有以下几个方面的优点：

（1）输入速度快：条码输入的速度是键盘输入的5倍，并且能实现“即时数据输入”。

（2）可靠性高：键盘输入数据出错率为三百分之一，利用光学字符识别技术出错率为万分之一，而采用条码技术误码率低于百万分之一。

（3）采集信息量大：利用传统的一维条码一次可采集几十位字符的信息，二维条码更可以携带数千个字符的信息，并有一定的自动纠错能力。

（4）灵活实用：条码标识既可以作为一种识别手段单独使用，也可以和有关识别设备组成一个系统实现自动化识别，还可以和其他控制设备连接起来实现自动化管理。另外，条码标签易于制作，对设备和材料没有特殊要求，识别设备操作容易，不需要特殊培训，且设备也相对便宜。

（三）条码技术的应用

条码技术在商业自动化系统（POS）的应用：POS是一个商业销售点实时系统，该系统以条码为手段，计算机为中心，实现对商店的进、销、存的管理，快速反馈进、销、存各个环节的信息，为经营决策提供信息。

条码技术在仓储管理中的应用：立体仓库是现代工业生产中的一个重要组成部分，利用条码技术，可以完成仓库货物的导向、定位、入格操作，提高识别速度，减少人为差错，从而提高仓库管理水平。

条码技术还广泛地应用于交通管理、金融文件管理、商业文件管理、病历管理、血库血液管理以及各种分类技术方面，条码技术作为数据标识和数据自动输入的一种手段已被人们广泛利用，渗透到计算机管理的各个领域。

二、产品电子代码

（一）EPC起源与发展

EPC（Electronic Product Code，产品电子代码）概念的提出源于射频识别技术和计算机网

络技术的发展。计算机网络技术的发展,尤其是互联网技术的发展使得全球信息传递的即时性得到了基本保证。1999 年美国麻省理工学院 Auto-ID 中心在美国统一代码委员会(UCC)的支持下,提出了产品电子代码的概念,并随之开展了一系列研究,直到 2003 年 5 月,使 EPC 及其在互联网上的应用走出了实验室。2003 年 11 月 1 日,国际物品编码协会(EAN. UCC)收购了 Auto-ID 中心,成立了全球产品电子代码管理中心(EPC global),开始推广实施 EPC,实现了全球统一标识系统中的 GTIN 编码体系与 EPC 概念的完美结合,将 EPC 纳入了全球统一标识系统,从而确立了 EPC 在全球统一标识体系中的战略地位,使 EPC 成为一项具有革命意义的新技术。

EPC 是对实体及实体的相关信息进行代码化,通过统一并规范化的编码建立全球通用的信息交换语言。当电子标签贴在物品上或内嵌在物品中的时候,即将该物品与电子标签中的唯一编号,建立起了一一对应关系。EPC 编码是 EAN. UCC 在原有全球统一编码体系基础上提出的,它是新一代的全球统一标识的编码体系,是对现行编码体系的一个补充。标识编码就是给每一个产品赋予有关 EAN. UCC 的全球贸易项目代码 GTIN(Global Trade Item Number)、全球位置代码 GLN(Global Location Number)、系列货运包装箱代码 SSCC(Serial Shipping Container Code)等一系列代码编码,构成产品的代码是全球性的唯一的 EAN. UCC 代码,被赋予标签的载体内。

EPC 代码是由 EPC global 组织和各应用方协调制定的编码标准,具有科学性、兼容性、全面性、合理性、国际性、无歧视性。它可在生产、流通、存储、结算、跟踪、召回等供应链的各环节全面应用。由 EPC global、各国 EPC 管理机构(中国的管理机构称为 EPC global China)、被标识物品的管理者分段管理、共同维护、统一应用,企业为核心,编码标准全球协商一致,具有国际性,编码采用全数字形式,不受地方色彩、语言、经济水平等影响。

EPC 革命性地解决了 EAN. UCC 条码无法做到的单品识别问题,即为每一单品建立全球性的、开放标识标准,通过 EPC 推动自动识别技术的快速发展,对整个供应链进行实时跟踪,提高全球消费者的生活质量,能够使产品的生产、仓储、采购、运输、销售及消费的全过程发生根本性的变化,实现整个供应链体系的自动化,从而大大提高全球供应链的性能。

(二)EPC 编码结构

EPC 编码的通用结构是一个比特串(如一个二进制表示),由一个标头和一系列数字字段组成,码的总长、结构和功能完全由标头的值决定。标头即版本号标识 EPC 的版本号,它使得 EPC 随后的码段可以有不同的长度。数字字段包括域名管理者、对象分类、序列号、域名管理是描述与此 EPC 相关的生产厂商的信息。

例如,美国生产的 330mL 罐装减肥可乐(可口可乐的一种新产品)是序列号唯一标识货品,EPC 会精确地标识出究竟是哪一罐 330mL 罐装减肥可乐。(具体结构见表 7-1)

EPC 编码的通用结构 表 7-1

编码方案	编码类型	版本号	域名管理	对象分类	序列号
EPC-64	TYPEⅠ	2	21	17	24
	TYPEⅡ	2	15	13	34
	TYPEⅢ	2	26	13	23

续上表

编码方案	编码类型	版本号	域名管理	对象分类	序列号
EPC-96	TYPEI	8	28	24	36
EPC-256	TYPEI	8	32	56	160
	TYPEII	8	64	56	128
	TYPEIII	8	128	56	64

为了保证所有物品都有一个 EPC 代码并使其载体“标签成本”尽可能降低，建议采用 96 位，这样其数目可以为 2.68 亿个公司提供唯一标识，每个生产厂商可以有 1600 万个对象种类并且每个对象种类可以有 680 亿个序列号，这对未来世界所有产品已经非常够用了。随着 EPC-64 和 EPC-96 版本的不断发展使得 EPC 代码作为一种世界通用的标识方案已经不足以长期使用，所以出现了 256 位编码。由于最新 EPC global 发布的 EPC 数据标准 V1.3，取消了 64 位 EPC 代码，虽然 V1.3 也增加了 198 位，195 位等几种新的编码方案，但使用不多，本书只介绍 EPC-96 码。

EPC-96 码设计目的是成为一个公开的物品标识代码，它的编码结构如图 7-3 所示。

EPC-96I 型			
01 ·	0000A89 ·	00016F ·	000169DC0
版本号 8 位	EPC 域名管理 28 位	对象分类 24 位	序列号 36 位

图 7-3 EPC-96I 型

在图 7-5 中，域名管理负责在其范围内维护对象分类代码和序列号。域名管理必须保证对 ONS 可靠的操作，并负责维护和公布相关的产品信息。域名管理的区域占据 28 个数据位，允许大约 2.68 亿家制造商。这超出了 UPC-12 的 10 万个和 EAN-13 的 100 万个的制造商容量。

对象分类字段在 EPC-96 代码中占 24 位，这个字段能容纳当前所有的 UPC 库存单元的编码。序列号字段则是单一货品识别的编码。EPC-96 序列号对所有的同类对象提供 36 位的唯一辨识号，其容量为 2^{28}＝68 719 476 736。与产品代码相结合，该字段将为每个制造商提供 1.1×1028 个唯一的项目编号超出了当前所有已标识产品的总容量。2006 年 3 月 8 日，EPC global 正式批准了 EPC 数据标准 V1.3，与先前的标准相比，它取消了 64 位编码方案和层级式的标头，保留了 96 位的 6 种编码，增加了 SGTIN-198、SGLN-195、GRAI-170、GIAI-202 四种新的编码方案和美国国防部的编码结构，并为 SGLN 增加了扩展代码，从而更丰富了编码类型，便于未来使用。

三、无线射频识别技术

（一）RFID 概念

无线射频识别技术（Radio Frequency Identification，RFID ）实际上是自动识别技术在无线电技术方面的具体应用与发展。该项技术的基本思想是，通过采用一些先进的技术手段，实

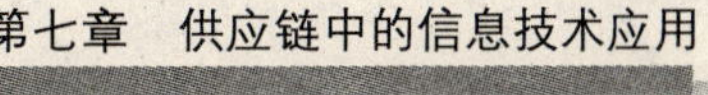

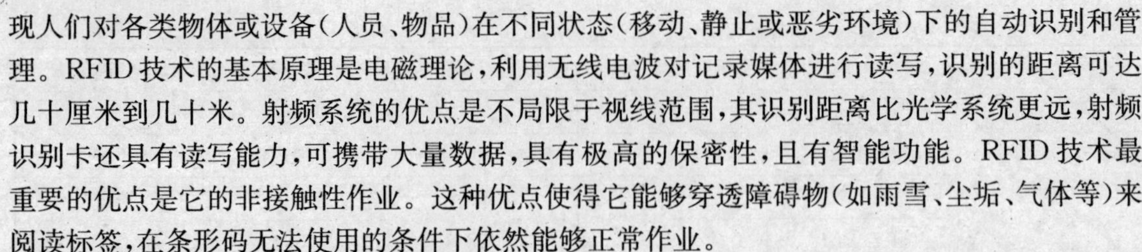

现人们对各类物体或设备(人员、物品)在不同状态(移动、静止或恶劣环境)下的自动识别和管理。RFID技术的基本原理是电磁理论,利用无线电波对记录媒体进行读写,识别的距离可达几十厘米到几十米。射频系统的优点是不局限于视线范围,其识别距离比光学系统更远,射频识别卡还具有读写能力,可携带大量数据,具有极高的保密性,且有智能功能。RFID技术最重要的优点是它的非接触性作业。这种优点使得它能够穿透障碍物(如雨雪、尘垢、气体等)来阅读标签,在条形码无法使用的条件下依然能够正常作业。

(二)RFID技术的组成与工作原理

RFID系统因应用不同其组成会有所不同,但基本都由标签、阅读器、天线三部分组成:

1. 标签

RFID标签(Tag)也称电子标签、射频卡、射频卷标或应答器。由于电子标签可广泛应用于商品流通、物流管理和众多普通百姓密切相关的领域,也便于和其他形式的标签互相区别,因而采用通俗的"电子标签"的称呼有助于其推广和应用。电子由耦合元件及芯片组成,每个标签具有唯一的电子编码,高容量电子标签有用户可写入的存储空间,附着在物体上标识目标对象。具有体积小、耐腐蚀、牢固、寿命长、防水、耐高温、存储量大等特点。

2. 阅读器

阅读器(Reader)也称读写器等,它是无线射频识别系统构成的主要部分之一。在RFID系统中,通过计算机应用软件来对射频标签写入或读取其所携带的数据信息由于标签的非接触性质,必须借助位于应用系统与标签之间的阅读器来实现数据读写功能。因此,阅读器的基本任务是触发作为数据载体的电子标签,与这个电子标签建立通信联系并且在应用软件和一个非接触的数据载体之间传输数据。这种非接触通信的一系列任务包括通信的建立、防止碰撞和身份验证等,均由阅读器来进行处理。可以设计为手持式或固定式。

3. 天线

天线(Antenna)是一种能够将接收到的电磁波转换为电流信号,或者将电流信号转换成电磁波的装置,在标签和阅读器间传递射频信号。射频识别系统中应用的天线包括电子标签天线和阅读器天线。天线要足够小以至于能够嵌入制造到本来就很小的电子标签上,要能提供最大可能的信号给标签芯片,并给标签提供能量,要具有鲁棒性,且无论标签处于什么方向,天线的极化都能与阅读器的询问信号相匹配,而且价格要非常便宜。选择天线时必须考虑天线的类型、阻抗性能。

RFID技术的基本工作原理是:

阅读器将要发送的信息,经编码后加载在某一频率的载波信号上经天线向外发送,进入阅读器工作区域的电子标签接收此脉冲信号,卡内芯片中的有关电路对此信号进行调制、解码、解密,然后对命令请求、密码、权限等进行判断。若为读命令,控制逻辑电路则从存储器中读取有关信息,经加密、编码、调制后通过卡内天线再发送给阅读器,阅读器对接收到的信号进行解调、解码、解密后送至中央信息系统进行有关数据处理;若为修改信息的写命令,有关控制逻辑引起的内部电荷泵提升工作电压,提供可擦写存储器中的内容进行改写;若经判断其对应的密码和权限不符,则返回出错信息。

RFID基本原理示意图如图7-4所示。

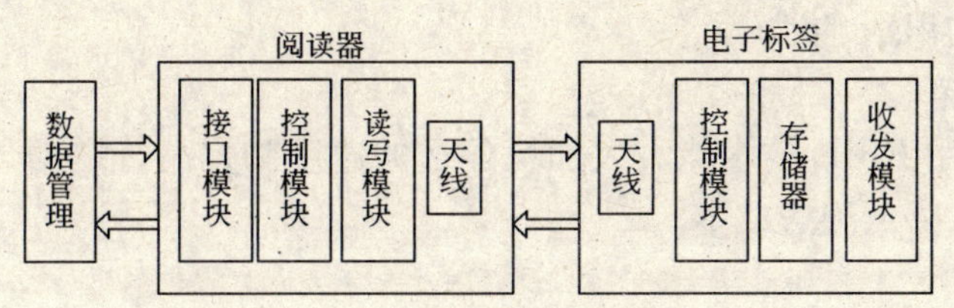

图 7-4 RFID 基本原理示意图

(三)RFID 的应用

RFID 技术以其独有的灵活性、可扩展性和实施的简单性满足了当今制造业和物流业面临的市场快速变幻的巨大挑战，采用无线扫描终端不但可消除布线带来施工复杂、可靠性差、不利于调整工位等缺陷，而且可以把质量监控、生产计划、物流配送等统一到一个无线扫描平台上。近年来，便携式数据终端(PDT)的应用越来越普遍，它包括一个扫描器、带有存储器的计算机、显示器和键盘，并具有可编程功能，它不仅能把采集到的数据存储起来，而且能随时通过射频通信技术将条码传送到一个管理信息系统。特别是在供应链运作中，RFID 技术与条码技术一起使用，可以帮助企业跟踪供应链中特定的库存单元，甚至能够精确地跟踪到在供应链中传递的某一特定托盘上的集装箱商品。RFID 技术在供应链上各环节中的应用如下：

1. 销售环节

销售商们开始采用 RFID 技术，将电子标签置入商品内，由计算机系统来实时监控商店中各种商品的标签，采用这种新的防窃技术来解决商品被盗问题。在采用 RFID 防窃技术后，销售商就能放心地开架销售，从而促使商品的销售额增长，丢失率下降。除此之外，该系统还可以改进销售商的库存管理，实现适时补货，有效跟踪运输与库存，提高效率，减少出错。同时，智能标签能够对某些具有时效性商品的有效期限进行监控，例如，对某种食物或药品进行跟踪，一旦它们超过了有效期，标签就会发出警告。商店还能利用 RFID 系统在付款台实现自动扫描和计费，取代人工收款方式。在未来的数年中，智能标签将大量用于供应链终端的销售环节，特别是在超市中，RFID 标签免除了跟踪过程中的人工干预，并能够生成 100%准确的业务数据，因而具有巨大的吸引力。

2. 存储环节

在仓库里，RFID 技术最广泛的使用是存取货物与库存盘点，它能用来实现自动化的存货和取货等操作。另外，在整个仓库管理中，通过将供应链计划系统制定的收货计划、取货计划、装运计划等与 RFID 技术相结合，能够高效地完成各种业务操作，如指定堆放区域、上架取货与补货等，系统提供完整的数据接口(如批处理或直接连接的方式)与外部主机系统交换数据，避免了不必要的数据重复输入和因此所造成的错误，从而增强了作业的准确性和快捷性，提高了服务质量，降低了成本，节省了劳动力和库存空间，同时减少了整个物流中由于商品误置、送错、偷窃、损害等造成的损耗。在库存盘点时应用 RFID 技术可以有效减少人力，RFID 的设计就是要让商品的登记自动化，盘点时不需要人工的检查或扫描条形码，因而更加快速准确，并且减少损耗。

3. 运输环节

RFID 技术在运输环节的主要应用有：高速公路的自动收费及交通管理、火车和货运调度

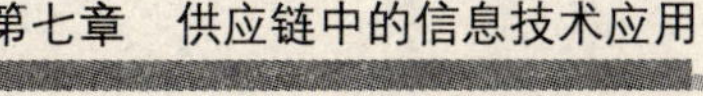

等环境中对集装箱的识别、防伪等。

4. 配送/分销环节

在配送环节，采用 RFID 技术能大大加快配送的速度和提高拣选与分发过程的效率与准确率，并能减少人工、降低配送成本。

5. 生产环节

在生产制造环节应用 RFID 技术可以完成自动化生产线运作，实现在整个生产线上对原材料、零部件、半成品和产成品的识别与跟踪，减少人工识别成本和出错率，提高效率和效益。特别是在采用 JIT 生产方式的流水线上，原材料与零部件必须准时送达到工位上。

四、电子数据交换技术

(一)EDI 技术起源与发展

EDI 是 Electronic Data Interchange 的缩写，即电子数据交换。国际标准化组织将 EDI 定义为一种电子传输方法，使用这种方法时，首先要将商业或行政事务处理中的报文数据按照一个公认的标准，形成结构化的事务处理的报文数据格式，进而将这些结构化的报文数据通过网络传输。

EDI 技术在 20 世纪 60 年代末产生于美国，当时的贸易商在使用计算机处理各类商务文件时发现，由于人工输入到一台计算机中的数据 70%是来源于另一台计算机输出的文件，由于过多地人为因素，影响了数据的准确性和工作效率的提高，人们开始尝试在贸易伙伴之间的计算机上使数据能够自动交换，EDI 应运而生。

电子数据交换(EDI)技术是企业商务往来的重要工具，它的广泛应用是现代化信息社会的标志。EDI 的实质在于“数据不落地”，它将信息存储及信息传递的介质从纸张转化为电磁设备，允许信息在计算机之间直接交换，并进行相应的自动处理。EDI 将商业文件等按照统一的标准编制成计算机能够识别和处理的数据格式在计算机之间进行传播。

(二)EDI 基本要素

构成 EDI 技术主要由通信、标准、软件及硬件 4 个基本要素组成。

1. 通信

在传统的商务活动中，贸易单证票据的传递通常由邮政系统或专业传递公司完成。使用 EDI 技术使得人们在商务活动中能够用电子的手段来生成、处理和传递各类贸易单证。电子通信网络是 EDI 系统必不可少的组成部分之一。

2. 标准

在 EDI 技术构成中，标准起着核心的作用。EDI 技术标准可分成两大类。一类是表示信息含义的语言，称为 EDI 语言标准，主要用于描述结构化信息。另一类是载运信息语言的规则，称为通信标准。它的作用是负责将数据从一台计算机传输到另一台计算机。一般来说，EDI 语言对其载体所使用的通信标准并无限制，但对语言标准却有严格的限定。EDI 语言标准目前广泛应用两大系列标准：国际标准的 EDIFAcT 和美国的 ANSIx. R。

3. EDI 软件

EDI 软件的作用是将组织内部的非结构化格式的信息(数据)翻译成结构化的 EDI 格式，然后传送 EDI 报文。这是针对“信息发送方”而言的。对“信息接收方”来说，则需要把所接收到的标准 EDI 报文，翻译成在该部门内部使用的非结构化格式的信息。通常由“报文生成处理”、“格式转换”、“联系”、“通信”4 个模块构成，如图 7-5 所示。

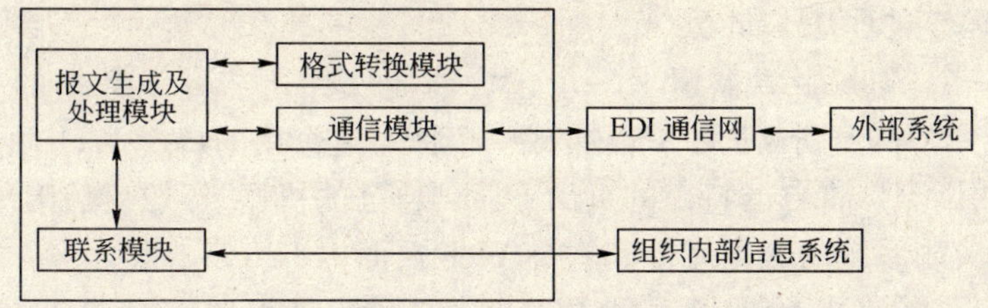

图 7-5　EDI 基本模块

根据这样的要求，EDI 软件应具有三方面的基本功能：数据转换、数据格式化和报文通信。转换软件可以帮助用户将原有计算机系统的文件，转换成翻译软件能够理解的平面文件，或是将从翻译软件接收来的平面文件，转换成原计算机系统中的文件。翻译软件将平面文件翻译成 EDI 标准格式，或将接收到 EDI 标准格式翻译成平面文件。通信软件将 EDI 标准格式的文件外层加上通信信封，再送到 EDI 系统交换中心的邮箱，或由 EDI 系统交换中心，将接收到的文件取回。

4. EDI 硬件

EDI 所需的硬件设备包括：计算机、调制解调器（Modom）及电话线。其中的计算机，无论是 PC、工作站、小型机、主机等，均可使用。由于使用 EDI 来进行电子数据交换，需通过通信网络，目前采用电话网络进行通信是很普遍的方法，因此调制解调器是必备硬件设备。调制解调器的功能与传输速度，应根据实际需求而决定选择。一般最常用的是电话线路，如果传输时效及资料传输量有较高要求，可以考虑租用专线。

（三）EDI 工作原理

EDI 的工作原理如图 7-6 所示。

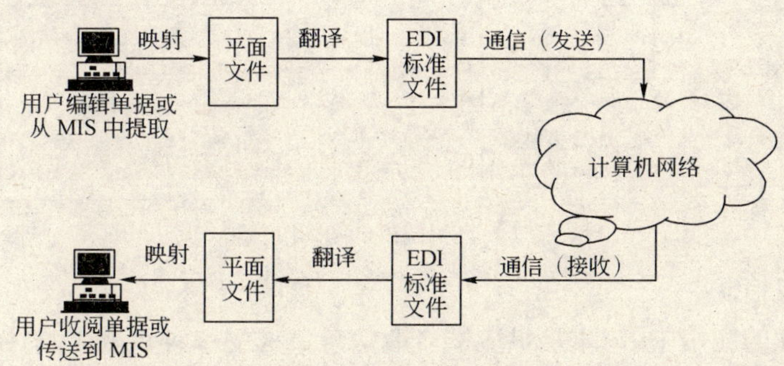

图 7-6　EDI 工作原理

发送方将发送的数据从信息系统数据库提取，转换成平面文件。翻译软件将平面文件翻译为标准 EDI 报文，并组成 EDI 信件。接收方从 EDI 信箱中收取信件。翻译软件将 EDI 信件拆开并翻译成平面文件，并将平面文件转换并送到接收方信息系统中进行处理。

（四）XML/EDI 运作流程

基于互联网实现电子数据交换的 4 种可能方式是 Internet Mail 方式、标准 IC 方式、Web/EDI 方式和 XML/EDI 方式。自从可扩展标记语言（XML）技术推出后，由于 XML 具有良好

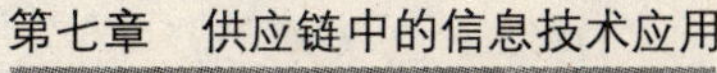

的数据存储格式、可扩展性好、高度结构化、便于网络传输、显示与表示分离等特点，XML/EDI是目前解决互联网信息交换问题的最佳方法。

XML/EDI运作过程基本如下：

(1)用户向一个Web服务器请求一个包含商业伙伴所需商业数据的XML/EDI文档。Web服务器根据用户的身份，使用XSL生成一个针对这个用的特定Web页面。

(2)用户是用浏览器将自己特定的页面下载到自己的机器上，然后是用包含页内的软件代理将用户自己的应用系统的数据库传到这个Web页面内。

(3)用户将自己的商业数据填写到Web页面以后，就可以将订单提交到Web服务器。Web服务器就可以生成相应的XML/EDI订单文档。

(4)商业伙伴通过自己的浏览器或者用专用的系统查看用户刚刚提交的XML/EDI订单。然后作出相应的处理。商业伙伴的回应信息沿上述过程反方向传回去，用户用自己的浏览器或者专用的系统就可以查看这个信息。

例如，在企业之中的供应商供应链的管理、客户服务的支援整合和物流管理等的应用，通常会涉及很多不同的处理过程和步骤，要转送很多部门，而且文件之中的资料内容和结构又不尽相同，这些工人根本就不能胜任。而XML却提供了各种完整的解决方案和功能，包括递、资料采集、资料结构与资料呈现等，使设计流程大为简化。XML电子商务拥有更多的资源选择，并且与消费者或供应作伙伴之间密切、更有效率的关系。

图7-7描述了一个XML/EDI的应用框架。

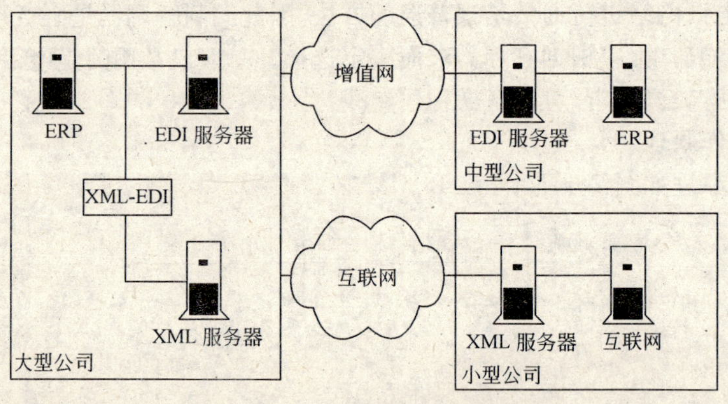

图7-7　XML/EDI的应用框架

(五)EDI应用领域

在供应链管理的应用中，EDI是供应链企业信息集成的一种重要工具，一种在合作伙伴企业之间交互信息的有效技术手段，特别是在全球进行合作贸易时，它是在供应链中连接节点企业的商业应用系统的媒介。通过EDL可以快速获得信息，提供更好的服务，减少纸面作业，更好地沟通和通信，提高生产率，降低成本，并且能为企业提供实质性的战略性的好处，如改善运作，改善与客户的关系，提高对客户的响应，缩短事务处理周期，减少订货周期，减少订货周期中的不确定性，增强企业的国际竞争力等。

EDI在许多行业的供应链管理过程中发挥了作用：

(1)在制造业，将EDI与JIT结合使用，可减少库存量及生产线待料时间，降低生产成本。

(2)在外贸行业中，已经实现了进出口业务中单据的 EDI 自动传递和无纸化贸易与电子报关。

(3)在零售流通业中，利用 EDI 实现了减少商场库存量与空架率，以加速商品资金周转，降低成本。

(4)在运输配送业，它可以快速通关报检、经济使用运输资源，降低运输空间、成本与时间的浪费，建立物资配送体系，以完成产、存、运、销一体化的供应线管理。

(六)EDI 在港区进口集装箱业务的应用实例

1)进口集装箱双信息放行流程

进口集装箱双信息放行流程如图 7-8 所示。

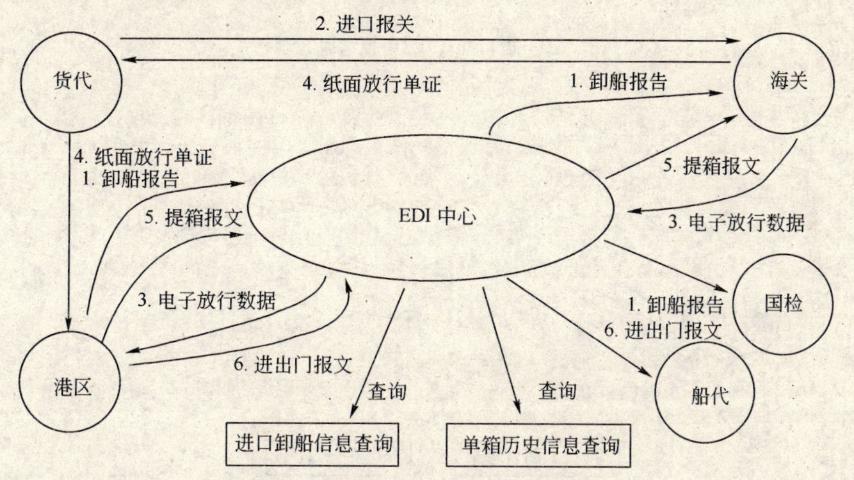

图 7-8　进口集装箱双信息放行流程

港区完成进口集装箱卸船后将卸船报文发送给海关。此时 EDI 用户可以在 EDI 中心主页查到进口集装箱的卸船信息，货主向海关作进口报关；海关审核后将放行的电子信息发送给港区；海关将放行单给货主，货主凭海关放行单到港区提箱；港区核对放行单证和电子放行信息让货主提箱，并将提箱信息发送给海关；此时 EDI 用户可以在 EDI 中心主页查到出口箱的装船信息；港区在进口集装箱出港区后将进出门报文发送给船代；EDI 用户随时可以在 EDI 中心主页查询集装箱历史信息。

2)进口船图/舱单报文流转过程

进口船图/舱单报文流转过程如图 7-9 所示。

船代发送进口船图给港区和外理；船代发送进口舱单给港区和海关；港区将形成的卸船报告发送给船代；此时 EDI 用户可以在 EDI 中心主页查到进口箱的卸船；外理发送确认后的船图给海关；EDI 用户随时可以在 EDI 中心主页查询单箱历史。

3)正式定舱、定舱确认、装箱单报文运作流程

如图 7-10 所示，正式定舱、定舱确认、装箱单报文流转过程如下：

货代形成正式定舱报文发送给船代；货代按收到的正式定舱报文信息进行定舱并形成定舱确认报文发送给货代；货代按定舱确认报文形成装箱单发送给船代和港区；此时运输公司可以在 EDI 中心主页查到港区进箱计划信息并按信息进箱；等出口集装箱进入港区后，港区会

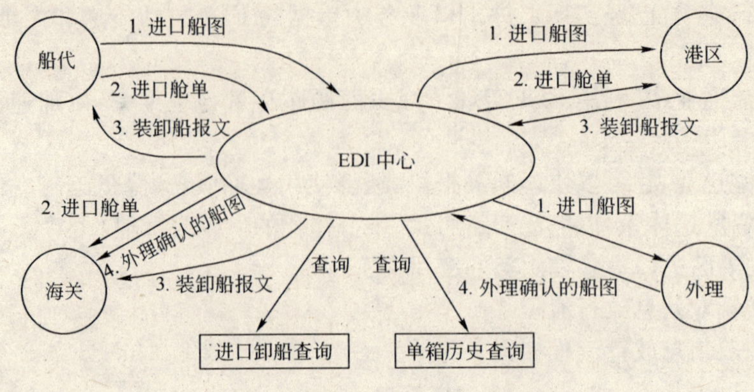

图 7-9　进口船图/舱单报文流转过程

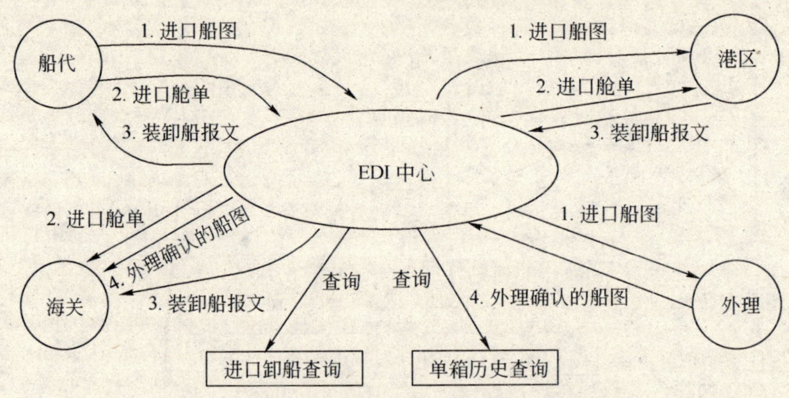

图 7-10　正式定舱、定舱确认、装箱单报文运作流程

产生出口集装箱进场信息发送给海关；此时 EDI 用户可以在 EDI 中心主页查到出口集装箱的进场信息。

五、全球卫星定位系统

全球定位系统(Global Positioning System，GPS)是美国布设的第二代卫星无线电导航系统，它是利用分布在约 20 000km 高空的多颗卫星对地面目标的状况通过精确测定以进行定位、导航的系统。它主要用于船舶飞机导航、对地面目标的精确定时和精确定位、对地面及空中进行交通管制、进行空间与地面灾害监测等。20 世纪 90 年代以来，全球卫星定位系统在物流领域得到越来越广泛的应用。GPS 由空间部分和地面部分组成。空间部分由分布在 6 个等间隔轨道上的 24 颗卫星组成，卫星距地球 20 000km，这种分布可以保证在任何时刻全球的任何地区，都被 4 颗卫星覆盖。GPS 的地面部分则有主控站和监控站，GPS 的用户用 GPS 接收设备接收卫星发射的信号，并以此进行导航和定位。在供应链管理中 GPS 的作用有：运输车辆的定位和跟踪调度，运输船只最佳航程和安全航线的测定，航向的实时调度、监测，铁路运输管理，话务指挥，紧急援助等。

GPS 在供应链管理的应用包括：

(一)与电子地图结合显示实际位置

通过放大、缩小、还原、换图可以随目标移动,使目标保持在屏幕上。还可实现多窗口、多车辆、多屏幕同时跟踪,利用该功能可对重要车辆和货物进行跟踪。

(二)提供出行路线和导航规划

出行路线是汽车导航系统的一项重要辅助功能,包括自动线路规划和人工线路设计部分功能。自动线路规划是由驾驶员确定起点和终点,由计算机软件按照要求自动设计最佳行驶路线,包括最快的路线、最简单的路线、通过高速公路路段次数最少的路线等。人工线路设计是由驾驶员根据自己的目的地设计起点、终点和途经点等,自动建立线路。线路规划完毕后,显示器能够在电子地图上显示设计线路,并同时显示汽车运行路径和运行方法。

(三)话务指挥

指挥中心可以监测区域内车辆的运行状况,对被监控车辆进行合理调度。指挥中心之可随时与被跟踪目标通话,实行管理。

(四)紧急援助

通过 GPS 定位和监控管理系统可以对遇有险情或发生事故的车辆进行紧急援助。监控台的电子地图可显示求助信息和报警目标,规划出最优援助方案,并以报警声、光提醒值班人员进行应急处理。

(五)货物跟踪管理

货物跟踪是指在供应链上的企业利用现代信息技术及时获取有关货物运输状态的信息(如货物品种、数量、在途情况、交货期间、发货地点、到达地点、货主、送货车辆和责任人等),提高物流运输服务质量和服务水平。

六、地理信息系统

地理信息系统(Geographic Information System, GIS)是 20 世纪 60 年代迅速发展起来的地理学研究新成果,是多种学科交叉的产物。它以地理空间数据为基础,采用地理模型分析方法,适时地提供多种空间的和动态的地理信息,是一种为地理研究和地理决策服务的计算机系统。

GIS 的基本功能是将表格型数据转换成地理图形加以显示,然后对显示结果进行通览、操纵和分析。其显示范围可以从洲际地图到非常详细的街区地图,显示对象包括人口、销售情况、运输路线以及其他内容。GIS 可以应用于对运输路线的选择,解决一个起点多个终点的货物运输中如何选择最短路线,降低物流作业成本,并保证服务质量的问题。在物流网点配置中用于解决寻求最有效的分配货物路径问题,即物流网点布局问题,如将货物从 N 个仓库运往 M 个商店,需要确定由哪个仓库提货给哪个商店运输成本最小。在设施定位模型中用于确定一个或多个设施的位置。组成供应链系统的各个企业或组织的仓库位置与运输路线共同组成了物流网络,如何根据供求的实际需要并结合经济效益等原则,解决在既定的区域内设立多少个仓库,每个仓库的位置、规模以及仓库地址。

GIS 在供应链管理中主要应用于物流分析,主要包括:

(1)利用分析和模拟车辆路线模型,以解决在一个起始点、多个终点的货物运输中如何降低物流作业费用,并保证服务质量以及运输路线的优化和经济性问题,包括决定使用多少车

辆,每辆车的路线等。

(2)利用网络物流模型优化物流网络,解决寻求最有效的分配货物路径问题,即物流网点布局问题。

(3)利用设施定位模型来确定一个或多个设施的位置。例如,在物流系统中,仓库和运输线共同组成了物流网络,仓库处于网络的节点上,节点决定着线路,如何根据供求的实际需要并结合经济效益等原则,在既定区域内设立多少个仓库,每个仓库的位置,每个仓库的规模,以及仓库之间的物流关系等问题,运用上述模型能容易地得到解决。事实上,凡是涉及地理分布的领域都可以运用 GIS 技术。

七、销售时点信息系统

销售时点信息系统(Point of Sale,POS)是指通过自动读取设备(如收银机)在销售商品时直接读取商品销售信息(如品名、单价、销售数量、销售时间、销售地点、购买顾客等),并通过通信网络和计算机系统传送到有关部门进行加工分析以提高经营效率的系统。POS 系统最早用于零售业,以后逐渐扩展至其他行业,用 POS 信息系统的范围也从企业内部扩展到整个供应链。其运行方式大概如下:

各销售点的收银员在为顾客购买的商品结账时,用扫描仪自动读取商品条形码标签上的信息,通过销售点处的微型计算机确认商品的单价,计算顾客购买总金额等返回给收银机,打印出顾客的购买清单和付款总金额。各销售点的销售时点信息通过 VAN 以在线连接方式即时传送给总部或物流中心,在总部或物流中心及销售点处利用销售时点信息来进行库存调整、配送管理、商品订货等业务,并通过对销售时点信息的加工分析来掌握消费者的购买动向,在此基础上进行商品品种配置、商品陈列、价格设置等方面的作业。生产厂家还可以利用销售时点的信息进行销售预测,将销售时点信息和订货信息进行分析比较,以把握零售商库存水平,并以此为基础制订生产计划和零售商库存连续补充计划。

八、互联网络技术

TCP/IP 是指互联网传输协议/网间协议(Transmission Control Protocol/Internet Protocol),它提供了一个全球通信标准,用于连接组成互联网的不同计算机网络。TCP 是互联网的传输层,是面向连接的可靠的传输协议。IP 协议指明了路由器和终端系统间发出和收到的信息的格式。任何一个连通互联网的网络都必须运行 IP 协议,它有时被称为互联网的拨号提示音。

供应链成员可以通过互联网及时地获得供应链信息。互联网为供应链信息共享提供了一个基础工具。互联网可异地访问全球众多的组织、个人以及信息资源。可以利用网络平台进行远程交易,这就是人们所指的“电子商务”。互联网用户也可以通过 WWW 等技术浏览并获得所需要的大量的信息。

TCP/IP 作为一种全球通信标准显著地降低了连接供应链中不同成员所需的先期投资,不管这些成员拥有什么样的硬件类型。较低的进入和退出成本,使得互联网和基于网络的应用在购买方—供应方关系的任何一个阶段都可以负担得起。由于有了在网络上定制界面的柔性,企业可以为每个供应商定制通信渠道。基于网络的技术还提供了一套完整的功能性,包括从简单的数据传递到远程参与。基于浏览器的界面和应用开发软件，使得即使对于无经验的人来说，迅速开始使用系统也很容易，这进一步降低了对供应链各成员 IT 复杂性的最低公共标准。

第三节 电子商务与供应链管理

电子商务在供应链管理中的应用是企业未来发展的趋势，电子商务为企业实施供应链管理提供了强有力的信息技术支持和广阔的活动舞台，使供应链上各节点企业之间的信息更易共享、联系更加紧密。

一、电子商务的含义

电子商务一词来源于英文 Electronic Commerce，是一种以互联网为基础、交易双方为主体、银行电子支付和结算为手段、客户数据为依托的全新商务模式。电子商务有狭义和广义之分：广义上的电子商务(Electronic Business，EB)又称为电子业务或电子商业，是电子工具在商务活动中的运用，一般指各行业中各种业务的电子化，其内容包括电子商务、电子政务、电子军务等；狭义上的电子商务是指掌握信息技术和商务规则的人系统地运用电子工具，高效率、低成本地从事以商品交换为中心的各种活动的总称。

电子商务按其交易对象划分主要分为以下几种：

(一)企业对消费者电子商务

企业对消费者电子商务(Business to Consumer，B2C)是指企业与消费者之间进行的电子商务活动，这类电子商务主要是借助于国际互联网所开展的在线销售活动。它涉及公司与客户之间的各种交易，如亚马逊、戴尔和沃尔玛公司通过互联网向客户销售产品。它并不要求双方使用统一标准的单据传输。就 B2C 电子商务模式来讲，其主要就是网上在线商务模式(Online Business Models)。在线式的零售和支付行为通常只涉及信用卡或其他电子货币。通过企业内部的电子商务，可以给企业带来如下好处：增加商务活动处理的敏捷性，对市场状况能做出更快的反应，更好地为客户提供服务。

(二)企业对企业电子商务

企业对企业电子商务(Business to Business，B2B)是指企业与企业之间进行的电子商务活动。如通用汽车公司及福特公司在互联网上同供应商进行的交易。这类电子商务，特别是企业通过私营的增值计算机网络(Value Added Network，VAN)采用电子数据交换方式进行的商务活动已经存在多年。从未来的发展看，B2B 将是电子商务主流。一方面企业之间的交易和企业之间的商务合作是商业活动的主要内容。另一方面企业目前面临的激烈竞争也需要电子商务来改善竞争条件，建立竞争优势。目前 B2B 的电子商务模型主要有如下 4 种：在线商店模式、内联网模式、中介模式、专业服务模式。

(三)消费者之间(C2C)和企业内部电子商务

消费者之间(C2C)是指消费者对消费者的交易模式。B2B 及 B2C 模式的电子商务已经实现盈利，全球最大的 C2C 电子商务供应商 EBay 也实现盈利，并且拥有越来越大的影响力。在 C2C 模式中，电子交易平台供应商扮演着举足轻重的作用。C2C 电子商务平台就是通过为买

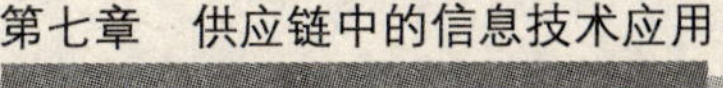

卖双方提供一个在线交易平台，使卖方可以主动提供商品上网拍卖，而买方可以自行选择商品进行竞价。电子交易平台提供商往往还扮演监督和管理的职责，负责对买卖双方的诚信进行监督和管理，负责对交易行为进行监控，最大限度地避免欺诈等行为的发生，保障买卖双方的权益。电子交易平台提供商还能够为买卖双方提供技术支持服务。随着 C2C 模式的不断成熟发展，电子交易平台供应商还能够为买卖双方提供保险、借贷等金融类服务，更好地为买卖双方服务。

二、电子商务与供应链管理结合

电子商务下供应链管理通过 Internet/Extranet/Intranet 将企业的内部资源（人、财、物、技术、信息、设备、时间）和外部资源（如上游的供应商和制造商、下游的分销商和客户以及银行、认证中心、配送中心等相关机构）有效地整合在一起，满足传统企业利用全社会一切市场资源快速高效地进行生产经营的需求，实现对企业的动态控制和各种资源的集成和优化，进一步提高效率和从市场上获得竞争优势。图 7-11 为电子商务下的供应链管理平台关系。

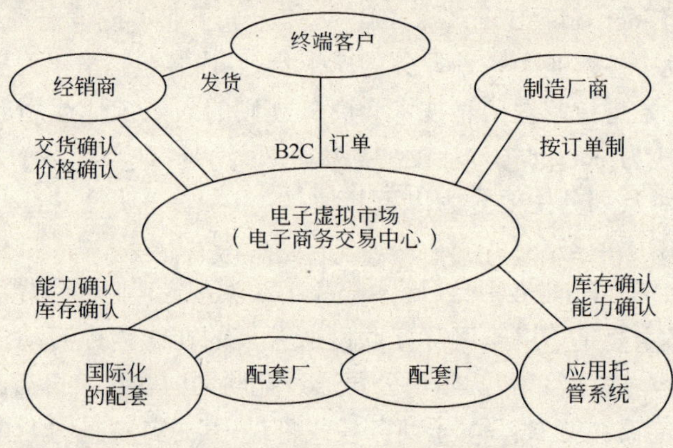

图 7-11　电子商务下供应链管理平台

在供应链管理中，电子商务交易市场是一个由内向外、内外整合的供应链环节。区别于一般的交易，也有别于电子贸易社区，它要求加入电子商务交易市场的企业必须能够将其内部的业务信息和流程进行对接，实现供应链管理过程的信息及业务集成。

三、电子商务对供应链管理的影响

电子商务的发展非常迅速，它改变了传统经济活动的生存基础、运作方式和管理机制，因而对供应链发展产生了深远的影响。电子商务为供应链运营的影响主要体现在如下几个方面：

（一）消除了供应链上不必要的中间环节，使组织边界趋于模糊化

电子商务是在由计算机、软件和通信系统构成的网络中实现的。通过互联网，生产商可以不经由分销商或零售商直接将产品卖给消费者，消除了一些不必要的中间环节，从而节约了运输和销售等费用。利用互联网进行零部件和产品的订货发货能够合理安排库存，提高信息的及时性和准确性，从而降低库存和营运费用。在企业内部，电子商务的应用，也可以省去许多不必要的环节，提高工作效率。另外，电子商务的应用也使得组织之间的相互联系由单一渠道

转变为多渠道，如供应商的销售部门不仅要与生产商的采购部门进行交流，而且还需要与生产商的设计部门甚至销售部门进行合作，共同设计客户满意的产品和服务。这改变了传统价值链中组织之间的交流通过单一渠道进行的方式，使得组织间的合作程度日益加深，组织之间不断融合，最终整个价值链重新整合，形成一个虚拟的大企业。

（二）电子商务影响供应链的结构

电子商务的应用加强了各个供应链角色的一体化倾向，特别是加强了生产商的前向一体化倾向。这种一体化行为能够提高供应链的效率。其次，供应链内部企业之间的广泛信息交流不仅完善了供应链的信息结构，也使得供应链内决策结构的完善易于实现，因为通过实时的信息交流能够使供应链内部的决策过程更透明，也更有参与性，因而使得决策更趋合理，全面提高企业的效率。最后，电子商务的广泛应用在加大企业对于网络设备和人员。CVS 是美国一家主要的药品连锁店，也已经创建了网上渠道，使其顾客可以通过互联网来下订单，同时顾客可以选择在 CVS 的商店取药。玩具反斗城（Toys RUS）也利用亚马逊公司（Amazon. com）的物流基础设施来满足订单，而顾客可以通过公司网站直接从公司订货。

（三）缩短供应链的长度，节省成本和时间

制造商利用电子商务直接向客户销售产品，能够降低产品的处理成本，因为利用电子商务的方式将产品卖给客户，会减少将产品向客户传递的供应链环节。如果电子商务能够在产品订单发出之后再开发新的产品，就能够显著地降低库存成本。从客户发出订单到货物送达时间之间会有一段时间滞后，这为电子商务提供了实施延迟策略的机会。如果企业的产品能够通过网上下载获得，则可以节省输送成本和时间。电子商务通过集中所有库存、减少所需设施的数量来降低设施成本。由于电子商务不必在客户居住地附近设置库存，因此它能够在地理位置相对集中的地方集中设置库存，这使得电子商务更方便进行库存管理，拥有更少的库存。

互联网使顾客可根据其要求和偏好来设置特定的订单选项，它推动了大规模定制商品的发展。大规模定制已经成为在线零售商的一个主要特征，能够提供这种服务的公司已数不胜数，例如定制贺卡的电子问候公司、汽车业的福特汽车公司、大规模定制自行车的 Voodoo 公司和肯诺达里、计算机行业的戴尔以及生产个性化鞋子的耐克。

（四）通过信息共享提高供应链的协调性，加强供应链企业之间的合作

电子商务能够很容易地实现供应链各节点企业之间需求信息共享，从而缓解“牛鞭效应”，提高供应链的协调性，加强供应链企业之间的合作。

（五）向客户提供直销模式，提供全天候的服务

制造商在传统销售渠道中与客户是没有直接联系的，运用电子商务，制造商和供应链其他成员可以跳过中介机构直接向客户销售产品，以降低中介机构成本，增加总收入。例如，网上直销的戴尔电脑公司不必与分销商分享利润，从而提高了收益。电子商务打破了企业与客户之间的时间限制，运用电子商务，客户可以随时发送订单。另外，电子商务也打破了企业与客户之间的地理距离限制，客户只要通过互联网就能享受到电子商务的服务，而网络并不随着个人住所迁移而改变。通过建立电子商务系统，企业可以为全国甚至全世界的客户提供服务。一个典型的例子是电子问候公司，该公司可以向其贺卡客户提供如下服务：所有的重要数据（例如结婚纪念日）都被保存在网站的顾客档案数据库中，顾客会在重要事件发生前若干天通过电子邮件得到通知，从而可以使用电子问候的贺卡和礼品服务。

(六)提供个性化信息和产品定制服务

电子商务可通过互联网,利用客户的个人信息,指导客户消费,提高销售额。一些电子商务网站通过客户提供的生日和其他个人信息,向他们派发纪念品并提供消费建议。在B2C环境下,企业通过建立具有客户特色的网页,展示最畅销的产品信息。电子商务还可以对客户的当前偏好与历史消费记录进行排序,排列可供选择的产品。互联网可以激发客户的潜在购买力,与实际店面相比,极大地增大了"看与买"的比例。专注于大量产品定制服务的企业,可以利用互联网帮助客户选择合乎需要的产品。电子商务还可根据单个客户购买力的大小来制定价格,实现价格的差异化。而针对不同的客户群制定不同的价格,与对所有客户实行单一定价的模式相比能使销售收入大幅增加。

电子商务的开展使得售前、售后服务的远程诊断可以在互联网上实施。例如名为tuneup.com的软件公司可为个人电脑用户提供远程维护服务,但条件是:订购了该服务的用户允许服务中心远程收集他的计算机上的数据。服务中心还可检查用户计算机上是否感染电脑病毒,一旦查出病毒可及时清除。服务中心还可帮助对软件、硬件驱动以及针对其计算机的特定附加软件进行升级。

在一个"自动测试"项目中,思科的供应商通过运行一个特定的程序,就可在它们的本地测试单元中完成质量测试。测试数据通过互联网传到思科公司后,思科的工程师就可以远程监视并控制测试单元,从而能够解决一些供应商自身无法诊断的问题。

(七)提供更方便的资金的转移

虽然电子商务有助于以加速融资来提高收入,但电子商务供应链的总收入也存在一些潜在的不利影响,例如,对于不能在互联网上下载的真实产品,与传统销售渠道相比,电子商务不能够立即为客户提供所需产品或服务,会由于运输时间的限制而客户等待更长的时间。因此,急需某种产品而不能在互联网上立刻下载的客户可能就不会在互联网上订购该产品。

(八)提供市场情报和需求管理

电子商务的应用可以提供大量具有巨大潜在价值的需求数据集合。消费数据的统计集合可以提供市场信息,用于生产商和供应商进行交易决策、促销计划和新产品开发决策。例如英斯帝的互联网服务组件,在许多餐饮服务行业的分销商和经营者那里都得到了应用,使这些公司获得了商业情报。该企业将行业内的数据合并,并且作为一项服务,向客户提供商业情报信息,来提高它的利润率和市场地位。DT公司利用广泛的数据,独立开发的基于复杂统计分析的科学方法,能够分析顾客需求特征,并且帮助企业优化它们的需求管理决策,例如交易、定价、促销计划和产品分类等。优化是基于非线性规划方法的,把握了产品、商店、营销方法决策和时机安排之间的相互影响,同时也考虑了由于需求管理决策导致的供应链成本影响。这样一种强大的解决方案,正是由于具有广泛的需求数据才成为可能。

[案例分析]

RFID技术在零售企业配送中心的应用

(一)连锁零售企业配送中心内部作业流程分析

连锁零售企业配送中心的作业内容主要包括:进货作业、搬运作业、存储作业、订单处理作业、拣选作业、出货作业、补货作业、盘点作业、配送作业、退货作业和配合作业。各作业内容如表 7-2 所示。

连锁零售企业配送中心作业表　　表 7-2

作业性质	作业名称	作业内容
一般性物流作业	进货作业	车辆进货、卸载、验收
	搬运作业	物品的搬运
	存储作业	储位安排、入库、安检
	订单处理作业	管理订单
	拣选作业	拣取、分类、集货
	出货作业	流通加工、质检、出货点验、装载
	盘点作业	在库物品数量的清点
	配送作业	车辆调度、路线安排、运送
非常态物流作业	补货作业	物品的补充
	退货作业	退货卸载、点收、责任确定、处理
	配合作业	出入管制、车辆管制、容器和废料回收

这些作业只有通过良好的作业流程进行整合，才能实现对有效顾客需求的敏捷响应。综合型配送中心总体业务作业流程如图 7-12 所示。 199

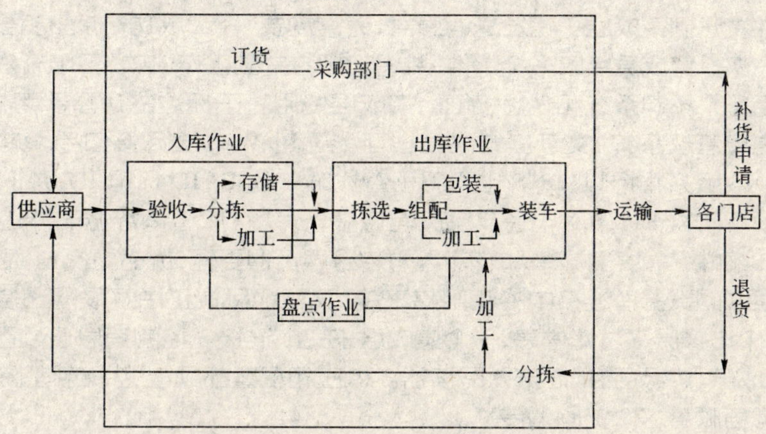

图 7-12　综合型配送中心总体业务作业流程

综合型配送中心内部作业流程是：

各连锁门店依据上个销售周期的商品销售量以及前几年同时期的商品销售量来预测下个销售周期的商品需求量，并且形成订单发送给配送中心。配送中心将各个门店的订单汇总并进行处理，然后制订采购计划，并与供应商签订供货合同。供应商根据合同将货品送达配送中心，配送中心通过卸货、验收、存储（有的货品无须此步骤）、加工（有的货品无须此步骤）、分拣、配货、装车、送货等步骤将货品送达各个门店。最后，配送中心每隔一段时期对在库、在途货物进行盘点。

(二)配送中心应用 RFID 的技术架构

1. RFID 系统的应用架构规划

RFID 技术架构由下列 4 层组成:阅读器层、边缘层、集成层和应用层,如图 7-13 所示。

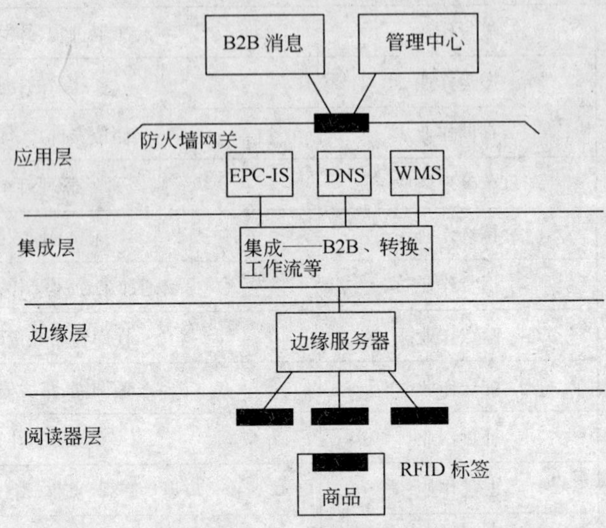

图 7-13 配送中心应用 RFID 的技术架构

阅读器层位于架构的最底层,阅读器经常由触发器控制,每秒读取标签上百次。可设定 IP 地址的阅读器都由一个且只能由一个边缘服务器控制,以避免出现与网络分区相关的问题。边缘服务器定期轮询阅读器,以消除重复操作,并执行过滤和设备管理。边缘服务器还产生事件并将事件发送到集成层。在发送消息时,通常需要"一次成功"的消息语义来保证消息传递且只传递一次。集成层接收多个事件,并将它们合并到工作流中,工作流会作为更大业务流程的一部分与多个不同系统和人员接触。集成层使用基于标准的适配器与打包应用(如库存管理或产品信息管理系统)交互。集成层也可能通过 Web 服务接口与 ONS(对象命名服务)通信。与 DNS 服务器相似,ONS 也可用于查找唯一的 RFID 标记 ID,并识别其他产品信息。集成层必须不断从 EPC-IS(电子产品码信息服务)储存库查询数据。将边缘层和集成层分开可以提高伸缩性,并为客户降低成本(因为边缘层负担更轻,价格更低)。应用服务器和数据库连接池在互联网数据库连接中的使用越来越广,这个行业正由互联网通信变为 RFID 通信,这就需要一个边缘层来过滤信息,一个集成层来完成连接。控制消息通过管理门户流入系统,然后流入集成层、边缘层,最后流入阅读器。供应和配置都顺着这个链向下进行,而阅读器的数据则在过滤后顺着这个链向上传送。

2. 信息系统网络设计

连锁零售企业基于 RFID 的配送中心信息网络系统的构成主要考虑供应链上的节点企业(包括配送中心、连锁门店、供应商)。如图 7-14 所示,配送中心和门店内部以及配送中心与门店的数据交换主要采用 DDN 专线,这主要从数据传送量、速度要求和成本三方面来考虑的;供应商与配送中心的数据交换运用公共网络(具体为商业增值网);配送中心对在途货车和货品信息采集主要通过无线网络完成。

从业务流程看,信息系统网络的运行主要按以下方式运行:首先门店内部通过 RFID 技术实时采集货品信息,然后通过专线网络上的浏览器向配送中心订货,配送中心则汇总和处理这

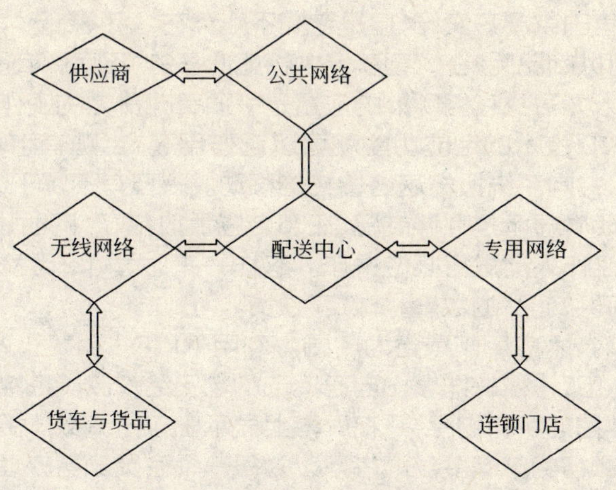

图 7-14 信息系统网络结构

些电子订单，利用 RFID 技术实时检查库存，如有库存则及时向相应门店发货，如没有库存或库存不足，配送中心则通过公用网络向供应商发出订货。当供应商将货品送达配送中心后，经过配送中心一系列内部作业后，最终将货品送达各需求门店。另外，通过无线网络与 RFID 技术的结合，配送中心还可以实现实时查看在途货车与在途商品的信息。配送中心、供应商以及门店根据不同的级别限制还可用浏览器浏览配送中心的存货情况，以便缩短供货周期，提高响应速度。

3. 配送中心运用 RFID 技术阶段

配送中心运用 RFID 技术的 4 个阶段如图 7-15 所示。

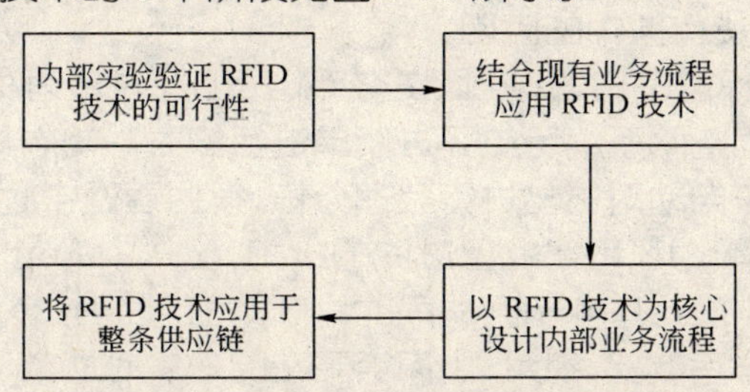

图 7-15 配送中心运用 RFID 技术的阶段图

第一阶段是配送中心内部局部采用 RFID 技术，应用目的是验证即 ID 技术能被用在配送中心的各种工作环境中。

第二阶段是配送中心结合现有的业务流程应用 RFID 技术，但只是把 RFID 技术应用作为原有业务系统的一种完善和补充，用新技术来适应传统的应用。

第三阶段是以 RFID 技术为核心设计配送中心的业务流程，优化已有的业务流程，消除人工流程，提高信息自动化处理程度。

第四阶段是将 RFID 技术应用于整条连锁零售企业配送中心的供应链，使整条供应链都享受新技术带来的好处。

(三)RFID 具体应用环节

1. 在连锁门店以及终端客户上的应用

门店引入 POS 系统可以帮助门店管理者了解出售商品的数量，但是对于大型超市和卖场来讲，由于顾客的行为，商品在卖场内的移动是非常频繁的，大量商品可能不在原来货架或位置上，虽然它们并没有售出或离开卖场，但是它们不能算在“可供商品”之列。只有在把它们放回原处后，才能算作“可供商品”。在大型卖场中将如此多的“不可供商品”放回原处，使它们变为“可供商品”，仅使用人力寻找它们所处的位置是一项费时费力的工作，而条码标签也解决不了这个问题。这时，RFID 技术的定位功能就可以起作用了：当贴有 ID 标签的货物一旦被顾客取走，货架自动识别，并向系统报告这些货物的移动。一旦有不属于该货架或位置的商品出现在该处，电脑上就会明确显示是哪种商品、在哪个位置放错了，同时也可以显示出该放错商品应放到何处，再委派工作人员进行归位操作。这样一来，大大降低了人工作业的强度，减少了作业时间，增加了“可供商品”的数量，降低了缺货。

在收款方面，RFID 技术应用前景更为广阔。利用 RFID 技术后，人们无需像从前一样在收款台前排起长长的队伍，一样一样拿出自己挑选的物品给收款员扫描条码标签，而是推着购物车在收款台前一次性扫描所有物品，并在屏幕上显示出应付款数。另外，可以使用 RFID 技术建立会员制度，提高顾客的忠诚度。门店可以为每一个会员顾客办理一张会员卡，卡中记录了该会员的一切信息，包括年龄、性别、联系方式、爱好和购买记录等，并且该卡直接与该顾客银行账户关联。如果他们持有该卡进入门店，门店上的阅读器就会迅速识别，自动柜员机就会专门为他们打印出多种商品的特价信息，这些商品是由柜员计算机从他们过去的购买记录中选择出来的。在该顾客购物完毕后，无需用现金支付，所需费用直接从顾客账户中划出。

2. RFID 在订单处理中的应用

订单处理既是配送中心的物流作业的开始，也是整个信息流作业的起点。在配送中心整体作业中，订单管理通常扮演着非常重要的角色。通过 RFID 系统，使存货和管理中心紧密联系在一起，并可将管理中心的订单填写、发货、出库、验货、更新存货目录整合成一个整体，最大限度地减少了错误的发生，同时也大大节省了人力。

3. 在配送中心内部进货作业中的应用

供应商将贴有 RFID 标签的货物送到配送中心，货品经过装有阅读器的大门时，物品数据将全部被自动采集，并传回电脑系统与电子进货单进行核对。如果相符，则确定验收。验收完毕后，携带阅读器的运送车自动对货物进行整理分拣，根据管理中心计算机的指示将货物运送到正确的位置，或进行存储（为了取得批量进货的折扣，配送中心常对一些商品采取大批量进货，这些商品必须在配送中心仓库中储存一段时间，以后分批出货），或进行加工（例如拴上服装的标签并套上塑料套；鲜活商品、蔬菜、水果等要在配送中心切割、称量、洗净、装袋等），同时将管理中心的存货清单更新，记录下最新的货品位置。如果供应商送来的货物与清单数据不符，阅读器就会自动提示，并及时要求与供应商联系调换，如图 7-16 所示。

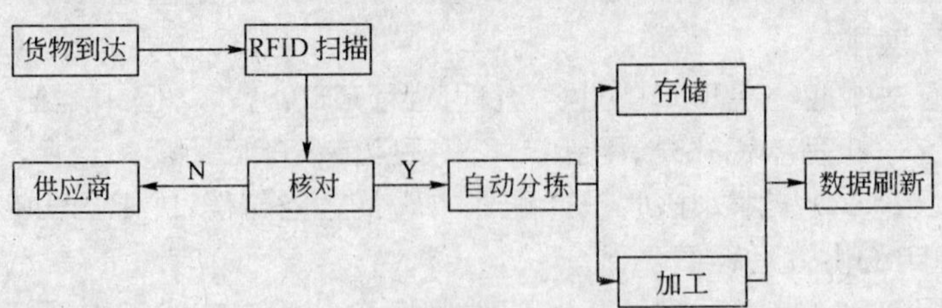

图 7-16　RFID 在配送中心内部的进货作业流程

4. 在分拣作业中的应用

RFID 拣货系统又称 CAPS（Computer Assisted Picking System），利用该系统可以通过电子标签进行出库品种和数量的指示，以代替传统的纸张拣货单，从而提高拣货效率。RFID 在实际使用中，主要有两种方式——DPS 和 DAS。DPS（Digital Picking System）方式就是利用电子标签实现摘果法出库。应用该系统必须事先保证仓库管理中实现库位、品种与电子标签对应,这样在出库时,出库信息通过系统处理并传到相应库位的电子标签上,显示出该库位存放货品需出库的数量,同时发出光、声音信号,指示拣货员完成作业。DPS 使拣货人员无需费时去寻找库位和核对商品,只需核对拣货数量,因此在提高拣货速度、准确率的同时,还降低了人员劳动强度。

5. 在出库作业中的应用

当一个店铺的货选拣完毕后,配送中心有时要将商品进行重新包装,使之适于运输、送货。同时配送中心在将商品送给连锁店之前要做好上架前的一切准备工作,以利各门店的货架陈列,如将店内码和价签贴于商品的销售包装或中包装上。按每个店铺的不同要求对商品进行加工,如将散装商品进行定量罐装,将大包装改成小包装等。最后将各物品组配后放上托盘,并对托盘上的标签进行数据记录,货品分拣出库。当经过装有阅读器的大门时,阅读器将自动读取托盘标签上的数据,并且与电脑中的清单核对,确认后放行。在确认门店收到货物后,此批货物正式从电脑中出货,如图 7-17 所示。

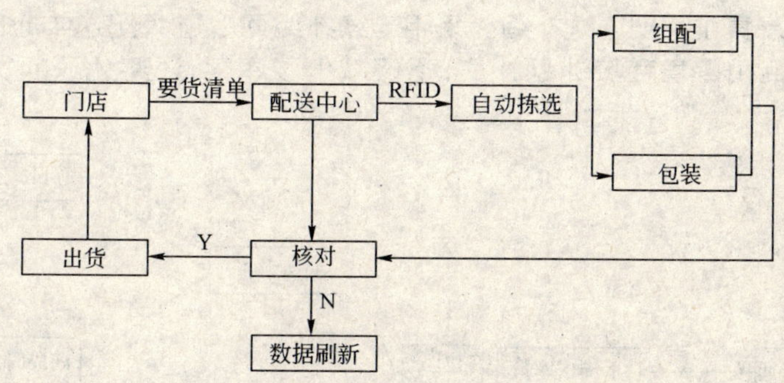

图 7-17　RFID 在出库作业中的应用流程

6. 在退货处理中的应用

零售企业的商品运输以及门店销售中都会引起货物的损耗,而且货损率较高,造成退货频率和数量比较大,同时零售商品的更新换代的频率非常高,如季节性商品等,所以退货处理成为零售企业一项重要的工作内容。零售企业首先与供应商制定退货协议,根据此协议进行退货处理。对于损坏的物品,能加工处理的进行加工处理,不能的则退还给供应商或销毁。对于其他商品,利用 RFID 的技术特点设定临近保质期自动报警程序:货架上的阅读器可以实时扫描货物的保质时间,一旦临近保质期,系统将提示管理人员将该类货物下架,同时将此类物品移至退货区进行统一处理。

7. 在盘点管理中的应用

零售企业配送中心业务流量大,如果采用人工盘点,则要花费大量的时间和人力,而且盘点的准确性也往往得不到保障。采用 RFID 盘点,对于已上货架的物品,可以通过货架上嵌入的阅读器进行数据采集。对于还未上架的,工作人员则可以使用手持式阅读器进行数据采集。由于 RFID 具有同时多数据读取的特性,所以每次数据采集时可以明确货品的数量、保质期、货位等一切信息,将节省大量的时间和人力(如图 7-18 所示)。其特点是:

(1)每天了解库存量和出库量的实际情况。通过门禁、货架以及手持的阅读器可以实时采集货品信息并传入电脑,可以使管理者即时了解库存量和出库量的实际情况,无需进行人工盘点。

(2)根据前一周的出库实际情况,来预测下周配送中心的日出库量。采用 RFID 技术的电

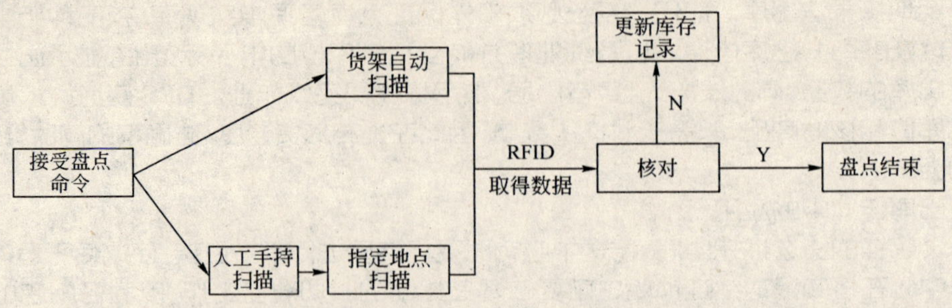

图 7-18　RFID 在盘点管理中的应用流程

脑管理系统不仅可以记录当天的出库信息，还可以保存前段时间的出库信息，并且依据这些信息来预测以后的日出库量。

(3)预测库存量及出库量，并制订合适的库存量及下周补货计划。这样，管理人员只要轻点一下鼠标就可以知道有多少存货、平均出货量多少、有多少产品运出等信息，管理人员就可以凭借这些信息真正实现连续补给。采用连续补给可以避免配送中心的断货现象，它不依赖于订货、供应商和零售商按计划补货，不仅减少了库存，还避免了断货现象，如图 7-19 所示。

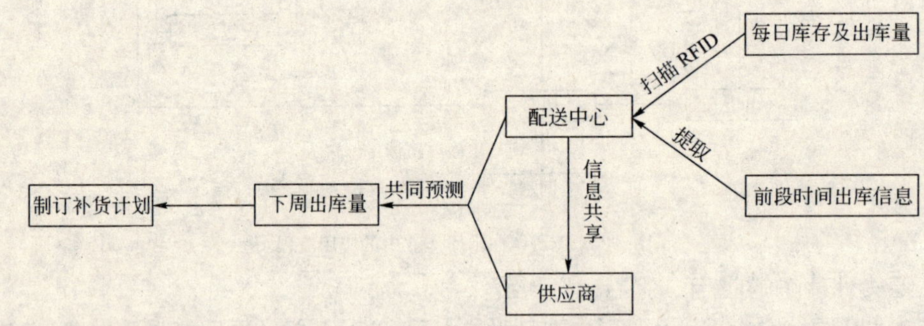

图 7-19　RFID 在预测补货系统的应用

综上所述，RFID 在连锁零售企业以综合性配送中心为核心的供应链上的运门店与配送中心利用 RFID 技术的信息实时采集功能了解货品的销售、出库、入库、库存等信息，供应商则通过信息共享系统共享这些信息，三方协作对货品的下段时间的需求作出共同预测，并制订补货计划，实现连续补给。对于补货计划无法满足的需求，门店则通过专线网络向配送中心发出要货清单，配送中心则根据清单向供应商发出订货信息。当供应商的货品到达配送中心后，货品经过装有阅读器的大门时，物品数据将全部被自动采集，如果与订单相符，则确定验收。验收完毕后，携带阅读器的运送车自动对货物进行整理分拣，根据管理中心计算机的指示将货物运送到正确的位置，或进行存储或进行加工，同时将管理中心的存货清单更新，记录下最新的货品位置。如果货物与清单不符，阅读器就会自动提示，并及时要求与供应商联系交换。当配送中心需要向门店供货时，配送中心可以通过货架上的阅读器在电脑上预先标出所分拣物品的位置，操作人员手持阅读器或驾驶带有阅读器的自动分拣车去货架分拣货物。货物被取出后，货架阅读器则刷新货架上的数据。当装有货物的托盘经过装有阅读器的大门时，阅读器将自动读取托盘标签上的数据，并且与电脑中的清单核对，确认后放行。门店在确认收到货物后，此批货物正式从电脑中出货。

资料来源：《基于 RFID 的连锁零售企业配送中敏捷响应的实现》

[思考与练习题]

1. 实地调查大型超市各种信息技术的应用情况；
2. RFID 供应链管理中的应用案例分析。

第八章 供应链业务流程分析与优化

学习目标

1. 能绘制供应链业务流程图；
2. 能识别供应链核心业务流程；
3. 会简单优化供应链流程。

基本概念

流程图　业务流程　SCOR　BPR　系统改造法　全新设计法

引导情景

供应链管理环境下的企业业务流程重组

业务流程重组的第一步是确定业务流程重组的关键任务。一般过程为：形成紧迫感、确定重组组织人员、制定远景规划、传达远景规划、实施新流程、扩大重组范围、将新流程制度化，制度化之后则进行新一轮的循环。不同的企业可根据自身的特点和面临的情况对流程重组内容进行灵活的删加和改动。

首先，重组组织人员所要做的是组建重组小组，对流程问题进行分析，并设计出新的流程，对新流程进行实验和评估、修改和完善，并交付实施。在成立业务流程重组领导小组过程中，首先是要确定流程重组小组负责人。流程负责人是负责某个特定流程重组的管理者。一般而言，他是企业中资深的高级管理者，拥有威信和业务管理经验，能从流程的层面上开展工作。流程负责人是对特定流程进行变革的发动者和推动者。流程负责人必须同时具备流程观念和全局观念，有较高的热情和坚韧不拔的毅力，同时还要有高超的沟通技巧。流程负责人的首要职责是搞好设计，要以顾客和外部的需求为出发点，考虑流程向顾客提供什么，顾客愿意为流程的产出提供什么样的报酬，顾客什么时候需要这些产品，对于精确度和灵活性顾客有什么样的要求等问题，从而为顾客创造价值。除了满足顾客的需要之外，流程负责人还必须考虑到流程的产出和绩效对于企业生存与发展的影响，制定出利润率、资产回报率、生产增长率等绩效指标，以满足公司成长与发展的需要。

其次是组建流程重组小组。重组小组是企业流程重组的实际组织和实施人员，他们负责对现有流程进行分析，并设计和执行新的流程。重组小组的工作内容包括：从分析原有流程和顾客的需求入手，确认现有流程的缺陷和新流程的绩效要求；打破约定俗成的假设，重新设计一个新的流程；构建新的流程，包括拟订流程运行的细节，确定与组织中其他方面的协作关系，培训流程的执行人员，建立必要的信息系统；向整个组织推荐这种新的工作和生活方式，以争取各方面的认同支持。

第三，对流程进行分析诊断。分析流程的一个最重要方面就是寻找流程的关键点。所谓流程的关键点，就是指在构成流程的诸要素里面，对流程的运作具有决定性作用的要素。从结构上看，流程有4个基本的构成因素：活动、活动的逻辑关系、活动的实现方式和活动的承担者，4个基本因素是相互关联的，虽然在不同的企业流程里，其地位是不一样的，但其中至少有一个是关键因素。在诊断流程时，首先要从流程的评价指标和所拥有的流程重构工具出发，比如要求该流程的主要目的是为了在尽可能短的时间内为顾客提供服务。同时用技术手段来提高流程时间效率，为了提高顾客的时间效率，就采取改变流程结构的办法，进而分析影响最终流程具体结构的关键性因素是如何将服务生产出来，亦即产品生产的实现方式。

流程关键点就其存在性而言，是由于新的流程要素变化带来的，在这些变化之前，流程并不存在关键点之说，这也是流程关键点与流程瓶颈区别的一个很重要的地方。在流程关键点上，原有流程在其最初形成时主要是为了满足当时的要素状态。随着条件的变化，流程影响要素也会发生改变，流程环境、人员技术因素、流程上下游等方面都在改变，因此原有的活动体系就不再适应新的要求。对要素的变化可以采用一种主次分析法来解决，所谓主次活动分析法是基于这样一种认识，即在任何一个流程当中，有一些活动是最基本的，是完成流程的目的所不可缺少的，而有一些活动是为了适应流程要素的状况而产生的，它的存在原因只是为了提高在当时要素条件下的流程效率。前者是所谓“不得不这样做的”，而后者是所谓“不得已而这样做的”。这种区别在流程活动之间的关系，包括活动之间的信息流之间同样存在。因此要把注意力集中到流程关键点的这些活动中去，对其进行分解。

第四，对流程进行再设计。企业新业务流程的设计并非是一个可以拿来做技术分析或工程化的过程，从某种意义上说，它更大程度上是一种艺术化的活动。整个流程设计在很大程度上受企业具体情况的影响，要突破原有流程，需要创造性思考。

资料来源：现代物流报

第一节　供应链业务流程分析

一、业务流程概念

达文波特(Davenport)和绍特(Short)把业务流程定义为：“为了实现既定的商业目的而被

执行的有逻辑关系的任务集合。"

Harrington 对流程的定义为:"给出输入,对其增值并对内部或外部客户提供输出的任何活动或一组活动。"在此,他提出了业务流程的几个特征:流程、有效性、效率、循环时间和成本。

欧德(Ould,1995)把业务流程分为三类,核心流程、辅助(支持)流程和管理流程。在此,核心流程"致力于满足外部顾客的需求";辅助流程"致力于管理核心流程";管理流程流程"致力于商务计划层次"。他没有给出业务流程的定义,刻画流程的特征为:有目的的活动、有群体合作完成、经常穿越功能边界、随顾客的需求变化等。

总之,很多学者从不同的角度给出各种关于业务流程的定义。比较有代表性的是哈默(Hammer)和钱皮(Champy)把业务流程定义为:"各种有输入并创造对顾客有价值的输处的活动的集合。"

他们还给出了业务流程的特征:

(1)明确的输入和输出。

(2)穿越组织边界。

(3)着眼于目标和结果。

(4)流程、输入和输出应该是清楚,利于理解的。

(5)与顾客及它们的需求相联系的。

这其中,业务流程具有 4 个要素:活动、活动间的逻辑关系、活动的实现方式和活动的承担者。

(一)活动

一些输入被接受后,按照一定的处理规则,利用相应的资源,转化成为输出就成了一项活动。所以活动可以用集合的形式来表示:

活动={输入,处理规则,资源,输出}

活动可以用如图 8-1 所示的形式来表示。

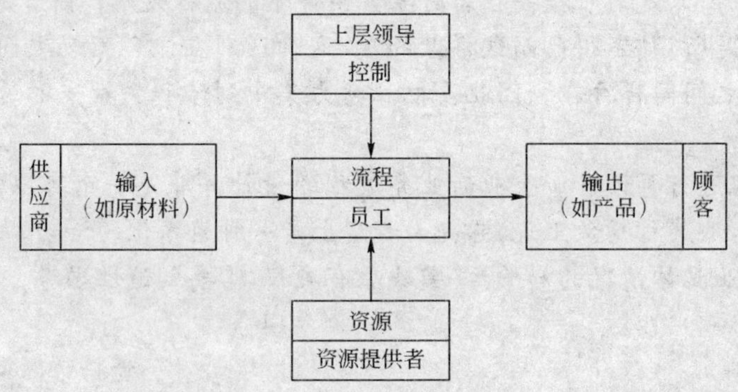

图 8-1 流程输入输出示意图

(二)活动间的逻辑关系

活动的逻辑关系指的是活动与活动之间的联系,它主要有三种关系:串联关系、并联关系和反馈关系。

(三)活动的实现方式

活动的实现方式指的是活动是通过怎样的媒介,如人工作业方式、计算机作业方式等实现的。

(四)活动的承担者

活动中进行作业的人就是活动的承担者。找出各活动的承担者对于了解活动具有十分重要的作用,因为人才是活动中唯一具有主观能动性的因素。

传统的公司中,流程分布在各个部门中,以部门为界限被分割开,而流程管理理论认为流程的这种分散正是企业绩效产生问题的根源,只有把全部流程当作整体对待并进行全程的管理,才能大幅度提高业绩。因此,流程管理强调以流程为目标,以流程为导向来设计组织框架,同时进行业务流程的不断再造和创新,以保持企业的活力。

在进行企业业务流程划分时,主要有基于机构化分析和设计的方法和基于工作流的划分方法。

1. 基于机构化的分析方法

基于机构化的分析方法将整个流程自顶向下逐层分解为多种功能,并且在功能分解的同时进行相应的数据处理。这种以功能分解为核心的方法把流程逻辑和应用逻辑结合起来,各功能模块之间的耦合性很大,这就导致了各个模块的可重用性低,后继改造的成本很大,只适用于企业内部一些很稳定的业务流程处理。

2. 基于工作流的分析方法

基于工作流的分析方法考虑了业务流程的特性,把企业的业务流程视为有多个相互关联的不同层次的流程组成的活动网络,如由订货、采购、设计、生产、交货组成的主流程。该主流程又可以分为多个彼此相关的子流程,如产品设计流程、产品制造流程、销售经营流程等。这些流程就可以被处理为多个相关的工作流。基于工作流的分析方法把应用逻辑和过程逻辑分离,把过程建模和数据功能分离,可以通过修改过程模型来改变系统功能。这种工作流的方法减少了各个流程之间的耦合性,增加了模块的可重用性,可有效地用于企业的业务流程再造。该方法现在广泛地应用于企业内部的业务流程建模中。

本书选择基于工作流的方法将供应链的业务流程划分为客户关系管理流程、客户服务流程、需求管理流程、订单执行流程、生产流程、供应商管理流程、产品开发和商业化流程、退货管理流程等。

二、业务流程分析与绘制

供应链流程是一个复杂的系统,如何在错综复杂的活动和关系中识别出供应链核心流程,是认识和改善企业流程的基础。进行业务流程分析和诊断的主要步骤有:

(1)找出业务流程的结构和联系。

(2)分析并量化度量现有的业务流程。

(3)诊断环境条件。

事实上,对业务流程进行分析和诊断需要一些基本的工具支持,常见的业务流程分析工具有:流程图、事件流程链、角色行为图、集成化定义、Petri 网等。选择具体的方法时,主要有如下三个方面的考虑:操作的简便性、便于进行价值流分析和流程的清晰表达。综合比较以上几种流程描述方法,本书选择了流程图或事件流程链作为描述业务流程的工具。这里主要简单介绍前面两种分析工具:

(一)流程图

流程图,亦称为业务流程图(Flow Diagram),是基于结构化分析(Structured Analysis)方法的建模方法。结构化分析方法在许多应用问题中起了很好的作用,在降低项目开发费用,减少系统中的错误,促进交流的一致性及加强管理等方面都会产生效益。

流程图的基本思想是将业务流程分为多个活动和事件,活动是企业单一的功能,而业务流程则描述一系列企业活动的顺序。企业的业务流程和活动是有事件触发的。一个业务流程是由该流程之外的事件触发,而流程内的活动一般是由流程内部的活动触发。流程建模有如下规则:

(1)方框内表示的是活动,方框外表示的是事件/信息。

(2)流程图是按流程系统内各活动顺序进行描述的,其描述的是业务流程的动态行为。

(3)流程图可以按阶梯结构展开,把一个大过程分为多个子过程,子过程可进一步分解,如此一级级展开,清晰、全面地建立业务流程模型。

除了掌握流程设计的原则外,很现实的一个问题就是如何绘制流程图。流程图分为一、二、三级:一级流程图即公司级的流程图,如公司主导业务流程图、公司决策流程图等。二级流程图即部门级的流程图,如技术开发的流程图、人力资源管理的流程图、市场营销的流程图等。三级流程图即部门内具体工作的流程图,如招聘流程图、销售流程图、统计工作流程图等。通常,只要做到三级流程图就可以了,没有必要再细化到四、五级。

流程图应该是环环相套的。上一个级别的流程图中的一个节点,到下一个级别可能就会演化成一张流程图。例如在二级流程图中的需求管理流程图中,预测工作可能只是一个节点,而它会演化成三级流程图中的预测流程图。

具体来说,流程图有很多类型,向生产企业推荐的是矩阵式流程图,这也是国际上通用的一种流程图形式。这种流程图分成纵向、横向两个方向,纵向表示工作的先后顺序,横向表示承担该项工作的部门和职位。这样通过纵向、横向两个方向的坐标,可以达到前面所谈到的要求,既解决了先做什么、后做什么的问题,又解决了甲项工作由谁负责,乙项工作又由谁来负责的问题。

关于矩阵式流程图,美国国家标准学会(ANSI)规定了图 8-2 所示的管理流程设计标准符号。

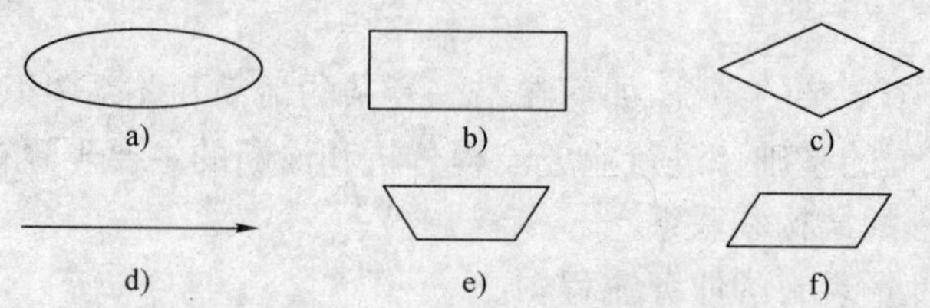

图 8-2 流程绘制符号图例

a)椭圆:流程开始或结束;b)矩形:任务或工作;c)菱形:要决策的事项;d)流程线;e)倒梯形:信息来源;f)平行四边形:信息储存与输出

(1)流程的开始或结束,用椭圆来表示。

(2)具体任务或工作,用矩形来表示。

(3)需要决策的事项用菱形来表示。

(4)流程线用带箭头的直线来表示。

(5)信息来源用倒梯形来表示。

(6)信息储存与输出用平行四边形来表示。

实际上流程设计的标准符号远不止这些。但考虑到流程图的绘制越简洁明了，操作起来越方便，企业也更容易接受和落实。建议一般情况下只使用(1)、(2)、(3)、(4)项规定的4种符号就基本可以满足绘制流程图的需要了。在实际操作中，流程图的绘制最好通过企业中高层领导讨论的方式来进行，这样可以集思广益，有助于流程的优化。

下面给出一个业务流程图实例，快递行业邮寄流程(图8-3)。

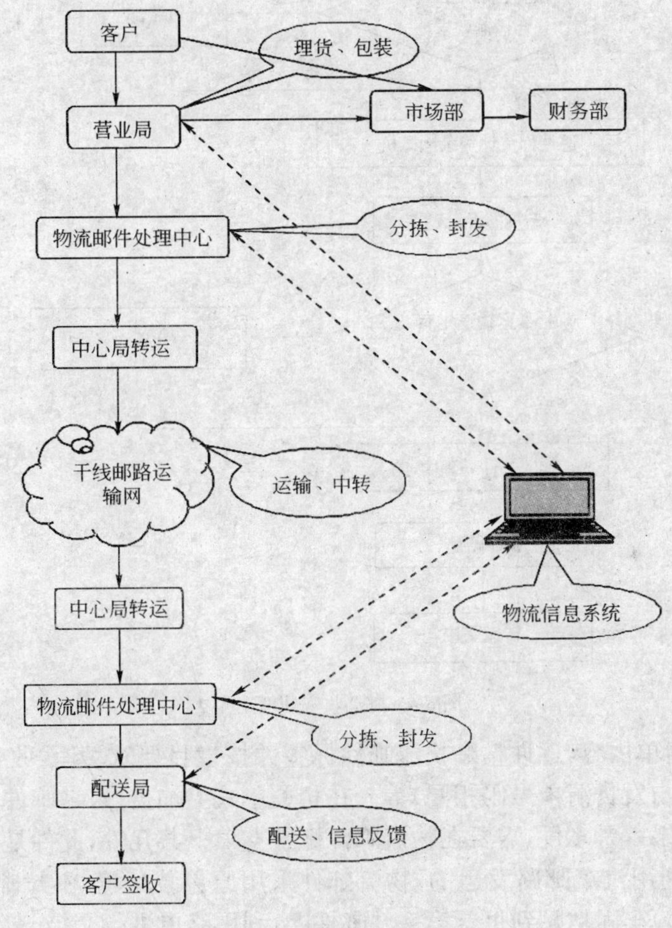

图8-3 邮件物流流程示意图

邮局收寄业务是直接面对客户的服务，是整个服务流程的开始。其流程图如图8-4所示。

(1)客户将物流邮件运送到邮政物流局邮件收寄中心，详细填写配送信息清单，包括寄达地名、收件人名称地址、数量、时限要求等。收寄人员按照清单逐件核对，检查包装是否符合运输要求，对不符合运输要求的邮件进行再包装，然后录入信息系统并称重计费，打印发货单，请客户签字确认。

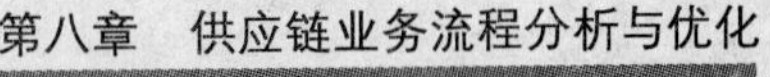

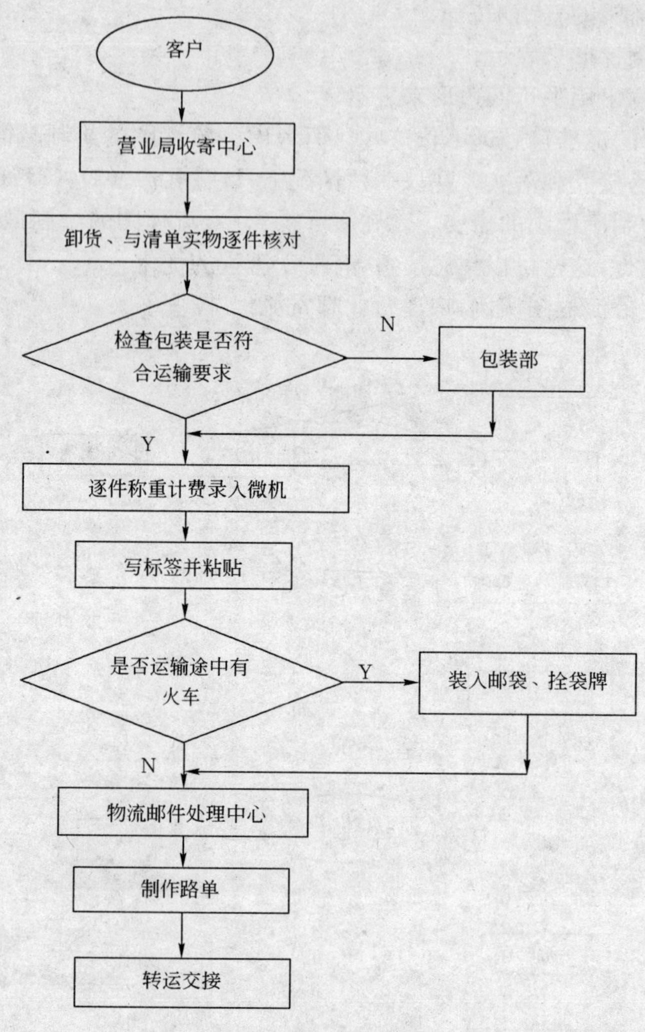

图 8-4 邮局收寄处理流程

(2)根据发货清单内容,逐件粘贴物流邮件标签并按栏目要求填写:收件人姓名、地址、联系电话、邮件号码(与发货清单号码相同)等。在相关单式上加盖"××邮件"戳记,以便区分不同的协议客户。如果一票多件,需要在物流邮件标签上填上共几件,此件是第几件。

(3)全程运输利用汽车邮路发运的,物流邮件采用原包装运输,不封邮袋,将发货清单套(带背胶的塑料胶套)牢固粘贴到每票第一件邮件上,利用路单进行交接。

(4)全程运输有利用火车干线邮路发运,物流邮件要封装邮袋,拴挂包裹袋牌和大件名址牌(中转的邮件,在袋牌上标注转××局),并加盖"物流邮件"戳迹。在内装发货清单的邮袋袋牌上标明"含单",每袋限重 30kg,最大体积为 3 号邮袋;若封装贵重、易损、易碎、流质易溶物品,每袋最大限重 15kg。

(5)送到物流邮件处理中心。当天全部物流邮件到达后,根据邮件不同的方向进行分拣,按照不同局向制作路单。凭路单与中心局转运进行邮件交接等待运输。

流程图的优点在于其良好的可理解性,模型反映的业务流程给人以直观清晰的概念。此外，流程图也是许多计算机系统建模的工具，所以具有计算机化能力。而流程图的主要缺点是其对流程改造的支持能力比较弱，且对系统的分析评价也比较简单。所以，在 BPR 中，流程图只是一种初步的建模方法。

(二)事件流程链

事件流程链（Event-driven Process Chain，简称 EPC）是另外一种业务流程的建模方法，这一模型是一种被广泛应用的流程建模方法，主要用于业务流程再造、工作流的定义域控制、标准软件的构造、软件开发与仿真及基于活动的成本分析（ABC）。目前，EPC 被应用于 SAP R/3、ARIS 等 BPR 建模的工具中，且被上千家公司所使用。

EPC 是一种直观的图形化业务流程描述语言，是由 Keller 和 Scheer 在 1992 年提出的。这一语言的着眼点在于商务逻辑的层次上描述流程，而不必在正式规范的层次上，且容易被人们理解和应用。

EPC 包括以下几个要素，如图 8-5 所示。

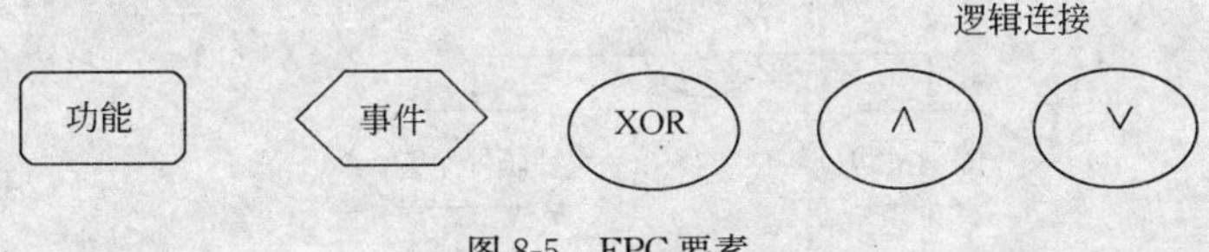

图 8-5　EPC 要素

（1）功能：EPC 基本的组成部分是功能。功能对应着需要被执行的活动（任务、流程和步骤）。

（2）事件：事件描述功能被执行前后的状态。功能通过事件连接。事件对应着一个功能的后状态或另一功能的前状态。

（3）逻辑连接：逻辑连接可被用于活动和事件的连接。这由控制流所制定，而控制流可分为分叉和交汇。EPC 有三种连接器 ∧（and）、XOR（exclusiveor）和 ∨（or）。

EPC 的特点：

1. 跨职能的层次结构

EPC 是一种跨职能的建模方法，它是以流程为着眼点的。此外，在建模过程中可以有不同层次的 EPC 存在，这些详细的 EPC 可以作为流程的注释。

2. 丰富的信息描述

虽然控制流是描述业务流程最重要的特征，然而根据其应用目的的不同（比如 BPR 或工作流的定义）还有另外许多相关的信息。比如，这类信息包括对应于实现某一功能的人员和组织单元。因此，EPC 的控制流可以被扩展至数据和组织元素。总体而言，功能、事件、数据对象和组织等一个范围广泛的信息可以被包括在 EPC 中。关于这一方面，在此不再叙述。

3. 清晰易于理解

EPC 的主要优点之一是其可以被最终用户清楚且容易的理解。EPC 通常被用于企业流程的建模并和那些从未受过其他建模工具训练的人们交流讨论这些业务流程。虽然 EPC 易于理解，但它可以经过改进并用于信息系统的需求分析中。这就是为什么许多的最终用户和软件开发商同时选择 EPC 作为建模工具的原因之一。在这些软件中，SAPR/3 是最主要的 ERP 系统，已在全球 85 个国家的 7500 个公司中应用。而 EPC 的广泛应用则源于 SAPR/3

和 ARIS 的成功。

下面基于以上建模模块和逻辑连接，给出一个企业采购流程的 EPC 模型(图 8-6)。

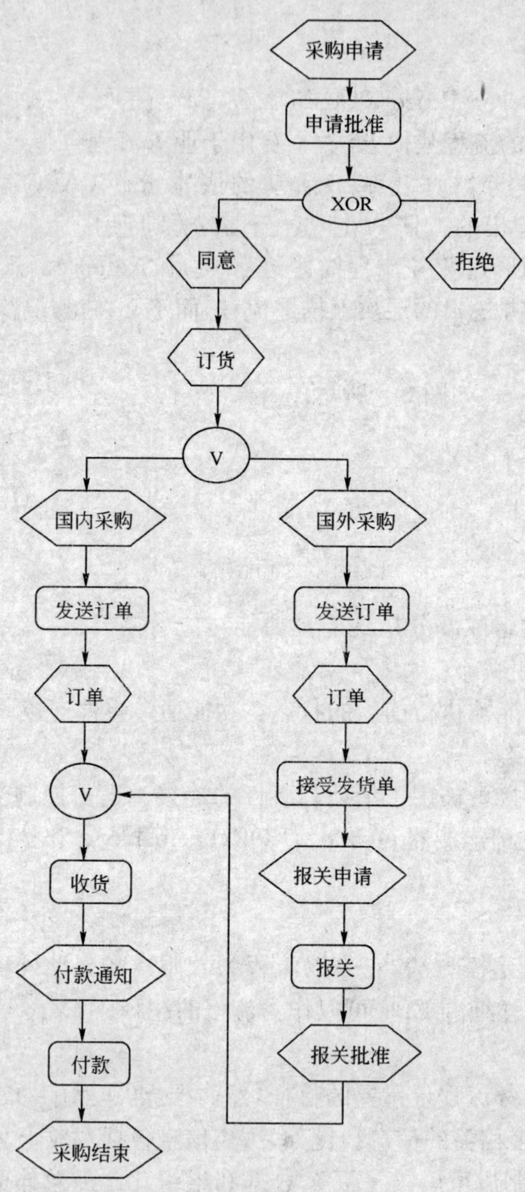

图 8-6 企业采购流程的 EPC 模型

三、流程绘制步骤和原则

流程绘制的 4 大步骤如下：

(1)流程识别(process identification)：获取对某一流程所有步骤的全面了解。

(2)信息收集(information gathering)：识别某一流程的目标、风险以及关键控制。

(3)采访与绘制(interviewing and mapping)：了解参与该流程的人的观点而且设计出实际

的流程图。

(4)分析(analysis):使用各种工具和方法使该流程的运作更加有效果、更加有效率。

流程可以通过问卷调查、流程分析工作表、层级或雇主示意图绘制。针对供应链的特点，在进行流程设计时应当掌握以下原则：

(一)以顾客为导向

如今的市场竞争在很大程度上表现为对顾客的争取。一家极具竞争力的企业，必然是能充分满足顾客需求的企业，也必然是一家以顾客为导向的企业，因此以顾客为导向是流程再造要遵循的最基本原则。

(二)以流程为中心

坚持以流程为导向的原则，就是将企业的管理方式从以任务为中心改造成以流程为中心，将原来的一个个孤立的任务，连接成能够表示任务之间关系的流程。管理的重点不是任务而是流程，这就是通常所说的"流程式管理"。

(三)以人为本的团队式管理

因为流程是需要一个团队来完成，而不是一个人能完成的，所以在流程再造要贯彻以人为本的团队式管理精神，注重团队的整体作用，注重团队中人员之间的相互配合。这也是从单纯的任务式管理向流程式管理的一种转变。形成流程式管理之后，团队的每一个成员都知道自己要做什么，这样有助于提高员工的自觉性。

只有掌握了以上三项主要原则，才有可能设计出适合的流程，流程式管理也才有可能落到实处，否则就会给供应链的管理带来负面的影响。

第二节　供应链核心业务流程

一、供应链流程观

供应链包含了一系列流程，这些流程发生在一个组织内部或供应链中不同组织之间，它们结合在一起共同实现客户对产品的需求。有两种不同的方式来观察发生在供应链中的流程。

(一)周期的观点

供应链中的流程被分成一系列的周期，每一个流程周期都发生在供应链中两个相邻组织的接口。对于一个由供应商、制造商、分销商、零售商和客户组成的典型供应链，整个供应链流程可分为4个流程周期(如图8-7所示):客户订单周期、补货周期，制造周期和采购周期。流程周期的观点在考虑供应链运营决策时非常有用，因为它清楚地指明了供应链各成员组织的作用和责任。

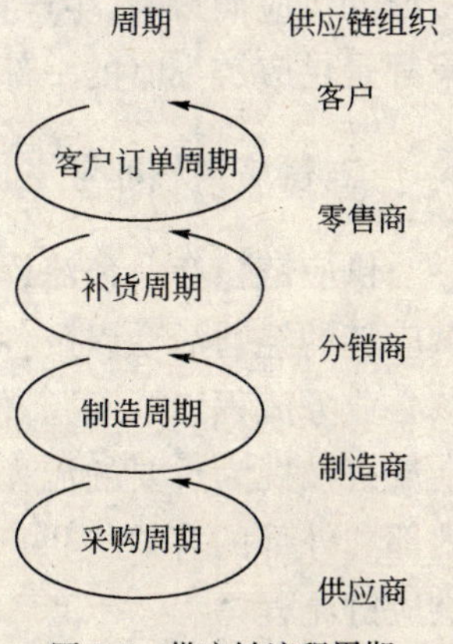

图8-7　供应链流程周期

(二)推/拉的观点

供应链中的所有流程分为推式流程和拉式流程两类，其划分标准取决于流程的运作是对客户订单的响应还是对客户订单的期望。拉式流程从响应客户订单开始，在运作时需求是确定并已知的。推式流程是从预测客户订单开始，在执行时需求是未知的，必须先做预测。

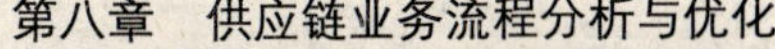

供应链中的推拉边界是供应链推式流程和拉式流程的分离点。以戴尔公司为例，其个人计算机装配的起点是推拉边界。在PC装配之前的所有流程都是推式流程，而装配流程及其之后的所有流程都始于响应客户订单，因而是拉式流程。图8-8给出了戴尔供应链的推拉流程。推拉的观点对制定有关供应链设计的战略决策非常有用，例如供应链管理中延迟产品差异的策略就很好地体现了这一观点；通过对产品设计流程的改进，使推拉边界尽可能延后，便可在充分利用规模经济的同时实现大量顾客化。

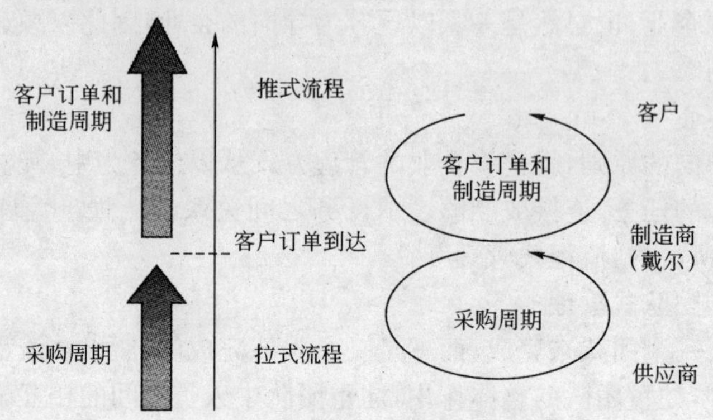

图8-8　戴尔供应链的推拉流程

公司的竞争策略定义了公司企图通过其产品和服务来满足的一组顾客需求。例如戴尔的订单制造模式，其竞争策略强调合理价格下的客户化和多品种，客户要等一周左右的时间才能得到他们的产品。相比之下，另一些顾客则乐意到PC零售商处，在销售人员的帮助下，当天买回一台康柏计算机。戴尔的顾客，通过在线采购，侧重的是品种和客户化。因此，一个公司的竞争策略是基于客户的优先考虑来定义的，它瞄准了一个或多个顾客段，并通过其产品和服务来满足这些顾客的需求。

为了执行公司的竞争策略，公司的价值链，从新产品开发，经营销、生产、分销、到服务，以及财务、会计、信息，人事等辅助职能都要发生作用，每个职能部门必须制定各自相应的策略。从价值链的观点来看，供应链策略指明了生产，分销和服务所要做好的工作。供应链策略包括传统的供应商策略，生产策略和物流策略，供应链中有关库存、运输、生产设施和信息传递的决策都是供应链策略的一部分。

二、供应链核心业务流程

供应链核心业务流程就是对整个供应链能起主导影响的业务流程，核心业务流程代表了供应链的经营活动以及各个活动之间关联的框架，它创造了大部分客户价值。如果供应链的核心业务流程出了问题，供应链的整体性能将迅速降低。根据兰伯特的调研显示，供应链中8个流程被视为重要的流程。这些核心供应链流程总结在图8-9中。一项流程可以被定义为向内部和外部的客户提供产品和服务的一套行为，下面逐一进行讨论。图8-9描述了8个核心供应链流程：

（一）客户关系管理

客户关系管理流程为公司建立和管理客户关系提供了框架。在前面有关客户关系管理的

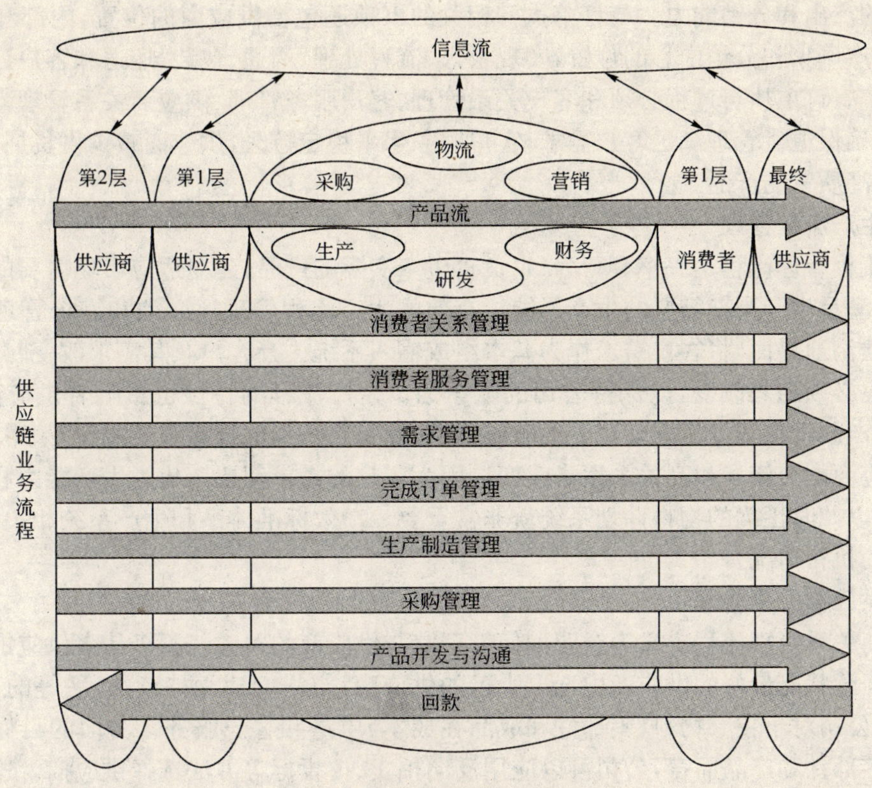

图 8-9　供应链核心流程

章节中已经讨论过，核心客户一旦明确，其需求也就明确，满足其需求的产品和服务也就随之确定。如今，这些核心客户的需求是通过信息共享实现的。跨公司项目小组的形成，可以改进产品和运输，提高质量和降低成本，建立共同目标，最终改进贸易伙伴的运营和盈利能力。公司应当监控客户关系管理给公司的财务和客户满意度带来的影响。

(二)客户服务管理

客户服务管理流程就是给客户提供信息，同时为所有的产品和企业与客户的服务协议提供实时管理。信息的提供可以通过一系列的交流渠道，如网站、个人关系、信息系统和印刷品。目标和战略是确保产品和服务的分销；对产品和运输问题的投诉要迅速做出反应；使用最有效的沟通方法协调统一产品、服务和信息传递。这个流程还包括监督和汇报客户服务的绩效，帮助企业了解实现流程目标的努力达到了什么程度。

(三)需求管理

需求管理流程是根据企业的产出能力来考虑满足客户的需求。专门的需求管理行为包括需求预测以及利用技术改变采购、生产和分销中的能力和需求。根据时间的长短、预测者的知识水平、获得销售点信息的能力以及 ERP 系统中预测的模型，可以进行各种方法的预测。

(四)订单执行

订单执行流程是一整套行为，即在可能的最低运送成本和一定水准的客户服务水平之下履行订单。公司有效的订单执行过程就一定要整合市场、生产和分销计划。更需要突出的是，公司的分销系统一定要设计成为提供恰当客户服务水平的系统，同时营销计划和促销一定要

结合公司的产出和分销能力。与订单执行相关的事项还包括供应商的位置，内部和外部的运输方式，生产厂家和分销中心的位置，实现录入、流程处理、沟通、包装、运送和客户订单文件所使用的系统。订单执行过程必须和客户关系管理、客户服务管理、供应商关系管理紧密地整合在一起，要确保退货管理满足客户需求，客户服务水平稳定持久，供应商减少供货周期，客户得到完好的、高质量的产品。

(五)生产流程管理

生产流程管理流程是一整套行为，它负责生产实际的产品，建立适应市场需要的灵活生产能力，设计满足生产周期需要的生产系统。有效的生产流程管理还必须和需求管理和客户关系管理建立沟通界面，将客户需求作为基本组成输入系统。当客户及其需求改变时，供应链和生产流程也必须随之改变，以保持公司的竞争力。生产流程的特性也影响着供应商的需求。例如，当生产的批量和订货周期减少的时候，供应商每次送货的批量就要减少，频率就要增加，导致与供应商的交流和相互关系逐步改变。因为客户的需求都要转化为生产能力和对供应商的需求，所以此时正确的物料计划系统就非常重要。绩效标准体系和生产系统相关，用来跟踪生产流程的执行情况。

(六)供应商关系管理

供应商关系管理流程定义为企业如何管理它与供应商的关系。积极从事供应链管理的企业试图从经营状况最好的供应商中选出少量的供应商，与它们建立持续的、平等的、紧密的关系，以满足公司对于主要物料、零部件和成品在成本、质量和客户服务等方面的目标。对其他不重要的零部件和产品而言，公司可以应用反向拍卖、招投标等方法选择供应商。这个过程中的行为包括浏览和选择供应商，就产品和服务进行协商，管理供应商，监督供应商的运营和改进。有些供应商或许会组成跨职能部门的项目小组来管理供应商的行为，包括满足公司短期和长期的需求，建立公司改进运营的记录。有些供应商或许在这方面做得很少或无所作为，这取决于供应链、公司和产品对它的要求。从事供应商关系管理的人员一般都会与生产人员进行沟通，以便获取对于供应商和采购商品的反馈意见；还要与市场人员沟通，以便获取客户的反馈意见。另外，供应商还经常了解新产品的开发和绩效，以便获得反馈信息。

(七)产品开发和商业化

产品开发和商业化流程是负责针对客户变化的需求开发出新产品并将这些产品迅速和有效地投放到市场。在一个有效管理的供应链中，许多客户和供应商也积极参与新产品的开发以确保新产品满足客户的需求，同时采购到的物料能够满足生产需要。产品开发和商业化流程中的行为包括产生新产品创意的方法和激励措施；开发搜集客户反馈信息的技术；建立公司内部跨部门的新产品开发项目小组；基于财务和资源状况评估和挑选新产品；要适应现有的生产和物流架构；设计和测试新产品模型；确定市场渠道并大量生产产品以及对每个成功的产品进行评估。成功的新产品开发取决于外部客户和供应商的参与以及内部生产、市场和财务人员的配合。

(八)退货管理

退货管理流程在有些公司不太重视，但从维护客户可以接受的服务水平和发现产品改进机会的角度来说，它对供应链管理是非常重要的。退货管理行为包括环保的实物处理和回收、组装和维修说明、疑难解答和维修担保、制定废物处理指导手册、设计一套有效的反向物流系统、收集退货信息。退货管理人员在退货管理过程中需要经常联络客户和客户关系管理部门、产业开发和商品化部门以及供应商关系管理部门。

退货管理的目标之一就是减少退货。这项工作的完成是将退货和维修信息传递到产品开发人员、供应商和其他任何形成退货原因的环节和人员，以指导将来产品的改进和采购物品的计划。退货反馈当中还要包括运输和配送服务的信息。

上述 8 个流程中的每个流程都要有自己的目标，用于指导企业建立供应链战略。另外，公司内部各个流程的目标要相一致，以利于公司进行内部流程整合，同时要将所采取的行动与公司资源纳入供应链整体战略中去考虑。例如，如果公司的供应链战略是进行低成本竞争，那么客户关系管理流程中的市场目标就是发现便宜的运送方式，建立供应商管理库存(VMI)，并将客户订单处理的流程自动化。生产目标就是采用大包装以适应运输和配送的需要，增加大规模生产的能力，为某个产品寻找总成本最低的生产地点。采购目标就是寻找满足要求的最便宜的物料和零部件，如果可能的话可利用反向拍卖。公司层面则采取和各个核心流程类似的方法，从不同的职能部门抽调人员组成项目小组，来制定公司层面的目标。

三、供应链核心流程应用实例

(1)供应链企业间的业务流程图如图 8-10 所示。

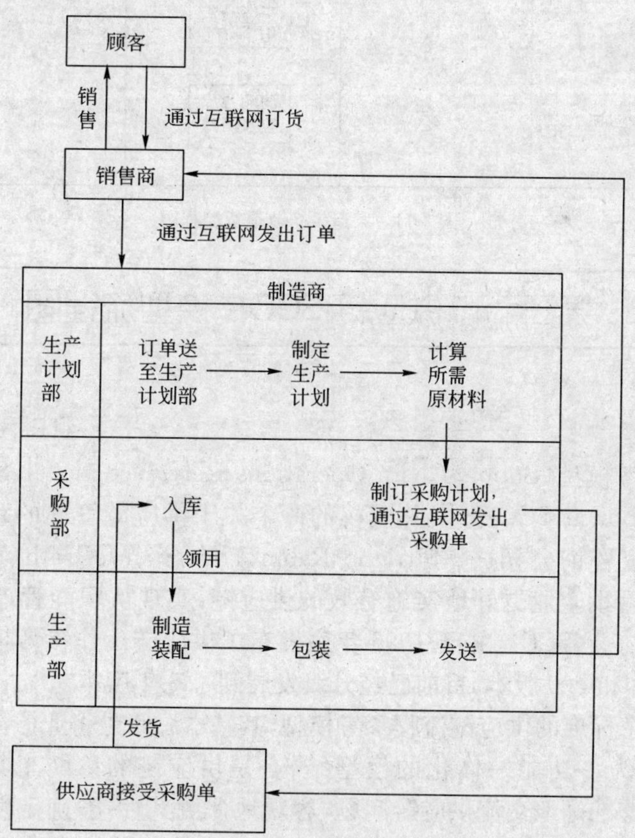

图 8-10　企业间采购业务流程

(2)某造纸企业退货流程图如图 8-11 所示。

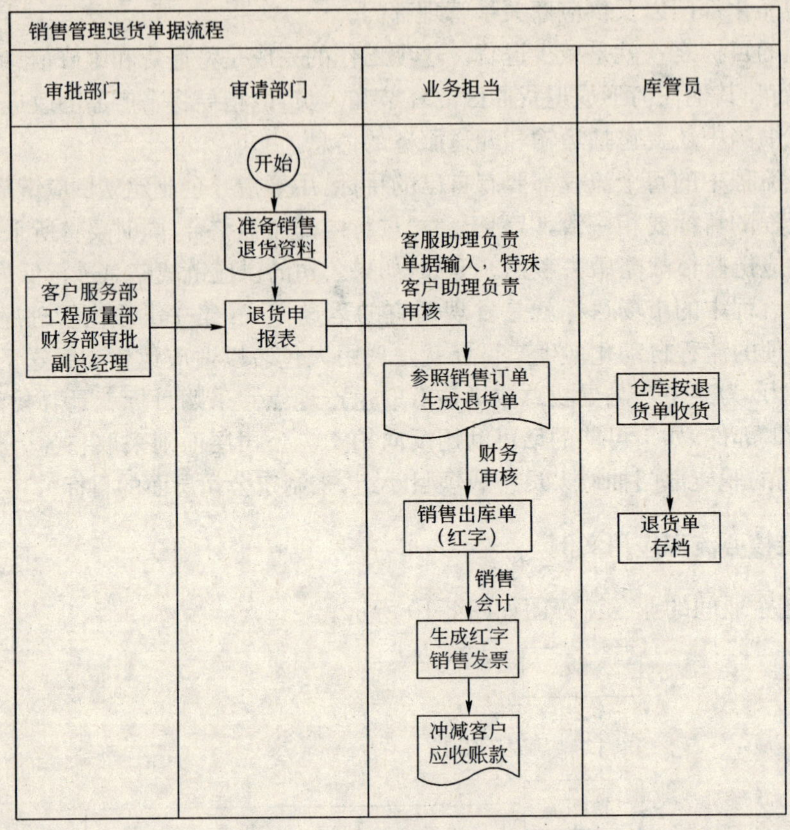

图 8-11　某造纸企业退货流程图

第三节　供应链 SCOR 模型流程图

一、SCOR 含义

供应链运营参考模型(Supply-Chain Operations Reference-model，SCOR)是由供应链协会(Supply-Chain Council，SCC)开发并授权的一个关于供应链管理的跨行业标准。1996 年春，美国波士顿两家咨询公司——Pittiglio Rabin Todd & McGrath(PRTM)和 AMR Research(AMR)为了帮助企业更好地实施有效的供应链，实现从职能管理到流程管理的转变，牵头成立了供应链协会(SCC)，并于 1996 年底发布了供应链运作参考模型(SCOR)，1999 年完成 SCOR3.1 版本和 4.0 版本，目前已经升级发展到了 6.1 版本。

SCOR 是第一个标准的供应链流程参考模型，其基本思路是将业务流程重组、标杆管理及最佳业务分析集成为多功能一体化的模型结构，是供应链的诊断工具，涵盖了所有行业。SCOR 使企业间能够准确地交流供应链问题，客观地评测其性能，确定性能改进的目标，并影响今后供应链管理软件的开发。流程参考模型通常包括一整套流程定义、测量指标和比较基准，以帮助企业开发流程改进的策略。SCOR 不是第一个流程参考模型，但却是第一个标准的供应链参考模型。

SCOR 模型的框架由 5 个基本的管理流程组成，它们分别是计划、采购、生产、配送和退货管理流程，每个流程都有相应的支持系统。它将企业流程重组、标准化和流程测评的概念结合成一个交叉功能的框架。它主要包括：管理流程的标准化描述；标准流程间的关系框架；流程绩效评估的标准；创造最优绩效的管理实践；对于特征和功能的标准化整合。

通过定义供应链管理流程，并且配以最优的实践、基准绩效数据和优化软件应用程序，SCOR 模型为制造业提供了一套强有力的改善供应链绩效的工具。

SCOR 模型结构框架简图如图 8-12 所示。

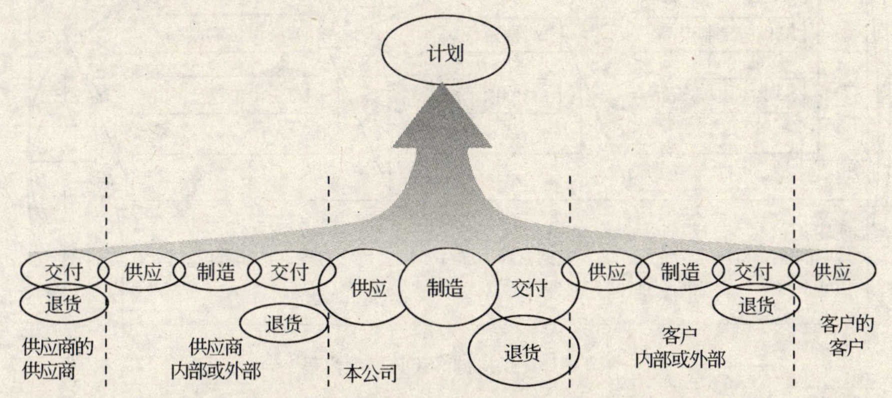

图 8-12　SCOR 模型结构框架简图

SCOR 将供应链分解为 5 个流程：计划、采购、制造、配送和退货。其含义分别为：

(1)计划(Plan)：平衡需求和供应，制作一系列行动方案以更好地为其余 4 个流程服务。

(2)采购(Source)：按计划或需求进行获取物料和需要的服务。

(3)制造(Make)：按库存制造、按订单制造、按订单设计的生产实施。

(4)配送(Deliver)：为库存生产、按订单制造和按订单定制的产品进行订单、仓库、运输和装配的管理。

(5)退货(Return)：该流程与任何原因的退货和交付后的客户支持相联系，包括将原材料返回给供应商和客户的退货。返回的产品则包括次品、MRO 产品和多余产品。

供应链 SCOR 模型流程如图 8-13 所示。

二、SCOR 模型层次结构

SCOR 模型描述了一个 4 层的金字塔形核心结构，如图 8-14 所示，表示要改善供应链管理性能指标时应采取的行动步骤。

(一)SCOR 第一层(顶层)

第一层规定了 SCOR 的范围和内容，并明确定义了计划、供应、制造、交付和退货过程的类型，是企业确立供应链性能和目标的基础。企业通过对第一层 SCOR 模型的分析，可根据下列供应链运作性能指标做出基本的战略的决策：

(1)交付性能：按时或提前完成订单/计划的比率。

(2)交付速度：成品库接到订单 24 小时内交付的比率。

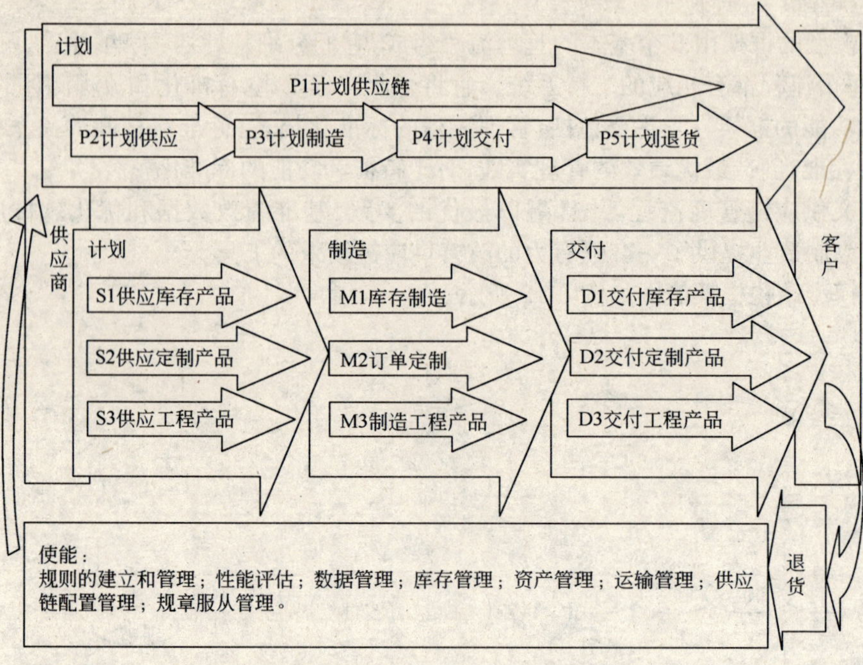

图 8-13　供应链 SCOR 模型流程

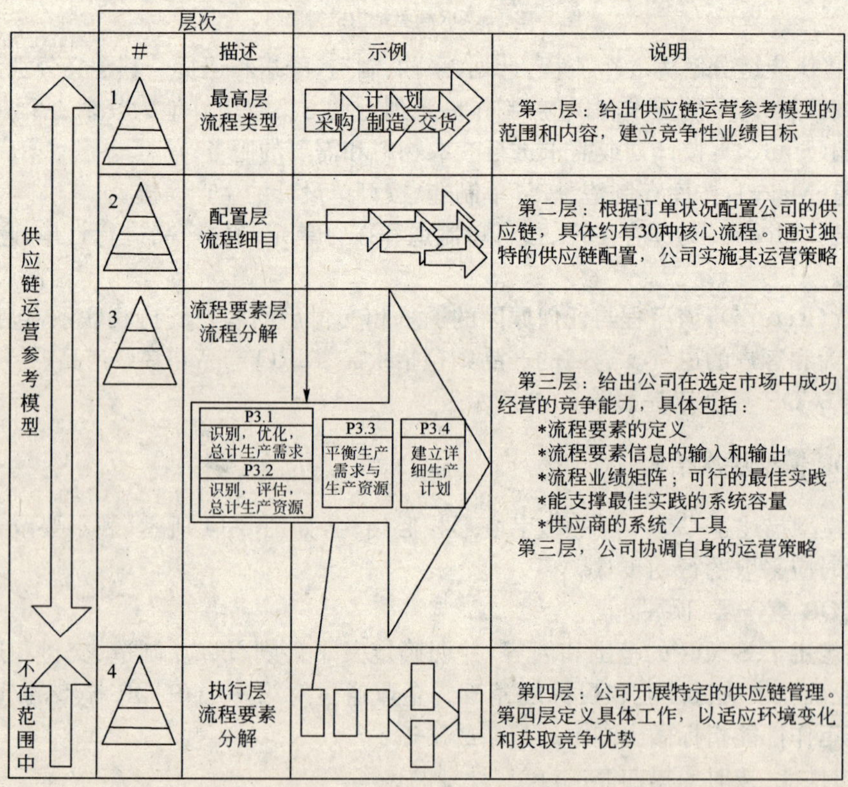

图 8-14　SCOR 模型层次结构

(3)完成订单性能。

(4)生产的柔性。

(5)资金周转的时间。

(6)资金周转次数。

(7)完成订单提前期。

(8)供应链管理总成本。

(9)供应链响应时间。

(10)存货供应天数等等。

(二)SCOR 第二层

SCOR 第二层是配置层，由 26 种核心流程组成。企业可选择这些核心业务过程构建自己实际的或理想的供应链，如供应要采购的物料，供应面向工程的产品、面向订单制造的产品等。图 8-14 中描述了 SCOR 模型中第二层的标准流程元素。

(三)SCOR 第三层

SCOR 第三层为企业提供了在改善供应链时，要成功地规划和确定目标所需要的信息。规划的内容包括过程的定义、目标的评验、最佳实施和达到性能最佳所需要的系统软件的能力。企业主要在这一层上调节作业战略。

(四)SCOR 第四层

SCOR 第四层(底层)为实施层，用于实施已配置的特定供应链。这一层定义了企业获得竞争优势，并适应于变化业务条件下的实施方案，这一层随企业的具体情况而异，因此，SCOR 并没有进行具体的定义。

三、SCOR 模型的应用

应用 SCOR 模型，企业可建立标准的过程描述，并能有效地评价供应链过程。利用评验及最佳实施数据，可优化供应链节点企业的活动，并进行定量分析以提高某一过程可能带来的潜在利益；将适用的软件产品与标准的供应链过程进行匹配，可以权衡该产品是否满足要求。目前，SCC 成员都支持将 SCOR 作为企业实施供应链管理标准过程的参考模型，见图 8-15。

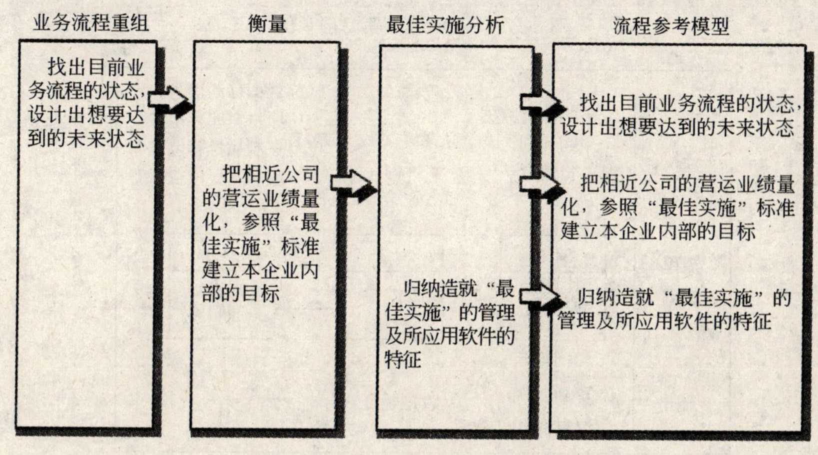

图 8-15 企业实施供应链管理标准过程

为了使用 SCOR 这个供应链诊断工具，第一步应从企业供应链的物理布局开始构建供应链的工作（如图 8-16 所示）。第二步是根据企业自身供应链流程的特点，适当选择 SCOR 模型第二层定义的标准流程元素来描述其供应链（如图 8-17 所示）。此时企业通过使用 SCOR 模型可以了解每一个流程元素需要哪些信息输入，并期望哪些信息输出（如图 8-18 所示）。

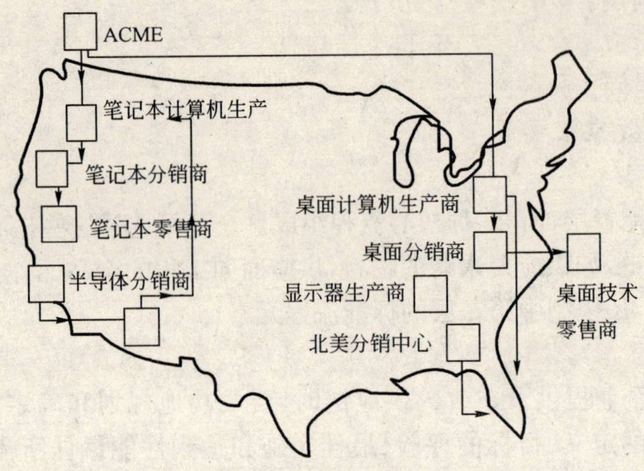

图 8-16　企业供应链的物理布局

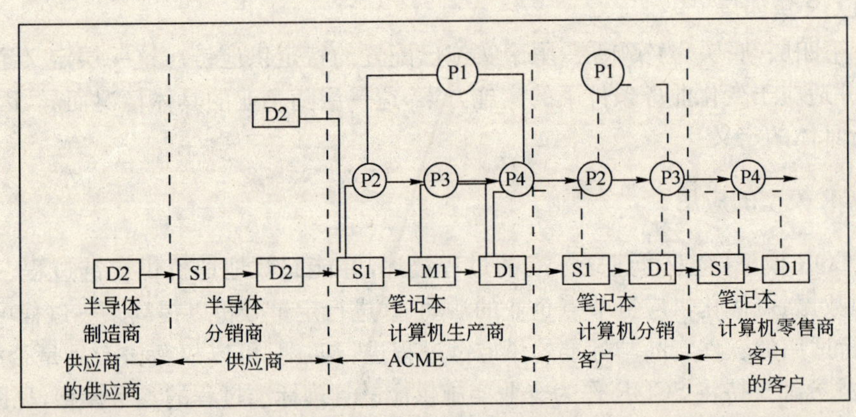

图 8-17　SCOR 模型第二层举例

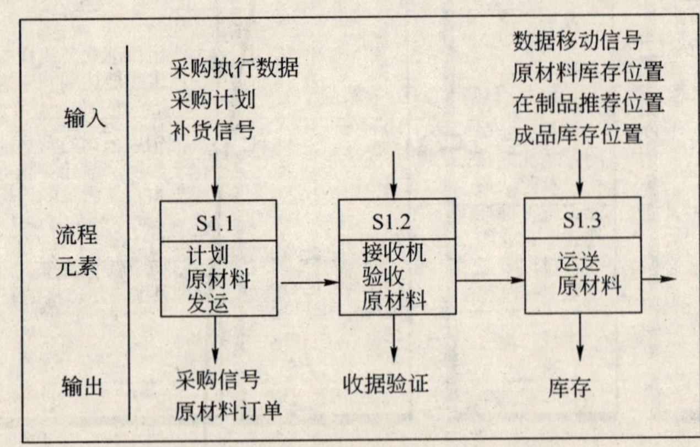

图 8-18　流程要素所需要的输入和可能的输出

SCOR 模型是用来对复杂性不等以及不同行业的供应链进行分析评价的工具，因此供应链会把重点放在了前三个层次，没有对具体组织的商业活动、系统或信息流设计作出定义。每一个组织在运用 SCOR 模型进行供应链改进时需要根据自身组织流程、系统和实践的情况对模型的内容进行扩充，至少到扩充到第四层。SCOR 模型是一个业务流程参考模型，SCOR 模型描述的是流程而不是功能。换句话说，SCOR 模型关注的是流程中所涉及的活动而不是进行活动的个人或组织。SCOR 模型的独特性及其成功实施很大程度上来源于对与特定形式下供应链实施相联系的流程元素、矩阵、最佳实践及特征的利用。以下是 A 公司用 SCOR 模型描述直接进口销售模式流程：

A 公司直接从国外供应商进口商品，商品直接运送给客户，并从中获得利润或佣金。用 SCOR 配置层二描述的 A 公司的直接进口销售模式，如图 8-19 所示。图中，实心线为物流，虚线为信息流。A 公司在直接进口销售模式中只负责计划供应链（P1），计划供应（P2），计划交付（P4），交付供应商库存产品（D1）的信息处理这 4 个流程：

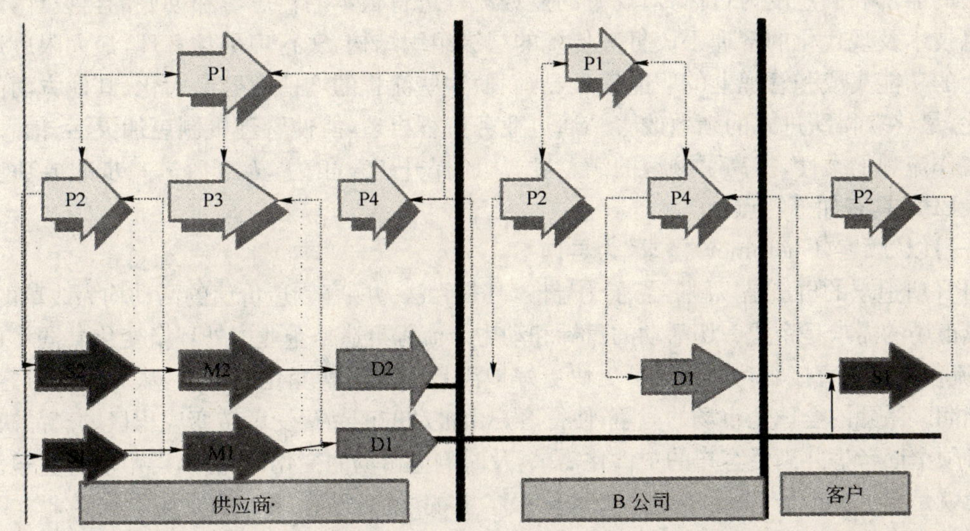

图 8-19 SCOR 模型配置第二层

运用 SCOR 模型配置第三层、第四层及第五层的展开分析对 A 公司在直接进口销售模式中的计划供应链、计划供应、计划交付、供应和交付流程取得竞争优势的具体实施活动进行探讨。

第四节 供应链业务流程再造

基于供应链的业务流程再造 BPR，是一个跨组织流程管理的研究方向。许多国际知名的大公司为了寻求绩效的提高或摆脱困境，纷纷进行流程再造，并取得了显著效果，例如 Ford、AT&T、IBM、BAT、Siemens 等便是成功的典范。20 世纪 90 年代中期，BPR 传入我国，深受大中型企业的青睐，我国有近千家企业加入了“再造”的行列，其中联想、海尔、中国电信、华为等企业是成功实施 BPR 的典型例证，它们通过 BPR 取得了喜人的成绩。

一、BPR含义

1990年,美国麻省理工学院教授迈克尔·哈默(Michael Hammer)在《哈佛商业评论》上发表论文《再造:不是自动化,而是彻底清除》首次提出了业务流程再造(Business Process Reengineering,简称BPR)的概念,并将它引入到西方企业管理领域的。1993年,哈默和钱皮(James Champy)共同发表了《企业再造——企业革命宣言》这本BPR理论的奠基之作,迅速在全球企业管理界掀起了BPR热潮。该书中正式对BPR做了如下定义:BPR是对企业的流程(Process)作根本性(Fundamental)的思考和彻底性(Radical)重建,其目的是在速度、成本、质量和服务(TQCS)等方面取得显著性(Dramatic)的改善,使得企业能最大限度地适应以顾客、竞争、变化为特征的现代企业经营环境,并强调通过充分利用信息技术使企业获得更大的经营业绩和更强、持续的竞争优势。

BPR的目标是通过重新设计组织经营的流程,强调以业务流程为改造对象和中心,以关心客户的需求和满意度为目标,对现有的业务流程进行根本的再思考和彻底的再设计,利用现代信息技术及现代化的管理手段打破传统的层级组织结构,实行扁平化管理,最大限度地实现技术上的功能集成和管理上的职能集成,从而使这些流程的增值内容最大化,其他方面的内容最小化,最终获得跃进式的绩效改善。通过业务流程再造,能使管理机制更加灵活、信息畅通,增强工作流程的柔性,提高了顾客的满意度,从而提升了竞争力,为今后进一步的成功奠定了基础。BPR具有如下特点:

(一)以"顾客(Customer)需求"为导向

BPR所追求的再造是以顾客需求为导向,凡是无法为顾客创造价值的活动均为改革的目标。顾客或市场的需求是企业一切活动的目标和动力。流程再造是企业内外环境变化共同作用的结果,但流程再造的直接驱动力是为了更快更好地满足顾客不断变化的需求,从而赢得顾客,实现企业利润。激烈的全球化市场的竞争,使得客户由被动的产品接受者转变成积极的产品决定者,企业必须全面考虑并满足客户的个性化需求,及时响应市场的变化,才能赢得市场的竞争。企业的使命就是要了解市场,满足市场。BPR从根本上说,就是站在顾客的立场重构企业。BPR要求从订单到交货的所有作业活动都应以"满足顾客需求"为核心,重建与经营过程相匹配的企业运行机制和组织结构,实现企业对全过程的有效管理和控制,使企业真正直接面对客户。

(二)以"面向流程(Process)"为核心

以"面向流程"为核心,即集成从订单到交货或提供服务的一连串业务流程活动,使其建立在"超职能"基础上,跨越不同职能与部门分界线,来管理和再造业务流程过程。波特教授将企业的流程描绘为一个价值链,他认为竞争不是发生在企业与企业之间,而是发生在企业各自的价值链之间。只有对价值链的各个环节(业务流程)实行有效管理的企业,才有可能真正获得市场上的竞争优势。组成企业活动的要素是一件件业务活动,一项项作业,而非一个个部门。BPR关注企业的"流程",一切重组工作全部是围绕流程展开的,重新检查每一项业务流程活动,识别不具有价值增值的业务流程活动而后将其剔除,并将所有具有价值增值的业务流程重新组合,优化业务流程,缩短交货周期。BPR强调打破部门及组织的界限,以流程为工作单位,重新设计工作及组织构架,以此提升企业对瞬息万变的市场的适应性、敏捷性、灵活性。

(三)"彻底性(Radical)"再造

"彻底性"再造是指打破旧有管理规范,再造新的管理程序,获取管理理论的重大突破和管理方式的革命性变化。"彻底性再造"意味着对事物追根溯源,要求摆脱现行系统,从系统、整体、全局的角度将技术、人员和流程进行优化再造,使企业取得显著成效。BPR借助工业工程技术、运筹学、管理科学、信息技术等技术手段和有关变革管理的思想,是一项战略性的系统工程。实施BPR的根本动力是使企业可长期持续发展,这种需要不仅来源于激烈的市场竞争,还来源于外部的社会环境的巨大变化。它要求人们彻底摆脱头脑中的旧框框。

(四)追求"显著的(Dramatic)"绩效

BPR不是在原有组织架构上作修补的工作,而是彻底改变业务流程,因此,追求的是组织绩效的大幅度改善,如大幅度降低成本、减少时间、提高质量等方面来增强企业对市场的快速反应,以显著提高企业的生产效率和在市场中的竞争能力。哈默和钱皮为"显著改善"制定了一个目标,即"周转期缩短70%,成本降低40%,顾客满意度和企业收益提高40%,市场份额增长25%"。

二、BPR的维度与分类

(一)BPR的维度

业务流程再造维度由观念再造、流程再造、组织再造和技术再造4个层次构成,如图8-20所示。其中流程再造是其核心领域,每个层次内部又有各自相应的过程,各层次间也交织着彼此的关联关系。

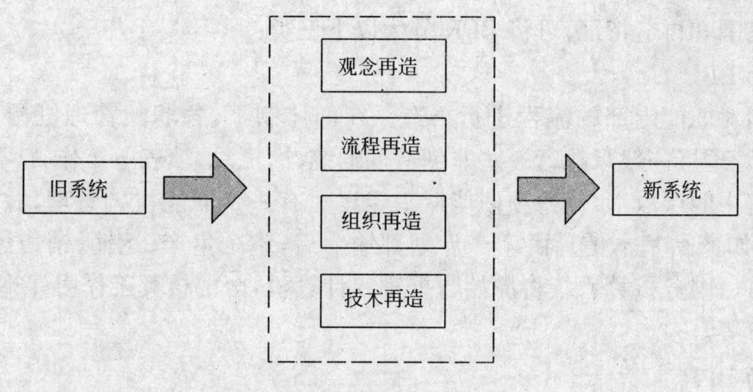

图8-20 BPR过程

1. 观念再造

观念再造强调重新审视企业现有的经营观念与价值观是否与其所面临的外部环境相契合。供应链管理环境下,企业的管理者与操作者必须建立适应时代发展需要的新的企业观,并以此来建立和发展企业。这些观念主要有:企业的使命是为顾客创造价值;能为顾客带来价值的是各种流程;公司事业的成功来自优异的流程绩效;优异的流程绩效是通过科学的流程设计、适当的人员配置以及良好的工作环境的共同作用达到的,因为科学的流程设计能够对顾客的要求变化迅速做出有效的反应,它是流程本身有效性的根本保障。

2. 流程再造

流程再造是指对企业的现有流程进行调研分析、诊断、再设计,然后重新构建新流程的过程。它主要包括 3 个环节:

(1)业务流程识别与分析:它是对企业现有的业务流程进行分析,诊断其存在的问题。

(2)业务流程的再设计:针对诊断的结果,重新设计流程。主要表现为:将多道工序的人员组合成小组或团队共同工作;将串行式流程改为并行流程等。

(3)业务流程再造的具体实施。

3. 组织再造

组织再造是企业流程再造的硬件支撑体。企业在进行业务流程再造时,它的另一项同步工程便是组织再造。组织再造要以业务流程为中心,建立能不断提高流程本身素质和绩效的组织结构,它的内容主要包括:流程管理、组织运行机制建设以及激励创新机制建设等。流程管理是伴随着企业业务流程再造运动的兴起而提出的,它强调各经营流程之间的相互匹配和对所有流程的总体规划。

4. 技术再造

技术再造是企业业务流程再造的前提基础。它以业务流程为基础,主要考虑生产技术、信息技术和技术管理三方面,根据企业自身的技术设备水平、产品特性、信息化状况以及再造后的总体要求进行。企业在采用新的生产技术后,要建立企业内部网络(Intranet),采用网络技术连接各工作单元以协调和管理企业内部的各种资源;再将它与互联网(Internet)相连接,以实现企业之间的信息交流与共享,为供应链管理提供信息技术支持。

(二)BPR 的分类

根据流程范围和再造特征,可将 BPR 分为以下三类:

1. 功能内的 BPR

它通常是指对职能内部的流程进行再造。在旧体制下,各职能管理机构重叠、中间层次多,而这些中间管理层一般只执行一些非创造性的统计、汇总、填表等工作,计算机完全可以取代这些业务而将中间层取消,使每项职能从头至尾只有一个职能机构管理,做到机构不重叠、业务不重复,例如产品基本信息由生产计划部输入后,整个生产、运输、销售过程中都共享使用,不再重复录入;财务核算系统将原始数据输入计算机,全部核算工作由计算机完成,变多级核算为一级核算等。

2. 功能间的 BPR

它通常是指在企业范围内,跨越多个职能部门边界的业务流程再造。例如某机床厂进行的新产品开发机构再造,以开发某一新产品为目标,组织、设计、工艺、生产、供应、检验人员为一体的承包组,打破部门的界限,实行团队管理。这种组织结构灵活机动,适应性强,将各部门人员组织在一起,使许多工作可平行处理,从而可大幅度地缩短新产品的开发周期。

3. 组织间的 BPR

它是指发生在两个以上企业之间的业务再造,如通用汽车公司(GM)与 SATURN 轿车配件供应商之间的购销协作关系就是企业间 BPR 的典型例子。GM 公司采用共享数据库、EDI 等信息技术,将公司的经营活动与配件供应商的经营活动连接起来。配件供应商通过 GM 的数据库了解其生产进度，拟定自己的生产计划、采购计划和发货计划，同时通过计算机将发货信息传给 GM 公司。GM 的收货员在扫描条形码确认收到货物的同时，通过 EDI 自动向供应商付款。这样，使 GM 与其零部件供应商的运转像一个公司似的，实现了对整个供应链的有效管理，缩短了生产周期、销售周期和订货周期，减少了非生产性成本，简化了工作流程。这类 BPR 是目前业务流程再造的最高层次，也是再造的最终目标。

三、BPR 方法

(一)核心流程分析矩阵

S. Wesley Changchein 和 Hsiao-Yun Shen 提出了利用核心流程分析矩阵和面向对象模拟方法对供应链进行再造的方法核心流程分析矩阵用于确定再造项目中的核心流程，其结构模型如图 8-21 所示。

(1)WHAT s 是一系列与 BPR 相关的标准。在供应链再造中，这些标准包括：战略、功能、物流配送和信息管理等各方面。

(2)HOWs 描述了可能需要再造的流程。与相关的标准可以通过一些被选流程的再造来实现。

(3) WHYs 定义了一系列标准的相对重要性。

(4)相关性矩阵表示标准和流程之间的相关性水平。

(5)目标矩阵表示每一个业务流程的重要性。

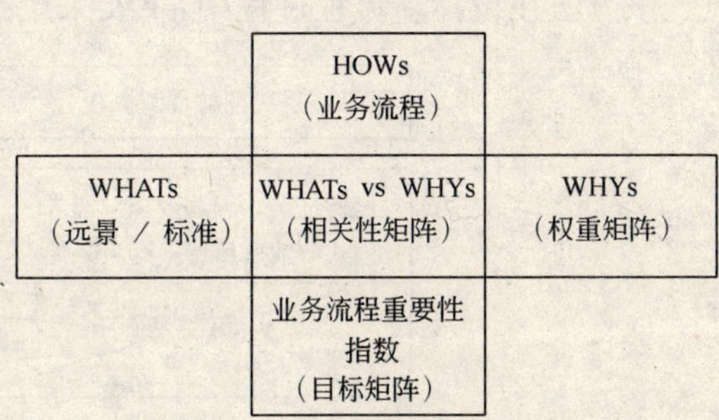

图 8-21 核心流程分析矩阵

(二)系统化改造法

这种方式的优点在于改变可以一点一点地积累实现，因此能够迅速取得收效，并且风险较低，对企业正常运营干扰小。缺点是仍然以现有流程为基础，创新流程虽然不是不可能，但与全新设计方式相比，更不大容易实现。不过，当在大范围基础上应用时，这种渐进方式的确能够产生显著的渐进式绩效改善，称之为“大规模渐进改善”。

系统化改造反映到流程设计的具体上，就是尽一切可能减少流程中非增值活动以及调整流程的核心增值活动。其基本原则就是 ESIA：其中 E(Eliminate)表示清除；S(Simplify)表示简化；I(Integrate)表示整合；A(Automate)表示自动化。

表 8-1 说明了这 4 个方面的重要内容。

系统化的造法　　表 8-1

清　除	简　化	整　合	自 动 化
过量产出	表格	活动	脏活
活动间的等待	程序	团队	累活
不必要的运输	沟通	顾客(流程下游方)	险活
反复的加工	技术指导	供应商(流程上游方)	乏味的工作
多余库存	物流		数据采集

续上表

清　　除	简　　化	整　　合	自　动　化
缺陷、失误	流程间组织		数据传输
活动重复	问题区域		数据分析
活动的重组 反复的检验			
跨部门的协调			

(三)全新设计法

这种方式的优点是抛开现有流程中所隐含的全部假设，从根本上重新思考企业开展业务的方式。这种方式提供了绩效飞跃的可能性，使得所求结果成倍地改变。为了使目标得到几倍甚至几十倍的改进，必须以完全不同的方式做事。全新设计将从目标开始，逐步倒推，设计能够达到要求的流程。全新设计方式的主要缺点是实现所要求的组织变革即便不是不能，也会是相当困难。总体来说，这种方式的风险高，组织经历的痛苦很深，对企业正常运营干扰大。

该方法在设计新流程过程中，主要采用图 8-22 中步骤。

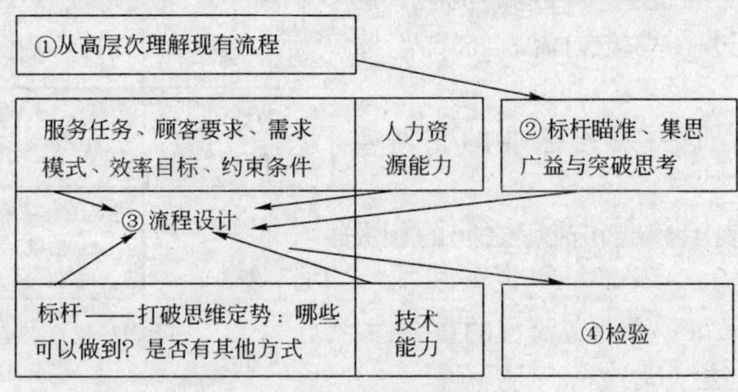

图 8-22　设计新流程过程

四、BPR 项目任务与工作步骤

(一)BPR 项目阶段性任务

开展 BPR 项目，各阶段所进行的各项工作如图 8-23 所示。

(1)战略决策阶段：这个阶段主要是为企业的流程再造项目立项做准备。企业流程再造首先要得到企业高层领导的支持。基于高层领导和员工对企业流程的理解，以及企业的发展战略和信息技术/信息系统支持流程再造的潜力，确定需要进行再造的企业流程。

(2)再造计划阶段：这个阶段工作是要确保精心筹备再造工程，包括建立再造团队，制定项目实施计划和预算，通过设立标准、外部顾客的需求分析以及成本效益分析，确定流程再造的目标效果。

(3)流程诊断阶段：这个阶段的主要任务包括：对现有流程及其子流程建立模型，分析各个流程的属性，通过确定流程的需求和顾客价值的实现情况，分析现有流程存在的问题及其产生原因，确定非增值的活动。

(4)重新设计阶段：这个阶段主要任务是完成新流程的设计，通过头脑风暴法等新技术，提出满足企业战略目标的新流程的各种可能方案。同时要设计与新流程运营相适应的人力资

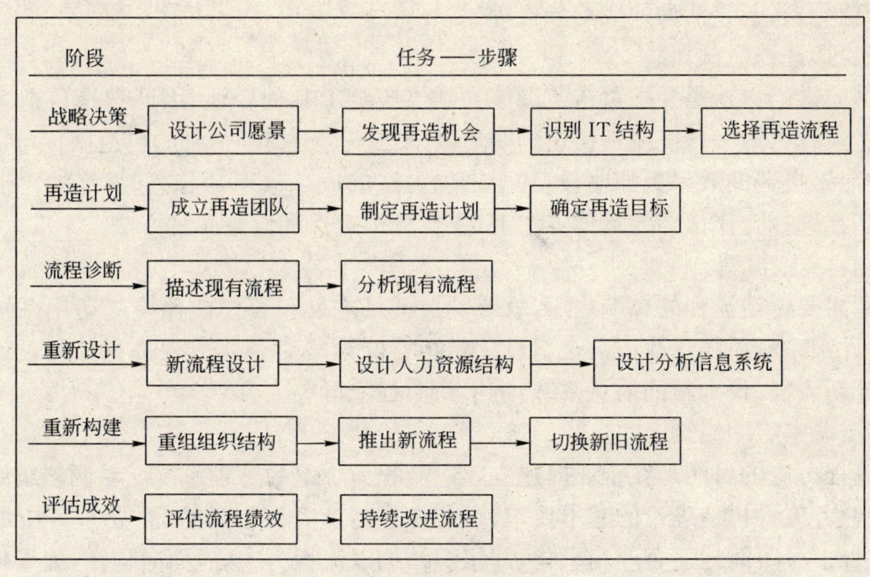

图 8-23　BPR 步骤

源和信息系统的体系结构。产生新流程的模型及其相应的说明、新流程的原型系统以及支持新流行运营的信息系统的详细设计方案。

(5)重新构建阶段:这个阶段主要根据人员、技术改造设计结果,运用革新管理技术进行流程再造,应用变化管理技术来确保向新流程的平稳过渡。

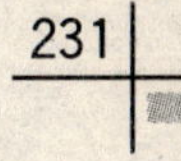

(6)评估成效阶段:这个阶段需要检测和评估新流程的绩效,已确定它是否满足预定的目标,并使之融入全面质量管理的工作中。企业流程再造是一个复杂的系统工程,必须加强协调管理,服从统一指挥的原则。同时还要构造与业务流程再造相适应的企业文化与价值观念,有效地解决信息传递、工作协调、管理制度等方面。

(二)BPR 工作步骤

BPR 一般性工作步骤可用图 8-24 概括。

步骤一:再造流程的识别。

有了企业的流程图,尤其是综合流程图,识别再造流程就有了一定的根据,但是仅凭借流程图会显得比较盲目。这就需要在遵循一定原则的基础上,建立一些评价指标,对当前企业的流程营运质量进行综合评价,找出需要再造的流程。

步骤二:诊断再造流程。

这一步工作主要是在上一步对流程评价的基础上,分析需要再造流程的薄弱环节以及潜在的病症,为后续的再造工作做好准备。分析弊端的重点应放在确认不需要的活动、活动中的瓶颈以及不必要的步骤以及问题是出在流程内部还是出在流程之间的衔接上等方面。诊断可用的方法有鱼骨分析法、质量功

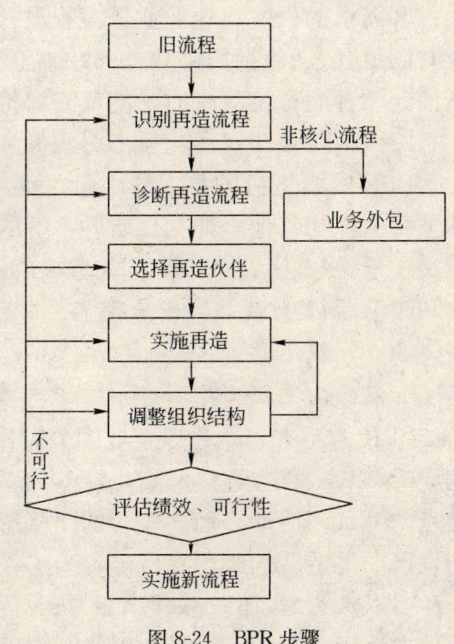

图 8-24　BPR 步骤

能展开、价值分析、基于活动的成本分析等。

步骤三:选择再造伙伴。

基于供应链的再造是要把再造范围放大到供应链上其他企业,因此选择再造合作伙伴是基于供应链流程再造和传统流程再造的明显区别之一。选择一个好的再造伙伴可以使再造的过程相对容易,再造的效果更加明显,甚至增加再造的成功概率,因此选择好的再造伙伴显得尤为重要。在选择合作伙伴的具体方法上,主要分为定性和定量两种方法。

步骤四:实施再造。

在找到需要再造流程的弊端之后,就要针对不足之处和合作伙伴一起运用系统化改造策略、全新设计策略或系统化改造与全新设计相结合的策略对企业流程进行重新设计。这个过程包括设计新流程、设计新的信息系统、推出新流程原形等。

步骤五:调整组织结构。

业务流程再造的目的是在企业内建立起以流程为中枢的管理系统。在调整组织结构的过程,应根据业务流程再造理论的基本要求,企业在进行业务流程再造时,要垂直压缩管理体制中的管理层次,尽可能地使企业扁平化,即组织结构以流程为中心,面向顾客,扁平化。在调整组织时,企业不仅要考虑自身的运转效率,还要顾及到上下游的合作伙伴,便于相互之间的合作、联系。

步骤六:评估绩效。

最后建立科学评价指标体系,对 BPR 前后进行评估,判断项目可行性和实际效果等。

对众多企业实施 BPR 成功经验与失败教训的总结,在实施 BPR 项目时的关键问题及其实施成功的关键因素。

1. 以顾客满意度为核心

以客户为导向是 BPR 需遵循的最基本原则。业务流程的顾客满意度是指流程的输出满足顾客需求的程度。企业业务流程设计始于顾客需求,终于顾客满意。再造的目标就是要能及时满足顾客(包括内部和外部)的需要,以顾客为驱动,业务流程中的每项活动都要能为顾客增值。顾客满意是流程质量的最终评价标准,也是企业业务流程再造的根本目标。

2. 以增强企业核心竞争力为最终目标

BPR 的真正目的并不是流程本身,而是所能形成的核心竞争力,包括企业组织自己拥有的独特的并与其他企业相比略胜一筹的技术、组织管理、市场响应等方面的能力。流程再造的意义在于:提高运行效率。例如原来的流程需要 10 天才能完成,对中间某个环节做出某些调整和改革后,7 天就能完成流程了。提高经济效益。如经过改造后,原来 500 元的成本现在只需要 300 元就足够了。

3. 以面向流程为导向

BPR 的基本思想是以企业的关键作业流程为核心,一个流程是一系列相关职能部门配合完成的,以企业输入各种原料或顾客需求为起点,到企业创造出对顾客有价值的产品和服务为终点的一系列活动。面向流程的团队形式的组织工作单元使组织结构层次减少,向扁平化方向发展。再造后的组织是以流程为工作单位,每一个流程必须有相应的团队为之服务。

4. 以人为本,团队合作

在流程再造中,要贯彻“以人为本”的团队式管理精神,注重团队的整体作用,注重团队中人员之间的配合，充分发挥每个人的主观能动性与潜能，这也是从单纯的任务式管理向流程式管理的一种转变。形成流程式管理之后，团队的每一个成员都知道自己要做什么，这样有助于工作自觉性的提高，使组织和员工“共同成长，共同发展”成为企业理念、文化。

5. *以信息技术为支撑*

著名管理学家 Michael Hammer 曾经说过：“进入 20 世纪 90 年代时，有两个新的工具可用来改变企业，一个是信息技术(IT)，另一个是企业业务流程再造(BPR)”。BPR 与 IT 的应用是互为影响的，一方面，IT 产生了全新的流程再造构想，促进 BPR 的实施；另一方面，BPR 使 IT 潜力最大限度地发挥，反过来又推动 IT 的发展。

Tom Davenport 认为：BPR 是运用信息技术和人力资源管理手段大幅度改善业务流程绩效的革命性方法。从信息技术进步的角度看，IT 的发展与应用为 BPR 理论的出现提供了强有力的支持。

五、信息技术在 BPR 中的应用

信息技术在流程再造中的作用也可以分为三个阶段考虑：流程再造之前、流程再造过程中和流程再造完成之后。信息技术的作用在流程再造之前是催化器，在再造过程中是推动器，在再造过程完成后是执行器，表 8-2 对信息技术在各个阶段的作用作了总结。

信息技术在流程再造各阶段的作用 表 8-2

流程再造之前	流程再造过程中	流程再造过程完成后
• 建立与再造伙伴交流的平台 • 创建基础设施和管理与支持变革组织相关的信息 • 培养基于流程思考的方式 • 识别和选择需要再造的流程 • 培训 IT 员工处理诸如营销、客户关系等非技术性问题 • 辅助评价再造成功或失败的方式的设计	• 与再造伙伴进行实时信息共享 • 在流程中引入大量的信息 • 提供有关流程的复杂的分析方法 • 提高员工做出非结构化决策的能力 减少对正式信息流的依赖程度 • 抓住变革的本质，使 IT 策略与该变革匹配 • 获取和传播改进流程的知识 • 对正在进行再造的结果进行交流 • 把非结构化流程转换成结构化流程 • 减少或替代流程中的人员 • 评价当前流程的绩效 • 定义流程的界限和范围	• 与再造伙伴分享再造的成果 • 创建一个数字化的反馈体系 • 建立再造后流程的评价方式 • 改进 IT 流程以适应新流程的需要 • 对正在进行再造的成果进行交流 • 评估再造成果的潜在投资和反馈

流程再造要想取得成功必须要在企业战略和信息技术战略的指导下进行，因为信息技术为业务流程再造的实施提供许多先进工具和技术，业务流程再造和信息技术结合起来可以具备更加灵活、团队导向的、协作的以及基于相互交流的工作能力，促使业务流程再造顺利完成。在供应链环节中各个职能部门都有自己的特别应用方式，其应用方式如图 8-25 所示。

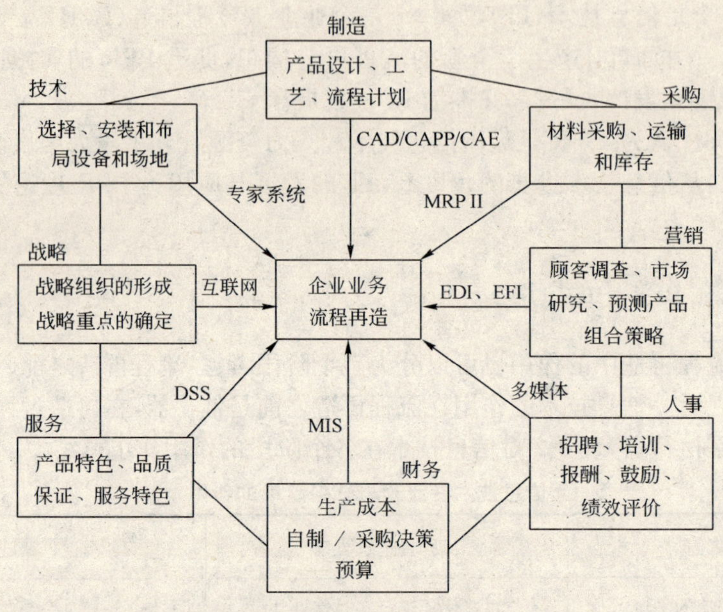

图 8-25　信息技术在 BPR 中的应用

从图 8-25 可以看出各种信息技术分别应用在不同的管理领域，在业务流程重组（BPR）中，信息技术的应用如下：

（一）识别、选择要再设计的流程

这需要收集、分析流程的行为和结构信息，信息技术为分析工作提供了有力的工具。例如，提供模型进行过程模拟、分析调查数据、进行结构评估等，所有这些均有助于增加信息的数量和质量。

（二）确定业务战略和流程

这需要了解企业的优势和劣势、市场结构和机会。信息技术能帮助识别企业流程的限制条件，使通过计算机进行开放的创造性的讨论成为可能；其本身的中介作用、打破地理界限等功能是企业确定再造战略和划定业务流程再造范围的依据。

（三）理解、评价当前的流程结构

理解和评价现有流程是实施业务流程再造的关键。信息技术能将分析结果形成流程表或流程图，并提供模型工具帮助理解现有流程。另外，不论是在信息收集过程中还是收集后，它都能向决策者提供评价流程的依据，使得对流程的评价变得更为客观和全面。

（四）选择再造伙伴

流程再造要求合作双方互通有无，把各方信息综合起来进行考虑。信息共享可以通过信息技术的应用来实现。

(五)设计、改善流程

在完成上述步骤后，进入流程设计、改善阶段，此时，信息技术不但能提供图形化工具显示过程流(包括物流和信息流)，而且还能分析、识别潜在的难点和限制因素，有助于及时改善欠佳的流程原型。

(六)采用新的流程和相关系统

信息技术中管理工具、基于生命周期开发方法的产品工具和快速发展的应用软件，能够帮助识别、评估所有相关的业务流程再造活动，使之结构化，并能使设计过程中的缺陷在可能酿成严重问题之前就得到及时的控制。

当然，信息技术效用的有效发挥，必须建立在合理、高效的业务流程上。迈克尔·哈默曾一再强调，组织在引入信息技术之前，首先必须保证流程正确无误。否则，如果在原有不合理的流程上将不能产生价值的任务计算机化、自动化往往会把这些无效果的任务锁定在流程里，日后即使发现这些流程需要改进，也往往由于计算机系统的改变花费大量的资金和时间而被搁在一边，从而导致组织僵化不灵，效率低下。

[案例分析]

柯达(电子)流程局部再造的分析

企业流程的局部再造，就是选择企业中有必要再造的流程进行设计。下面通过列举一个从组织整体角度来观察局部再造的实例，以加深对局部再造的理解与认识。

(一)柯达(电子)的组织结构和生产流程

柯达电子(上海)有限公司是美国柯达公司(Kodak)在上海的全资子公司，1996 年 3 月建成投产，现有员工 400 多人，该公司主要负责柯达相机的生产，其销售则由柯达公司上海总部负责。该公司产品主要有 APS 相机、CBIO 相机与一次性相机等。公司成立之初，采用了传统的以职能为取向的组织结构模式，如图 8-26 所示。

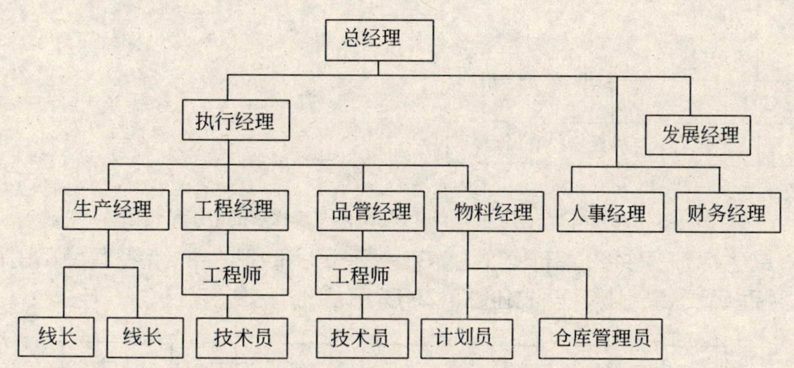

图 8-26　柯达电子(上海)有限公司再造流程前的组织结构图

在这个组织结构中，整个公司生产运作由执行经理负责，其下属的生产部经理、工程部经理、品管部经理及物料部经理，分别负责相应的生产、工艺过程和成本控制、质量管理及物料管理的采购和库存。该公司产品的生产流程如图 8-27 所示。

在原有的组织结构中流程，该流程被严重割裂。物流计划、生产安排由生产部经理负责；物料的采购与出货由物料部经理负责；工艺过程与成本控制由工程部经理负责；品质经理则由

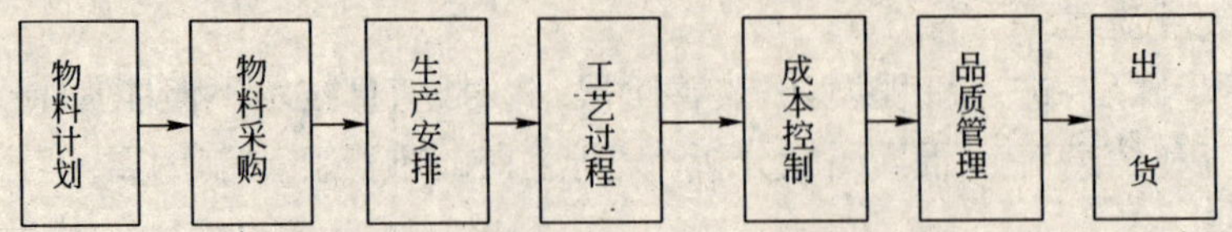

图 8-27　柯达电子(上海)有限公司再造流程前的产品生产流程

品管部经理负责。各产品生产流程的各环节分别由不同的部门经理负责，而无人对整个产品的生产流程负责。结果，运作过程中，问题丛生，矛盾不断，生产效率低下。各部门负责人都以做好本身工作为己任，对其他部门的工作则漠不关心，他们都单个的对执行经理负责。各部门之间的矛盾由执行经理来协调，整个流程出现了问题同样由执行经理来处理解决，从而使顾客满意的工作反倒落到了执行经理的身上。也就是说，顾客对产品的满意度与顾客满意度的制造者——各部门经理无关，却成了执行经理的事务。

1997 年 3 月，盛行于美国的流程再造(Reengineering)的热潮传到柯达公司电子(上海)有限公司，公司决定对其生产流程进行再造。由于公司规模本身不大，业务单一，而拟再造的生产流程又很普通，国外多有成功的模式，因此，该公司并没有组织再造小组，也无需流程分析、创意设计等，基本上是借鉴他人现成的模式。其再造过程十分简单，就是将以职能部门为主体的组织架构，变为以产品为中心而组织起来的流程小组作为主体而构筑的组织架构。原有的职能部门经理，能够胜任者，则变为流程小组负责人或称产品经理，不能胜任者则另作安排。该公司经过再造后的组织结构如图 8-28 所示。

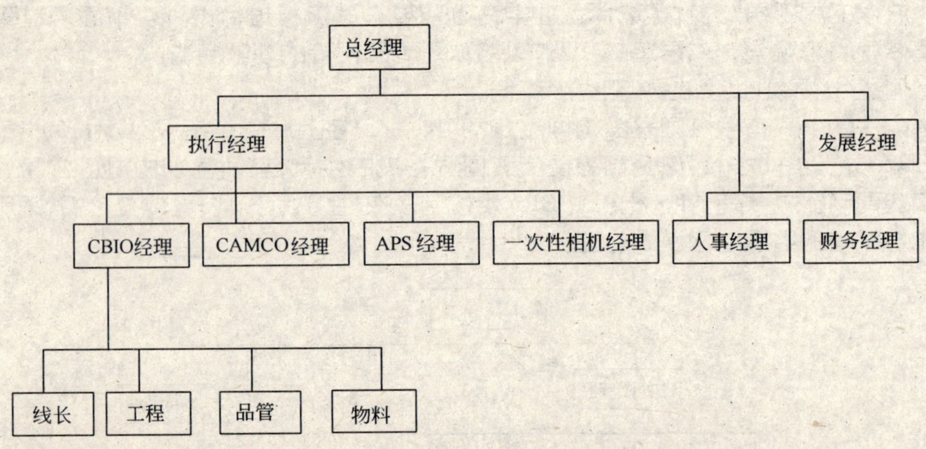

图 8-28　柯达电子(上海)有限公司再造流程后的组织结构图

经再造后，其生产流程并没有什么大的变化，只是将以前由执行经理负责的顾客满意度的问题交给产品经理负责，新的流程图如图 8-29 所示。

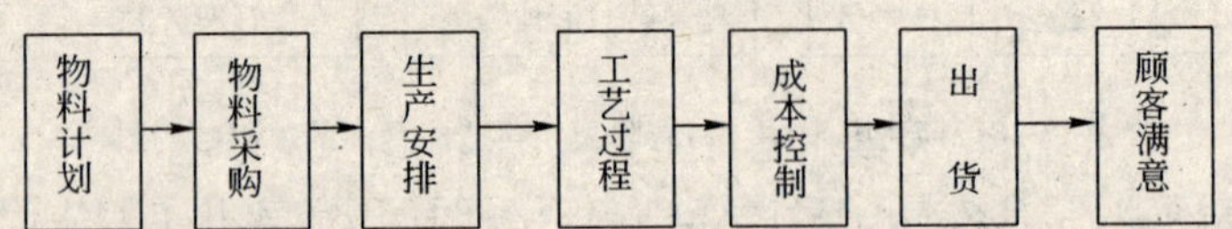

图 8-29　柯达电子(上海)有限公司再造流程后的产品生产流程图

再造后，这些产品经理们不再是管理某一职能部门，而是承担起某一产品从投入到产出，直到顾客的整个管理工作。CBIO 经理、CAMCO 经理、一次性相机经理与 APS 经理均是对其产品的整个流程负责。流程不再是片断化的碎片连接，而是一个完全的整体。顾客这个在以往的生产流程图中被忽视的对象，在新的流程图中地位十分显赫。

(二)再造流程给柯达(电子)带来的变化

经过再造流程后，柯达电子(上海)有限公司，无论是产品质量、生产效率，还是企业形象以及顾客满意度等都获得了较大的提高。不仅如此，再造流程的后果的直接承担者——部门经理，从他们自身的变化上更能看出再造流程的本质所在。经过再造，原职能经理变为流程经理或称产品经理，他们对此有着深切的体会。主要表现在：

(1)责任扩大，工作强度提高。再造流程前，各部门经理工作性质不同，工作内容单调、忙闲不一，人浮于事的现象比比皆是。再造流程后，各产品经理的责任范围扩大了几倍，各产品经理不仅要协调不同工种的工作人员，而且要对整个产品生产流程负责，对顾客的满意负完全责任，工作内容也多样化，由此使其工作强度大大提高。在再造流程前，各部门经理加班加点的现象并不多见，再造后，各产品经理早出晚归则司空见惯。

(2)权力的扩大。再造流程前，各部门经理都只对执行经理负责，完成执行经理下达的工作任务和计划，决策权有限。而再造流程后，除了某些特殊情况外，各种有关问题的处理基本上由产品经理来决策。由此，他们的自主决策权迅速增加。

(3)避免了经理人员之间的矛盾，消除了部门间的摩擦。再造前，各部门经理仅对整个生产流程的某一环节负责，由于眼睛只是向内，注重本部门的利益，彼此之间的摩擦和矛盾经常发生。尤其当产品出现问题时，各部门经理之间就相互“踢皮球”，推卸责任，纷纷到执行经理那里“打小报告”。因此，执行经理也就整日忙于调和各部门经理之间的矛盾。再造后，原来需要外部配合的活动“内部化”了。各产品经理对完整的产品流程负责，中层经理之间的矛盾也就自然消失了。由此，执行经理也可从日常的协调工作中解放出来，集中精力于战略性和全局性的工作。

(4)工作效率提高。在原来职能部门经理各司其职的情况下，当生产的某一环节出现问题时，由于缺乏对整个流程的系统思考，各部门经理就让生产停下来共同开会研究，寻找原因和责任。在讨论过程中，由于各部门经理相互扯皮，推诿责任，往往使小问题也难以解决。再造后，各产品生产线上一旦出现问题，其产品经理立即解决，无须开会研究，也无可推卸责任的现象，因此，生产的效率大大提高。

(5)顾客成为第一服务对象。在再造流程前的组织架构里，各部门经理只关心自己的工作任务完成的情况，而对整个产品流程不关心；一心只想取悦于执行经理，而不关心、也无须关心顾客的满意程度。再造流程后，各产品经理的工作业绩不再由执行经理评价，而是由顾客满意度直接反映，顾客满意度成为其工作成效的衡量标准。因此，顾客在产品经理心目中占有很重要的地位，顾客不再是抽象的概念，而是看得见、摸得着的对象了。

(6)统筹、协调力度提高。再造流程前，各部门经理管理的对象是工作性质相同的各专业人员，其沟通简单，协调容易，整个产品的统筹与协调由执行经理承担。再造后，各产品经理统筹安排整个产品生产的各环节，促进各不同专业人员共同工作，因而其统筹协调的难度增加了。各产品经理也不能再满足于自己的专业知识，而要通晓相关的各方面知识。

总之，再造流程在柯达电子(上海)有限公司中，并不是体现在对生产流程的再设计，而是打破组织的藩篱，将生产流程中的人，由从属于不同的部门再造为同一个小组中，流程参与者们的工作也许并没有发生多大变化，但职能经理，或者说产品经理们的工作性质与工作内容却发生了巨大的变化。再造前，他们是流程运作各环节的监督者与协调者，他们的活动本身并不为顾客创造价值；再造后，他们是流程运作的直接参与者，他们工作的本身也成为流程运作的

一部分。再造流程给他们带来的影响及其个中滋味,原工程部经理讲道:“再造流程前,我们是传声筒,充其量是执行经理的‘手’和‘脚’的功能,执行其身体的局部职能;再造流程后,我们似乎成了以前的一个执行经理。再造流程使执行经理分身有术。”

更值得一提的是,虽然这些经理们经过再造流程后,工作强度成倍增强,工作时间普遍变长,但在工作报酬未变的情况下,他们的工作热情非但没减少,反而高涨。究其原因,用他们自己的话来说,我们自己的工作满意度提高了,工作的成就感增强了,工作不再仅仅是挣薪水,工作成了我们生活的一部分。

分析一下柯达电子(上海)有限公司对其生产活动的再造,可以看出,局部流程再造有以下几个特点:

(1)再造的范围窄。若按组织结构分,柯达电子(上海)有限公司可分生产、财务、人事及研究与发展四大部分。再造实施的范围只是生产这一部分,范围相当狭窄。对整体组织的冲击力很小。公司的其他几个部分甚至感觉不到生产这一部分的变化。

(2)牵涉面小。在该公司的局部流程再造中,所牵涉的人只是与生产有关的人员,并不涉及财务、人事等职能部门人员。事实上该公司再造流程过程中,还不是再造所有流程参与者,如流水线上工作的员工,他们并没有感受到再造的变化,其工作性质、工作内容等与以前基本上是相同的。这里再造的重点,是流程各环节的协调者,如工程部的工程师、品管部的工程师等。在再造以前,他们服务于流程的运作,但受制于各职能部门的管理。再造流程后,他们的“身”与“心”达到和谐的统一。

(3)再造流程的方式简单。再造流程有很多种方式,并且大部分都借助于信息技术的强大威力,来对流程进行重新设计。但在柯达公司的再造流程过程中,看不到采用了什么复杂的方式,只是把强行分开的流程参与者们归并到一起,对流程的执行者充分授权。这种方式只是关键点突破方式中的一种,即活动承担者的突破。可以说,简单得不能再简单了。

(4)实施阻力小。由于再造流程的过程,往往是打破既得利益者们的既得利益而重新进行利益分配的过程,因此,再造流程所牵涉的面越广,涵盖的范围越宽,实施过程中的阻力就越大。从柯达公司的再造流程的过程来看受再造直接影响的既得利益者是原职能部门的经理们。再造流程前,他们工作轻松,责任小,压力不大,工作是下属去做,遇事则由执行经理去解决,顾客满意与否并不关他们的事;再造流程后,他们要对流程负整个责任,各工种的协调成了他们的分内之事,并且他们业绩的直接衡量标准就是顾客的满意度,因此,对其工作要求就提高了很多,他们的工作压力与以前相比也成倍增加。由于该公司的其他配套改革没有同时进行,如绩效的衡量标准变了,但奖励的标准与力度并没有相应调整,因此,个别经理人员对如此强调的工作,却依然领取原有的薪水,感到有点想不通,不免有些微词;但其他产品经理人员则把充分授权,工作内容丰富化,工作的成就感当作一种报酬,因而,感到这没有什么。整体说来,支持再造的经理多,而阻止再造的经理只是个别人,再造阻力很小。这也是为什么该公司的再造流程的过程不仅很简单,而且花费时间十分短暂。不需要构筑再造流程小组,仅执行经理一个人就可以领导并推行。

当然,局部流程再造的力度是有限的,其效率也不可能很大,其持久性也很难保证。据一些流程中人的反映,他们现在的工作干劲与再造开始实施时相比,有明显的减弱。可见,系统再造是必然的。

资料来源:财务顾问网(www. cwgw. com)

[思考与练习题]

1. 调查供应链具体业务全过程,绘制供应链核心业务流程图。
2. 从供应链业务流程图分析具体业务过程,并提出优化方法。

第九章 供应链绩效管理与风险管理

学习目标

1. 能评价供应链运行绩效并编制报告；
2. 会识别 SCOR 模型各层次流程要素及含义；
3. 会运用标杆管理手段；
4. 会识别供应链风险。

基本概念

KPI　BSC　标杆管理　绩效报告　风险识别　一体化风险管理

引导情景

电子制造服务(EMS)提供商供应链绩效控制

电子制造服务(EMS)提供商弗莱克斯特罗尼克斯国际公司两年前便面临着一个既充满机遇又充满挑战的市场环境。弗莱克斯特罗尼克斯公司面临的境遇不是罕见的。事实上，许多其他行业的公司都在它们的供应链中面临着：采购、制造、分销、物流、设计、融资等等问题。

惠普、3COM、诺基亚等高科技原始设备制造商(OEM)出现的外包趋势，来自电子制造服务业的订单却在减少，同时，弗莱克斯特罗尼克斯受到来自制造成本和直接材料成本大幅度缩减的压力。供应链绩效控制变得日益重要起来。

与其他公司一样，弗莱克斯特罗尼克斯首要的业务规则是改善交易流程和数据存储。通过安装交易性应用软件，企业同样能快速减少数据冗余和错误。比如产品和品质数据能够通过订单获得，并且和库存状况及消费者账单信息保持一致。第二个规则是将诸如采购、车间控制、仓库管理和物流等操作流程规范化、流程化。这主要是通过供应链实施软件诸如仓库管理系统等实现的，分销中心能使用这些软件接受、选取和运送订单货物。

控制绩效的两种传统的方法是指标项目和平衡积分卡。在指标项目中，功能性组织和工作小组建立和跟踪那些被认为是与度量绩效最相关的指标。不幸的是，指标项目这种方法存在很多的局限性。试图克服某些局限性，许多公司采取了平衡积分卡项目。虽然概念上具有强制性，绝大多数平衡积分卡作为静态管理“操作面板”实施，不能驱动行为或绩效的改进。弗莱克斯特罗尼克斯也被供应链绩效控制的缺陷苦苦折磨着。

弗莱克斯特罗尼克斯实施供应链绩效管理带给业界很多启示：供应链绩效管理应该包括确定问题、明确根本原因、以正确的行动对问题做出反应、连续确认处于风险中的数据、流程和行动的整个过程。弗莱克斯特罗尼克斯公司认为：在异常条件和当环境发生变化时更新定义关键绩效指标的能力是任何供应链绩效管理系统是令人满意的一大特征。一旦异常情况被确认了，就需要知道潜在的根本原因是什么，有哪些可采取的行动的选择路线，以及这种可选择行为的影响是什么。以正确的行动对异常的绩效做出快速的响应是必要的。但是，一旦响应已经确定，只有无缝的、及时地实施这些响应，公司才能取得绩效的改进。响应性行动会导致对异常、企业规则、业务流程的重新定义。在统计流程控制中，最大的挑战往往是失控情形的根本原因的确认。供应链绩效管理应该能在适当的位置上支持理解和诊断任务。这允许管理者能够迅速得到相关的数据，合计或者分解数据，按空间或者时间将数据分类等。

弗莱克斯特罗尼克斯公司的成功，证实了供应链绩效管理作为供应链管理的基础性概念和实践的力量和重要性。该公司使用供应链绩效管理的方法后，能确认邮政汇票的异常情况，并了解根本原因和潜在行动路线的选择。

弗莱克斯特罗尼克斯管理人员使用系统了解问题和选择方案。他们评价异常情况并且决定是否重新谈判。使用绩效管理系统，弗莱克斯特罗尼克斯能更有效利用地资源并把握机会获得竞争优势。

资料来源：国研网

第一节　供应链绩效指标评价体系

每一项工作都要通过对该活动所产生的效果进行度量和评估，以此判断这项工作的绩效及其存在的价值。供应链管理的目标在于降低整体供应链的物流成本和费用，提高整个供应链的运作效率，因此科学全面地分析和评估供应链的运营绩效，就成为供应链管理非常重要的工作。

一、供应链绩效评价意义及特征

加入 WTO 后，我国企业面临着必须大幅度提升企业竞争力的压力，必须要对现有的供应链进行改进。要改进供应链，就需要知道它的运作的情况如何，哪里需要改进，有什么手段可供选择？供应链运作绩效评估体系就是回答这些问题的主要手段。具体来说，供应链运作绩

效评估体系有 4 个作用。

(1)了解和监视供应链运作现状。

(2)诊断供应链的问题和寻找供应链改进机会。

(3)确定供应链改进的目标和手段。

(4)评价改进供应链的效果并对继续改进提供方向。

供应链绩效是指供应链各节点成员企业通过信息协调和共享,在供应链基础设施、人力资源和技术开发等内外资源的支持下,通过物流管理、生产、市场营销、客户服务、信息支持、产品开发及商业化等活动增加和创造价值的总和。供应链绩效评估是供应链管理的重要内容,对确定供应链目标的实现程度和提高决策支持具有重要意义。

供应链绩效评估的目的主要有两个:

一是判断各方案是否达到了各项预定的性能指标,能否在满足各种内外约束条件下实现系统的预定目标。

二是按照预定的评估指标体系评出参评方案的优劣,做好决策支持。

评价体系应该随着组织结构的改变而改变,不应该成为组织发展的阻力,传统的企业绩效评价体系并不能完全适应供应链管理的需要,必须建立新的绩效评价体系。建立有效的供应链管理绩效评价机制,对有效地监督资源和优化配置资源起着非常重要的作用。供应链绩效评估主要有以下几个方面的作用。

(一)对整个供应链的运行效果做出评估

对整个供应链的评估的目的是通过绩效评估而获得对整个供应链的运行状况的了解,找出供应链运作方面的不足,及时采取措施予以纠正。为供应链在市场中的存在、组建、运行或撤销的决策提供必要的客观依据。客观评价原有供应链,可以及时发现原有供应链的缺陷和不足,以帮助提出相应的改进方案。

(二)对供应链内企业运行及合作关系做出评估

主要考察供应链的上游企业(如供应商)对下游企业(如制造商)的质量,从客户满意度的角度评估上、下游企业之间的合作伙伴关系的好坏,对供应链内各节点成员企业做出评估。考虑供应链对其成员企业的激励作用,吸引合适的企业加盟,剔除不良企业。除对供应链企业运作绩效的评估外,这些指标还可起到对企业的激励的作用,对非核心企业的激励,也包括供应商、制造商和销售商之间的相互激励。

(三)建立基准,持续改进绩效

作为供应链业务流程重组的评价指标,建立基于时间、成本和绩效的供应链优化体系;寻找供应链约束和建立有效激励机制的参照系,同时也是建立标杆活动、标杆供应链体系的基准。

供应链运作绩效评价是一个复杂而困难的任务。因此,供应链管理的核心在于:在满足顾客需求的情况下,追求从原料采购、产品设计制造、分销、到顾客手上的各个环节的总成本最小化(如图 9-1 所示)。

在供应链系统中,企业内部各部门的利益和目标经常是相互冲突的,没有一个指标能够反

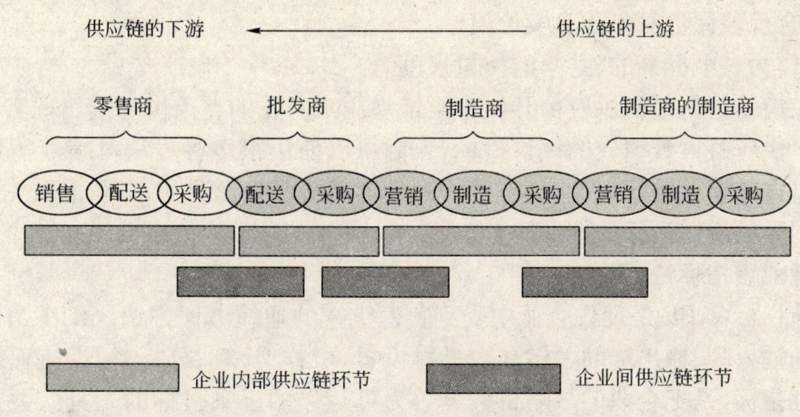

图 9-1 供应链中的管理活动

映企业内部供应链的效率。供应链上的各企业的利益和目标也是相互冲突的，很少有跨企业的绩效指标能反映整个供应链的状况。供应链是一个动态系统，它随时间和地点变化而变化。市场需求在变，供应商的能力和关系在变，企业内部各部门的能力和协调也在变。因此，供应链运作绩效评价也必须是动态的和经常性的。因此，一个好的供应链运作绩效评价系统应具有如下 3 个特点：

(1)供应链运作绩效评价体系必须是一个综合性的多指标体系。它运用多个不同的指标来反映供应链不同的绩效。这些指标还具有相互冲突的性质。企业在运用这些指标时，还需要根据企业的战略目标来有所着重。

(2)供应链运作绩效评价体系必须是全面的。全面在这里指的是它必须既能描述企业供应链的整体情况，又能刻画供应链各具体环节的运作。供应链的整体指标用来反映企业供应链的整体绩效，而供应链环节分解指标则为诊断供应链问题提供工具。

(3)供应链运作绩效评价体系必须是量化的，而不是定性的，不可测量的。常见指标有财务的和非财务的。只有量化的指标才有助于不断的测量和监视。供应链运作绩效评价系统应该包含一些最佳供应链实践和技术手段。最佳实践指的是在某些供应链环节上能采用最好的做法。技术手段指的是最佳实践中采用的技术和工具(如特定的信息系统等)。

相对于企业绩效评价体系而言，供应链评价体系更加复杂，不能直接将对单个企业的评价直接移植到供应链绩效评价。为了科学、客观地反映供应链的运营情况，需要建立与此相适应的供应链绩效评估方法。其中在供应链绩效体系建立过程中最重要的就是评价指标的选取和体系结构构建两大问题。

二、关键绩效评价指标

一般来说，理想供应链绩效评价指标应具有 6 大特征分别是：

(1)能够反映客户、企业和供应链自身的需求。

(2)易于理解；简单易用。

(3)应用广泛。

(4)使用成本低,为操作者和管理者提供快速反馈。

(5)能综合反映评价对象的真实价值。

(6)可以作为一个标准的、共享的衡量尺度。

整个供应链是指从最初供应商开始直至最终用户为止的整条供应链。现实中存在数以百计的反映整个供应链运营绩效的评价指标,人们可以使用很多种方法对绩效衡量指标进行分类。如果对过多的指标进行评价,费时费力而且容易造成管理混乱,必须采取关键业业绩指标法及原则来指导供应链指标的选取问题。

(一)关键业绩指标法

关键业绩指标(KPI)是现代企业中受到普遍重视的业绩考评方法。KPI 是通过对组织内部某一流程的输入端、输出端的关键参数进行设置、取样、计算、分析,衡量流程绩效的一种目标式量化管理指标,是把企业的战略目标分解为可运作的远景目标的工具。关键业绩指标考核是通过对所研究流程绩效特征的分析,提炼出最能代表绩效的若干关键绩效指标,并以此为基础进行绩效考核的模式,其目的是建立一种机制,将企业战略转化为企业的内部过程和活动,不断增强企业核心竞争力和持续提高企业经济效益。

KPI 考核方法与其他考核方法相比优点如下:

一是考核指标少。在制定 KPI 考核指标时,要从繁多的考核指标中找出最为关键的指标作为绩效考核指标。

二是考核指标目标值递进。KPI 考核指标目标值的设立是根据实际情况而定的,每个月的 KP 工目标数据都会根据实际情况变化和年度目标进行调整。

三是考核指标变动。KPI 考核指标的设立是根据实际情况、管理水平而不断变化的。当某一项工作经过努力达到很好效果并没有上升空间时,它将不再作为 KPI 工考核的重点或不对它进行 KPI 考核。

为了建立能有效评估供应链绩效的指标体系,需遵循如下原则:

(1)突出重点,对关键绩效评估指标进行重点分析。

(2)采用能够反映供应链业务流程的绩效评估指标体系。

(3)评估指标要能够反映出整个供应链的运营情况。

(4)采用实时评估与分析的方法,把绩效评估范围扩大到能反映供应链实时运营的信息上去。

(5)采用能够反映供应商、制造商、分销商及客户之间关系的绩效评估指标,把评估对象扩大到供应链上的相关企业。

埃森哲公司认为,供应链绩效评价指标的设计必须有利于在组织中激励正确的行为。如图 9-2 所示,设计出的供应链指标体系能够通过激励组织中正确的行为,确保企业在不同的分流程取得它想要得到的结果。从而最终实现组织可保证在正确的时间、正确的地点、将客户需求的产品数量按客户要求的状态交付给客户的组织的目标。埃森哲公司强调了供应链绩效评价指标设计必须遵循的几项基本原则:可度量、可控制和公司目标一致、反映公司战略、全面、反映流程可持续及时地汇报、支持可持续发展等。

Hummus 等人在描述制定供应链的 7 个步骤的同时,列举了供应链绩效评估的主要考核指标。从供应、过程管理、交货运输和需求管理四方面列举了供应链绩效评估的主要指标。在

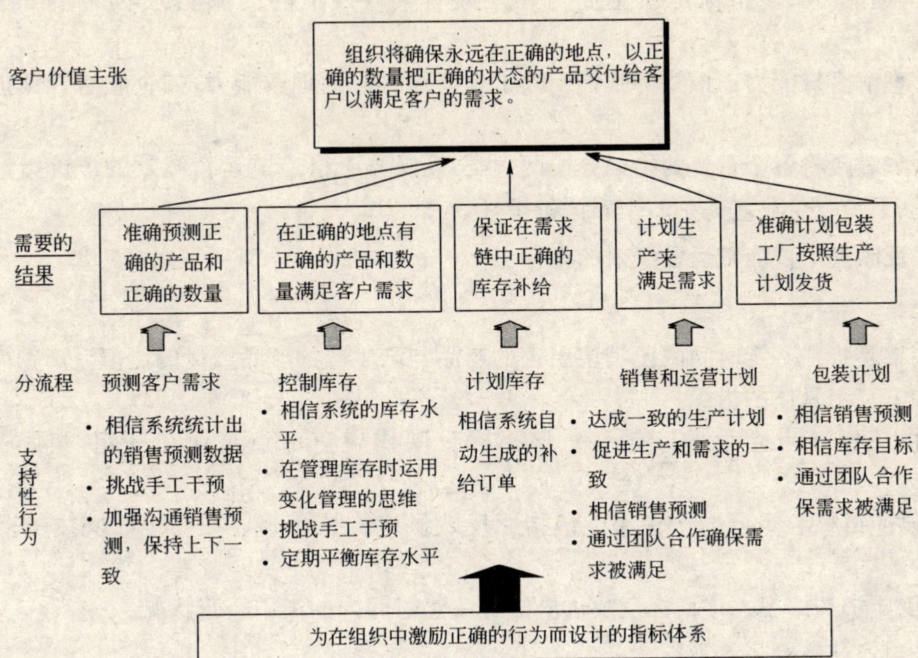

图 9-2 供应链绩效评价指标

供应方面，有供应的可靠性、提前期；在过程管理方面，有过程的可靠性、所需时间以及计划完成情况；在交货运输方面，有完好订单完成率、补充提前期、运输天数；在需求管理方面，有供应链总库存成本、总周转时间。

Roger 认为，现有的评价指标已经不能反映 21 世纪供应链的绩效，必须建立新的绩效评价指标。他认为客户服务质量是评价供应链整体绩效的最重要手段。具体地说，应从以下 10 个方面进行：

(1)有形体的外在绩效。该指标用于评价企业的工具、设备、人事，甚至营销等实体的外在绩效。

(2)可靠性。该指标反映了供应链或企业履行承诺的能力。例如，物流管理就是度量其能否正确地满足客户的订货。

(3)响应速度。该指标反映了企业服务于客户的意愿和提供服务的迅捷性，时间是该指标的主要度量变量。

(4)能力。该指标是指要达到既定的服务水平，员工必须掌握的技能和知识。

(5)服务态度。该指标与客户接触时，企业或者服务人员表现出来的礼貌性、友好性、考虑问题的周全以及对客户的尊重。

(6)可信性。该指标反映了供应链或者企业按时交货的能力。

(7)安全性。该指标反映了企业降低和避免风险、危险和冲突的能力。

(8)可接近性。即客户或者供应链外的组织与供应链成员接触的便捷性，如客户能够以多快的速度找到客户服务代表。

(9)沟通能力。该指标是指企业与客户或者其他成员的交流能力,如标准的语言、符号等。

(10)理解客户能力。该指标是指反映了企业对客户的理解能力,如企业是否真正了解客户的需求。

马士华教授将各个重要的指标分成两大类:反映整个供应链运营绩效的评价指标和反映供应链上、下节点企业之关系的绩效评价指标。

(二)反映整个供应链运营绩效的指标

1. 产销率指标

产销率是指在一定时间内已销售出去的产品与已生产的产品数量的比值。产销率指标又可分成如下三个具体的指标:

(1)供应链节点企业的产销率。该指标反映供应链节点企业在一定时间内的经营状况。

(2)供应链核心企业的产销率。该指标反映供应链核心企业在一定时间内的产销经营状况。

(3)供应链产销率。该指标反映供应链在一定时间内的产销经营状况。

2. 平均产销绝对偏差指标

该指标反映在一定时间内供应链总体库存水平,其值越大,说明供应链成品库 存量越大,库存费用越高;反之,说明供应链成品库存量越小,库存费用越低。

3. 产需率指标

产需率是指在一定时间内,节点企业已生产的产品数量与其上游节点企业(或用户)对该产品的需求量的比值。

4. 供应链产品出产(或投产)循环期或节拍指标

当供应链节点企业生产的产品为单一品种时,供应链产品出产循环期是指产品的出产节拍;当供应链节点企业生产的产品品种较多时,供应链产品出产循环期是指混流生产线上同一种产品的出产间隔。

5. 供应链总运营成本指标

供应链总运营成本包括供应链通信成本、供应链总库存费用及各节点企业外部运输总费用。它反映供应链运营的效率。

6. 供应链核心企业产品成本指标

供应链核心企业的产品成本是供应链管理水平的综合体现。根据核心企业产品在市场上的价格确定出该产品的目标成本,再向上游追溯到各供应商,确定出相关的原材料、配套件的目标成本。只有当目标成本小于市场价格时,各个企业才能有利润,供应链才能得到发展。

7. 供应链产品质量指标

供应链产品质量是指供应链各节点企业(包括核心企业)生产的产品或零部件的质量,主要包括合格率、废品率、退货率、破损率、破损物价值等指标。

(三)反映供应链各节点企业之关系的绩效评价指标

供应链是由若干个节点企业所组成的一种网络结构，如何选择供应商、如何评价供应商的绩效以及由谁来评价等问题是必须明确的问题。根据供应链层次结构模型，这里提出了相邻层供应商评价法，可以较好地解决这些问题。相邻层供应商评价法的基本原则是通过上游供应商来评价下游供应商。由于上游供应商可以看成是下游供应商的用户，因此通过上游供应商来评价和选择与其业务相关的下游供应商会更为直接和客观，以此类推，即可对整个供应链的绩效进行有效评价。

1. 满意度指标

满意度指标是反映供应链各节点企业之间关系的绩效评价指标，即在一定时间内上游供应商对其相邻下游供应商的综合满意程度。

2. 准时交货率

准时交货率是指下游供应商在一定时间内准时交货的次数占其总交货次数的百分比。供应商准时交货率低，说明其协作配套的生产能力达不到要求，或者是对生产过程的组织管理跟不上供应链运行的要求；供应商准时交货率高，说明其生产能力强、生产管理水平高。

3. 成本利润率

成本利润率是指单位产品净利润占单位产品总成本的百分比。在市场经济条件下，产品价格是由市场决定的，因此，在市场供需关系基本平衡的情况下，供应商生产的产品价格可以看成是一个不变的量。

4. 产品质量合格率

产品质量合格率是指质量合格的产品数量占产品总产量的百分比，它反映了供应商提供货物的质量水平。

三、平衡记分卡模型

建立在绩效评价指标基础上的体系模型，对于精确地进行供应链绩效评价和控制尤为重要。供应链绩效评价是一项比企业绩效评价更加复杂的系统工程，简单的指标组合不能正确反映企业的绩效水平，单一企业的绩效评价不能反映供应链的绩效水平，必须采用合理的体系架构。长期以来，各国学者从不同的角度研究了建立不同企业绩效评价框架模型的方法，著名的有 Sink and Tuttle 模型、绩效改进度量方法模型、评价指标家族模型、平衡记分卡模型等。其中平衡记分卡模型以其简单、易操作等优点获得了广泛的认可。下面将简单介绍平衡记分卡模型。

1990 年哈佛商学院教授 Robert S. Kaplan 和 David P. Norton 提出“全方位绩效看板”的研究计划，并最终于 1992 年在《哈佛商业评论》上发表了题为“平衡计分卡(Balanced Score Card，BSC)：企业绩效的驱动”的文章。该体系提出了一套系统评价和激励企业绩效的方法，共由 4 组指标组成：财务角度、客户角度、内部运营过程和学习与成长。

平衡计分卡是来源于战略的各种衡量方法一体化的新绩效评价框架。它克服了传统单纯利用财务手段进行绩效管理的局限，以信息为基础从各个层面对企业的战略进行分析，评价实施企业目标的各种因素，并不断检查、审核这一过程，其核心思想如图 9-3 所示。

由此可以看出该方法从财务、顾客、经营过程、学习与发展 4 个各有侧重又相互影响的方面综合评价企业业绩的一种战略方法：

(1)财务视角：从股东角度来看，企业增长、利润率和风险战略等。

(2)顾客视角：从顾客角度来看，企业创造价值和企业的战略等。

(3)内部运作：使各种业务流程满足顾客和股东需求的优先战略等。

(4)学习与成长：优先创造一种支持公司变化、革新和成长的氛围。

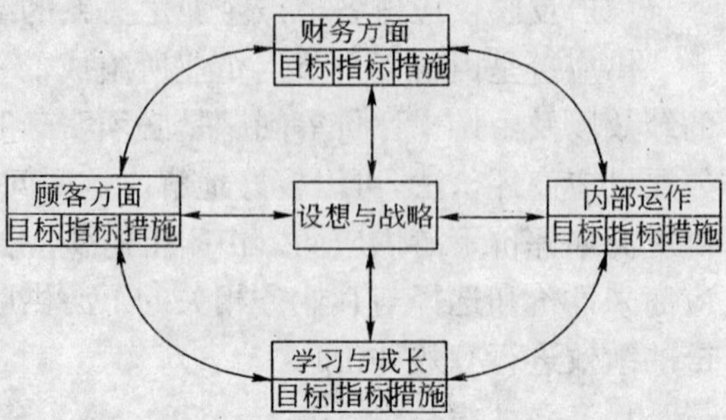

财务方面
目标 指标 措施
顾客方面
目标 指标 措施
设想与战略
内部运作
目标 指标 措施
学习与成长
目标 指标 措施

图 9-3　平衡计分卡核心思想

这 4 个方面要平衡兼顾短期和长期目标、理想的结果和结果驱动因素、客观目标和主观目标，可以科学地衡量企业包括客户关系、创造能力、质量水平、员工积极性、数据库和信息系统等在内的无形资产在创造持续的经济价值上所起的作用。因此，平衡计分卡不仅是一种新的企业绩效衡量工具，更是一种以系统性的过程来实施企业战略和获得与其有关的反馈关系系统。

要建立和实施一个完整的绩效评价体系应包含以下 4 个步骤：

(1)评价指标的设计(包括判别关键目标和设计评价指标)。

(2)评价指标的选取。

(3)评价体系的应用(评价、反馈和纠偏行动)。

(4)战略假设的验证。

第二节　绩效评价指标体系应用

一、SCOR 模型的供应链评价指标

SCOR 模型是一个崭新的基于流程管理的工具，国外许多公司已经开始重视、研究和应用 SCOR。大多数公司都是从 SCOR 模型的第二层开始构建其供应链，此时常常会暴露出现有流程的低效问题，因此，需要对现有的供应链进行重组。典型的做法是减少供应商、工厂和配送中心的数量，有时公司也可以取消供应链中的一些环节。供应链重组工作完成，就可以进行性能指标的评测和争取最佳业绩的工作。

SCOR 模型中的所有流程元素都附有：流程元素的综合定义、循环周期、成本、服务、质量和资金的性能属性，与这些性能属性相关的评测尺度，以及软件特性要求。

供应链模型采用了流程参考模式，包括分析公司流程和目标的现状，对作业绩效量化，与目标数据进行对照。

SCOR 模型每一层的每一个过程都有明确定义的业绩表现度量指标，第一层的度量指标如表 9-4 所示。供应链业绩表现的特征分为可靠性、反应能力、柔性、成本、资产利用率几个方面。将企业度量指标与 SCOR 记分卡相结合，与行业一般水平、先进水平以及企业的目标水平相比较，用于供应链差距分析和标杆管理。SCOR 模型的每一个标准过程都给出可以相比较的最佳业绩表现特征。

SCOR 是一个以业务流程为基础的供应链运作标准参考模型。它由 4 个部分组成：

(1)供应链管理流程的一般定义。

(2)这些供应链流程的绩效指标体系。

(3)供应链“最佳实施”的描述以及选择供应链软件产品的信息。

(4)企业开发供应链流程改进的策略和指导。

SCOR 本身不是一个供应链运作的评价体系，它缺乏供应链分环节的指标体系。由于我国企业的供应链运作的阶段还处于企业功能部门改进和整合重点上，建立供应链分环节指标是十分现实的需要。

SCOR 的供应链整体指标分为两类。

一类指标是面向顾客的。它们是从顾客的角度来看供应链的整体运作，反映了供应对顾客的价值。主要指标为供应链的可靠性、供应链的反应速度和供应链的柔性。

第二类指标为面向企业内部的。它们从企业角度来看供应链的运作。这类指标包含了供应链成本和供应链资产管理效率。表 9-1 列出 SCOR-1 的供应链运作指标，其中：

SCOR-1 供应链运作整体指标 表 9-1

供应链整体绩效指标类型	供应链整体绩效亚类	具体指标
面向顾客的指标	供应链的可靠性	按时供货完成率
		即时供货率
		完美供货完成率
	供应链的反应速度	完成订单的提前期
	供应链的柔性	供应链对市场的反应周期
		生产周期
面向企业内部的指标	供应链成本	单位销售所需的成本
		供应链的总成本
		附加价值的劳动生产率
		保修/退货的处理成本
	供应链资产管理效率	回款周期
		所需库存天数
		资产周转率
性能特征	性能特征定义	第一层衡量指标
供应链配送可靠性	正确的时间将正确的产品以正确的质量并完整的文件资料、正确的包装和放置条件、送达正确的地点、交给正确的客户的能力	配送性能
		完成率
		订单的完好履行率
供应链的反应	供应链将产品送达到客户的速度	订单完成提前期
供应链的柔性	供应链面对市场变化获得和维持竞争优势的灵活性	供应链响应时间
		生产的柔性
供应链成本	供应链运营所耗成本	产品销售成本
		供应链管理总成本
		增值生产率
		质量保证成本/退货处理成本
供应链资产和利用率	组织为满足需求有效利用资本的能力	现金周转时间
		库存供应总天数
		净资产周转次数

(1)按时供货完成率是按时完成订单的比率，而即时供货率指的是能够直接用库存满足的订单比率。即时可供货率越大，供应链越可靠，但所需库存也越大，成本也越大。

(2)完美订单完成率是指订单在没有任何差错的情况下完成的比率。差错包含了订单处理，发货质量和数量都无差错。完美订单完成率越高，供应链越可靠，成本越低，周期越短。

(3)完成订单的提前期决定了供应链的反应速度。提前期越小，顾客订货量可以降低，所需资金越小，追加订单可行性越大，因此，顾客价值越大。值得注意是销售成本和。传统上，我国企业以生产为主，很少关注这类成本，往往追求销售额，而忽视销售成本，因此销售额大不一定赚钱。保修、退货的处理成本在今天的环节下是保持顾客的必须成本，如何降低这类成本是很重要的，特别是薄利的低成本生产者。比如说，长城汽车公司是低成本越野车制造商，长城塞弗车过分追求配制功能，而大量采用低成本部件，导致几乎所有的车多次保修。增加的保修成本把薄利的边际利润给吃掉了一大块。

SCOR 模型提出了衡量和测评供应链绩效的 5 个维度：可靠性、响应能力、弹性、成本和资产，如表 9-2 所示。

供应链绩效指标

表 9-2

绩效指标	面向供应链成员企业外部客户			面向供应链成品企业内部	
	可靠性	响应能力	弹性	成本	资产
交货性能	√				
商品充足率	√				
订单履约率	√				
订单完成前置时间		√			
供应链响应时间			√		
生产弹性			√		
供应链管理成本				√	
销售商品成本				√	
保修成本或退回返修成本				√	
增值生产率				√	
资金周转时间					√
存货供应天数					√
资产回报					√

综上所述，采用单一指标评估供应链是不科学的，建立多维全面的评估指标体系，以最大限度地满足客户需求，在提高供应链可靠性、响应能力和弹性的同时努力降低成本，加快资产的流动，健全制度，增强抗风险能力，提高整个供应链的绩效。

二、供应链成熟程度的模型评价指标

PMG 认为一个企业的供应链成熟程度有 4 个阶段。第一个阶段，企业以供应链功能为重点，主要关心采购、设计、计划、生产、销售等部门的业务流程和功能。第二阶段，企业以内部供应链整合为重点，主要将企业内部分离的业务流程整合成一体化，将内部成本降低，缩短企业本身的提前期。第三个阶段，企业以企业之间运作整合为重点，将企业的业务流程与其他企业的相关部门整合在一起。第四个阶段，企业以建力相关的一体化供应链为重点，企业的外协提到了公司的战略高度来进行。

下面先将企业内部的供应链活动分解为采购、设计、计划、制造、库存管理和销售环节，然后再对每个环节提出针对这个环节的供应链环节指标，如表 9-3 所示。这里选取的指标偏向描述某环节的运作，同时尽可能地与其他环节有关联，以协调供应链各环节的绩效。

供应链分环节指标 表 9-3

供应链环节	指　标
采购	单位采购所需成本
	采购提前期
	按时采购完成率
	采购周期
	原料库存时间(包含在途库存)
设计	设计周期
	单位设计劳动生产率
	由设计不当带来的保修成本
	每次新设计或工程更改所带来的制造成本
计划	计划周期
	计划的准确性
	计划外任务比率
制造	制造周期
	在制库存周期
	按时计划完成率
	制造成本
库存管理	成品、原料库存天数
	库存损失率
	缺货率
销售	单位销售成本
	每人销售额
	缺货率
	市场占有率
	回头客比率
	市场预测的准确率
	市场信息回馈周期

我国大多数企业还处在供应链成熟模型的第一个阶段，少数企业处在第二个阶段。SCOR 的供应链整体指标对企业的整体评价有意义，但很难对企业内部各供应链环节的问题进行描述，诊断和提出改进意见。除了供应链整体指标外，中国企业还需要有效的供应链分环节指标，以对企业内部供应链进行有效的改进。

第三节 标杆管理

绩效度量是一种手段,目的是通过对企业经营绩效的度量发现问题,找出解决办法。尤其是在供应链管理环境下,一个节点企业运行绩效的高低,不仅关系到该企业自身的生存与发展,而且影响到整个供应链的其他企业的利益,因此,建立绩效度量指标和方法只是手段,目的是激励各个企业都要创造一流绩效。通过树立标杆促使其他企业采取措施迎头赶上。在现代企业管理方法体系中,标杆法得到了越来越多的应用。标杆法广泛用于建立绩效标准、设计绩效过程、确定度量方法及管理目标上。

一、标杆管理

标杆法是美国施乐公司于20世纪70年代末首次确立的经营分析方法,可定量分析企业现状,并与其他公司现状进行比较,后来由美国生产力与质量中心对其进行了系统规范化。标杆法是一个持续的过程,是将那些出类拔萃的企业作为测定基准,以它们为学习的榜样,使落后的企业迎头赶上,并进而实现超越。一般来说,标杆法除了要求测量相对于最优秀的企业的绩效外,还要发现这些优秀公司是如何取得这些成就的,利用这些信息作为改善企业绩效的目标、战略和行动计划的基准。值得指出的是,这里的优秀企业也并非一定是同行业中的佼佼者,它可以在各种业务流程的活动中,与那些已取得出色成绩的企业进行比较。

基本的绩效标杆法有三种:

(一)战略性标杆

它包含一个企业的市场战略与其他企业市场战略的比较。战略性标杆通常包括如下几个方面的问题。

(1)竞争对手强调什么样的市场?

(2)什么是竞争对手的市场战略?

(3)支持竞争对手市场战略的资源水平?

(4)竞争对手的竞争优势集中于哪些方面?

战略性标杆是使一个企业获得领先地位企业的市场战略。

(二)操作性标杆

操作性标杆以职能性活动的各个方面为重点,找出有效的方法,以便在各个职能上都能取得最好成绩。为了解决主要矛盾,一般选择对标杆职能有重要影响的有关职能和活动,以便使企业能够获得最大的收益。

(三)支持活动性标杆

企业内的支持功能应该显示出比竞争对手更好的成本效益,通过支持活动性标杆控制内部间接费用和防止费用的上升。

绩效标杆法认为传统的建立绩效目标的方法是不全面的。利用过去的标准或者与企业内部标准比较的方法,都不能对引导企业了解竞争对手,为企业制定提高绩效能力提供充分的信息。当然,标杆法也并不总是一定要与竞争对手比较,有些企业也经常与竞争对手比较。

作为一种信息来源,特别是当建立标杆过程或者对不同企业的功能活动具有共用性时,从合作伙伴获得标杆信息往往比从竞争对手那里更容易。标杆法对那些没有处于领先地位的企业是非常有用的。但是，许多企业并没有认识到这一点，平时不注意这方面的工作，一旦发现竞争对手推出更有竞争力的产品时再去行动时，总是一种被动行为。例如，一个企业发现竞争对手推出一种新产品，为什么它的产品那么有竞争力，这就是一种反应性的标杆法。尽管反应性标杆法比较被动，但一旦通过标杆的实施过程找到了竞争对手的优势，企业就可以利用在标杆过程取得的知识，创造各种方法，超过竞争对手。一个企业如果不注意其竞争对手的进展，虽有可能在一时一事占据一定的优势，但不可能在市场上始终处于领先地位。行业领先者企业也应该经常性地开展标杆活动。在供应链管理方面，标杆管理的重要意义体现如下：

(1)将效益量化，提供管理阶层客观数据评估供应链管理绩效。

(2)企业供应链管理绩效的事实，并且通过与同产业的比较了解所处位置及竞争优势。

(3)探究供应链管理问题与瓶颈，具体呈现与最佳绩效的差距。

(4)设定供应链管理改善目标，向供应链管理最佳典范学习。

(5)提供改善供应链管理时有利的决策基础。

(6)以动态方式长期追踪供应链管理改善的轨迹。

二、标杆管理成功关键因素

标杆法有如下 4 种标杆化方式：内部标杆化、竞争性标杆化、功能性标杆化和综合标杆化。每种方式要涉及两项关键工作：

(1)寻找业界最佳业绩标准作为参照的基准数据(如客户满意度、劳动生产率、资金周转速度等)。

(2)确定最优绩效标准后，企业需以最优业绩标准为牵引，确定企业成功的关键领域，通过各部门及员工持续不断的学习与绩效改进，缩小与最优基准之间的差距。

标杆法的成功实施受到多种因素的影响，关键性的因素有：

(一)企业高层领导的支持

高层领导的是标杆法的成功实施最为关键的因素。

(二)全员参与

绩效标杆必须成为能为企业全体人员所接受的实实在在的过程，而不能搞形式主义，全体人员必须把绩效标杆看做建立企竞争战略的长久措施。

(三)数据准确有效性

企业必须注意搜集有关数据。首先要了解哪些企业是第一流的，然后要分析为什么这些企业能够成为第一流的企业，最后还要确定标杆实施效果的定量分析方法。标杆过程成功地依赖于细致的、准确的数据和信息处理，这是整个标杆实施过程的一个重要组成部分。

标杆化过程中为了详细而准确地收集数据，其中一个主要任务就是确定数据来源。一个较为常用的方法是从商业期刊或者图书馆的资料库获得相关数据和信息。商业期刊及其他出版物经常报道一些经营或管理出色的企业，其中就有关于该企业的绩效评估等内容。学术研讨会和工业界的交流会也是很好的信息来源，这些会议通常就不同的主题进行讨论，交换思想。一些处于领先地位的企业经常被邀请做报告，通过这些会议可以获得哪些企业是最优秀的线索，因此，企业管理人员要经常参加各种学术会议或研讨会之类的活动。

(四)正确确定超赶对象

在了解自身的业务和业务中存在的优势与劣势了解行业领先者及竞争对手,只有了解了它们的优劣势,认清自身的竞争力,使用适当的标杆法方式,学习最优者,获得优势并超过标杆对象。

三、标杆法的实施步骤

对于标杆法的实施,罗伯特·坎普(Robber Camp)提出了5个关键阶段的实施过程,如图9-4所示。

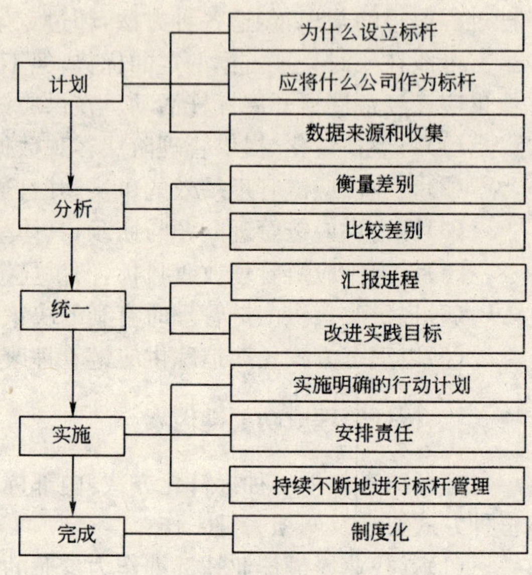

图9-4 标杆管理步骤

(一)计划阶段

计划是第一个阶段,要确定最需要标杆化的功能领域,揭示出该项功能领域目前正面临的问题。接下来就要确认能够提供具有借鉴、比较价值信息的公司或部门。它们可能在本行业,也可能是处于其他行业领域;它们在要标杆化的方面都应该是世界顶级做法的企业或部门。在计划阶段,搜集信息无疑是一项必备的工作。标杆所需的信息有两大来源是原始调查和二手资料。二手资料的获取主要以公共途径取得,如专家咨询、公开出版物、研讨会、互联网等。

(二)分析阶段

本阶段主要工作是数据和信息整理与分析,这些公开化的信息在使用过程中应有所保留,注意去伪存真,防止在实施标杆时被一些信息所蒙蔽。在条件适宜时,可选择实施原始调查。显然,实施调查需要较大资金、时间与人力的投入,且难度较大。

(三)统一整合阶段

该阶段将发现的问题在组织内和供应链企业之间进行沟通,使相关专家和人员了解情况,然后建立供应链运作目标和行动方案。

(四)实施阶段

该阶段确定项目负责人,落实计划目标,协调分配资源,建立一套跟踪报告系统及时进行必要调整等。

(五)完成阶段

在该阶段,当完成了相关工作并实现了计划的目标,就可以进入正常运作阶段。

第四节 供应链绩效报告

一、供应链绩效报告的作用与基本要求

绩效报告是供应链及供应链企业内部管理控制过程中的重要项目,应该定期(按月或季度)编制绩效报告,以报告供应链整体、供应链企业及企业内的部门经营绩效。

其作用是：

(1)使供应链各企业了解供应链及供应链各企业的工作概况和成果。

(2)使供应链企业各部门了解本部门的工作概况及成果。

(3)使各级管理人员能了解下属工作的概况及成果。

绩效报告可以作为组织上各管理层有效的沟通工具，但是必须满足下列要求：

(1)最高管理层需要了解整个供应链及本企业全面营运状况，绩效报告应包括供应链及供应链企业的绩效，本企业各部门的汇总绩效，并标明重大的特殊事情；应有详细的附表以供跟踪查核。

(2)中级管理层较最高管理层更注重例行性营运的控制，故其所需绩效报告除包含汇总性信息外，另应提供例行性营运的详细信息。

(3)基层管理者完全以日常作业的协调与控制为主要任务，所用绩效报告应详细、易懂且范围仅限于各管理者的负责范围。

除满足上述使用者的需求外，为了使绩效报告成为有效的沟通工具，尚需考虑4项因素：

(1)供应链各企业的特性。

(2)有效的管理控制所必须具有的信息项目。

(3)以何种程序及方式提供这些信息。

(4)绩效报告制度协助建立更为系统化及目标化的管理控制。

二、供应链绩效报告设计与考核

供应链绩效报告的目标在于传达各企业、各部门绩效评价的信息，协助管理者深入了解组织各层面的工作效率，但是由于供应链绩效报告揭示了企业及部门的经营效率，对供应链企业及组织成员产生重大影响，因此供应链绩效报告的设计与编制应谨慎，使其发挥正面效用。绩效报告必须依据供应链及供应链企业的环境、组织、管理需求等方面的不同而有不同的设计，供应链绩效报告在设计与编制时必须符合下列原则：

(一)配合组织构架

绩效报告的设计应与企业组织构架配合，每一个管理层次的主管，都可以获取一份绩效报告，报告中列出责任范围内所有下级单位的绩效信息。该报告涉及整个企业组织或整个供应链，当上级管理者在报告上发现重大差异时，可迅速透过绩效报告体系与组织构架，追查责任人。

(二)重点例外报告

现代企业规模与交易量迅速扩大，管理者常常面对大量的资料和数据难以理解其中的含意，亦难以寻找其中隐藏的重大问题。为了节省管理者的时间，报告内容应以有用的信息为限，供应链企业内部的绩效报告的设计应能引导管理者的注意力，使其集中于少数重大例外事件上。

(三)内容力求简明扼要

绩效报告的使用大多数并非会计专业人员，故在不损害报告的完整性的前提下，各项数据应尽量列表汇总，并用文字进行详尽的注释说明。报表使用亦应注意相关性，内容可供管理者决策使用。

(四)区分可控和不可控项目

提供给各级管理者的绩效报告,应该区分可控项目和不可控项目两大类。可控项目是指管理者的决策行为可直接影响的项目,对于不可控项目,管理者不应负责。

(五)报表格式的设计

绩效报告中的报表格式设计应考虑报表的性质与可读性;根据使用者的层次决定所列金额的详细程度;将实际发生数据与绩效标准数据列表比较,并列出其差额或差异率;区别报表的用途或紧急程度;用图示法以增进数字的传达能力。

(六)适时提供绩效报告

由于管理对于经营结果有立即或持续性的影响,故应尽量缩短"形成决策"与"报告提供"之间的时间差。应适时向各级管理者提供绩效报告,有时在实际数据尚未完成前应以合理的估计数据代替。一般情况下,整个供应链按季度编制绩效报告,供应链企业按月份编制绩效报告。遇到特殊情况,可就所涉及的部门或领域编制周报或日报,以满足加强控制的需求。

(七)协助决策的工具而非批评他人的依据

绩效报告除供应信息功能外,还具有激励功能。报告内容应是正面的、建设性的表达方式,而非批评式的。绩效报告可以引导管理者改善自身的工作情况,最理想的是能使阅读人将其视为协助决策及执行任务的工具。不能认为绩效报告是会计人员指责他人的负面报告。

编写绩效报告并非最终目的,只是一种管理手段,目的是促使各阶层管理者采取必要行动来改善经营效率,管理程序不仅限于绩效报告的编制,而是实施追踪考核程序,对于绩效欠佳的供应链或供应链企业采取妥当的改善措施。追踪考核程序首先要求有关部门就重大差异的形成原因、必要对策、改善期限等提出书面报告;然后进行检查,最后,还应研究分析原来制订的目标是否太低,并制订适宜的目标。

第五节 供应链风险管理

自20世纪90年代以来,随着供应链管理技术在国内外企业的普及,以及许多重大事件的相继发生。例如,2002年9月,美国西海岸发生工潮,港口关闭两周,由于美国西海岸是中远集团进入美国的主要门户,中远集团到达美国的集装箱船无法卸货返航,这使得中远集团两周内至少损失2400万美元,同时中远集团的客户也因此损失惨重。此外,1999年"9·12"台湾大地震、2001年美国"9·11"恐怖袭击、伊拉克战争、英国口蹄疫、2003年初的SARS及2004年末的印度洋海啸等都给许多跨国公司的供应链造成了巨大的冲击,许多企业因其供应链的瓦解、失败而破产倒闭,给这些生产厂商造成了巨大损失。这些现象引起了国内外产业、学术界对供应链风险的极大关注。

现有供应链风险管理要解决的关键问题是:

(1)识别导致供应链风险后果发生的风险因素有哪些?

(2)这些风险因素会导致供应链什么风险后果?

(3)它们是如何影响风险后果的?

(4)如何评估供应链风险的风险水平?

(5)如何管理供应链风险?

一、供应链风险的主要因素

供应链风险管理过程，与一般风险管理过程类似，由风险识别、风险分析与风险评估、风险化解、风险控制与预防一系列步骤程序组成。供应链风险识别是有效进行供应链风险管理的首要阶段，是发现潜在风险、进行供应链风险管理的关键环节。

根据《韦氏国际大辞典》(第三版)的解释，风险(Risk)有两层含义：一是易变化的特性或状态，缺乏肯定性，即不确定性(Uncertainty)；二是具有无常的、含糊的或未知性质的事物。

风险是指未来结果与预期结果不一致的可能性(或概率)和事件一旦发生所造成的后果(或影响)。从事件可能造成的影响(或后果)来看，又可分为两类：一类是将与预期结果不同的正面的和负面的后果都看成风险，另一类则只将与预期结果有差异的负面结果看成是风险。

根据 Deloitte 咨询公司 2004 年发布的一项供应链研究报告指出，供应链风险管理是一贯穿于供应链运作的始终而寻求供应链战略、技术与知识、业务流程和人力资源等优化构建设计的协同过程。它的目标是为达到供应链的安全持续运行，实现供应链整体利润最大化而控制、监督和评估供应链风险。

国外的 Cranfield School of Management 研究指出供应链风险因素包括：需求风险因素、供应风险因素、运作过程风险因素、环境风险因素、制度风险因素以及预防计划措施失败风险因素，如图 9-5 所示。

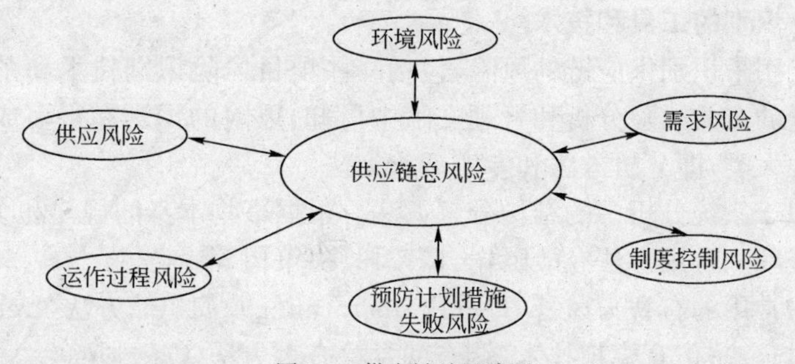

图 9-5　供应链总风险图

(一)需求风险因素

需求风险因素通常是指和潜在的或实际销售相关的物流、信息流、现金流及网络方面的风险，以及存在于核心企业和市场的衔接过程之中，来自市场需求方面的各种风险。

(二)供应风险因素

供应风险因素指企业供应链上游供应商、供应商的供应商不能按时按量满足企业生产的需求和需求预测，从而影响正常经营的各种来自供应方面的风险。

(三)运作过程风险因素

运作过程风险因素通常是指过程引发的中断破裂风险，是企业供应链运作过程发生的风险。

(四)环境风险因素

环境风险因素通常是指来自供应链外部环境的风险，这类风险通过影响供应链中的供应商和客户或制造企业本身对供应链的运作带来不稳定和潜在的风险。

(五)制度风险因素

制度风险因素通常是指来自规章制度、系统和程序步骤的风险，涉及供应链管理者控制供

应链运作的各种管理制度和程序。

二、供应链风险因素识别

供应链风险因素来自于供应链所涉及的各个方面，在供应链风险分析与管理的基本程序中，风险因素的识别标志着其过程的开始，也是供应链风险分析技术的基础和难点。在供应链风险识别过程中必须明确：

(一)事件和原因

风险识别最初的工作是识别产生风险的系列事件，一个风险事件可能有若干个潜在发生的因素。可以运用因果关系方法寻找产生风险的事件，并且识别每个因素的重要影响程度。在识别供应链的风险事件时还必须分析这些事件可能的原因与背景，通过控制产生问题的根源才能管理风险。

(二)由谁负责

由谁负责识别供应链的风险？一般而言，最终负责识别和处理供应链风险应该是供应链的核心企业。供应链核心企业应该建立供应链风险管理团队，供应链的管理者是供应链风险识别的主要责任人，也包括专业的供应链风险管理人员、供应链风险咨询管理机构及相关的技术专家，对供应链风险进行识别、分析与评估，以确保供应链风险能被识别、定义和进行干预。

(三)一般风险识别的工具和技术

有许多方法能用来识别供应链的风险，包括一些项目风险识别技术和系统安全识别技术都可借鉴。从大量的有关风险分析和管理文献中可知，风险的识别有很多成熟的方法。常用的方法可以分成两大类，即分析方法和专家调查方法。

分析方法类似于系统分析中的结构分解方法。根据事物本身的规律和个人的历史经验将供应链风险进行分解。常用方法有故障树、概率树、决策树等。

专家调查方法常用的有智力风暴方法(Brainstorming)、德尔菲方法(Delphi)、情景分析方法(Scenarios Analysis)、仿真模拟技术、调查问卷检查表方法(Checklist)。

无论是分析方法还是专家调查方法，都需要成立一个专门的工作小组来开展风险识别工作分析—供应链风险管理小组，小组成员的构成及其工作方法对风险识别工作的效率有较大的影响。图 9-6 给出了一个识别供应链风险因素的逻辑图。

三、供应链风险评估与控制

丁伟东提出的供应链可靠性评估矩阵，其有 4 个步骤，具体是指：

(1)选定评估因素，构成评估因素集。

(2)根据评估的要求，划分等级，确定评估标准。

(3)对各风险要素进行独立评估，得出评估矩阵和权重矩阵。

(4)进行数学运算，计算出评估结果。

供应链风险控制过程区别于风险识别和风险评估，主要是管理供应链风险（规避、减少、转移和分担风险）。研究指出控制一个包括广泛供销渠道在内的供应链是不容易的，而长期地维护整个供应链的安全运行更难。在具体操作中，为了保证供应链的安全运行，尽量避免供应

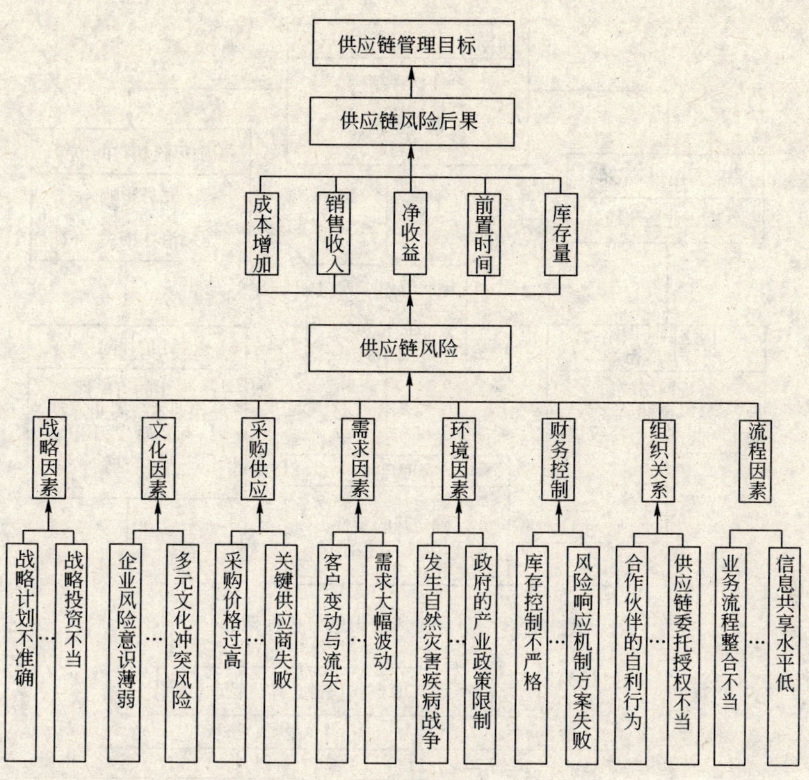

图 9-6　供应链风险因素识别

链风险，可从设计柔性的多头供应链、建立高效的信息传递渠道、流程重组、跟踪评估等方面采取相应的措施，以进行防范。防范供应链信息风险，应从根本上重构供应链的结构模式，改善低效的供应链管理。具体是从加大信息共享的程度，加快信息流通的速度；建立良好的信用机制，减少需求变动性；提高供应链合作伙伴的选择标准等方面来防范风险。

Core Risk 咨询公司的 Richard Brenchley 2003 年 9 月提出了一个供应链风险循环管理的框架，如图 9-7 所示。

四、供应链一体化风险管理

由于供应链风险变量多，涉及供应链网络各成员企业，因而需要全面综合考虑供应链风险管理，使供应链风险处于一个可接受水平，实现供应链风险管理目的。

马林根提出基于 SCOR 模型的供应链一体化风险管理，将供应链范围内的风险管理活动整合形成一个有机的整体，使供应链风险管理目标、文化、组织、过程、信息及过程系统的有机结合在一起，形成基于 SCOR 的供应链一体化风险管理体系结构提出基于 SCOR 模型的供应链一体化风险管理体系结构，如图 9-8 所示。

在进行风险管理时注意如下几个方面：

(一)合理设定一体化风险管理目标体系

供应链管理战略系，在供应链战略管理目标和基于 SCOR 的供应链风险管理框架指导下制定出供应链一体化风险管理的总目标，然后由核心企业针对供应链各个成员的情况及各项

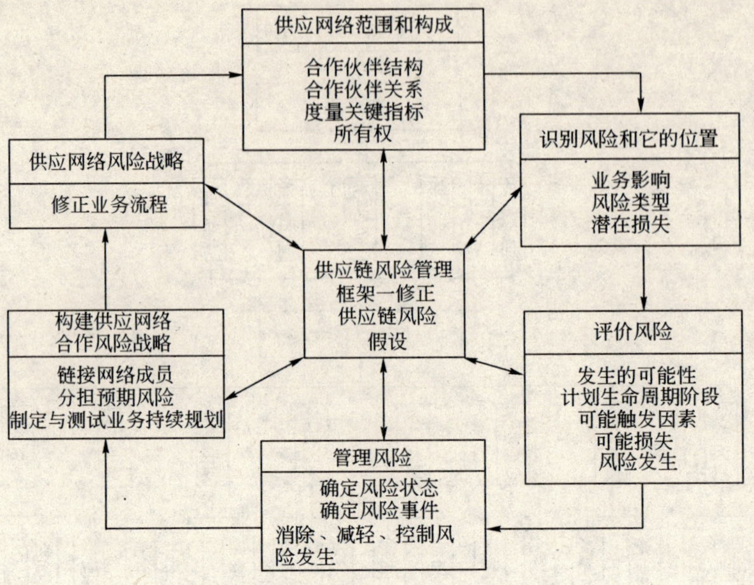

图 9-7　供应链风险识别分析框架

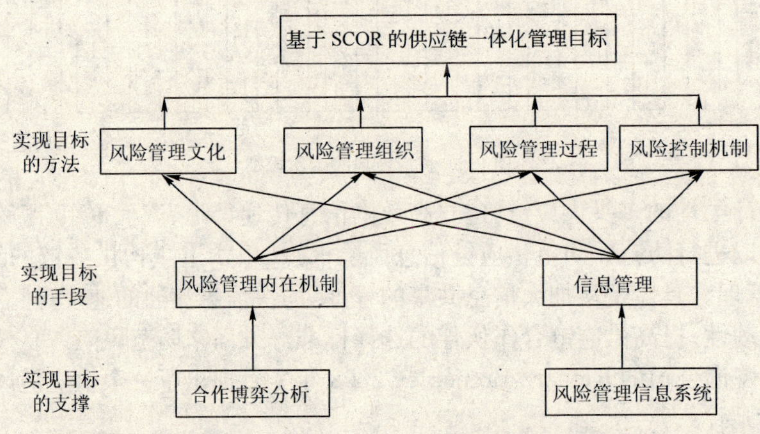

图 9-8　基于 SCOR 模型的供应链一体化风险管理体系结构

业务流程对此总目标进行分解。制定具体每一个 SCOR 风险管理的子目标，同样此子目标可以进一步细分，从而得到一个树状的目标体系图。

(二)营造共同的风险意识与文化

基于 SCOR 的供应链一体化风险管理要求各供应链成员的文化要做相应的调整以适应供应链一体化风险管理的要求，营造供应链的风险意识，建立共同的供应链风险文化，实际上也就是要使供应链风险管理融入供应链的整体战略、战术决策及各项活动之中，使风险管理成为供应链成员及各决策主体的一项自觉的行为。

(三)有力的风险管理组织

有效的供应链一体化风险管理活动必须通过合适的组织实施，供应链风险管理应建立相应的风险管理机构。基于 SCOR 模型的供应链一体化风险管理团队建立在对风险管理的持续性或重复性过程的基础上的跨职能团队，打造一个具有动态性、富有创新性和灵活性的供应链一体化风险管理团队。

(四)"过程导向"管理过程

基于SCOR模型的供应链一体化风险管理要求利用过程导向思维去解决供应链风险管理问题。过程导向思维的方法就是将供应链风险管理看作由许多相互联系相互作用的一系列过程和子过程,不仅要研究分析供应链各项流程和各项业务活动,而且要分析研究各项流程和各项业务活动及相关人员之间的相互联系,更要从过程每一事件或活动出发优化供应链。

(五)建立风险管理信息系统

基于SCOR的供应链网络的复杂性、决策主体的多元性、业务流程的相关性和各成员供应链的动态性,建立一个供应链一体化风险管理信息系统,目的是优化整个信息流程,提高信息的透明度与实时性,以便在合适的时间把合适的信息传送到需要此信息的人员那里。设计了供应链一体化风险管理信息系统功能框架,如图9-9所示。

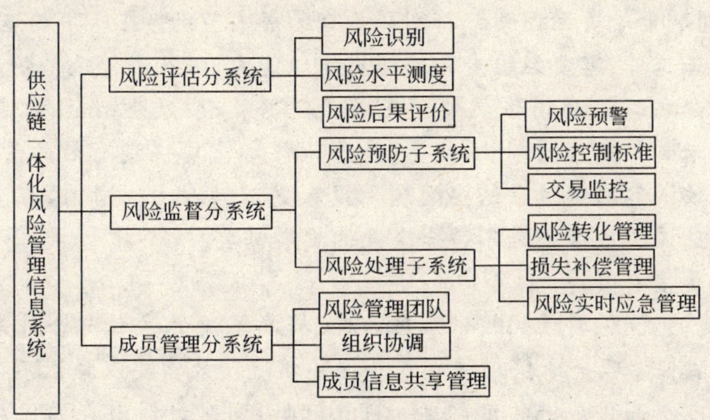

图9-9 供应链一体化风险管理信息系统

该框架基于SCOR模型的供应链一体化风险管理活动伴随着风险及管理信息产生、收集、处理及发送的全过程,系统的一体化离不开信息的一体化,需要从一体化角度研究供应链风险管理的特征、原则及模式。

小资料

全球供应链:风险与管理

一项世界最新研究报告显示,企业在全球供应链运营管理方面有不少成功的案例。

1. 供应链越长,潜在风险越大

全球供应链和国内供应链具有完全不同的特征,它通常能延伸几千英里,跨越几个国家,甚至几个大洋。由于各个地域在规章、法律方面的要求都不同,并且它们时时刻刻都在变化中,这就为供应链埋下了无数的潜在中断风险;此外,供应链节点越多,潜在的延误机会也就越多。全球化供应链隐藏着众多不确定性,从而削弱了离岸作业和采购所带来的价格成本节约。

这些问题已经引起了企业管理人员的重视,其中提前期(Lead Time)是国际运作的关键因素。因为全球供应链所要求的提前期通常都很长,这对企业提高市场响应速度是非常不利的。此外,也有很多管理人员指出:不确定成本已经给产品带来额外的成本负担。当企业的部分供应链逐步走向国际化时，提前期的延长、附加成本的提高等问题也随着离岸制造和采购的发展愈加突出。全球供应链不仅使订货周期延长，而且还带来更多的不确定性因素，相对国内运输来说，它的订货周期通常都是一周，在最糟糕的情况下，不确定性天数也就三四天而已。而在国际物流中，订货周期长达 65 天之久，此时的不确定性天数就有 25 天，甚至更多。国际物流运作中所隐藏的不确定性远远大于国内物流运作，仅一批货就可能有 20 个实物和单证的交接点，而这种事情在国内物流中是几乎不可能发生的。相对于国内运输来说，政府在国际运输中的介入程度要高得多。国际运输不仅涉及多种运输模式，有海运、空运、陆运、联合运输等模式可供选择，同时还要解决诸如时区、汇率、语言障碍、单证格式等复杂问题。

2. 成本管理因素复杂

从管理的角度来看，国内供应链的运作模式和全球供应链的运作模式是完全不一样的，要想把资本投资控制在最佳水平更是难上加难。很少公司能够把握好自己的国际运输成本。额外运输成本、中介商酬金等负面因素都将削弱预期的成本节约。在从事物流工作的职员看来，供应链就意味着辛苦工作、需要经验老到的解决问题能力，以及不停地给物流合作伙伴打电话和发传真。将近三分之二的公司依然使用 Excel 数据表，以及 E-mail 来完成相关的物流作业。随着全球原料采购和销售的增长，交易、合作伙伴都需要得到有效的管理。但是，有限的资金预算并不允许物流部门继续在这些问题上投入更多的人力。当前，在全球化物流中依然广泛延用的手工作业流程已经逐渐不适合企业的发展需要。

3. 信息透明度是重要条件

研究显示：优越的流程、自动化技术改良，以及提高物流的运营与合作是促使全球供应链取得成功的基本条件。管理全球供应链成本和提高物流绩效需要以降低不确定性为核心——主动地管理供应链以提高供应链的可靠性和可预测性，同时针对潜在的供应链中断问题制定可行的解决方案。信息系统不仅要为物流提供可视性（Visibility），同时也要为信息流和成本（资金流）提供可视性。此外，这些应用系统还必须将供应链网络上所有的参与者连接起来。要把复杂的全球供应链管理得当，一体化、系统化管理也是非常重要的。

经过近几年的发展，国际上的专业软件公司已经开发出成熟的全球贸易优化软件。此外，在国际物流方面拥有丰富经验的第三方物流商，他们也已经将自有的运作平台和合作伙伴的运作平台进行整合。其中，确保合作伙伴拥有足够的信息可视性依然是最重要的事情之一。获得即时的信息必将有助于改善运营计划。可视性越好，计划就越有效率。

资料来源：物流资格考试大网

［案例分析］

B公司供应链绩效指标体系实施策略

1. B公司业务流程的现状

B公司在亚太区的业务模式总体上可以被概括为两类，即直接进口销售模式和本地库存销售模式。在直接进口销售模式下：市场部门寻找合适的客户，在洽谈成功后和客户签署销售合同，并在电脑系统中制作销售订单；根据不同的付款条件，销售订单会由电脑系统自动审核放行或由财务部进行审核后放行；然后，市场部向集团供应商发出采购订单，由供应商直接向客户发运货物。在客户收到货物后，整个流程完成。在本地库存销售模式下：市场部门先通过电脑系统向集团供应商发出采购订单，货物到达本地后由物流部安排清关、进仓储存。同时市场部门寻找合适的客户，在洽谈成功后和客户签署销售合同，并在电脑系统中制作销售订单；根据不同的付款条件，销售订单会由电脑系统自动放行或由财务部进行审核后放行；物流部在看到放行的销售订单后，制作出货单，根据交货条款交由客户自己去仓库提货或安排送货。在客户收到货物后，整个流程完成。

2. 绩效评价指标及评价流程的设计

B 公司在管理中已经使用了均衡记分卡模型，但是主要指标结构仍局限于财务角度，客户角度和内部运营角度的指标非常少，所以新的绩效评价指标的设计将侧重于这两个方面的指标。同时因为所需建立的供应链绩效评价指标体系衡量的范围不涉及研发，仅围绕订单流程，所以项目组认为供应链协会的 SCOR 模型对本项目有很大的参考价值。应用 SCOR 诊断工具的方法对 B 公司的供应链进行了构建和描述。B 公司的业务模式分为库存销售模式和直接进口销售模式两种。以下就是对库存销售模式的流程的分析。

库存销售模式是指 B 公司购买商品放入仓库，再从仓库运送商品给客户的模式。

用 SCOR 配置层二描述的 B 公司的库存销售模式，如图 9-10 所示，实心线为物流，虚线为信息流。B 公司在库存销售模式中负责计划供应链(P1)，计划供应(P2)，计划交付(P4)，供应库存产品(S1)和交付库存产品(D1)5 个流程。

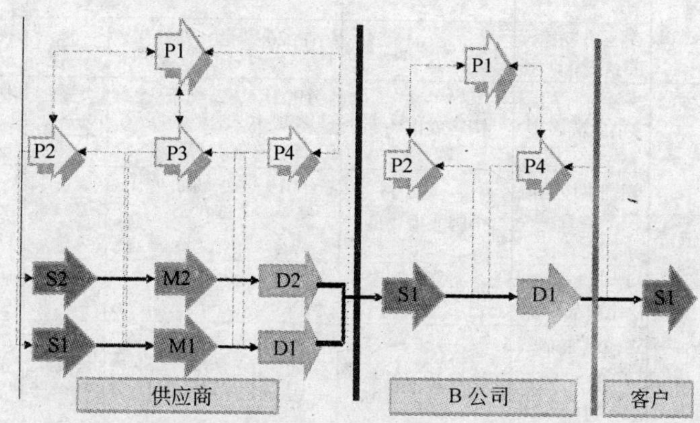

图 9-10　B 公司库存销售模式 SCOR 配置层二

运用 SCOR 模型配置第三层、第四层及第五层的展开分析对 B 公司在库存销售模式中的计划供应链的具体实施及活动可以用图 9-11 表示。

在库存销售模式下，B 公司不仅需要通过控制销售预测、订单交付表现，提高对关键客户的服务水平来增强竞争优势，还需要对库存控制流程进行严格管理以实现成本竞争力的改进。通过以上运用 SCOR 诊断工具对 B 公司业务流程的分析，结合对 SCOR 模型所描述的过程的定义、目标的评验、最佳实施和达到性能最佳所需要的系统软件的能力等内容的讨论和分析，考虑到 B 公司已经出现的供应链问题以及项目启动国中国、韩国和日本已经使用的一些供应链评价指标，项目组最终选择了 10 个供应链绩效评价指标分别评估计划、供应和交货这三个基本管理流程，并分别对这些指标的定义、评价目的和计算方法进行了规范。

对计划流程的评估采用了 3 个指标：

配置层 3		配置层 4：执行层				配置层 5：活动层	
流程号	要素	任务	责任归属	质量管理文件		活动	质量管理文件
P1.1	识别、区分、汇总供应链需求	运营计划	销售或市场部	(P005, 运营计划流程)		—	—
		和全球总部及地区总部的目标协议	销售或市场部	(P006, 运营计划流程)		—	—
		销售预测	销售或市场部	(P029,6.2.2.1, 销售控制文件)		—	—
		需求计划	销售或市场部	(P013,6.1.1, 需求计划)	⇨	订单	—
P1.2	识别、评价、汇总供应链资源	库存材料需求计划	销售或市场部	(P013,6.4, 采购)		—	—
		与供应商建立电子数据互换	电脑部、客户服务	(P013,6.4, 采购)		—	—
		与客户建立电子数据互换	电脑部、销售或市场部	–		—	—
		更新提前期	物流部	–		—	—
		库存分析	销售或市场部，物流部	(P013,6.3.3, 老化库存分析)	⇨	库存控制	(W064CN, W075CN, W076GC)
		第三方物流资源	物流部	(P026, 采购－服务)	⇨	物流采购服务	(W017CN)
P1.3	平衡供应链资源和供应链需求	供应链表现	销售或市场部	(P031,6.4.2, 交货表现)	⇨	交货表现	(W060CN)
		识别供应链限制／检查产品可获得性	销售或市场部	(P015,6.6.2, 询价处理)		—	—
		与供应商谈判决定产品分配	销售或市场部	—		—	—
		服务水平	销售或市场部	(P031,6.2, 差别化服务理)	⇨	差别化服务	(W104CN-W112CN, W113GC-W114GC)
P1.4	建立和沟通供应链计划	采购／产品分配年计划	销售或市场部	(P005, 运营计划流程)		—	—
		给供应商的滚动销售预测	销售或市场部	–		—	—

图 9-11　B 公司在库存销售模式中的计划供应链的 SCOR 流程

(1)销售预测准确率

定义：B 公司经营的所有产品的总需求的销售预测准确率。

评价目的：通过持续提高销售预测准确率实现库存精确度(包括数量，时间，地点)的改善。

(2)库存天数

定义：根据库存所有产品价值，包括在途库存价值计算出的总库存周转天数。

评价目的：优化库存水平，提高库存精确度(包括数量、时间、地点)，加强资金管理。

计算方法：

$$平均价:库存天数=\frac{\sum 每种产品月底的库存数量\times 该产品的平均价}{(\sum 过去90天每种产品流出量\times 该产品的平均价)/90}$$

库存包括:原材料、产成品、半成品、贸易产品、在途产品。

平均价:某产品在过年一年的平均移动价。

(3)老化库存(价值和百分比)

定义:从收货之日起已在仓库放置超过 180 天的库存及其百分比。

评价目的:持续改进库存周转率,尽量减少周转慢的产品占用大量营运资金。

计算方法:

$\sum$月底时在库时间长于 180 天的产品数量×平均价

$$\frac{\sum 月底时在库时间长于180天的产品数量\times 平均价}{\sum 月底时在库产品数量\times 平均价}\times 100\%$$

库存包括:原材料、产成品、贸易产品。

平均价:某产品在过年一年的平均移动价。

对供应流程的评估采用了三个指标:

(1)供应商交货能力(准时,完全交货)

定义:供应商按照 B 公司采购订单中要求的时间和数量交货的比率。

评价目的:持续提高供应商在协议的标准提前期内完全交货的能力,同时改变供应商的应变能力和柔性。

计算方法:

$$\frac{供应商实际交货时间不晚于采购订单要求的交货时间并且数量与订单要求一致的订单数}{一定时间内总采购订单数}\times 100\%$$

(2)供应商交货可靠性(准时,完全交货)

定义:供应商按照它在 B 公司的采购订单中对 B 公司第一次承诺的交货时间和数量交货的比率。

评价目的:持续提高供应商承诺的可靠性,从而改善原材料库存水平,降低缺货成本,提高客户服务水平。

计算方法:

$$\frac{供应商实际交货时间不晚于他在B公司采购订单中承诺的交货时间并且数量与其承诺一致的订单数}{一定时间内总采购订单数}\times 100\%$$

(3)供应商完好订单比率

定义:供应商没有任何缺陷和过失地交付产品和运输单据的订单比率。

评价目的:持续改善供应商提供完全产品质量和运输单据,满足客户预期的能力,从而提高客户服务水平(对于直接进口销售订单模式)。也有利于降低安全库存水平(对于库存销售订单模式)。

计算方法:

$$\frac{100\%-货物和单据有缺陷的订单数}{总采购订单数}\times 100\%$$

对交货流程的评价采用了 4 个指标:

(1)客户反馈比率

定义:客户关于期望未被满足的反馈数量占总销售订单数的比率。

评价目的:统计订单过程中客户期望未被满足的情况,找出根源,避免客户抱怨,提高客户服务水平。

计算方法：

$$\frac{\text{一段时间内客户抱怨记录数}}{\text{一段时间内总销售订单数}}\times 100\%$$

(2)客户抱怨解决效率

定义：在目标时间内解决的客户抱怨数占所有已解决的客户抱怨数的百分比。

评价目的：衡量快速有效解决客户抱怨的比率，提高客户服务水平。

计算方法：

$$\frac{\text{在目标时间内解决的客户抱怨记录数}}{\text{已解决的客户抱怨记录数}}\times 100\%$$

(3)交货能力(准时，完全交货)

定义：按照客户在订单中要求的时间和数量交货的能力。

评价目的：不断提高B公司按照客户期望的时间和数量交货的能力。

计算方法：

$$\frac{\text{B公司的实际交货时间不晚于客户订单要求的交货时间并且数量与订单要求一致的订单数}}{\text{一定时间内客户订单数}}\times 100\%$$

(4)交货可靠性(准时，完全交货)

定义：B公司按照它对客户承诺的时间和数量交货的能力。

评价目的：不断提高B公司对客户承诺的可靠性。

计算方法：

$$\frac{\text{B公司的实际交货的时间不晚于它对客户承诺的交货时间并且数量与其承诺一致的订单数}}{\text{一定时间内客户订单数}}\times 100\%$$

此外，项目组还确定了这10个供应链指标的责任归属(如表9-4)。销售预测准确率由销售人员负责；库存天数和老化库存指标由产品经理负责；供应商交货能力、供应商交货可靠性、供应商完好订单比率、客户反馈比率、客户抱怨解决效率、交货能力和交货可靠性指标由客户服务人员负责。需要说明的是因为B公司的客户服务人员也负责下采购订单，并与供应商联系，所以客户服务人员也负责供应流程的三个指标：供应商交货能力、供应商交货可靠性和供应商完好订单比率。在确定了责任归属后，项目组讨论决定了供应链绩效评价的评价流程：每年年初，B公司的各事业部会根据上一年度业务运作情况和总的战略目标开会讨论并确定本年度这10个供应链绩效评价指标的目标值。这些目标值将被相应地签入销售人员、产品经理和客户服务人员本年度的目标协议中，作为年底衡量他们的工作业绩和计发奖金的判断标准之一。

供应链指标的责任规属表 表9-4

流　程	供应链指标	责任归属
计划	销售预测准确率	销售人员
	库存天数	产品经理
	老化库存	产品经理
供应	供应商交货能力	客户服务人员
	供应商交货可靠性	客户服务人员
	供应商完好订单比率	客户服务人员

续上表

流　　程	供应链指标	责任归属
交货	客户反馈比率	客户服务人员
	客户抱怨解决效率	客户服务人员
	交货能力	客户服务人员
	交货可靠性	客户服务人员

3. 绩效评价指标数据生成系统的设计

B公司在亚太地区统一使用的ERP系统是SAP系统，因此，绩效评价的所有基础数据都来源于SAP系统。绩效评价系统需要与SAP系统相连接，由系统自动将基础数据从SAP传输给绩效评价系统，再由绩效评价系统对这些基础数据进行整理、计算得出供应链绩效评价指标数据。考虑到ARC顾问公司问卷中对IT系统的要求以及对B公司的地区销售公司已有系统的评估结果，项目组最终决定分别用两个绩效评价系统对已经选择的10个供应链绩效评价指标进行衡量。这两个系统是BW(Business Warehouse)和GIIC(Global Inventory and Information Control)。BW系统是用来衡量销售预测准确率、供应商交货能力、供应商交货可靠性、供应商完好订单比率、客户反馈比率、客户抱怨解决效率、交货能力、交货可靠性这8个指标的，它通过与SAP系统订单模块、质量管理模块及需求计划模块的连接，将这些模块中计算这八个供应链指标所需的大量基础数据进行下载，用户可根据各个指标的定义在数据库中建立一些固定的查询，然后只需定期运行这些查询就可以方便地获得这8个供应链指标的计算结果了。GIIC系统是B公司的很多地区公司已经使用的一个计算库存天数和库存寿命指标的系统，也是B公司进行全球库存控制的标准化系统。该系统除了可以用来计算库存天数和库存寿命外，还可以对库存数据进行细化到产品水平的分析。所以GIIC系统被项目组沿用来衡量另外两个指标：库存天数和老化库存。项目组根据B公司的业务内容和性质，本着成本与效益平衡的原则，简单有效的原则设计了包含10个供应链绩效评价指标的评价指标体系，确定了每一种评价指标的责任归属，确定了供应链评价的整个流程，并决定用两个绩效评价系统对这10个指标进行衡量。这样就顺利地完成了设计阶段的工作。

资料来源：《基于供应链参考模型的供应链绩效评价体系应用研究》

[思考与练习题]

1. 掌握调查分析某产品供应链系统运营情况统计分析数据，撰写供应链绩效评价报告。
2. 掌握供应链风险问卷调查分析。

参考文献

CANKAOWENXIAN

[1] 施先亮. 供应链管理原理及应用. 北京:清华大学出版社,2006.
[2] 王昭凤. 供应链管理. 北京:电子工业出版社,2006.
[3] 胡军. 供应链管理理论与实务. 广州:中国物质出版社,2005.
[4] 马士华. 供应链管理. 武汉:高等教育出版社,2006.
[5] 刘中. 物流项目招投标管理. 北京:电子工业出版社,2006.
[6] 周昌林. 第三方物流组织. 天津:经济管理出版社,2005.
[7] 杨华龙. 供应链管理. 大连:东北财经大学出版社,2007.
[8] 徐天芳. 物流方案策划与设计. 北京:高等教育出版社,2005.
[9] [美]塞西尔. 博扎思. 李东贤 译. 运营与供应链管理导论. 北京:电子工业出版社,2004.
[10] [美]道格拉斯. 兰伯特. 供应链管理——流程、伙伴、业绩. 北京:北京大学出版社,2005.
[11] [美]Terry P. Harrison. 供应链管理实务. 北京:中国人民大学出版社,2006.
[12] [美]乔尔. 威斯纳. 朱梓齐译. 供应链管理. 天津:机械工业出版社,2004.
[13] [美]John L. Gattorna. 宋华等译. 战略供应链联盟. 上海:经济管理出版社,2003.
[14] [美]Hartmut Stadtler . 王晓东译. 供应链管理与高级规划. 北京:机械工业出版社,2005.
[15] [美] Donald Waters. 李习文 译. 库存控制与管理. 北京:机械工业出版社.
[16] [美]James R Stock ,邵晓峰等译. 战略物流管理. 北京:中国财政经济出版社,2003.
[17] [美]Mike Jacka , Paulette J. Kller. 业务流程绘制. 北京:机械工业出版社,2006.
[18] 孙宗虎,付伟 . 生产管理流程设计与工作标准. 北京:人民邮电出版社,2006.
[19] [美] 森尼尔,乔普瑞. 供应链管理——战略 规划与运营. 社会科学文献出版社,2003.
[20] [美] Sunil Chopra ,Peter Mdeindal. SCM 战略、规划与运作. 北京:清华大学出版社,2001.
[21] [美]John Gattorna. 王海军等译. 供应链管理手册. 5 版. 北京:电子工业出版社,2004.
[22] [美]John Gattorna. 宋华等译. 战略供应链联盟. [M]. 北京:经济管理出版社,2003.
[23] 柴跃廷,刘义. 敏捷供需链管理. [M]. 北京:清华大学出版社、施普林格出版社,2001.
[24] [瑞士]格哈特·克诺尔迈尔(G. Knolmayer)等著,王天扬等译. 供应链管理与 SAP 系统实现. 北京:机械工业出版社,2004.
[25] [美]Thomas A. Curran, Andrew Ladd, 朱岩,肖勇波译. SAP 业务蓝图:理解供应链管理. 2 版. 北京:中国人民大学出版社,2003.
[26] [美]戴夫·纳尔逊(Dave Nelson)等,刘祥亚等译. 供应链管理最佳实践. 北京:机械工业出版社,2003.

[27] [加] Michiel R. Leenders,[美]Harold E. Fearon 等,赵树峰 译.采购与供应管理.12 版.北京:机械工业出版社,2003.

[28] 马士华,林勇,陈志祥.供应链管理[M].北京:机械工业出版社,2000.

[29] 王迎军.供应链管理实用建模方法及数据挖掘.北京:清华大学出版社,2001.

[30] 马新安,张列平,田澎,供应链中的信息共享激励:动态模型,中国管理科学,2001.

[31] 马新安,张列平,田澎.供应链中的时滞.系统工程理论与实践,2002.

[32] 边旭,田厚平,潘德惠.供应链中最优价格契约的制定.东北大学学报(自然科学版).2003,24(6):606-609.

[33] 常志平,蒋馥.供应链中电子市场与合约市场的协调研究.华中科技大学学报(自然科学版),2004,32(1):111-113.

[34] 姜继娇,杨乃定,贾晓霞.基于混沌理论的企业集成风险预警机制研究.科学学与科学技术管理,2003(10):97-100.

[35] 李辉,孙宝文.信息技术条件下供应链商务风险及其管理.财贸经济,2003(10):63-68.

[36] 李社环.企业风险管理的国际新趋势—整体风险管理.当代财经,2003,(2):79-81.

[37] 李雁春,张韧钢,姜波.基于动态联盟的敏捷供应链管理系统.信息技术,2002.

[38] 贾生华,陈宏辉.基于利益相关者共同参与的战略性环境管理.科学学研究.

[39] 姜铁虎,丁叔.供应链运作参考模型(SCOR) 管理论坛,2002(8):3.

[40] 卢海——SCOR——国际标准化的供应链流程管理中国物流与采购,2003,(15):22-24.

[41] 陈家亮.基于 RFID 的连锁零售企业配送中敏捷响应的实现.武汉理工大学硕士论文,2007.

[42] 赵阳.基于供应链参考模型的供应链绩效评价体系应用研究.东南理工大学硕士论文,2005.

[43] Decroix G. A. ,Mookerjee. VS. ,Purchasing demand information in a stochastic-demand inventory system,Euro Pean Journal of Operational Research,1997,102:36-57.

[44] Lazar,Lynette D. ,Turst issues in the formation of supply chain agreements,Dissertation Abstracts International,2003,63(11):5497-5584.

[45] Das, T. K. ,Teng ,B. S. , Management Risks in Strategic Alliances, The Academy of Management Executive,1999, Nov. :50-62.

[46] Das,T. K. ,Teng,B. S. ,Trust,Control,and Risk in Strategic Alliances: an Integrated Framework,. Organization Studies,2001,Vo122,No. 2:251-283.

[47] David, F. , Many integrated risk management deals have come close to being completed but failed at the final furlong Journal of Risk July,1999.

[48] Jones, D. T. , Hines, P. ,and Rich, N. , Lean logistics, International Journal of Physical Distribution&Logistics Management,Vo127,(3/4),1997: 153-173.

[49] Denis, K. ,Anticipating and Managing Risk in the 21 st Century. The Geneva Papers. Risk and Insurance,2001,No. 26:724-729.

[50] Lambent, D. M. , Cooper ,M. C. , Issues in Supply Chain Management, Industrial Marketing Management,2000, No. 29:65-83.

[51] Hallikas, J. , Karvonenb, I. ,Pulkkinenb, U. , Virolainen, VM. ,Risk management processes in supplier networks,Production Economics,2004,No. 90:47-58.

[52] Jukka ,H. , Virolainen, VM. ,Markku T. ,Risk analysis and assessment in network environments: A dyadic case study. International Journal of Production Economics, 2002,Vol. 78:45-55.

[53] Miller, R. , Lessard, D. ,Understanding and managing risk in large engineering projects. International Journal of Project Management, 2001, Vol. 19,No. 8:437-443.

[54] Maloni,L,Benton,W. C,Supply Chain Partnerships: Opportunities for Operations Research,European Journal of Operational Research,1997,No. 1 01:419-429.

[55] Per,J. A. ,Robert L. ,and Andreas N. ,Risk,information and incentives in telecom supply chains,Production Economics 2004, Vol. 90:1-16.

[56] Sid . G. Jakkapan J. ,Identifying and assessing the critical risk factors in an underground rail project in Thailand: a factor analysis approach,International Journal of Project Management 2004, Vol. 22:633-643.

[57] Slikker,M. , Norde,H. ,and Tijs,S. , information sharing game, Tilburg University, Center for Economic Research,2000,discussion :100.